KB079663

Democracy Realised
Copyright ⓒ 1998 by Roberto Mangabeira Unger
All rights are reserved.

Korean Translation Copyright ⓒ 2017 by LPBook.
Published by arrangement with Verso, The Imprint of New Left Books, London, UK
Through Bestun Korea Agency, Seoul, Korea.
All rights reserved.

이 책의 한국어 판권은 베스툰코리아 에이전시를 통하여
저작권자인 verso와 독점계약한 도서출판 앨피에 있습니다.
저작권법에 의해 한국 내에서 보호를 받는 저작물이므로
어떠한 형태로든 무단 전재와 무단 복제를 금합니다.

급진민주주의자의 정치경제사회 혁신 프로그램

민주주의를 넘어

Democracy Realized

로베르토 웅거 지음 | 이재승 옮김

앨피
Long Playing Book

추천사

대학원 학생 시절이던 1975년 가을 웅거Roberto M. Unger를 만났다. 물론 책을 통해서였다. 당시 나는 무모하게도 중앙도서관의 법이론 서고에서 A부터 Z까지 손에 닥치는 대로 영미 문헌을 훑어보고 있었다. 저자 이름 U자가 있는 서가 마지막에 웅거의 《지식과 정치Knowledge and Politics》라는 신간이 꽂혀 있었다. 1973년에 나온 따끈따끈한 책이라 내가 첫 대출자였다. 일종의 사회과학방법론 책이었는데, 시시콜콜한 분석이 아니라 담대한 비판과 통 큰 종합을 선보이는 점이 마음에 들었다. 더욱이 문체가 아름답고 힘이 넘쳐서 인상적이었다. 《지식과 정치》는 나중에 웅거의 야심작 '정치학Politics' 제1권 《급진민주주의에 복무하는 반필연주의적 사회이론》으로 좀 더 풍부한 울림을 얻는다.

1980년대 중반 미국 로스쿨에 유학하면서 웅거를 다시 만났다. 웅거를 비조로 삼는 비판법학Critical Legal Studies을 통해서였다. 당시 웅거는 미국 비판법학자들 사이에서 이미 존경을 넘어 찬탄과 숭앙을 받는 비판법학운동의 대부로 자리매김된 상태였다. 웅거 나이 30대 중반 때였다. 비판법학자들 중에는 미국의 내로라하는 로스쿨 교수들이 적지 않았다. 특히 하버드와 예일 로스쿨에 무서운 신진 세력으로 포진하고 있었다. 진보적인 정치철학과 유럽식 사회이론으로 무장한 미국 법학계의 '앙팡 테리블' 출현에 주류 법학자들은 아연 긴장했다. 미국 법학은 1980년대

내내 좌파적 비판법학과 우파적 법경제학의 세례를 동시에 받으며 비이론적이고 절충주의적인 해석법학 일변도에서 벗어나 이론적 르네상스를 맞이했다.

현상옹호적 법경제학과 마찬가지로 비판법학의 공세도 분야를 가리지 않았다. 전통적으로 사회경제이론에 친한 법철학과 형사법, 인권법은 물론이고, 자본주의 시장경제의 법적 토대인 재산법과 계약법, 불법행위법, 나아가서 회사법과 공정거래법, 소송절차법까지 비판법학의 렌즈를 들이댔다. 비판의 핵심은 주류 법학이 모든 법 분야의 현실적 토대인 불평등한 권력관계 및 그 배후의 경제권력 집중구조를 자유주의 이데올로기로 애써 외면하고 감싸 줌으로써 실질적 법과 정의를 왜곡한다는 것이었다. 이 비판법학운동의 중심과 정점에 브라질 출신의 하버드 로스쿨 법철학 교수 웅거가 우뚝 서 있었다.

이 책을 읽어 보면 바로 22덕이겠지만, 웅거는 내용적으로 미시적 분석이나 분과적 지식에 머물지 않는다. 그는 모든 사회과학의 분과를 아우르며 담대한 사회 비전을 내놓고 실천적 이행 전략까지 제시하는 '슈퍼 이론가'를 지향한다. 스타일도 학술 논문체가 아니고 정치 에세이에 가깝다. 웅거는 모든 저작에서 일체의 인용 각주가 없는 걸로 악명 높다. 서로 인용하고 치켜세우는 기성 학문세계의 예법을 깬 전통 파괴자라는 수군거림 속에서 구미 사회이론계는 좌파건 우파건 웅거를 애써 외면한다. 실제로 웅거는 법학·사회과학·사회이론 학술지 어디에도 논문 한 편 쓰지 않았다.

  그럼에도 일찍이 《뉴 레프트 리뷰New Left Review》의 편집주간 페리 앤더슨은 웅거를 "사회사상의 슈퍼폭스super fox"라며 최고의 찬사를 보냈다. 아리스토텔레스의 후계자를 노린 그의 출세작 '정치학' 3부작에서 웅거는 마르크스 사상에서 가톨릭 사회사상까지 무려 8개의 서구 정치사상과 사회이론의 전통을 통섭하였노라고 자부한다. 그는 앤서니 기든스, 울리히 벡, 자크 아탈리보다도 훨씬 종합적이고 혁신적인 민주사회의 비전과 실행 전략을 내놓는다. 그는 하버드 로스쿨 이래 오바마의 정신적 멘토였다. 초선 출마 때에는 오바마를 열렬히 지지했으나, 재선 출마 때에는 오바마가 신자유주의에 굴복하고 진보적 열망을 배신해서 대통령으로서 성취한 게 없다며 지지 철회 연설을 한 것으로 유명하다.

  웅거의 사유 체계는 워낙 통섭적이라 학술 논문의 규격에 맞지 않는다. 그래서 책으로만 그의 사유를 그려볼 수밖에 없었다. 나는 웅거의 책을 접할 때마다 사회이론의 환상교향곡을 듣는 기분에 젖었다. 몇 개의 기본 주제를 끊임없이 변주하며 전인미답의 약속의 땅으로 시원스레 나아간다. 그의 안내를 따라가다 보면 숨 막히는 사유의 깊이와 혼이 있는 비전으로 빚어진 더욱더 인간적인 세상을 만난다. 이 책의 어디건 좋다. 단 몇 페이지만 읽어 보라. 웅거의 사유가 얼마나 변증적이고 명쾌한지 단박에 드러난다. 때로는 이념형을 동원하고 때로는 양극 개념에 기대어 분별하고 비판하되 빠짐없이 연결하고 거침없이 통합한다. 웅거의 매력 중 하나는 모든 이원론과 이분법의 감옥과 경계를 허물고 사회적 상상력을 해방시키는 데 있다.

웅거의 문체는 그의 사유만큼이나 독특하다. 그의 문체는 간결하고 농담이 뚜렷하며 어디서나 운율이 살아 있다. 때때로 노래처럼 들리는 오바마의 연설은 웅거의 글을 연상시킨다. 웅거의 글은 마음에 와 닿는 문단이나 구절을 낭독하면 최고의 연설문으로 바뀐다. 군더더기 하나 없는 규정과 선언, 비판과 변증의 단문으로 가득 찬 그의 스타일에 나는 번번이 터질 것 같은 전율과 환희를 느꼈다. 때로는 성경의 예언서를 읽는 듯, 때로는 잠언을 읽는 듯, 그 지혜와 통찰의 세계로 깊이 빠져들었다. 나는 자칫 웅거의 정신적 식민지에서 그에게 주눅 든 신민으로 평생을 살까 두려워 그의 책을 단숨에 읽어 보고 덮은 후 다시 열어 본 적이 없다. 웅거를 공부해 보라고 수많은 후배와 지인에게 강권했지만, 정작 나는 그에 대해 어떤 글도 발표한 바 없다.

그러고 보니 웅거가 무엇을 주창하는지 어떤 내용도 소개하지 않았다. 실은 역자인 이재승 교수의 해제를 보고 내가 다시 내용을 간추려 소개하는 것은 무의미하다고 생각했다. 나의 진심에서 우러나오는 존경과 찬탄을 담은 추천사만으로도 효용이 있을 것으로 판단했다. 마음이 동한 독자들은 이재승 교수가 번역한 《주체의 각성Self Awakened》도 꼭 읽어 보시기 바란다. 그 책은 각성된 주체들이 만들어 낼 수 있는 가장 실질적이고 실용적인 급진민주사회의 비전과 제도 인프라, 이행 전략의 대강을 담고 있다. 실은 주체의 각성과 성숙은 그런 사회에서 더욱 용이하게 촉진된다. 민주주의는 각성된 주체들의 집단지성과 연대협력에 다름 아니다.

실천적 법철학자 이재승 교수의 정성스럽고 탁월한 번역으로 세상에 나오게 된《민주주의를 넘어》는 더할 나위 없이 때를 잘 맞췄다. 촛불혁명의 결과로 민주주의의 실질적 확대와 심화가 요구되는 시점이지만 진보 진영은 새로운 사회경제체제에 대한 비전을 설득력 있게 제시하지 못하고 있다. 지향하고 성취해야 할 더욱 인간적이고 정의로우며 실현 가능한 사회경제체제의 비전이 결여된 민주주의는 실질 없는 정치투쟁과 소모적인 권력게임으로 변질되고, 정치 불신의 만연을 불러오며, 겉모습과 상관없이 가진 자들의 엘리트 과두제로 전락한다. 껍데기 민주주의가 일반 시민의 불신 대상이 되면 그 틈을 금권주의와 권위주의, 군사주의가 파고든다. 엘리트주의와 관료주의도 그 하위동맹으로 당연히 뒤따른다.

이렇게 볼 때 민주적 실험주의를 기치로 실질적 민주주의를 강화할 전방위적 구조개혁과 혁신경제의 비전과 전략을 제시하는《민주주의를 넘어》는 지금 현재의 한국 사회, 특히 진보적·실천적 지식인 사회에 꼭 필요하고 시의적절한 책이 아닐 수 없다. 웅거의 이 책은 정치, 경제, 사회, 문화, 교육 등 모든 분야에 대한 급진민주적 재편 비전과 핵심 제도, 이행 전략을 큰 붓으로 그려낸다. 웅거는 무엇보다도 민주주의가 싸

8

구려 화장술이나 포장지가 되지 않기 위해서 어디서나 민주주의자가 지향해야 할 가치 체계와 검토해야 할 제도 구상을 '민주주의 선언'으로 대담하게 정식화한다. 민주주의를 진지하게 생각하는 누구에게라도 웅거의 급진민주주의 프로젝트가 강력한 영감과 자극을 줄 것으로 확신한다. 내가 이 책을 강력하게 추천하는 이유다.

곽노현
전 서울시교육감

옮긴이의 변辨

　웅거의 사고를 따라《주체의 각성》을 번역하여 출판한 지 벌써 5년
이 흘렀다. 그 사이에도 웅거는 새로운 대작을 쓰고 있지만 역자는 그가
1998년에 펴낸《민주주의를 넘어》로 거슬러 올라갔다. 이 책은 동구권이
붕괴하고 7~8년이 지난 후 세계 각국이 직면한 문제들을 염두에 두고 쓴
것이어서 현재로도 여전히 가치가 있는지 고민하였다. 각국이 다른 방식
으로 동일한 문제를 앓고 있다는 웅거의 통찰에 수긍하여 번역하기로 작
정하였다. 현재 신자유주의는 끝났다고 말하지만, 대부분의 정치 세력들
은 신자유주의를 극복할 명료한 대안을 제시하지 못하고 있다. 이 책은
바로 이 곤경을 헤쳐 나갈 비전을 줄 것이라고 판단하였다.

　웅거는 여전히 생소한 인물이다. 뜬금없는 이야기이지만, 라클라우–
무페를 읽고 구체적인 사회경제적 방략을 모색하는 독자들이라면 이 책
을 권한다. 웅거는 이 책이 급진민주주의자의 구체적인 정책이라고 자부
하기 때문이다. 공화주의적 대안경제를 생각하는 사람들도 이 책에서 공
유할 만한 견해들을 발견하게 될 것이다. 웅거의 장광설이 싫다면, 우선
이 책의 마지막 〈선언〉부터 읽기를 권한다. 웅거는 정책적 방략을 13가
지 테제로 친절하게 요약하였다. 조직된 시민사회가 없으면 어떠한 개혁
도 장기적으로 지속할 수 없다는 주장이 울림을 남긴다. 책 곳곳에서 보
이는 동아시아경제의 도전과 한계에 대한 통찰도 매우 흥미롭다.

　책의 원제는 'Democracy Realised'이고, 부제는 'Progressive Alternative'이

다. 제목을 '민주주의를 넘어'로 하였는데 원제에 비하면 엉뚱한 제목이다. 웅거는 민주주의를 폐기하거나 극복하자고 말한 적이 없고 오히려 민주주의를 심화시켜야 한다고 주장하기 때문이다. 그러나 형식민주주의, 자유민주주의, 대의민주주의, 정치민주주의와 같은 고착된 이데올로기에 대항하여 그런 제목을 정했다. 웅거는 이러한 통념을 넘어서 정치 자체를 민주화하고, 경제와 사회, 인간관계까지도 민주화하자고 주장하기 때문이다.

이 책을 번역하는 동안 촛불혁명이 새로운 정부를 탄생시켰다. 이러한 대사건은 이 땅에 의식 있는 시민들의 뇌에 촛불의 화인火印을 남겼다. 그 불도장을 풀어 내는 작업은 개인의 감응도에 따라 생애의 시간을 요구할런지도 모른다. 어쨌든 촛불혁명은 우리의 자산일 뿐만 아니라 세계의 민주적 자산이 되었다. 이제 우리는 촛불혁명 이후를 생각할 수밖에 없다. 촛불혁명을 영구적으로 유지할 수는 없을 것이다. 대중과 정치 사이에, 동원과 제도 사이에 피할 수 없는 역관계가 존재한다고 가르치는 보수 정치학의 교리에 녹아나서가 아니다. 촛불항쟁은 제도화되지 않으면 셸든 월린이 말한 탈주적 민주주의fugitive democracy의 운명을 벗어나지 못할 것이다. 우리는 촛불을 기념하고 회상하는 것으로는 만족할 수 없다.

촛불의 열정을 실어 나르는 제도가 필요하다. 제도는 열정의 진정제 역할만 하는 것이 아니다. 열정을 기성 질서 속으로 스며들게 하는 다양한 장치를 만들어야 한다. 이 일은 민주주의자들의 과업이다. 다행히 개헌 주장이 메아리치고 있다. 헌법이 중요하고, 30년 묵은 헌법을 바꾸는 것도 시의적절하다. 그러나 우리가 헌법물신주의에 빠져드는 것은 아닌지 고민한다. 헌법은 민중을 지키지 못한다. 민중만이 헌법적 정신을 지켜 왔을 뿐이다. 현행 헌법이 내용상 특별히 잘못되었다고 판단하지도 않는다. 헌법을 해석하고 준수하는 공직자들의 사고가 바뀌지 않는 한, 헌법을 대하는 민중의 사고가 변화되지 않는 한, 헌법은 현실을 변화시키지 않는다. 헌법보다 관행과 의식, 이데올로기를 포함한 구체적인 제도들이 중요하다.

오늘날은 혁명가의 시대가 아니라 실험주의자들의 시대이다. 도처에서 벌어지는 정치적 실험에 주목해야 한다. 웅거는 브라질 사람으로, 미국에서 성장하고 지금도 브라질 정치에 관여하고 있다. 그는 자본주의를 변혁하기 위해서 무엇을 어떻게 실험해야 하는지에 대해 평생을 바쳤다. 그의 경세론은 조세와 재분배보다 생산과 재산 질서의 변형에 맞추어져 있다. 한 마디로, 세후税後 지니계수Gini coefficient뿐만 아니라 오히려 세전税前 지니계수를 낮추기 위해 이중구조적 정치경제를 흔드는 정책이다(세후 지니계수는 조세-이전지출로 보정된 지니계수이고, 세전 지니계수는 순전히 생산활동과 그 수입으로 본 지니계수이다). 어쨌든 웅거의 유세는 전세계의 의식 있는 사람들을 겨냥한다. 이 짧은 변辨에서 그의 혁신 철학을 다시 한 번 간추려 보겠다.

우리는 사회제도와 체제에 대한 우상숭배를 거부하고, 인간의 주체성을 일깨우고, 대중들의 삶과 이상에 부합하는 제도를 만들어야 한다. 사회제도는 가소성을 가지므로 인간이 행동하지 않으면 운명처럼 고형화되지만, 우리가 변혁의 에너지를 높이면 인간다운 제도로 새롭게 성형할 수 있다. 우리는 보통 사람들의 위대함과 인간의 무한한 잠재력을 변혁적 정치의 기반으로 삼아야 한다. 보통 사람의 위대함을 신뢰하는 자만이 민주주의자이다. 역사에는 종말이 없고, 시간은 계속 흐르고 우리에게는 영원한 전진만이 있을 뿐이다. 이것이 웅거의 가르침이자 영구혁명의 사상이다.

책 맨 뒤에 해제로 첨부한 글은 웅거의 정치철학 입문서인《주체의 각성》에 대한 역자의 해설이다.《주체의 각성》은 혁신과 실험주의로 가는 철학적 자산과 방법을 갈무리한 책으로 이미 정평이 났다. 반면에 이 책《민주주의를 넘어》는 구체적인 정책적 제안들로 짜여진 것이니, 이 책을 읽고 그의 철학사상에 대한 궁금증이 생긴다면《주체의 각성》으로 달랠 수 있을 것이다.

이 책의 출판 과정에서 수고해 준 분들께 감사의 말을 남겨야겠다. 먼저 건국대학교의 제자이고 민주주의법학연구회의 후배 학자인 윤현식 박사에게 감사의 말을 전한다. 초벌 번역 과정에서 윤 박사가 많은 부분을 감당해 주어 번역 작업을 앞당길 수 있었다. 윤 박사는 진보적 대안을 추구하는 노동정치연구소를 준비하고 있다. 그 일이 번창하기를 기원한다. 출판 단계에서는 건국대학교 법학전문대학원 박사과정에서 연구 중인 권오훈 변호사가 번역본을 꼼꼼히 읽어 주고 색인 작업을 도왔다. 그는 혁신과 경쟁을 주제로 학위논문을 준비하고 있는데 그 귀추가 주목된다. 나아가 오랜 인연 속에서 웅거를 깨우쳐 준 곽노현 전 서울시 교육감을 언급해야 하겠다. 2000년경 그가 방송대학교에 재직하던 시절에 그의 연구실에서 이 책을 처음 접하고 웅거로 가는 길을 짐작하게 되었다. 이 책의 추천사를 써 준 것을 포함해서 여러모로 감사 드린다. 끝으로 번역의 속도전을 감당해 준 앨피 관계자들에게 감사를 전한다. 대안적 경제와 대안적 사회를 생각하는 동료들과 함께 읽고 논의하고 싶다.

차 례

CONTENTS

일러두기

이 책의 저자인 웅거는 글에 주석을 거의 달지 않는다. 이 책에서
(원주)로 표시되지 않는 주는 옮긴이의 것이고, 부록에 실린 추이
즈위안의 논문에서는 반대로 옮긴이의 주를 (역주)로 표시하였다.

1부 논거
AN ARGUMENT

시련에 처한 민주적 실험주의

전 세계에 걸쳐 이데올로기적인 갈등의 초점이 변하고 있다. 국가주의와 사사주의privatism,[1] 명령경제와 시장경제 사이의 해묵은 경합이 사라지고, 이 경합은 이제 경제적·사회적·정치적 다원주의에 기반한 대안적인 제도적 형태들 간의 더 희망적인 경쟁으로 대체되는 중이다. 이 새로운 갈등의 기본 전제는, 시장경제와 자유로운 시민사회 그리고 대의민주제가 사회에 근본적으로 상이한 결과를 가져올 매우 상이한 제도적 형태들을 취할 수 있다는 것이다. 부유한 산업국가에서 확립된 정치적·사회적·경제적 제도들은 한층 넓은 범위의 가능성들 중 단지 작은 일부를 표현한 것일 뿐이다. 이 가능성에 견주어 보면 독일, 일본, 미국의 기업 조직들 간의 현존하는 차이들마저도 훨씬 넓은 잠재적 변주들의 제한된 그리고 일시적인 사례들에 지나지 않는다.

그러나 오늘날 세계 어디에서나 민주적 제도와 시장제도라는 유일 체

---

1 사사주의私事主義는 다의적이다. 공유재산에 맞서 사유재산을 절대시하는 태도 혹은 소비, 여가, 경력에서의 가족지향적인 태도를 의미한다. 정치적 공공성이 결여된 정책, 태도, 경향을 총칭한다.

제로 수렴된다는 신자유주의적인 믿음에 대한 신뢰할 만한 대안을 형성하는 일에서 고갈과 당혹스러움을 겪고 있다. 진보파들은 국가주의적 공약들을 포기하고, 공산주의 체제의 붕괴를 목격한 후에는 사민주의의 후방 수비[2]보다 더 긍정적인 방향을 찾고 있지만 별 성과가 없다.

혼란과 실망에 빠진 것은 좌파만이 아니다. 혼란과 실망은 정치적으로 자각한 사람이면 누구나 느끼는 공통된 감정이다. 전 세계를 상대로 승리의 시간을 보내고 있는 패권국 미국의 일반 노동자들조차 십중팔구 자신들을 성난 국외자 정도로 느낄 것이다. 그들도 자신들이 직면한 집단적 문제의 기초를 개혁할 어떠한 힘도 없는, 파편화되고 주변화된 대중의 일원일 뿐이다. 평범한 노동자들은 자신과 그 자식들이 소위 계급 없는 사회에서 옴짝달싹 못 하게 되었음을 실감한다. 그러면서 나라와 대

---

2 rearguard defense. 사민주의는 원래 점진적 이행론이라 할 수 있듯이 다양한 구조개혁정책을 가지고 있었으나, 현재는 이러한 진취적 전선에서 대폭 후퇴하여 사회적 이전지출 항목에 매달리고 있다는 판단에서 후방 수비라는 군사용어를 쓴 것 같다. '사민주의의 후방 수비'는 한 마디로 제3의 길을 말한다.

기업을 경영하는 자들이 약탈적인 음모에 가담했다고 믿어 버린다. 그들은 정치와 정치인들에게 절망하고, 사회적 곤경 앞에서 개인적인 탈출구를 찾는다.

소위 인기 있는 지식인들은 이데올로기적 정치, 대규모 제도 개혁 프로젝트와 민중적 정치 동원을 낭만적이고 비현실적이라고 조롱한다. 이러한 지식인들은 전문가들의 기술적인 정책 분석과 실천적인 문제 해결에서 답을 찾아야 한다고 주장한다. 그러나 프로그램도 없는 맥빠진 정치는 실천적 문제들을 해결한다는 명분 아래 원대한 야망마저 포기했지만, 정작 바로 그 실천적인 문제들조차 해결하지 못하고 있다. 이러한 정치는 지금까지 도전받지 않고 심지어 가시적이지도 않는 제도와 가정假定에 갇혀서 스스로 단기적이고 일화적인 파당적 흥정을 허락하는 까닭에 이리저리 표류하다 결국 불능 상태로 빠지고 만다.

그러나 이제 미국을 위시한 부유한 산업국가에서도 박진감 넘치는 언더그라운드 실험주의가 생산과 학습을 변화시키며 기업과 학교에 새로운 형태와 영감을 불어넣고 있다. 과업의 규정과 집행, 감독적 역할과 집행적 역할 간의 차이가 완화되고 있다. 협력과 경쟁은 분리된 영역에 속박되는 것이 아니라 동일한 활동 영역 안에서 결합한다. 영구혁신permanent innovation이야말로 성공의 시금석이다. 성공적인 기업은 더욱 좋은 학교처럼 변모해야만 한다. 그러나 기업이나 학교 같은 작은 세계들에서 수행되는 이러한 실험주의는 변혁되지 않는 공적인 세계가 부과하는 한계들에 봉착하며 여전히 고갈과 당혹감을 경험하고 있다.

　이 책은 두 단계에 걸쳐 이러한 고갈을 재해석하고 당혹감에 응답한다. 첫 단계에서는 상세하게 논거들을 제시하고, 두 번째 단계에서 개괄적인 선언을 제시할 것이다.

1 민주적 실험주의란 무엇인가?

실천적 진보와 개인적 해방

이 책의 논거와 제안에 생명을 불어넣는 이념은 민주적 실험주의 democratic experimentalism이다. 민주적 실험주의는 현재 세계에서 작동 중인 가장 영향력 있는 일련의 관념과 원칙으로서, 민주적 대의大義에 대한 하나의 해석이다. 민주적 실험주의는 사유와 행동의 관행에 두 가지 희망을 결합한 것이다.

민주적 실험주의가 주장하는 민주주의자의 첫 번째 희망은, 실천적 진보의 조건과 개인적 해방의 요청 사이에 중첩지대[3]를 발견하는 것이다. 그러한 진보의 조건들과 해방의 요청들 사이에서 중요한 것은 사회의 제도적 형성이다. 실천적 또는 물질적인 진보는 과학적 발견으로 밑받침되

---

3 마르크스는 〈공산당선언〉에서 "낡은 부르주아 사회 그리고 그 사회의 계급들과 계급 적대 대신에 각자의 자유로운 발전이 만인의 자유로운 발전의 조건이 되는 결사가 등장한다"고 선언하였다. 웅거는 '중첩지대the area of overlap'라는 개념으로 바로 이 문장을 겨냥하는 것 같다. 웅거는 물질적 진보의 조건과 개인적 해방의 조건이 일치한다는 인식(예정조화설)을 거부하고, 오히려 그 조건들 간의 중첩지대를 발견하고 확장해야 한다고 주장한다.

는 경제성장과 기술적 또는 의학적 혁신을 포함한다. 진보는 희소성, 질병, 취약성, 무지라는 제약 조건을 극복하는 인간 역량의 계발이다. 진보는 세계에 영향을 미치는 인류의 역량을 강화하는 것이다. 특히 고착된 사회적 제도들이 상속받은 편익에서 힘을 받아 개인들의 삶의 기회를 좌지우지할 때, 개인적 해방이란 그러한 사회적 역할, 분할, 위계제의 손아귀에서 개인들을 벗어나게 하는 것이다.

19세기의 많은 위대한 정치 교리들과 진화적 사회이론들은 실천적인 진보와 개인적 해방 간의 예정조화설을 낙관적으로 신봉하였다. 자유주의 사상가와 사회주의 사상가들은 공히 그들이 옹호하는 제도 개혁 프로그램을 자유와 번영을 두루 달성하는 데 필요한, 심지어 충분한 기초라고 이해하였다. 하지만 이제 우리는 그러한 관점을 제시하고 전파하였던 기능주의 및 필연주의 사회변동론을 더 이상 신뢰할 수 없게 되었다.

예정조화설은 권위를 잃었다. 그러자 예정조화의 도그마를 번영과 자유라는 선 사이에 근절할 수 없는 갈등이 존재한다는 근거 없는 또 다른 도그마로 대체하려는 유혹을 느끼는 사람들이 생겨났다. 이들은 번영과 자유라는 선이 각기 제도에 의존하며, 서로를 파괴하는 결과를 낳을 것이라고 말한다.

문제는, 이러한 비관적 견해를 거부하는 사람들조차 이러한 견해에 영향을 받는다는 점이다. 그래서 민주적 대의를 민주주의가 장악하지 못한 실천적인 힘들을 통제하고 그 통제를 정당화하는 도덕적·정치적 관념으로 환원시킬 우려가 있다. 그들은 경제적 생활, 기술적 또는 과학적 진보를 민주적 진보의 외부적인 것으로, 즉 해법의 원천이 아니라 문제들의 원천으로 간주할런지도 모른다.

첫 번째 희망을 통해서 민주적 실험주의자는 실천적 진보와 개인적 해방의 조건들이 교차할 수 있다는 점을 받아들인다. 실천적 진보에 필요한 제도적 조건들의 부분집합은 동시에 개인적 해방의 목적에 봉사하고, 개인적 해방에 필요한 제도적 조건들의 부분집합은 실천적 진보의 목표를 향상시킨다. 민주적 실험주의자는 이러한 중첩지대를 발견하고 그 안에서 전진하기를 원한다.

중첩지대를 발견하고 활용하려는 이러한 희망을 합당한 것으로 만드는 것은 무엇인가? 실천적 진보와 개인적 해방의 성취는 사회 분업과 위계제의 예정조화적 계획이나 사회적 역할들의 통제적인 배정을 존중할 필요에 구애받지 않으면서, 사회적 노력을 집단적 학습으로 전환시키고 학습된 교훈에 따라 행동하는 역량에 달렸다. 하지만 각종 통제 요소들은 맹목적이고 저항할 수 없는 운명처럼 개인적 노력을 덮치기 때문에, 만일 이 통제 요소들이 상속된 편익까지 반영한다면 우리의 집단적인 발견과 창조에 특히 파괴적으로 작용할 것이다.

어떠한 중첩지대가 가능할지 그 상상력의 핵심에 자리한 직관적인 생각은, 실천적 실험주의와 개인적 해방은 똑같이 집단적 학습을 가로막는 장애물들을 최소화할 제도를 요구한다는 점이다. 이 제도들은 강화된 개인의 안전 및 역량과, 실천적·도덕적 체험의 모든 영역에서 타인과 연합하는 다양한 방법들을 시험하는 폭넓은 기회들을 결합함으로써 집단적 학습을 가로막는 장애물을 최소화한다.

이러한 견해는 다음으로 우리가 형성하고 살아가는 제도 및 담론 구조들과 우리가 맺어야 할 관계에 대한 하나의 테제와 연결된다. 우리는 이러한 구조 안에서 운동함과 동시에 이 구조에 저항하고 그것을 극복하고 교정하면서 우리의 능력과 힘을 계발한다. 더 나아가, 우리는 사회적·문화적 맥락들[4]의 한계에 도전하는 인간 역량의 행사와 강화에 더 우호적인 형태로 구조를 형성할 수도 있다.

실천적 진보와 개인적 해방이 서로 얼마나 친화적인지를 이해하는 최상의 방법은, 이 두 계통의 이해관계를 구성하는 각각의 내적 구조를 우리가 이해하는 것이다. 각 이해관계의 중심에는 각종 요구 사항들이 벌이는 갈등이 있다. 이 갈등들을 수정하고 조절하는 과정을 통해 우리는 인간 권능의 범위와 위력을 고양시키고 자유의 주요한 경험을 심화시키게 된다.

경제성장과 기술 혁신을 가장 중요한 종種으로 삼는 실천적 진보는 민주적 실험주의자에게는 여러 가지로 중요하다. 경제성장은 기술 발전이라는 보강적인 수단과 함께 인간의 삶에서 힘들고 따분한 노동과 병약함을 제거해주기 때문이다. 허약해서는 자유로워질 수 없다. 우리가 더 많은 사적인 재화들을 생산하여 공공재의 희소성을 만회하고 사적 소비에서 사회적 좌절의 메마른 위안을 찾으려고 할 때, 경제성장과 그 성과들은 타락하기 시작한다.

경제적·기술적 진보가 가져다줄 실질적 편익은 어쨌든 스토리의 일부에 지나지 않는다. 우리에게는 비즈니스 세계를 민주주의와 실험주의가

---

4 맥락은 사회제도나 사회의 미시 구조를 지칭하는 웅거의 개념이다.

반드시 의지해야 하는 도덕적 경험에 더 온전히 개방시키는 것이 더 중차대한 일이다. 사람들은 생애의 많은 부분을 일터에서 보내면서 실천적인 경제활동에 참여한다. 관건은, 노동하는 삶이 민주주의와 실험주의에 공통된 요소들을 활용하고 지속할 수 있도록 형성되어 있는가이다.

물질적 진보의 모든 측면에서 중심적인 것은 협력과 혁신의 관계이다. 혁신은 협력을 요구한다. 그러나 협력의 모든 형식은 서로 간에 다른 집단들의 확립된 기대와 기득권을 발생시키는 제도들 안에 배태되어 있다. 사람들은 혁신이 그러한 권리와 기대를 위협한다고 믿기 때문에 대체로 혁신에 저항한다.

협력을 조직하는 어떤 방식들은 다른 방식보다 혁신에 우호적이다. 그 방식 중 하나는 집단이 제공하는 특전보다 개인의 재능에서 혁신의 보증 수단을 확보하는 것이다. 우리는 작업장에서, 모든 생산 영역에서, 나아가 전체 경제에서 이러한 협력 형식들을 선택하고 발전시킴으로써 협력과 혁신 사이의 긴장을 조절하고 서로를 보강할 수 있다.

이 같은 방식으로 우리는 경제활동에서 실험적 혁신의 범위를 확장시킨다. 우리는 또한 민주적 문화를 지속시키는 핵심적인 경험들, 예컨대 미리 정해진, 특히 상속받은 사회적 분할과 위계제의 경계를 가로지르는 협력의 능력뿐만 아니라 집단 특전을 뛰어넘는 개인적 재능과 역량의 지배도 강화시켜야 한다.

이제 개인적 해방이라는 이익의 내적 구조를 살펴보자. 개인성의 발전은 인간의 실천적·인지적·정서적 연대의 누적적인 농밀화를 요구한다. 그러나 이러한 농밀화는 이중적 위험, 즉 타자에 대한 굴종과 동결된 사회적 역할들의 중압 아래서 인성 상실의 위험으로 우리를 영원히 위협한다. 따라서 인성의 두 요구 사항들 간의 갈등을 이완시킴으로써 자유, 즉 평정심self-possession과 자기계발self-development[5]을 위한 역량으로서 가장 기본적인 자유를 심화시켜야 한다.

사회적 분할과 위계제의 고착된 구도는 개인들의 삶의 기회를 상속받은 자원과 기회에 따라 결정하고, 협력의 기회를 특전과 통제의 이해관계에 굴복시키면서 평정심과 자기계발의 요청들 간에 갈등을 심화시킨다. 이러한 배후 구조의 격자에서 개인을 해방시키는 것은 우리 각자가 집단생활에 참여하는 대가로 반드시 지불해야 하는 비용을 줄이고, 평정심과 자기계발의 기본 조건들을 화해시키는 데 기여한다.

이 화해로 제기되는 주요한 쟁점은, 저항과 연대의 관계 또는 초월과 사랑의 관계라는 성서(종교)의 중심적인 쟁점이다. 초월이라는 종교적 관념에 담긴 세속적인 내용은 인간에 의해 창조된 사회와 담론의 맥락들이 인간을 완전히 틀어쥐어 통찰, 경험, 감정, 연결, 창조, 생산에 관한 인간 능력을 소진시킬 수 없다는 것이다. 인간이 만든 맥락들 속에 존재하는 것보다 더 많은 것들이 인간에게 있다. 맥락들은 유한하다. 맥락들에 비하면 인간은 유한하지 않다.

우리는 맥락을 초월하는 인간 능력을 더 지탱해 주는 제도적·문화적

---

5 self-possession과 self-development를 각기 평정심과 자기계발로 번역하였다. 두 가지 모두 인간의 자립(독립)의 핵심적인 요소이다. 평정심은 외부의 사태에 흔들리지 않은 내적 측면을 의미하고, 자기계발은 주체가 스스로를 전개하고 외화하는 것을 의미한다. 전자가 스토아적 주체성이라면, 후자는 아리스토텔레스적 주체성이다. 후자는 동시에 빈곤 퇴치와 역량 계발의 정치적 이상과 결부된다.

세계들을 건설함으로써 환경과 인성 간의 불일치를 줄이기를 바란다. 그러한 맥락들은 스스로 수정을 유발하는 때에도 저항을 위한 인간의 자원과 권능을 강화시킬지도 모른다.

사랑과 연대의 역량은 다른 사람들의 타자성을 인정하고 수용하는 인간의 능력을 강화시킴으로써 성장한다. 바로 사랑 안에서, 이상화나 유사성에 거의 의존하지 않는 사랑 안에서, 우리는 우리가 결코 작성한 적이 없고 거의 이해하지도 못하는 대본에 따라 그저 각자의 역할을 수행하며 사회 구조에서 한 자리를 차지한 자들이 아니라 아주 철저하게 실제 그대로 맥락을 초월하는 독창적인 존재로 서로를 수용하게 된다.

그러나 우리는 우리가 속한 맥락과 관계에서 형세를 역전하거나 서로를 현재의 모습 그대로 또는 미래의 가능할법한 모습으로 수용할 수 있는 완전한 존재는 아니다. 우리는 그러한 존재가 되어야 한다. 민주주의의 심화는 각 주장의 대립된 요청들을 화해시키면서 우리가 수행하는 방식 중 하나이다. 그러한 의미에서 민주적 실험주의는 정치학과 경제학을 능가하는 관심사들에서 에너지와 의미를 끌어 온다.

그리하여 개인적 해방과 실천적 진보의 조건들은 구조적으로 유사하고 인과적으로 상호 연계되어 있다. 이러한 연계성과 유사성은 민주주의자의 제1의 본질적인 희망을 합당한 것으로 만든다. 나아가 이 연계성과 유사성은 개인적 해방과 실천적 진보라는 두 가지 선善을 구현할 조건들 간의 중첩지대에서 시도하는 우리의 작업에 신뢰성을 부여한다.

민주적 실험주의와 보통 사람들: 통찰과 행위주체성

민주주의자의 제1희망이 실천적 진보와 개인적 해방의 조건들 간에 중첩지대를 건설하는 것이라면, 제2희망은 이러한 작업이 보통 사람들의 절실한 필요와 열망에 응답하는 것이다. 민주주의는 그것을 원치 않는 국민에게 제공된 교활한 역사의 은밀한 선물처럼 전진할 수 없다.

사람들은 자신들이 필요로 하는 것에 대하여 착오에 빠질 수 있지만, 민주적 실험주의의 사실적 가정이 참이라면 교정 불가능할 정도로 착오를 범하지는 않는다. 민주주의의 전진은, 즉 그 제도적 혁신과 실천적 진보 그리고 개인적 해방에 끼치는 민주주의의 자극은 사람들이 스스로 이익과 이상이라고 간주하는 바로 그 이익을 충족시키고 그 이상을 실현시키는 방향으로 작동해야 한다.

이러한 제2희망이 불합리하다면 민주적 실험주의자들은 끊임없이 정치의 악령들을 자극했을 것이다. 그 악령이란 수단들이 스스로 목적들을 창조하려는 경향(목적─수단의 전도)과 자칭 전위들이 표방한 원칙들을 희생하고 자신의 권력적 이해관계를 보존하려는 경향(과두제의 철칙성)이다. 보통 사람들은 우연한 경우를 제외하고는 사회 형성 작업의 행위주체도 될 수 없고 수혜자도 될 수 없었을 것이다.

보통 사람들의 필요와 열망에 응답하려는 민주주의자의 제2희망을 합당한 것으로 만드는 것은 내가 '이중성duality'[6]이라고 부르는 행위주체의

---

6 여기 이중성은 이익과 이상을 정의하고, 인간관계를 수립하는 방식에서 이중성을 의미하며, 이 책

특성이다. 이중성 테제에 따르면, 집단적 이익을 정의하고 옹호하는 데에는 다양한 선택적 방식들이 존재한다.

어떤 방식은 보수적이고 배타적인데, 기성 제도들과 현존하는 사회적·기술적 노동 분업을 당연시하기 때문이다. 제도적으로 보수적인 가정들은 각 집단으로 하여금 자신의 이익과 틈새 지위의 보존을 동일시하도록 하고, 사회적 공간에서 바로 인접한 집단을 자신의 최대 적으로 파악하도록 이끌기 때문에 배타적이다. 이 책 후반부에서 다룰 사례를 소개하자면, 자본집약적인 산업에서 노조에 가입한 노동자들은 임시직 노동자와 하청업자를 위협으로 간주하고, 공장 차원 또는 기업 차원의 단체협상 합의안에서 이 경쟁자들의 침입을 막을 보증을 찾는 식이다.

반면, 집단적 이익과 이상을 정의하고 옹호하는 데에 변혁적이고 연대지향적으로 접근하는 방식이 있을 수 있다. 일련의 제도들을 점진적으로 변화시켜 이익과 이상을 실현하는 방식이다. 예컨대, 노동조합 가입 노동자들은 벤처캐피털venture capital[7]에 대한 분산적인 접근 전략을 지지하여 임시직 노동자와 하청업자들과 공통의 대의를 발견할 수 있다. 제도 변화의 결과는 시간이 흐르면서 인정된 이익과 공언된 이상의 내용과 맥락을 수정하게 된다.

이상과 이익은 연관된 제도적 구도에서 많은 실체적인 내용을 이끌어

에서 언급되는 경제적 이중구조와 구별해야 한다. 웅거는 연대지향적 방식을 통해서 정치적·경제적·사회적 이중구조를 타파하거나 최소한 이완시켜야 한다고 주장한다.

7 기술력과 발전 가능성이 크지만 자본과 경영 기반이 취약한 벤처 기업을 대상으로 전문적인 투자를 하는 창업투자회사.

낸다. 우리는 이익과 이상에 입각해서 제도적 기반을 이동시킴으로써 제도적 내용에 관한 우리의 이해를 변경하도록 압박한다. 그리하여 제도적 기반이 요지부동이었던 동안에는 감춰져 볼 수 없던 의미의 모호성과 발전의 대안들을 이제 드러내게 된다.

집단 이익을 정의하고 옹호하는 데에 보수적이고 배타적인 전략은 자멸적일지도 모르지만 거의 항상 안전해 보인다. 이러한 전략은 구체성의 장점을 향유한다. 이와 달리 변혁적이고 연대지향적인 접근은 무모한 짓으로 보인다. 연대지향적인 전략이 장기적으로는 더욱 지속 가능하다는 주장은, 배타적 전략이 보유한 직접성의 힘보다 낫다는 점을 보통 만족스럽게 증명하지 못한다. 바로 그렇기 때문에 변혁적이고 연대지향적인 기획을 주장할 때에는 추가적인 논거가 필요하다.

정치에 존재하는 예언적인visionary 요소가 바로 이러한 도움을 제공한다. 다른 세상이 열리면 우리가 우리의 이익과 이상에 대해 (약간) 수정된 견해를 가진 (약간) 다른 사람으로 변할 것이라는 예언은 집단적 이익과 친숙한 확신에 대한 차가운 호소를 보충한다. 그래서 변혁적 정치에서는 이익의 계산과 정치적 예언이라는 두 가지 언어로 말하지 않으면 안 된다.

앞서 꺼낸 예로 돌아가 보자. 산업 재구성 프로그램은 확장된 민중연합[8]으로 지속되어야 하는데, 이 프로그램은 대량생산 산업의 특전과 이

8　민중연합은 popular alliances을 번역한 것이다. 대중동맹(대중연합), 국민동맹(국민연합), 민중동맹(민중연합)으로 번역할 수도 있겠다. 이는 변혁적 정치의 주체를 논하는 데 중요한 개념이다. 웅거는 확장된 민중연합, 포용적 민중연합, 다수파 민중연합을 번갈아 사용한다. 그는 노동계급(특히 조직된 노동계급) 또는 노동계급만을 변혁의 주체로 상정하는 사고에서 벗어나 기득권에 속하지 않는 모든 노동하는 대중과 의식 있는 시민들, 심지어 국민적(민족적) 기업가까지 포섭한다. 이러

러한 산업에 고용된 노동자의 특전을 고집스럽게 옹호하는 것보다 훨씬 위험스러워 보인다. 더 큰 위험이 발생할 수 있다는 판단은 어느 정도는 환상일 수 있으며, 이는 각각의 접근법이 가져올 결과를 제대로 예측하지 못하는 상상의 실패로 해명할 수 있다. 그러나 전기적 시선과 역사적 시선[9] 사이에 불연속이 존재한다면(누가 역사적 진보의 도구로 봉사하기를 원하겠는가?), 그 위험성에 대한 판단 역시 집요한 환상일 뿐이다. 재편된 사회 세계에 대한 전망적 암시는 현재의 개인적 경험과 감춰진 사회적 가능성을 연결하려는 시적詩的이고 예언적인 시도와 더불어 이 논쟁들이 펼쳐지는 상상적 영토를 확장함으로써 위험의 눈금을 시정하는 데 기여한다. 이익과 이상에 대한 견해의 수정 결과가 분명해지면 예언적인 것과 도구적인 것을 구별하는 경계선이 허물어지기 시작한다. 그리하여 역사는 상상력에 더 큰 여지를 제공한다.

승인된 이익과 표방한 이상을 지지하는 연대지향적이고 변혁적인 방법들의 존재가 민주주의자의 제2희망을 정당화하는 기본 전제이다. 대응성과 비대칭성은 사회 변화의 이해에 민주적 실험주의가 의존하는 행위주체의 특성으로서 이중성dualism을 보완한다.

대응성 테제correspondence thesis에 따르면, 집단 간의 연합과 적대는 항상 일군의 제도적 조정 및 제도적 개혁들의 이면이다. 사회집단들 간에 맺

한 정치적인 민중연합은 개혁정치의 성공에 따라 확장될 수 있기 때문에 포섭 범위는 유동적이다. 이 개념은 샹탈 무페가 말하는 '헤게모니적 접합'이나 연합으로 생각할 수 있겠다.

9 전기적 시선과 역사적 시선. 전기적 시간과 역사적 시간은 개체로서 인간과 종으로서 인류를 염두에 둔 표현이다. 전기적 시간 안에서는 인간은 필연적으로 고갈되지만 역사적 시간에서는 연속체로서 존재한다.

어진 연합이 이후 지속적으로 발전할 수 있는지는 참여 집단의 이익과 이상을 수렴할 수 있는 제도적 상황이나 제도 개혁의 경로가 있는지에 달려 있다. 개혁 프로그램의 파급 범위가 넓을수록, 연합의 논리와 제도 개혁 방향 사이의 연계성은 더욱 탄탄하고 분명해질 것이다.

자본집약적 산업에서 조직된 노동자들과 임시직 노동자들 및 비정규직 노동자들의 연합이 이치에 맞는지는 그러한 연합을 장려하는 제도 개혁 프로그램과 경제정책 유무에 달려 있다. 이러한 프로그램이 성공한다면 전략적 동반자 관계로 시작된 것이 하나의 지속적인 융합체로 전환될 수 있다. 그리하여 궁극적으로 집단적 정체성들과 집단적 이익들의 통합체로 이어질 수도 있다.

대응성 테제는 마르크스주의 이론의 특징적인 주장을 뒤집는다. 정통 마르크스주의에 따르면, 계급 이익의 객관적인 논리가 존재하며, 이는 각 생산양식의 제도적 위치들 속에 그리고 생산 체제의 위기와 승계를 규율하는 냉혹한 법칙 속에 뿌리내리고 있다. 계급 갈등의 범위가 넓어지고 그 강도가 세질수록 계급 이익, 계급 연합, 계급 대립의 논리가 더욱 투명해진다는 것이다. 이러한 계급 이익 논리를 오해한 사람들은 자신들이 잊어버리고자 노력했던 것을 상기하면서 정치적 패배의 고통을 겪게 된다.

그러나 대응성 테제의 관점에서 보면, 집단 이익의 명료성과 고정성은 허울만 그럴듯하고 부차적인 것이다. 그 명료성과 고정성은 이익에 대한 기성의 관념을 자명한 것으로 보이도록 만드는 제도들에 도전하거나 그 제도들을 흔들지 못한 상태를 반영한다. 사회적·이데올로기적 갈등은 행위주체와 연합에 대한 우리의 견해를 에워싼 자연성과 필연성의 고색창연한 외관을 침식시킨다. 갈등의 범위가 확대되고 그 강도가 상승함에 따라, 무엇이 나의 이익인가라는 물음은 다른 물음들과 결합하기 시작한다. 이 문제에서 어떠한 사회적 세계들이 부상할 것인가? 이렇게 나타난 세계들에서 나는 어느 집단에 속하게 될 것인가? 나의 이익과 나의 정체성은 이제 무엇이 될 것인가?

비대칭성 테제asymmetry thesis에 따르면, 정치적 연합과 사회적 또는 집단적 연합들 간의 관계는 비대칭적이다. 일련의 집단적 연합들은 집단적 이익의 수렴을 지지하는 제도들을 유지하고 발전시키기 위한 공유된 프로젝트라는 차원에서 하나의 정치적 연합을 전제한다. 어떠한 집단적 이익 연합도 자연적이거나 필연적이지 않다. 단, 연합 자체를 지속시키는 제도들과 관계에서는 연합은 자연적이고 필연적이다.

이러한 제도를 설치하려는 투쟁과 점진적인 현실화는 사회적 연합이 발전하는 데 필요한 기본적 요구 사항들이다. 정권의 장악과 행사를 위한 경쟁만이 이런 노력의 유일한 수단이 아니다. 정권을 둘러싼 경쟁은 정부 바깥에서 사람들이 서로 관계 맺는 형태를 변화시키려고 추구할 수 있는 온갖 방식들 중에서도 가장 두드러지고 친숙한 형태일 뿐이다.

그러나 정치적 연합은 동일한 의미에서 사회적 연합을 전제하지 않는다. 정치적 연합은 사회적 연합의 건설을 선행조건보다는 과업이자 지평으로 간주한다. 개혁과 연합 프로젝트는 먼저 사유와 행동 속에서 살아남아야만 이해관계의 승인을 받은 연합으로서 최후까지 실행될 수 있다.

비대칭성 테제는 직관에 반한 것으로 보일지도 모른다. 그러나 비대칭성 테제가 유효하지 않다면, 역사 속에서 용의주도하고 불연속적이며 구조적인 변화는 불가능해질 것이다. 정치적 힘과 정치적 의견의 분할은 기성 제도의 틀에 발딛고 있는 계급과 공동체의 근본적인 분할을 보여주고 보강했을 것이다.

정치는 우연성과 필연성에 대한 대안이다. 정치적 허용치와 사회적 허용치[10]가 비대칭적이지 않았다면, 우연성과 필연성은 의도적 변혁의 공간을 봉쇄했을 것이다.

그러므로, 사회적 연합과 정치적 연합의 불균등성 원리는 실천적·정치적 이성의 요청이다. 역사적 경험의 증거는 이러한 요청을 확인하거나 거부하는 데에 충분하지 않을지 모른다. 그러나 그러한 증거가 진실하다는 것이 우리에게는 관건적인 사항이다. 우리는 그것이 진실인 것처럼 행동함으로써 그것을 더욱 진실한 것으로 만들고자 한다.

이중성, 대응성과 비대칭성 테제는 사회가 변하는 방식에 대한 특정한 가정들에 입각해 있다. 이러한 테제들은 실제로 유럽의 고전적 사회이론 전통들과 많은 부분 양립하지 않으며, 현대 실증적 사회과학의 많은 사조들과도 양립하지 않는다. 그럼에도 불구하고 이중성 테제는 잘 정립된 강한 사회이론을 전제하지 않는다. 그러나 이 테제들은 내가 다른 책들에서 탐구했던 일군의 견해들과는 양립한다.[11]

---

10 allowances를 번역한 것이다. 역자는 문맥으로 보건대 연합alliances의 오식이거나 최소한 연합과 동등한 의미를 가지는 것으로 생각한다.

11 (원주) Roberto Magabeira Unger, *Politics: The Central Texts*, edited and introduced by Zhiyuan Cui, Verso, London, 1997 [로베르토 웅거, 추이즈위안(편), 김정오(역), 《정치학》, 창비, 2015.]

우리는 민주적 실험주의자로서 새로운 사회이론의 진리들에 대하여 합의가 이루어질 때까지 사유하고 행동하는 것을 유예할 수 없다. 우리는 우리의 노력과 원칙이 요구하는 관념들을 발견해야 하고, 사회적 실재의 사실들과 역사적 경험이 틀렸다고 증명한 가정들에 집착해서는 안 된다.

민주적 실험주의는 제도적 상상력의 도구들을 필요로 한다. 특히, 민주적 실험주의는 제도적 통제들과 대안들을 진지하게 고려하는 법적·경제적 분석 관행에 의존한다.[12] 민주적 실험주의는 이 작업을 독려하고 영감을 제공하는 데 기여할 사회와 역사에 대한 원대한 비전을 요구한다. 민주적 실험주의는 그것이 필요로 하는 것을 얻을 때까지 멈출 수 없다. 민주적 실험주의는 조직적인 이론적 통찰에 앞서 민주적 실험주의의 상상적 또는 현실적 실험에 대한 성찰을 펼치도록 압박하면서 민주적 실험주의의 고유한 전제들을 발견하고 정당화하고 발전시키지 않으면 안 된다.

제도적 혁신

민주적 실험주의는 두 가지 본질적 희망을 하나의 관행, 즉 사회제도에 대한 의도적이고 지속적이며 누적적인 수정이라는 관행과 결합한다.

이러한 관행의 전제는 이상이나 이익에 대한 이해와 관행이나 제도에

---

12 (원주) Roberto Mangabeira Unger, *What Should Legal Analysis Become?*, Verso, London, 1996.

대한 사유 간의 내적 연관성이다. 우리는 제도 개혁을 이익이나 이상의 규정, 또는 정의正義 원칙들의 공식화에 대한 도구적 퇴고推考로 덧붙여진 사회공학상의 변명으로 간주해서는 안 된다.

이익과 이상은 다음과 같은 이중적인 언급에서 의미를 도출한다. 이익과 이상은 경제적 서술의 따분한 언어와 정치적 담론의 친숙한 경건함이 완전하게 활용하지 못하는 열망과 번민을 언급한다. 그러나 이익과 이상은 최소한 경제적 서술과 정치적 담론 정도의 설득력을 가지고 우리가 현재 암묵적으로 수용하고 있는 제도들을 그 자신의 자연스러운 표현으로 언급한다. 예컨대 우리가 민주주의의 이상을 환기할 때, 우리는 우리의 헌법적 종교가 사용하는 의미심장하고 모호한 수사학에 의존하지만 최소한 그 정도만큼 경향상 현대 북대서양 양안에 자리한 민주적인 산업국가의 배경에 의존한다.

이중적 언급은 정치언어에 드라마와 운동을 더해 준다. 우리가 이익과 이상의 제도적 가정을 의문시하는 순간부터 과거에는 보이지 않던 단층선들이 우리 시야에 드러난다.

예컨대 우리가 법적·제도적 형태를 실험하기 시작한 순간, 사유재산에서 무엇이 더 중요한가? 그 소유자가 가처분 자원에 대해 가지는 권한의 무제한성이 중요한가? 아니면 각기 자신의 주도와 계산으로 그 자원들의 일부를 사용할 수 있는 절대다수의 경제적 행위자들이 중요한가? 생산적 자원에 대한 접근의 분산적인 배정을 추구하는 대안적 제도들은 첫 번째 질문에서 소유권의 무제한성을 제약하고, 두 번째 질문에서는 사유재산을 확산시킨다.

제도적 선택지들은 이익과 이상의 실현을 위해 미리 결정된 프로그램을 그저 집행하는 것으로 그치지 않는다. 제도적 선택지들은 그러한 프로그램을 갈무리한다. 우리는 전체적으로 제도적 가능성들을 풍요롭게 만들고, 이어서 그러한 가능성을 하나의 방향으로 추진함으로써 제도적 가능성들뿐만 아니라 우리 자신을 특정한 방향으로 만들어 가게 된다.

오늘날 특히 영어권 국가에서 규범적 정치철학의 지배적인 양식은 규범적 원칙과 이상의 정식화를 제도적 조정안의 설계와 분리된 활동이나 그에 선행하는 활동으로 취급한다. 이에 따르면, 권리와 자원의 정의로운 분배 원칙을 수립한 후에 이 원칙들을 현실에서 가장 효과적으로 실현할 수 있는 제도를 설계한다. 이때 사회공학의 통찰은 규정적인 지도 작업에 대해 외부적이고 보완적인 성격을 가질 뿐이다.

이와 유사하게, 정치철학에서 통용되는 지배적인 관행은 욕구, 도덕적 직관, 개인적 또는 집단적 이익의 인식을 규범적 이론이 호소할 수 있는 재료 정도로 취급한다. 물론 이러한 재료들은 이론적 성찰의 관점에서 지속적으로 가다듬어질 수 있다. 예컨대, 우리가 원칙의 구도 안에서 다른 것들과 부합하지 않는 도덕적 직관을 거부하기 때문에 이 요소들은 최소한 경계 지점에서는 교정될 수도 있다.[13] 그러나 이 요소들은 근본적으로 믿음과 제도들로부터 상당한 독립을 향유한다.

이론가들은 흔히 규정적 원칙과 제도적 설계의 분리, 더 나아가 적나

---

13 웅거의 비판은 대표적으로 롤스의 정의론과 반성적 평형reflexive equilibrium을 겨냥한 것이라고 여겨진다.

라한 욕구 및 직관들과 제도적 설계의 분리가 역사적 맥락에 대한 규범적 이론의 초월을 보장하는 데에 필수적이라고 상정한다. 그러나 합리주의적 정치철학자들은 제도적 선입견을 통해 이상들이 어떻게 형성되는지를 제대로 인식하지 못함으로써 스스로를 더욱더 완전히 역사적 구도의 손아귀에 내맡기게 된다. 그 결과, 정치철학자들의 사변은 대체로 전후 산업민주주의 국가에서 시행된 재분배적인 조세-이전[14]과 개인 권리 보호의 특징적인 관행들에 대한 철학적 주석에 불과했다. 우리는 반드시 맥락으로부터 독립성을 획득해야 하는 것이지 개념적 속임수로 독립성을 선취해서는 안 된다. 독립성을 획득할 수 있는 방법은, 우리가 이상·이익·제도·욕구들의 친숙한 제도적·이데올로기적 지반의 개혁에 착수해 나가면서 우리의 이상·이익·제도, 심지어 욕구를 발전시킬 수 있는 더 다양한 방향들을 탐험하는 것이다.

따라서 민주적 실험주의에 유용한 프로그램적 상상력[15]은 사변적 정치철학이 속박되어 있는 허위의 구분들에서 탈출해야 한다. 제도적 논쟁과 실험들은 결코 분리되거나 보충적인 실천이 아니라, 이상과 이익의

---

14 재분배적 조세-이전 방식을 극복하자는 것이 이 책의 주요 골자이다. 웅거는 더 가진 자에게 더 많은 세금을 부과해서 이를 취약계층에게 복지 재원으로 재분배하는 전통적인 방식(조세-이전지출)을 넘어서 취약계층으로 하여금 생산활동에 뛰어들게 하고 그들을 자산 소유자 또는 지분 공유자로 형성시키는 활력 있는 경제체제를 수립하자고 제안한다. 그렇게 하기 위해서 신용, 기술, 교육에서의 혁신이 수반되어야 한다.

15 프로그램적 상상력, 프로그램적 사유는 혁명적이고 전복적인 사고에 대비되는 개념으로서 변혁은 지속적이고 부분적인 개혁의 연쇄로 구성된다는 사고이다. 웅거는 이를 '혁명적 개혁'이라고 부르며, 혁명적 변화와 대립시킨다. 프로그램적 상상력은 현실에 대한 완결된 청사진과 대비된다. 프로그램적 상상력은 일을 추진하면서 수없이 많은 경로들 중에서 유용한 것을 선택하는 사고방식이다. 시간의 흐름과 성과의 누적이 핵심적이다.

내용을 정의하고 재정의하는 가장 중요한 방식을 대변한다.

이러한 활동에서 기본적인 철학적 질문은, 우리가 얼마나 많은 지침을 기대할 자격을 가지며 동시에 그러한 지침을 어디서 발견할 수 있는지이다. 지침을 모색할 때 우리는 맥락적인 것(현재 상황에서 이상과 제도, 직관과 관행)에서 맥락을 초월하는 다른 것으로 결코 이동할 수 없다. 우리가 희망할 수 있는 것은, 단지 경험의 범위를 확대시키고, 현재의 살아 있는 가능성들을 평가하는 판단의 시야를 심화시키는 것뿐이다.

제도적 실험주의 관행에서 강조되는 사실상의 가정은, 변혁적 정치의 일종인 급진적 개혁의 우위성 관념이다.[16] 개혁은 그것이 사회의 기본 제도들, 즉 각종 제도와 이미 확립된 믿음들의 형성적 구조[17]를 겨냥하고 변화시킬 때 급진적이다. 개혁이 개혁인 것은, 한 번에 하나씩 이러한 형성적 구조의 개별 부분을 다루기 때문이다.

제도적 땜질이나 점진적인 변화 관념은 종종 사회의 근본 제도들에 대한 도전의 포기, 더 나아가 형성적 구조와 형성된 일상을 구별하려는 시도를 부정하는 듯한 인상을 준다. 이러한 회의적 시각은 도리어 제도적 구조들이 공도동망共倒同亡의 운명을 지닌 불가분의 체계로 존재한다는 생

---

16 (원주)변혁적 정치에 대해서는 다음을 참조하라. Roberto Mangabeira Unger, *Social Theory: Its Situation and Its Task*, Cambridge University Press, Cambridge, 1987, pp. 163-5, 및 *False Necessity: Anti-Necessitarian Social Theory in the Service of Radical Democracy*, Cambridge University Press, Cambridge, 1987, pp. 172-246.

17 형성적 구조는 사회의 기본적인 제도와 관념을 의미하며, 인간의 의식과 행동을 규정하는 힘을 가진다. 웅거는 '형성적 맥락'이라는 표현을 더 많이 사용한다. 인간은 이러한 맥락(구조) 안에서 맥락 유지적인 행동을 하기도 하지만 맥락 변혁적인 행동을 하기도 한다.

각과 아주 빈번히 연결되었다.

급진적 개혁을 변혁적 정치의 지배적인 양식으로 인정하는 핵심은, 불연속적이고 구조적인 변화 관념과 '다음 단계에서 무엇을 해야 하는가'를 끝없이 묻는 사람의 실천적 태도의 결합이다. 사회 안에는 기본적 제도 장치들과 확립된 믿음들이 존재한다. 이 제도와 장치들은 정치적·경제적·담론적 갈등이 반복되는 일상, 정치적 권력·경제적 자본·문화적 권위와 같은 사회 형성적 자원들이 실제 활용될 때 부딪히는 한계, 그리고 이익에 대한 이해와 추구에서 집단적 행위주체들이 당연시하는 사회에 대한 가정들을 형성하는 능력을 통해서 자신의 특별한 힘을 증명한다. 그러나 형성적 제도들이 서로 연결되어 있다고 하더라도, 그리고 어떤 제도가 다른 제도와 안정적으로 조합될 수 없다고 하더라도, 사회의 제도적 질서는 부분별로 그리고 단계별로 점진적으로 변화한다.

개혁 프로젝트를 더 급진적으로 만드는 것은 부분들의 조합이며, 단계적 조치들의 연속이다. 이 연속된 조치들은 출발점을 훨씬 뛰어넘어 이익, 이상, 정체성과 관계된 이익을 줄곧 변화시킨다. 이러한 단계 조치들의 방향에 따라서 개혁 프로젝트들은 더 민주적으로 혹은 덜 민주적으로 나아가기도 한다.

하나의 불가분적인 체제를 다른 체제로 전면적으로 교체하는 것을 주창해 온 혁명 관념은 실제 역사가 어떻게 전개되는지를 환상의 렌즈로 파악한, 변혁적 정치의 위험스러운 한계 사례를 기술할 뿐이다. 현실이 환상에 저항할 때, 자칭 혁명가들은 격앙된 의지를 실현하는 수단을 물리적 폭력에서 찾으며 폭력에 호소하게 된다. 혁명가들은 사회적 현실이 그들에게 주기를 고집스레 거부한 것을 사회 현실에서 취하고자 한다.

그런데 오늘날 혁명 이념은 혁명의 반대물에 대한 변명이 되어 버렸다. 진정한 변화는 혁명적 변화인데 혁명적 변화는 잡을 수 없고, 가능하다고 하더라도 너무나 위험스럽기 때문에 그저 불가피한 것(자본주의-옮긴이)을 인간화할 따름이다. 그 인간화는 도전과 변화를 포기하고 조세-이전에 의한 보상적 재분배를 통해 사태를 그저 완화시키려는 비관적 개혁주의의 프로젝트이다.[18] 그것은 충격요법 대신에 점진적인 조정 프로그램이고, 다른 측면의 정치적 프로젝트의 더욱 유연한 형태 대신에 노동권의 불가피한 약화에서 건져 낸 약간의 사회보호 프로그램이다.

그리하여 환상에서 깨어난 과거의 마르크스주의자는 제도적으로 보수적인 사민주의자가 되었다. 이제 그는 마르크스주의의 좋은 부분, 변혁적 열망들을 던져 버리고, 그 나쁜 부분, 역사적 운명론을 따르면서 마르크스주의의 정치적 의미를 변질시켰다. 관념의 결함은 곧 성격에도 결함을 가져올 여지를 만들었다. 그는 자신을 운명에 내다 팔았으며, 운명을 수용함으로써 조국을 배반하였다.

---

18 '비관적 개혁주의'에는 사민주의, 또는 제3의 길이나 따뜻한 보수주의가 모두 포함될 것이다.

허위의 필연성과 대안적 다원주의들

허위의 필연성[19]과 대안적 다원주의가 요구하는 사회적 변화에 대한 가정들은 최소주의적이지만, 그 가정들은 결코 사소하지 않다. 그러한 가정들은 실천적 정치에서 수용되는 정치 변혁이 갖는 한계에 대한 관념들 중 많은 것을 배제하였을 뿐만 아니라, 사회이론의 가장 유명한 전통들과 실증적 사회과학의 가장 영향력 있는 이론들도 다수 배제하였다.

제도적 대안의 실천적 상상력은 우리로 하여금 변혁적 기회를 인식하고 그에 따라 행동하는 것을 가능하게 한다. 그런데 우리의 제도적 관념들, 특히 대의민주제, 시장경제 그리고 자유로운 시민사회와 관계된 대안적 제도적 형식들에 대한 관념들의 빈곤함으로 인해 민주적 실험주의라는 대의를 추구할 수 있는 인간의 역량은 너무 볼품없다.

세상 어디에나 교육 받고 정치 의식이 높은 사람들은 스스로 대안들에 관심이 크다고 주장하고, 정당과 정치인들이 대안들을 생산하지 못한다고 닦달한다. 그런데도 포괄적이든 단편적이든, 사변적이든 실천적이든, 많은 사람들이 프로그램적 제안들에 이토록 광범위하게 관심을 표명하고 있는데도 그 결실이 이토록 적다는 것이 놀랍다. 실천적 제약만으로는 이러한 빈곤성을 설명하기에 부족하다. 지배적인 사유 방식이 문제다.

---

19 '허위의 필연성'은 마르크스주의에 대한 웅거의 비판적 용어이다. 사회과학은 언제나 사회 운행 법칙 같은 필연적인 원리를 발견하려고 하지만, 웅거는 이 모든 것이 사실상 그릇된 가정이라고 비판한다. 그런 면에서 웅거는 고전적 자유주의 사상가들과 마찬가지로 사회를 우연적이고 가소적인 인공물로 이해한다. 인간사를 미리 결정하는 법칙은 존재하지 않으며 제도와 구조는 인간의 행동으로 변한다고 이해하기 때문이다.

이 책에서 앞으로 다룰 대안들을 실행하려면, 사회와 정치를 바라보는 우리의 사유 방식이 두 가지 유형의 최소주의적 특성을 갖지 않으면 안 된다. 최소주의는 설명적이고 프로그램적인 관념들의 형식과 내용 양면에서 광범위한 가능성들을 열어 놓는다. 더욱 두드러진 특징은, 이 두 가지 최소주의적 기준들이 사회과학, 정치경제학, 정치철학에서 가장 영향력 있는 현대적인 담론의 많은 부분을 배제한다는 점이다. 이 기준들은 오늘날 우리의 정치적·정책적 토론을 구성하는 일상 언어에 내포된, 사회 현실과 이상들을 바라보는 시각을 많은 부분 배제한다. 이러한 영향력 있는 서사들이 일조하여 유발했던 프로그램적 침묵을 깨뜨리는 일은 상당히 어려운 행동, 실천적 행동과 지적인 행동을 요구할 것이다.

구조적 변혁의 상상력을 형성하기 위해 우리에게 필요한 사고는, 어떠한 사회에서든 제도와 믿음들이 형성되는 맥락[20]이 있고 그 맥락은 중차대한 의미를 갖는다는 점이다. 이를 인정하는 것은 오늘날 실증과학의 지배적 관념, 즉 관행과 제도들은 특별한 설명을 요구하지 않으며 특별한 문제를 제기하지 않는다는 관념과 대립한다. 실증적 사회과학은 문제를 해결하고 이익을 수용해 온 과거 행위들의 잔여를 표현하거나(천편일률적인 경험적 사회과학), 좋든 나쁘든 정치적·경제적 행위자들이 선택한 민주적·시장친화적인 중립적 틀의 근사치를 제공한다(우파, 이데올로기

---

20 형성적 맥락. 전체로서 사회는 일정한 생산양식(자본주의)으로 종합적으로 설명할 수 있지만, 사회는 다양한 맥락들을 가지고 있다. 이러한 맥락을 사회의 미시 구조라고 할 수 있는데, 학교, 교회, 정치, 노조, 관료제 등이 여기에 해당한다. 인간은 우선 이러한 맥락 안에서, 다음은 맥락을 넘어서 점진적으로 변화를 추구한다.

적으로 공격적인 정치과학 및 정치경제학).

어쨌든 우리가 필요로 하는 사회사상의 양식은 또한 전통적으로 구조적 초점을 동반하는 필연주의적인 가정들을 거부해야 한다. 고전적인 유럽 사회이론의 발전에는 다음의 세 가지 가정이 특히 중요한 역할을 수행해 왔다.

첫 번째 가정은 완결된 목록 관념이다. 이러한 관념에 따르면, 봉건주의, 자본주의, 사회주의 또는 규율된 시장경제와 명령경제와 같은 성립 가능한 제도적 체계들의 완결된 목록이 존재한다. 각 체계마다 예정된 작동 조건들이 있다. 종종 완결된 목록 속의 체계들은 예정된 진화적 순서를 형성하는 것으로 간주된다.

두 번째 가정은 불가분성 관념이다. 이에 따르면, 완결된 목록을 구성하는 제도적 체계들은 그 각각이 불가분의 전체를 형성한다. 각 체계는 일체로서 흥망성쇠를 함께한다. 결과적으로 모든 정치는 하나의 불가분적인 체계를 다른 불가분적인 체계로 대체하는 혁명적인 정치이거나, 혹은 도전을 그만두고 체계를 인간화하거나 땜질하는 개량적인 정치일 뿐이다.

세 번째 가정은 결정론적인 관념이다. 필요충분조건들이 불가분적인 제도적 체계들의 활성화를 규율하고, 법칙적인 힘들이 그 진화를 결정한다.

형성적 구조들과 구조적 불연속의 중차대한 의미를 부인하는 이와 같은 수많은 사회사상들은 프로그램적 사유의 적절한 목표를 빼앗는다. 어떤 이론은 제도들이 시행착오를 거쳐 일련의 활용 가능한 최상의 관행들로 수렴할 것이라는 견해를 지지한다. 다른 이론은 시장경제와 대의민주제와 같은 추상적인 제도적 관념들이 유일안 자연적·필연적인 내용을 가지며 그 변형들은 사소한 지위를 가진다는 물신주의적 관념을 고취시킨다.

전통적인 구조지향적 사유 형식들은 불가분적인 제도적 체계들이 법칙적인 역사를 구성한다는 필연주의적인 가정들을 신화화하면서 프로그램적 사유가 작동할 수 있는 영역을 철저하게 제약한다. 변혁적 정치와 프로그램적 사고, 다시 말해 제도와 신념이 형성되는 맥락들의 점진적인 교체로 이해되는 혁명적 개혁[21]을 표준화하기란 불가능하다. 역사적 필연성은 언제나 의도적인 행위주체를 대체할 따름이다.

(반면에) 프로그램적인 상상력이 만들어 내는 효과적인 관행은 우리로 하여금 구조적 변화 관념을 고수하도록 요구하면서, 동시에 제도적 역사들이 갖는 기본적 우연성, 제도적 체제들의 분리가능성과 점진적인 교체 가능성, 시장경제와 대의민주제 같은 추상적인 제도적 관념들의 법적 불확정성, 즉 다수의 가능한 형태들을 열어 둔다.

사회와 역사를 설명하는 이와 같은 관행은 제도적 질서들의 완강함을 온전히 인정할 수도 있다. 그러나 관행이 그렇다고 해서 사회제도들은 무제한의 유연성을 갖는다는 주의주의적主意主義的인 환상으로 타락해서는 안 된다. 제도들이 그 특성상 허약하다 할지라도 우리는 제도들이 일단 확립되면 2차적인 필연성을 획득하게 된다는 사실을 안다. 제도들이 지

---

21 웅거는 전통적인 혁명가들이 추구하는 체제의 완전한 전복을 '혁명적 변화'라고 부르고, 프로그램적 사유에 입각한 사회 변화를 '혁명적 개혁'이라고 부른다.

지하는 집단 정체성과 집단 이익 관념들이 제도들을 재천명하기 시작하는 것이다. 쉽게 변화시킬 수 없는 조직적이고 기술적인 양식들은 변화의 위험과 비용 없이 제도들을 당연한 것으로 간주한다. 지도적인 힘을 가진 국가의 대학들에서 과학적 통찰로 해명된 영향력 있는 교리들은 제도들에 자연성과 필연성의 외관을 부여한다. 그럼에도 불구하고, 제도란 결국 자연적이지도 않고 필연적이지도 않다.

우리의 고민거리는, 구조에 민감하면서도 우연성을 인식하는 사회적이고 역사적인 설명 틀이 우리 수중에 아직 없다는 점이다. 따라서 한 발씩 앞으로 나아가며 사회과학과 사회이론의 이용 가능한 도구들을 재구성하여 이러한 설명 틀을 수립해야 한다. 이런 설명 틀이 존재하지 않기 때문에 변혁이 어떻게 이루어지는지를 설득력 있게 설명하지 못하는 것이다.

이러한 설명을 제공하는 기본 관념들은 허위의 필연성에 대한 통찰로 시작된다. 이 관념들은 현대사회의 제도들이 불가분적인 제도적 체제들의 연속을 이끌어 나가는, 저항 불가능하고 확정적인 기능적 명령들의 결과물이라기보다는, 사회적이고 이데올로기적인 갈등이 양산한 느슨하게 결합된 많은 연쇄들의 결과물이라고 가르친다.

그럼에도 불구하고 조합된 제도의 어떤 특성들은 그것이 생산적이든 파괴적이든 다른 특성들보다 실제로 집단적인 실천 역량들의 발전을 더 훌륭하게 보강해 줄 수도 있다. 실천적인 역량은 집단적 학습에 우호적인 구도에서 계발될 필요가 있다. 특히 사회적 역할들의 경직된 체계와 이미 구축된 사회적 분업과 위계제가 사회적 편익의 상속으로 재생산되는 경우에 집단적 학습은 체제의 경직된 규정에서 벗어나 사람, 관행, 자원을 재조합하는 자유를 요구한다.

경직된 사회 분업, 위계제, 역할을 발생시키는 제도의 힘과 효과적인 도전 및 수정에 반발하는 제도의 상대적 고립 사이에는 강력한 인과관계가 존재한다. 그와 같이 제약적인 사회적 결속들을 부정하는 제도들은 자체적으로 점진적이고 지속적인 개혁을 요청한다.

어떤 제도가 경합하는 제도들보다 집단적 학습에 우호적인 특성들을 보유한다는 사정은 그러한 관행과 제도들의 출현, 확산, 생존을 설명해 줄지도 모른다. 이런 의미에서 기능적 명령 관념에는 우리가 지금 보유하고 있거나 아니면 수립할 수 있는 제도들을 설명하는 데에 기여할 어떤 것이 존재한다.

그러나 기능적 명령들은 제도적 가능성들의 완결된 목록에서 특정한 제도를 선택하지 않는다. 제도적 가능성은 흥망성쇠를 함께하는 불가분의 체계 형태로 나타나지 않는다. 그보다는 일군의 대안적인 제도들로, 즉 체제와 동일한 실천적 척도를 성공적으로 충족시킬 수 있는 다양한 제도로 존재한다.[22] 세상 어느 곳에서든지 선택과 경쟁은 제도적 조정과 제도적 관념들과 같이 즉시 쓸 수 있는 비상기금을 활용한다. 제도적 조정과 제도적 관념들의 비상기금은 이제는 갈등과 창조가 느슨하게 얽힌 많은 역사의 산물이다. 기능적 통제와 역사적 우연성은 함께 작동한다.

---

22 (원주) Roberto Mangabeira Unger, *Plasticity into Power: Comparative-Historical Studies on the Institutional Conditions of Economic and Military Success*, Cambridge University Press, Cambridge, 1987.

이러한 배경에서 보아야만 앞서 거론한 행위주체의 특성들, 즉 이중성·대응성·비대칭성을 잘 이해할 수 있다.

민주적 실험주의자는 기능적 통제와 역사적 우연성을 자기편으로 두려 한다. 그래서 제도적 조정과 제도적 관념이라는 활용 가능한 자원들을 개발하고 배가하여 실천적 진보의 조건과 개인적 해방의 요청 간의 중첩지대를 지속적으로 발전시키고자 한다.

이제 우리는 허위의 필연성으로부터 사회를 상상하고 변화시키는 인간 능력이 직면한 두 가지 한계로서 제도적 물신숭배와 구조 물신숭배를 통찰하는 방법을 깨닫게 된다.

제도적 물신숭배는 대의민주제, 시장경제, 자유로운 시민사회와 같은 제도적 관념들을 특정한 제도 형태와 동일시하는 태도이다. 그러나 추상적인 제도적 관념들에는 자연적이고 필연적인 제도적 표현들이 존재하지 않는다. 우리가 의존해야 할 것은, 관행이나 제도에 대한 사고와 이익이나 이상에 대한 사고의 내적인 연결이다. 그래야 제도적 관념들을 다른 방향으로 발전시킬 수 있다.

구조 물신숭배는 제도적 물신숭배와 같은 결함을 더 높은 수준에서 드러낸다. 구조 물신숭배는 관행과 제도의 내용뿐 아니라 성질을 바꾸는 인간의 권능을 부인하고, 그리하여 구조에 도전하고 구조를 변화시키는 인간의 자유와 관행 및 제도들의 관련성을 부인한다. 구조 물신숭배는 사회사상사에서 신성화된 하나의 관념으로, 인간이 창조적인 시기들에 작성된 대본 그대로 역할을 비몽사몽간에 계속해서 수행하는 동안 제도화된 일상 업무의 통상적인 지배를 열정, 카리스마, 동원 그리고 에너지로 충만한 비일상적인 막간극들과 대립시킨다. 구조 물신숭배의 극단적인 형태는, 일상화된 제도적 삶에 대한 반란을 진정한 자유를 향한 불가피한 출구로 찬양하면서도 제도들이 미다스처럼[23] 항상 모반하는 정신을 덮칠 것이라고 예상하는 정치적 부정否定의 길이다.

제도적 물신숭배처럼, 구조 물신숭배도 사회를 변화시키고 이어서 우리 자신을 변화시키는 인간의 능력에 대한 근거 없는 부정이다. 사회제도의 성질과 그 내용은 역사 속에 열려 있다. 우리는 이미 제도를 실험하는 인간의 자유를 포함해서 실험적 자유와 제도의 가변적인 관계가 실천적으로 매우 흥미로운 사항이라는 점을 보았다.

어떤 경제적 제도들은 생산과 교환의 조직적인 구조를 더 용이하게 파악하고 이를 점진적으로 변화시킬 수 있는 권한을 우리에게 부여한다는 점에서 다른 제도들보다 협력과 혁신의 화해에 우호적일 수 있다. 정치에서는 어떤 관행과 제도의 조합이 다른 조합보다 지속적인 정치적 동원을 강력하게 지지할 수 있다. 보수 정치학 및 그 거울 이미지가 만들어낸 편견들과는 반대로, 정치적 낭만주의의 환상에는 정치적 제도화와 정치적 동원 사이에 어떤 고정된 역逆관계는 없다. 우리는 저低에너지의 제도화된 정치와, 개인적 영도력 및 열정에 들뜬 대중들의 제도 외적 또는 반제도적 고高에너지 정치 중에서 선택할 필요가 없다. 민주적 실험주의의 정치적 사유는 이러한 양자택일을 거부하는 것에서 시작한다.

---

23 웅거는 제도의 경화硬化를 설명할 때 그리스 신화에 나오는 미다스Midas를 언급한다. 미다스는 손에 닿는 것을 모조리 황금으로 바꾸었다. 그러나 경화를 설명할 때에는 고르곤이나 메두사를 이야기해야 적절하다.

허위의 필연성에 대한 통찰은 민주적 실험주의 관행을 고취하고 대안적 다원주의 개념을 발생시키는 데에 기여한다. 대안적 다원주의 개념은 우리가 현재 처한 상황에 대한 진단에 제도적 물신숭배에 대한 비판을 적용한다. 국가주의와 사사주의, 명령경제와 시장경제 사이의 낡은 이데올로기적 경합은 이미 사멸했거나 사멸하는 중이다. 낡은 경합은 정치적·경제적·사회적 다원주의를 지향하는 대안적인 제도적 형태들에 대한 새로운 갈등으로 대체되는 중이다. 현재 북대서양 양안의 민주국가들에서 확립된 대의민주제, 시장경제, 자유로운 시민사회 형태들은 대단히 폭넓은 제도적 가능성들 중 한 양식을 표현할 따름이다.

이러한 기회들을 활용하는 방향들이 인류의 힘과 가능성을 각기 다른 방식으로 계발함으로써 각기 다른 문명을 탄생시킬 것이다. 민주국가에서 국민들에게 주어진 역할은 오늘날 인류 차원에서 일어난 도덕적 분화를 표상한다. 국가의 경계를 가로질러 이동하는 노동의 자유는 국가적 차이를 재형성하는 실천적 요구 사항들 중 하나이다. 내가 우연히 태어났을 뿐인 사회에 출생이라는 하나의 사건으로 속박되어서는 안 된다. 나와 사람들 간의 유사성을 자유롭게 찾을 수 있어야만 한다. 비록 그것을 찾는 이가 거의 없다고 할지라도 그렇게 해야 한다.

오늘날 중국, 인도, 러시아, 인도네시아, 브라질 같은 세계의 주변화된 거대 국가들은 비록 현재는 각기 차이를 만들어 내는 잠재력을 억제당하고 있지만, 이 제도적 가능성들을 탐험하는 풍요로운 대지를 표상한다. 이 주변부 거대 국가들에서 시도될 수 있는, 대체로 비자발적·반*의식적인 제도적 실험주의는 부유한 민주국가들의 민주적 변혁에 필요한 숨겨진 기회들을 조명해 줄 것이다.

이 책의 구상

이 책은 민주적 실험주의 관념과 제안을 두 가지 구도, 즉 북대서양 양안의 민주국가들과 개발도상국가들, 특히 주변부 거대 사회라는 구도로 전개한다. 이제 세계 전체는 유사성의 사슬에 함께 묶여 있다. 경제 문제와 그 가능성에서 부국과 빈국 간의 근본적인 차이는 존재하지 않는다.

흔히 '급진민주주의'나 진보 정치의 재발명을 말하지만, 이 개념들의 상세한 내용까지 제시하는 데에는 대부분 성공하지 못했다. 여기서 내가 시도해 보려는 바가 바로 그 내용을 제시하는 것이다. 나는 우리가 불가피한 것을 인간화하는 것보다 그 자체로 좋은 것을 희망해야 한다고 본다. 사회 보호로 요약되는 유럽적 전통과 시장 유연성이라는 미국식 관행을 화해시키는 것(제3의 길)보다 더 좋은, 민주적 실험주의가 추구하는 물질적·도덕적 관심에 비추어 더 좋은 어떤 것을 우리가 희망할 수 있다는 것을 이 책이 보여 주고자 한다.

이 책의 두 번째 부분에서는 민주적 실험주의의 주요 문제와 가능성을 토론한다. 생산적 전위 부문과 후위 부문 사이의 경제적·사회적 분할과, 세계경제의 추진력 속으로 생산적 전위 부문들을 통합하는 문제가 이 부분의 주제이다. 그 다음에 이러한 배경에서 부유한 산업민주국가들이 산업적 쇄신을 이룩할 수 있는 세 가지 프로그램을 논의한다. 민주적 실험주의자는 보수적 경영 쇄신 프로그램이나 전통적인 사민주의 해법에 만족할 수 없다.

그 다음 부분에서 현재 민주적 실험주의 관념과 제안을 제조할 수 있는 또 다른 장, 즉 개발도상국과 공산주의 이후 국가에서 제도 개혁과 수렴의 정통적 프로젝트로서 신자유주의를 둘러싸고 벌이는 투쟁을 상세히 논의하겠다.

부유한 나라에서 시도되는 다양한 산업 혁신 접근법과 개발도상국에서 수행되는 신자유주의에 대한 대안을 찾는 토론은 프로그램을 실현하는 다양한 단계를 설정한다. 이 진보적 프로그램은 제도적으로 보수적인 사민주의뿐 아니라 신자유주의에 대해서도 동시에 대안을 제공한다. 현재로서는 이 프로그램이 민주적 실험주의를 다음 단계로 이끌어 나가면서 민주주의의 심화와 급진화가 무엇을 의미하는지를 해석해 줄 것이다.

이 프로그램은 청사진[24]이 아니다. 그것은 정신에서는 시험적이고 개별 여건에 적용할 의도를 가진 상호 연관된 일군의 관념과 제안이다. 나는 현행 제도들과 상대적으로 가까운 지점에서, 동시에 상대적으로 먼 지점에서 이러한 프로그램적 방향들을 탐구하기로 작정하였다. 중요한 것은 방향이다.

내가 다소 먼 것을 제안하면, 흥미롭지만 공상적이라고 말할지 모르겠

---

24 청사진blueprint은 웅거의 비유적 표현으로서 자주 등장한다. 청사진은 인간의 창의성과 잠재 역량을 부정하는 정치의 대본이다. 웅거는 자신의 프로그램을 '청사진이 아니라 흐름sequence이며, 건축이 아니라 음악'이라고 《주체의 각성》에서 강조한다. 인간은 완결된 대본에 따라 움직이는 꼭두각시가 아니라 새로운 상황에서 실험과 초월을 감행하는 존재이다. '건축이 아니라 음악'이라는 언급은 '건축은 동결된 음악frozen music'이라는 문호 괴테의 말을 염두에 둔 표현 같다.

다. 내가 다소 근접한 것을 제안하면, 실현 가능하지만 사소하다고 말할지 모른다. 그러면 프로그램에 의거해 사유하고 말하려는 현대적인 시도들에서 나온 모든 제안은 공상적이거나 사소해 보이게 된다. 그렇게 되면 사회에서 구조적 변화를 상상하는 우리의 능력을 신뢰하지 않게 되고, 제안이 실제 현실에 근접하는 경우에는 현실주의라는 대체 기준에 의지하게 된다. 모든 것을 수용하면 현실주의자가 되는 것은 식은 죽 먹기다.

이 책에서는 이 문제를 임시변통으로 해결하려 했다. 언급했다시피 현재 해법으로부터 각기 다른 거리의 지점에서 제공되는 프로그램을 탐구하는 것이다. 이 책은 숨겨진 변혁적 기회를 더 잘 발견하기 위해, 대안적인 민주적 가능성을 더 잘 상상하기 위해, 관념의 점진적인 호출과 발전에 의존한다. 이런 식으로 정치에서처럼 사유에서도 내가 옹호한 실험적 관행에 충실하고자 노력하였다.

점진적 대안을 토론하고 나면, 제도적 관심의 지평 너머에 있는 고뇌와 열망에 관심을 돌릴 것이다. 민족적 차이와 집단적 정체성의 정치는 종종 자유주의자들과 사회주의자들이 내놓는 진보적 약속에 대한 압도적인 위협 요인으로 비쳐져 왔다. 오늘날 진보정치는 이 위협을 어떻게 이해하고, 어떻게 취급해야 하는가?

막바지에 제시한 13가지 테제는 이 책이 발전시키고 지지하는 진보적 대안들에 대한 논쟁적 개관을 제공할 것이다.

2 전위 부문과 후위 부문

생산의 위계적 배분 관념

　대안적 다원주의를 제도적으로 발전시킬 특권화된 지형이나 도구는 없다. 정치(정권의 장악과 행사를 둘러싼 갈등이라는 좁은 의미에서)는 경제만큼 중요하다. 국가 이외에 시민사회 조직을 점진적으로 변화시키려는 노력은 경제정책과 정부정치 이상으로 중요할 수 있다. 제도적 변화는 개인적인 것과 관계된 미시정치와 결부되지 않으면 그 시행에서도 포착하기 어렵고 그 효과에서도 왜곡되기 쉽다. 그러한 미시정치는 개인들 간의 직접적인 관계들을 재구성하고 다시 상상한다. 미시정치는, 고전적인 사회사상가들에 따르면 종교가 정치와 결합하는 방식으로 제도 혁신과 연결된다.

　제2차 세계대전 이래로 인류가 경험해 온 바와 같이 상당 기간 지속되었지만 부분적이고 우려스러운 평화 상황에서, 정부정치 하의 경제적 기회와 좌절은 중심적 지위를 차지하게 되었다. 경제적 통제와 더 추상적이고 사나운 민족적·인종적·종교적 분노 및 열망의 관계는 거대한 축이 되었고, 국내적으로나 국제적으로 정치적 적대는 바로 이 축을 중심으로 돌고 있다. 특히나 전위 부문과 후위 부문 간의 관계는 현재 세계가 직면한 중요한 경제적 쟁점의 하나가 되었다.[25]

전통적인 견해는 둘 다 지구적 차원에서 생산의 위계적 분배를 강조한다. 부유한 산업국가에서 더 선진적인 생산이 이루어지고, 가난한 국가에서는 더 원시적인 생산이 이루어진다. 오랜 기간 경제학을 지배한 보수적인 견해와 중도적인 견해에 따르면, 이러한 위계적 분배는 무해할 뿐만 아니라 진화적인 성격을 갖는다. 예컨대, 개발도상국 경제는 상당 기간 저임금에 기초한 수출지향적 생산 단계를 거칠 수밖에 없다. 생산 요소들에서 비교우위의 지리적 배분과 경제적 진화의 사다리를 오르는 속도가 개발도상국 기업의 국제적인 역할을 규정한다.

좌파의 영향력 있는 견해 역시 보수적인 견해와 유사한 생산의 권위적 배분 관념을 수용하면서 그 정치적 의미를 유보한다. 좌파의 여러 견해들도 우파의 견해만큼이나 숙명론적이다. 이른바 '중심부' 경제는 최고로 자본집중적이고 기술적으로도 가장 세련된 생산 형식의 활동 무대가 된다는 식으로 지구적 경제조직과 변형 과정을 기술한다. '주변부' 경제에는 덜 발전되고 더 노동집약적인 생산 형태가 지배적이게 된다. 교역 관

---

25 전위 부문과 후위 부문은 선도 부문과 후진 부문으로 바꿔 부를 수 있다. 기업이나 학교, 각종 조직들이 실험과 혁신을 통해서 해당 영역에서 두각을 나타내는 경우에 이를 전위 부문이라고 부르고, 후위 부문은 그러한 혁신과 실험이 결여되거나 전통적으로 낙후된 사양 부문을 말한다. 여기에서는 주로 기업 활동과 조직에 대하여 사용하고 있으나, 혁신은 사회 모든 영역에서 말할 수 있기 때문에 선도 기업, 후진 기업으로 단순하게 표현하지 않았다. 이러한 위계적 구조는 국내뿐만 아니라 국제적으로 존재한다.

행, 군사력, 문화적 권위를 포함한 각종 통제 요소들의 연동시스템이 후진 경제를 억누르는 요인으로 작동한다. '세계체제론'[26]과 '종속이론'[27] 등이 이 관념에서 나온 다른 표현들이다.

이러한 좌파 비관주의가 보수적 낙관주의와 다른 점은, 주변부 경제들이 세계경제에서 차지하는 틈새 지위에서 쉽게 벗어날 수 없다는 믿음이다. 즉, 다중적이며 보강적인 통제 요소들로 이루어진 체계에서는 하나의 통제 요소가 다른 통제 요소의 결핍을 보상해 준다는 것이다. 정치적 주도성[28]은 경제적 취약성으로 좌절되고, 경제적 전진은 정치적 반동으로 좌절될 것이다. 전세계에 걸쳐 생산의 분배가 위계적으로 결정된다는 견해에서 좌파와 우파가 결정적으로 갈리는 지점은, 경제적 진화와 정치적 저항에 대해 좌우파가 부여하는 각기 다른 역할일 것이다. 보수파들에게는 저항이 문제라면, 급진파들에게 해법이 존재한다면 해법은 저항이다.

그런데 현재 당혹스러운 사실들이 생산의 지구적 위계제 관념을 추월하고 있다. 독일·일본·미국은 물론이고, 말레이시아·인도·브라질 등

26　세계체제론世界體制論(World System Theory)은 세계를 하나의 사회체제로 파악하여 중심부와 주변부의 비대칭적 관계를 설명하는 이론이다. 1970년대 중반 뉴욕주립대학 교수인 이매뉴얼 모리스 월러스틴Immanuel Maurice Wallerstein이 주창하였다. 이 이론의 단초는 페르낭 브로델이 제시하였다.

27　종속이론Dependency theory은 국제정치학의 구조주의 이론 중 하나로서, 국제 사회에서 이루어지는 불평등한 교환이 중심부와 주변부의 구조를 형성하여 부의 비대칭적 이동을 초래한다는 점을 주목한다. 남미와 제3세계의 저발전을 설명하는 틀로서 프랑크A. Frank와 카르도주F. Cardoso가 대표적인 이론가이다.

28　initiative(s)를 이 책에서는 주도, 주도성, 주도권, 기업심, 단체, 창의(성) 등으로 번역하였다.

장소를 불문하고 전위주의 생산이 점차 확대되고 있는 것이다. 오늘날 세계의 주요 국민경제들은 각기 전위 부문과 후위 부문으로 분열되어 있으며, 경제적 분열은 생활 형식이나 감성 양식에까지도 더 포괄적인 분열과 착종을 일으키고 있다. 이러한 상황에서 생산의 전위 부문들의 지구적인 연합은 급속히 세계경제의 추동력으로 발전한다. 세계의 다른 지역에서 확립된 전위들이 서로를 밀어 주고 당겨 주며 앞으로 나가간다. 전위들은 서로 교류한다. 인력과 공학 기술, 더 나아가 조직적 관행들까지 교류한다. 무엇보다, 세계 각지의 전위들은 서로를 모방한다. 각종 정부 및 민간 국제조직이나 국내의 규제 기구 및 기업 협회들은 때때로 전위주의 생산자들이 서로 만족시켜 주기 바라는 표준들을 정한 단편적인 법전들을 경우에 따라 제시한다.

현대 세계경제의 중심 현상으로 꼽히는 자본의 지구적 유동성도 이 흐름에서는 부차적이다. 우선 그 양적인 차원이 적정한 수준을 벗어나지 않는다. 경험적인 연구에 따르면, 국민 투자 수준은 국민 저축 수준과 밀접하게 결부되어 있고, 투자자본의 압도적인 부분은 아직까지는 국내에 머문다. 거시적으로 볼 때 과잉이동 자본은 일부 투기적인 이익을 노리는 단기 차액 거래 기회에 만족하는 경우를 제외하곤 국제적인 전위 연합의 이익에 대체로 봉사한다.

전위주의 생산이란

그럼 현대적인 관점에서 전위 부문과 후위 부문 형태를 단순하게 유형화하기에 앞서, 전위주의 특성부터 더 명료하게 정리해 보자. 전위주의 생산이란 어떤 물리적·경제적 특성과 정신적·조직적 특성을 조합한 생산 형태를 가리킨다. 물리적·경제적 특성은 정신적·조직적 특성 없이도 흔히 존재한다. 반면에 정신적·조직적 특성은 물리적·경제적 특성을 수반하지 않고서는 존재하기 어렵다. 그럼에도 불구하고 전위주의는 통상 자본집약적·기술집약적 공학 기술을 보유하고 있지만, 이러한 공학 기술 없이도 존재할 수 있다.

전위주의 생산의 물리적·경제적 특성은 노동자 1인당 자본의 집중적인 투입과 기술 발전의 최첨단에 근접한 공학 기술, 대규모 지역적·지구적 시장에 대한 접근성뿐만 아니라, 자본과 공학 기술 및 전문 지식의 주요 원천 자체에 대한 접근성 등을 의미한다. 우리는 대규모 시장과 원천에 대한 접근과 대규모 시장과 원천 자체를 구별해야 하고, 소규모의 유연한 기업들이 협력과 경쟁의 혼합을 통해 대규모 자원과 시장을 활용할 가능성을 열어 두어야 한다. 그러한 가능성은 선진적인 생산의 발전에 중요하다.

전위주의 생산의 정신적·조직적 특성은, 생산과 학습의 거리를 좁히고 좋은 기업으로 하여금 좋은 학교를 닮아 가게 하는 특성들이다. 실천 이성은 과업과 집행 사이, 관념과 실험 사이의 변증법이다. 실험주의적 이상이 작업 관행을 고취시키게 됨에 따라 생산은 전위적으로 변모한다.

지식과 기술의 전문화는 유동적일 수밖에 없다. 전문화는 일반적인 실천적·개념적 역량이라는 공동자산의 발전에 의존하지 않을 수 없다. 위계적 통제는 최소화되어야 한다. 위계적 통제의 규제적이고 특권적인 측면들과 이를 조정하는 과정에서 제기되는 실제적인 요구 사항들은 구별되어야 한다. 생산 작업 일정들routines은 잠정적이고 기꺼이 수정에 열려 있어야 한다.

협력 작업과 실천이성의 변증법을 통합하는 것이 전위주의 생산의 핵심이라면, 조정과 혁신의 요구를 화해시키는 것은 전위주의 생산의 또 다른 핵심이다. 이 두 가지 명령과 이 명령들의 상호 관계가 사회의 물질적 진보를 좌우한다. 그 두 가지 명령과 상호관계는 저축 수준과 저축을 투자로 전환시키는 장치들과 함께, 경제성장의 맥락을 형성하고 아울러 그 한계를 설정한다. 혁신은 개별 작업장과 기업은 물론이고, 일련의 기업들과 경제, 사회 내부의 협력을 요구한다. 혁신이 어려운 것은, 혁신이 특정 협력 체계가 뿌리내리고 있는 지속적인 관계와 이미 확립된 기대, 기득권을 와해시킬 가능성이 있기 때문이다. 실제로 혁신은 기존 사회관계의 특성에서 변화 형태를 직접적으로 취하거나, 협력적인 집단들이 활용할 수 있는 자원과 기회의 폭을 변화시킨다. 따라서 혁신의 과업은 혁신을 가로막을 통제 요소들을 최소화하는 협력 장치들을 발전시키는 것이다. 전위주의 생산은 협력과 혁신을 더 효과적으로 화해시키는 생산일 뿐만 아니라, 그러한 화해를 하나의 프로그램으로 간주하는 계획적인 절차들을 중심으로 조직된 생산을 뜻한다.

이상이 전위주의 생산의 정신적 특성들이다. 전위주의 생산의 정신적 특성은 그 통상적인 물질적 도구들보다 선행할 수 있다. 즉, 일상적인 작업 과정을 수정하는 실험주의와 지속적인 학습은 공학기술적인 개선과 심층적인 투자를 위한 기초를 만들 수 있다. 전위 부문의 일부로서 행동하는 것을 터득한 후위 부문은 자신을 전위 부문의 일부로 간주해 달라고 합당하게 요구할 수 있다. 생동하는 실험주의 없이 이루어지는 조야한 자본 및 규모 축적은 전위주의가 아니다. 가난하지만 유연하고 학습하는 기업과 부유하지만 경직된 포스트포드주의 기업은 전위 부문과 후위 부문 간의 대조를 복잡하게 만드는 두 가지 특징적인 진영이다.

어떤 관점에서 보면 전위 부문과 후위 부문 간의 차이는 단지 상대적이다. 어떤 생산 형태는 다른 생산 형태에 비해 더 전위적이다. 그러나 다른 관점에서 보면 이 상대적 차이는 절대적인 성격을 가진다. 영구혁신permanent innovation은 영구혁신이라는 목표를 위해 설계된 신중한 절차에 따라 중심적 대의가 되거나 그렇지 않을 수도 있기 때문이다. 우리가 사는 세상은 생산의 전위 부문과 후위 부문의 특성들이 일련의 연속체로서 배열되어 있다고 주장할 수도 있다. 그러나 현대 경제체제들의 세계는 그렇지 않다. 오늘날 대부분의 기업은 전위 부문 아니면 후위 부문에 속한다.

전위 부문과 후위 부문 어느 하나에 속하는 상태는 사회적 편익과 경험의 특징적인 형식들을 내포한다. 전위주의 생산에서 전위적 노동자로 일하는 것(전위적인 부문에서 단순노동자로서 육체노동을 하는 사람들이 있다는 점을 감안하면)이 꼭 더 많은 소득과 소비의 향유를 의미하지 않는다. 그것은 작업에서 오는 더 큰 신뢰와 재량, 그로 인한 편익을 의미한다. 일상생활의 주요한 부분에서 효과적인 행위주체감의 향유를 의미한다. 이는 자신의 직업관에 따라 행동하는 것을 의미하며, 명예로운 직분에 관한 고대적 관념과 변혁적인 힘에 관한 현대적인 관념 사이에 위치한다.

4가지 전형적인 상황

전위 부문과 후위 부문 사이의 차이는 현재 세계 전역에 걸쳐 네 가지 전형적 방식으로 나타난다. 이 방식을 나누는 기준은 두 가지다. 전위 부문과 후위 부문 간의 구분이 위세를 떨치는 곳이 상대적으로 부국인지 빈국인지가 그 첫 번째 기준이고, 이 구분이 완충 장치로 보상되는지 아니면 무제약적으로 작동하게 되는지가 그 두 번째 기준이다. 비록 현실 사회와 이상적인 유형 사이에 차이를 항상 감안할 수밖에 없지만, 개별 국가들의 사례는 네 가지 전형적인 상황들로 나타난다.

첫 번째 상황은 전위 부문과 후위 부문 간의 구분이 가져오는 사회적 결과를 포용적이고 재분배적인 복지국가가 부분적으로 보상해 주는 스웨덴과 같은 부유한 나라의 사례이다. 산업 생산, 관련 전문직 및 금융 서비스에서 일하는 인력 규모는 점차 축소된다. 이른바 전위 부문이라고 부를 수 있는 영역에는 훨씬 더 작은 규모의 인력이 종사한다. 그러나 전위 부문 바깥의 사람들도 재분배적인 조세-이전을 통해 직접적인 소득 보호뿐 아니라 공공 부문 일자리 창출을 통해 간접적인 보호를 받는다.

모든 개인은 시장의 부침에 좌우되지 않으며 일련의 실질적인 사회적 보증 수단과 자원들에 대한 권리를 가진다. 정부는 보상적인 재분배를 향한 직접적인 노력 이외에도 간접적인 수단으로서 일자리 창출을 진흥시킨다. 전형적인 새로운 일자리는 사회적 서비스 제공으로 만들어지는 여성의 일자리다.

이런 체제가 안고 있는 중대한 약점은, 보상 기제와 성장 요청들 간의 단절이다. 사회의 생산 역량들은 보상적이고 재분배적인 복지국가로부터 느슨하게 편익을 향유한다. 사회 평화의 대가는 비싸지만 계급전쟁만큼 비싸지는 않기 때문이고, 보편적인 복지국가는 포괄적인 역량을 갖춘 노동력을 형성하는 데 도움을 주기 때문이다.

어쨌든 경제성장과 사회복지 성장을 이어 주는 직접적이고 미세하게 조정된 연결 고리는 존재하지 않는다. 각 영역의 성장은 각 영역의 논리와 시간표에 따라 발전할 뿐이다. 생산의 전위 부문에서 배제되는 더 많은 수의 사람들은 국가가 배제의 결과로부터 자신들을 보호해 주기를 기대한다. 경제적 호황과 사민주의 세력의 집권이 일치하는 시점에서 때때로 강화되는 복지권의 수준은 일련의 기득권으로 보이게 된다. 복지권의 수준은 산업민주주의 국가에서 임금의 하방 경직성과 같은 특성을 보이며, 경제적 곤경이 발생하는 때에도 삭감될 수 없다. 이러한 이유로 보편주의적인 보상적 복지국가는 사회의 생산 능력에 부담으로 작용한다. 높은 공공 부채, 높은 이자율, 높은 세율은 지속적인 경제성장을 위태롭게 한다.

두 번째 전형적인 상황은, 전위 부문과 후위 부문 간의 분열이 첫 번째 상황보다 상대적으로 더 무제약적으로 보이는 미국과 같이 부유한 나라의 사례이다. 미국의 복지국가 시스템은 스웨덴보다 덜 발전되었고 덜 평등주의적이다. 빈곤층을 겨냥한 프로그램들은 국민 일반을 겨냥한 정책프로그램과 분리되고, 바로 그러한 이유로 분노나 반동에 더 취약하다. 조세수입은 스웨덴보다 작고 공공지출의 재분배적인 잠재력은 스웨덴보다 완전하게 구현되지 못한다. 역설적으로 조세 체계는 스웨덴보다 액면 그대로 더 누진적일지도 모른다. 나중에 이러한 명백한 역설의 원인과 결과를 논의하겠다.

이런 사회에서는 많은 사람들이 버림받았다고 느끼고, 다른 사람들은 보상 장치들이 자멸적이라고 믿는다. 스웨덴보다 인색한 복지 체제는 성장에 대한 보상적 재분배의 부담을 가볍게 만들지 몰라도, 노동력의 교육적 결함, 범죄적 폭력, 정치적 방향 상실, 계급적 인종전쟁 등에서 명백히 표현되는바 부정의감不正義感의 확산이 가져오는 부담을 떠안아야 한다. 비교 연구들이 생산적 이점의 측면에서 복지에 인색한 산업민주주의 국가가 복지에 관후한 산업민주주의 국가보다 낫다는 점을 증명하지 못한다는 사실은 전혀 놀랍지 않다.

세 번째 상황은 전위 부문과 후위 부문 간의 차이가 보편주의적·재분배적 복지정책보다는 소규모 자산의 확산을 지지하는 정치사회적 정책으로 상쇄되는 인도와 같이 가난한 나라의 사례이다. 두드러진 농업적 소자산 보유 방식은 소규모 자산 확산의 가장 중요하고 친숙한 형태일 뿐이다. 이러한 지원에서 편익을 얻고 있는 소규모 농촌 및 도시 기업의 대다수는 전위 부문에 속하지 않는다. 이 기업들은 자본과 공학적 기술

면에서 빈약한 농장이나 가게들이다. 그럼에도 불구하고, 이 기업들은 독립적인 삶의 물질적·정신적 기초를 유지하는 데 기여한다. 소규모 자산들은 수백만의 극단적 불평등을 방지하고, 소기업을 발전시키는 데 도움을 주는 정당과 사회운동의 지주가 된다.

그러나 불평등을 제약하는 데 기여하는 것이 후진성을 탈피하는 데에는 유용하지 않을 수 있다. 전통적 형식의 소규모 재산의 확산이 안고 있는 문제점은, 이것이 불평등은 완화시켜도 빈곤을 퇴치하지는 못한다는 점이다. 전위 부문과 후위 부문 간의 차이에서 보편주의적·재분배적 복지국가라는 부유한 나라의 평행추처럼, 소규모 재산의 확산도 경제적 성장과 문화적 쇄신 조건들과의 친밀한 관련성이 결여되어 있다. 산업사회의 대안적 형식을 두고 현대 유럽이 거쳐 온 경험과 논쟁에 비추어 볼 때 이 단절의 의미는 분명해진다.

소규모 재산 소유자와 기업가들의 경쟁과 협력에 기초한 분산적인 시장경제 관념은, '현대 자본주의'와 그 대규모 조직의 특징적인 형태를 연상시키는 집중적인 경제력 형태를 대체할 유일하고 가장 집요한 대안이었다. 영국이나 독일보다는 프랑스·네덜란드·덴마크에서 두드러진, 소규모 농업 재산을 촉진하는 정치적 지원책들의 다양한 차이가 유럽 국가들의 다양한 사회사를 형성하였다.

어쨌든 어느 나라에서도 완전히 성숙한 형태의 장인적이고 협력주의적인 대안은 성공하지 못했다. 실제로 어디에서나 자산계급의 이해관계로부터 정부가 거리를 두었지만 실제보다 더 강력하게 거리를 두지 않았더라면 이러한 대안은 성공할 수 없었을 것이다. 설사 대안이 승리하더라도 다음 두 가지 문제에 대한 해법이 없었더라면 그러한 대안은 살아남을 수 없었을 것이다. 자본, 대규모 시장, 선진적 공학 기술에 대한 접근 문제가 그 하나이고, 분산을 중앙집권적인 재분배적 기구의 권위에 희생시키지 않으면서 소규모 자산 보유 체제의 내적 불안정성을 통제하는 문제(성공하는 사람들이 실패자들을 매입하는)가 두 번째이다. 이 두 문제는 소규모 재산에 대한 인도식 지원 방식에서는 미해결인 채로 남아 있다. 이 나라의 도시와 농촌의 소규모 기업들은 경제성장의 추진력과 공학적 역동 구조에서 대체로 유리되어 있다. 그 결과, 전위 부문과 후위 부문 사이의 구분은 극복하지 않으면서 구분의 불평등한 사회적 효과만 조정하려 드는 모순을 낳았다.

네 번째 상황은 전위 부문과 후위 부문 사이의 차이가 다시 한 번 무제약적으로 보이는 브라질이나 멕시코와 같은 가난한 나라의 사례이다. 이들 나라에서는 소규모 재산을 효과적으로 지지하는 정치적 전통이 없다. 사회적 보상과 사회안전망과 같은 고매한 언어는 뿌리 깊은 이중구조[29]

---

29 이중구조dualism는 경제적 이중구조를 의미한다. 특정한 경제체제 내부에 발전된 경제와 전통적인 경제로 나뉘어 있다는 '이중구조경제론'은 식민지경제론과 경제발전론에서 두드러진다. '이중구조적 경제dualist economie'라는 용어는 네덜란드 경제학자 율리우스 헤르만 뵈케Julius Herman Boeke가 1930년에 레이든대학의 경제학 교수로 취임하면서 처음 사용하였다. 그는 네덜란드 식민지 경제를 연구하였으며 《적도-식민지경제》로 1910년 박사학위를 취득하였다. 동경대학의 아리사와 히로미有沢広巳 교수는 '이중구조二重構造'로 일본경제의 구조적 취약성을 지적하였고, 1957년판 《경제백서》에 이 용어가 등장하였다. 이러한 경제적 이중구조가 지구적 수준에서 관철되어 있다는 것이 프랑크의 '종속이론'이나 월러스틴의 '세계체제론'의 통찰이다. 웅거는 경제적·정치적·사회적 차원으로 관철되어 있는 이러한 이중구조를 타파하거나 최소한 이완시키는 길을 이 책에서 모색한다. 그의 이론은 '반이중구조적 발전전략'이라 부를 수 있다. 그는 정치, 소득, 재산, 기업소유구조, 신용 배정, 기술, 교육, 인간관계 전반에 걸쳐 이중구조에 도전한다.

와 극단적인 불평등의 여건에서 거의 실천적인 효과를 발휘하지 못한다. 혜택을 누리지 못하고 조직되지도 못한 제2경제에 붙잡혀 있는 대중의 문제들을 해결하기 위해서는, 혜택을 누리고 조직된 제1경제에서 제2경제로의 자원의 보상적 재분배가 대규모로 이루어지지 않으면 안 된다. 그런데 사회의 지배적인 정치적·경제적 이해관계 집단들은 결코 그러한 분배를 감수하지 않을 것이다. 이런 상황에서 재분배가 시도된다면 재분배가 제2경제에서 일하는 사람들의 삶을 의미 있게 바꾸기도 전에 혜택을 누리는 경제를 해체하기 시작할 것이다. 그러면 재분배적 개입은 도리어 황금알을 낳는 거위를 죽이는 일이 된다. 이것이 제3세계에서 사민주의를 선포하기는 쉬워도 시행하기가 어려운 이유이다.

전위 부문과 후위 부문 간의 차이에 근거한 이 네 가지 형태의 단순한 분류는 문제적인 사실을 주목하게 한다. 이 같은 격차를 조정하는 두 가지 확립된 수단(부유한 나라에서 보편주의적인 재분배 복지국가 또는 가난한 나라에서 소규모 재산 확산) 중 그 어느 것도 경제적 혁신 및 성장과 밀접한 연결 고리가 없고, 이 수단들이 부과하는 부담은 그것이 제공하는 편익을 능가하도록 만드는 연결 고리도 갖고 있지 않다는 사실이다. 한쪽 경제에는 무거운 세금 부담, 낮은 정부 저축, 높은 이자율이 지배하고, 다른 쪽 경제에는 규모의 효율이 결여되고 경제적 혁신의 중심들과 연결 고리를 상실한 경제적 조직체들의 부담이 지배한다. 이 긴장의 결과, 사회의 물질적 진보는 후위 부문과 분리되어 있는 전위 부문을 통해 불가피하게 일어나는 것처럼 보인다. 조절 기제들은 상당한 비용으로 사회 평화를 매입한다. 이 비용이 감당할 만한 것이 되려면 이 장치들의 사용에서 통제력을 보여 주어야 한다. 그리하여 온건한 민주주의자들조차 자신들을 규정하는 최초의 희망, 즉 물질적 진보의 조건과 개인적 해방의 요구 사이의 중첩지대를 확인하고 이를 제도적인 형태로 실현하려던 희망을 어지간히 포기하기에 이른다.

전위와 후위 구분을 보상하거나 극복하기

'전위 부문과 후위 부문 간의 구분을 극복할 수 있는가?' 또는 '그 효과를 완화시키는 선에서 만족해야 하는가?'의 문제보다 더 중요한 쟁점은 이 정치경제학에는 없다. 전세계에 걸쳐 두 가지 영향력 있는 정치 프로그램인 신자유주의와 제도적으로 보수적인 사민주의는 전위 부문과 후위 부문 사이의 차이를 극복할 가능성을 명백히 부인한다. 양자는 주로 평등지향적인 재분배에 대한 강조에서만 상대적으로 차이를 보일 뿐이다. 그러나 이 기본적인 합의조차 그리 오래되지도, 확고하지도 않다.

예컨대 미국에서 이 합의가 일어난 시기는 제2차 세계대전 직전 또는 그 와중에 발생한 뉴딜 갈등과 논쟁의 변형으로 거슬러 올라간다. 당시의 합의는 정부와 기업의 관계를 혁신하려는 원대한 시도가 아니라, 누진세 부과나 공공지출 및 이전지출[30] 프로그램 같은 더 많은 그리고 더

---

30 이전지출移轉支出(transfer expenditure)이란 실업수당이나 재해보상금, 사회보장기부금과 같이 정부가 당기의 생산활동과 무관한 사람에게 반대급부 없이 지급하는 것을 가리킨다.

평등한 소비를 외골수적으로 강조한 합의였다. 그나마 다른 서구 산업민주국가들에서는 이보다 더 제약된 형태가 전쟁 이후에 천천히 성립했으며, 그 결과도 미국의 경우보다 불분명했다. 오늘날, 이러한 합의의 사회적·경제적 결과가 점점 분명해지며 사람들을 더 당혹스럽게 만들고 있다. 그러나 더 그럴듯하고 매력적인 대안이 제시되지 않기 때문에, 국가사회주의(동구 공산권 국가)의 붕괴가 그 가능성에 더 큰 먹구름을 드리운 것처럼 보이기 때문에, 우리는 이 결과를 마치 빠져나갈 수 없는 운명처럼 대면하고 있다. 이 책의 주요한 관심은 이런 상황이 운명이 아니라고 주장하는 데 있다. 정치적 상황의 재해석과 제도적 프로그램의 발전을 결합시킨다면 직면한 운명에서 벗어날 수 있다.

이제부터 살펴볼 토론과 경험의 두 가지 유형은 다른 어느 것보다도 전위 부문과 후위 부문 사이의 세계적인 구분의 한계점들을 시험할 가장 중요한 구도로 기여할 것이다. 첫 번째 유형은, 특히 부유한 나라에서 산업을 재구성하고 기업-정부-노동자 관계를 재조직하는 다양한 프로그램들 간의 경쟁이다. 두 번째 유형은 가난한 나라들, 그중에서도 중국, 인도, 인도네시아, 러시아, 브라질 같은 거대 국가들에서 일어나고 있는 신자유주의의 대안을 찾는 지속적인 움직임이다. 첫 번째 구도에서는 기업의 관점에서 경제와 그 변혁 가능성을 바라보는 미시 세계의 비전이 지배하고, 두 번째 구도에서는 전체로서 경제의 제도적 구조 틀과 정부의 책임에 초점을 맞추는 거시 세계의 비전이 지배한다. 그러나 부자와 빈자, 거시와 미시의 대조적인 입장에서 이끌어 내야 할 교훈은 결국 하나로 통한다.

3 기업 개편을 위한 세 가지 프로그램

산업 쇄신 경영 프로그램

현재 부유한 산업민주주의 국가에서는 두 개의 기업 개편 및 정부-노동자 관계 개편 프로그램이 경쟁 중이다. 바로 보수적인 산업 쇄신 경영 프로그램과 이해관계자의 개방적인 인정에 기초한 사민주의적 프로그램이 그것이다. 그러나 둘 다 민주적 실험주의의 요청들을 충족시키기엔 역부족이다. 기존의 조절된 시장경제의 제도적 형태를 변화시키려면 대안적인 급진민주적 프로그램이 필요하다. 앞서 언급한 두 가지 프로그램은 상대적으로 시장경제의 제도적 형태를 문제 삼지 않는다.

보수적인 산업 쇄신 경영 프로그램은 과도한 갈등과 경직성을 기존 산업 체제가 낳은 두 가지 병폐로 간주한다. 이 병폐는 전통적인 포드주의 대량생산 산업 시스템에서 가장 명료하게 나타나며, 경제의 비산업적 부문들까지 포함해서 대부분의 생산 체제의 특징을 이루게 되었다. 이 과정에서 나타나는 과도한 갈등을 줄일 해법은 협력을 활성화시키는 것이다. 즉, 일을 공동 작업으로 개편하는 것이다. 이 개편은 경영 프로그램의 테두리 안에서 소유권의 양도나 소유권의 이름으로 행사되는 최고경영권의 양도 등을 요구하지는 않는 것으로 여겨진다. 과도한 경직성을 풀 해법은, 자본이동성에 대해 정부가 부과하는 제약뿐만 아니라 노동자와 여타 잠재적인 이해관계자들이 부과하는 제약으로부터 자유로운 생산요소들을 재조합하는 더 많은 권력을 자본에 부여하는 것이다. 기회를 찾아 세계를 배회하는 자본의 과잉이동성은 더없는 이상理想이다. 그러나 자본이 자유롭게 이동하는 허가를 얻는다면, 노동은 국민국가나 유럽연합과 같은 상대적으로 동질적인 국민국가 블럭의 포로가 된다. 추정컨대, 사회 평화의 요청에서부터 인적 자본 형성의 조건에 이르기까지 실천적 명령들의 조합은 자본과 노동의 취급 방식에서 이러한 날카로운 차별을 불가피한 것으로 만든다.

  경영 프로그램이 추구하는 두 가지 정책, 협력과 유연성은 서로 충돌한다. 예컨대 값싼 노동 비용이나 지방 보조금 등에서 편익을 취하고자 공장을 폐쇄하고 이동하는 등 임의대로 이주하려는 자본의 노골적인 권리 주장은 그 주장의 경고 효과로도 통제할 수 없는 저항을 유발할지도 모른다. 이 저항은 경제성장 요구에 매우 중요한 협력과 혁신 사이의 일반적인 긴장을 전형적으로 보여 주는 문제를 제기한다. 그리하여 경영 프로그램의 주창자들은 이 과제들을 화해시키도록 설계된 장치들을 도입한다. 협력과 혁신 사이의 긴장을 풀 장치란 노동력의 파편화이다. 하청노동자, 임시노동자, 외국인 노동자에게 막대한 자본 비용을 지우면서 노동계급의 핵심적·안정적 부분은 경영자가 추구하는 협력적인 주도권의 수혜자가 된다.

산업 재편의 모든 물결은 개혁의 특징적인 담론 또는 특징적으로 모호한 담론을 수반한다. 오늘날 유연전문화flexible specialization[31]와 노동자의 생산 계획 참여와 같은 언어가 대표적인 담론이다. 이러한 담론은 빈번히 생산제도에 대한 공학기술적인 진화의 자율적인 파급을 강조한다. 또한 빈번히 이러한 영향 속에서 시장경제의 제도적 재구성뿐만 아니라 이에 따른 프로그램적 비전의 필요에 대해서도 침묵할 변명거리를 찾는다. 유연전문화나 생산 계획 참여와 같은 언어는 이제 경영 프로그램에 포획될 준비를 마치고, 경영 프로그램을 칭송하는 축사祝辭 역할을 하고 있다.

유연생산 담론에는 과업 규정적 활동과 과업 수행적 활동의 차이, 나아가 협력과 경쟁의 차이를 완화시키는 주제들이 있다. 이 주제들은 두 가지 차이를 완화시키는 제도들이 우월하다는 점을 시사한다. 그러나 정작 중대한 문제는 유연생산 담론 안에서 답변되지도, 심지어 명료하게 거론조차 되지 않는다. 시장경제 형태, 더 포괄적으로 대의민주제와 자유시민사회 형태에서 어떠한 누적적·제도적 변화의 경로들을 밟아야만 우리는 협력과 혁신의 요구를 더 잘 화해시키면서 실천적 실험주의를 최상으로 전진시킬 수 있을까?

---

31 유연전문화란 기업이 다기능 장비, 다기술 숙련노동자, 혁신적 경영진을 갖추어 변화하는 시장과 사업 환경에 신속하게 적응하려는 경쟁 전략을 말한다. 보편적 생산 체제로 알려진 대량생산 체제의 위기에 대한 진단과 처방으로서 피오레Piore와 세이블Sabel이 이 접근법을 주창했다. 유연전문화가 자본가의 이익 극대화를 위해 제한적으로 추구된다면 그것은 신자유주의 프로그램이고, 경제 전반의 구조 개혁과 시장제도 및 재산 체제의 재편으로 확산된다면 그것은 급진민주적 프로그램이다. 웅거는 후자를 주장하고 있다.

사민주의적 응답:

산업 쇄신 경영 프로그램에 대한 전통적인 사민주의적 응답은, 기업의 이해관계와 이해관계자들의 증식 및 노동자들의 현재 지위와 권리(혹은 그런 지위를 권리로 전환하는 것)의 옹호를 주된 공약으로 상정한다. 기업의 이해관계와 이해관계자들을 증식시킨다는 것은 기업 소유자 외에 노동자, 공급업자, 소비자, 지역공동체, 정부 등 많은 관련 집단들이 기업에 영향력을 행사할 수 있어야 함을 의미한다. 이 영향력은 소유 지분의 궁극적인 취득으로 나타나거나, 기업 이사회의 이사를 통해서 공식적 인정을 얻어야 한다. 지위를 권리로 바꾼다는 것은, 일자리를 파괴하고 공동체를 교란시키고 결사체 형태와 신뢰의 관행을 가진 지역공동체와 생산적 시설의 지속적인 연결고리를 끊어 버리는 식으로 경제적 기회를 악용하는 권력을 자본에게 인정해서는 안 된다는 뜻이다.

이해관계와 이해관계자들의 증식은 과잉이동적인 자본에 통제를 부과하는 방식이기도 하다. 이해관계의 증식은 이해관계자들의 지위를 권리로 확보하는 제도적 장치를 창조하는 데 조력한다. 이러한 증식은 혹여 한곳에 안주하지 못하는 돈의 야만적 희생물로 전락하고 말 것을 인간화하고자 한다.

그러나 경영 프로그램에 대한 전통적인 사민주의적 응답은 경영 프로그램을 유발한 경직성과 갈등의 문제들을 악화시킬 위험도 안고 있다. 사민주의적 응답은 미국 대통령제를 지탱하는 견제와 균형의 도식 같은 것을 생산 체제 안에 도입하는 것이다. 이 도식이 애초에 (자유와 재산을 위해) 정치의 속도를 떨어뜨리기 위해 설계되었듯이, 기업 입헌주의는 모든 주요한 결정에서 기업 구성원들의 합의를 필수적인 것으로 만든다. 오래된 존중 습관이 타협과 투항의 구별을 무디게 하는 상황에서 그러한 합의 자체를 만드는 일과 선망으로 둘러싸인 기득권의 환경 속에서 합의를 영속화하는 일은 다른 것이다.

사민주의적 프로그램의 집행을 점증하는 산업 분쟁의 위협으로 바라보는 시각은 그다지 신뢰할 만한 것이 못 된다. 결국 사민주의적 답변의 주요한 관심은, 기존의 재산권 분배 아래서 실제로 대표되고 있는 것보다 이해관계자의 더 폭넓은 다양성을 인정하고 존중하는 것이다. 그럼에도 불구하고 사민주의 프로그램은 민주적 실험주의의 주창자들에게 관건적인 사항인 갈등 형태, 곧 전위와 후위 부문의 분열로 구축된 내부자와 외부자 간의 갈등 형태를 정확하게 수용하기는 하지만 이를 악화시켜 버린다. 사민주의적 기업 프로그램은 자본의 기회주의와 시장의 변덕에 맞서 노동자들을 더 훌륭하게 옹호하기 위해 노동자들을 그들이 현재 위치한 틈새에 그대로 고착시키려는 노력을 대변한다. 사민주의 프로그램은 현재 벌어지는 여러 경제 부문들 간의 분열을 당연시하는 것 이상의 역할을 한다. 노동자와 공동체를 옹호한다는 명분으로 사민주의적인 프로그램은 이러한 분열에 도전하는 것을 더욱 어렵게 만든다. 사민주의 프로그램은 경제의 더 부유하고 더 생산적인 부문에서 일자리를 보유한 노동자들에게 편익을 제공함으로써 경제적 특권의 세습적 분배를 그대로 동결시키는 데 기여하기 때문이다.

이러한 각도에서 보면, 보수적인 산업 쇄신 경영 프로그램에 대한 전통적인 사민주의 응답은 서구 산업민주주의 국가들에서 좌파 정당들이 처한 딜레마의 한 축을 특수하게 표현한 것에 불과하다. 그 딜레마란, 대중들의 정치적 운명을 쇠퇴하는 경제 부문에 갇힌 적은 수의 노동자에 연결시키면서 자본집약적 대량생산 산업에 포진해 있는 역사적 지지층(조직노동자)을 어떤 희생을 치르더라도 옹호할 것인가, 아니면 이 연결 고리를 끊고 산업 쇄신 프로젝트를 통해 사업의 전위 부문을 지지하고 여기서 배제된 사람들을 도울 것인가 하는 것이다. 그런데 여기서 돕는다는 것은 사민주의자들에게는 전위에서 배제된 이들을 전위로 끌어들이는 것이 아니라 전위 부문 바깥에서 연명하도록 한다는 것을 의미한다. 민주적 실험주의 프로그램은 이 딜레마의 양 극단을 모두 거부하며, 기업 쇄신을 표방한 경쟁 프로그램들과는 다른 길을 지향한다.

보수적인 산업 쇄신 경영 프로그램이 유연생산 담론과 모호하지만 흥미로운 연관성을 가지듯이, 전통적인 사민주의적인 응답은 유럽에서는 독일과 오스트리아 그리고 다른 지역에서는 일본이 채택한 사회조합주의 관행과 특별한 관련이 있다. 이 조합주의적 정치경제 하에서는 기업을 노동 및 자본에 관련시키는 방식이 정부, 대기업, 조직노동자 간의 적극적 거래 관행과 느슨하지만 강력하게 연결되어 있다. 미시적 수준에서 사회조합주의가 보이는 특징은, 경영진의 감시와 관련해 주식시장보다는 은행이나 다른 기업 같은 관계적 투자자[32]가 두드러진다는 점이다. 사

---

32 관계적 투자자는 relational investor의 번역어이다. 실제로 우리말 번역어를 찾지 못했고, 기관투자자나 사회책임투자라는 용어가 있지만 완전히 일치하지는 않는다. 다량의 주식을 장기간 보유하면서 해당 기업의 경영 성과를 적극적으로 모니터하고 기업의 정책 수립과 관련하여 경영에 참

회조합주의의 또 다른 특징은 기업과 은행 사이에 안정적인 관계가 유지된다는 점이다. 나아가, 직업 안정성이나 기업의 주식 및 결정 구조에 대한 참여와 관계없이 안정적인 노동력과 경영진을 유지하는 데에 이익잉여금을 사용한다는 특징도 있다. 이러한 특징들에서 추가적인 논증 없이 더 높은 이익잉여금 비율과 이러한 이익잉여금에 기반하여 장기적인 전략적 지평을 가진 투자 의지라는 다른 특징들이 나온다고 흔히 말한다. 산업민주국가들 전반에 걸쳐서 관계적 투자자들의 중요성이나 기업들 간의 안정적인 연결과 무관하게, 이익잉여금은 잘나가는 사업을 위한 투자 기금의 가장 중요한 원천이 되고 있다(대략 80퍼센트). 사회조합주의의 여건에서 기업들의 원대한 전략적 지평에 대한 증거는 결정적이지 않다. 왜냐하면 인내심 있는 전략과 일상적인 우매함은 구별하기 어렵기 때문이다. 사회조합주의적 정치경제에 내재된 한계와 관련하여 인내심 있는 전략과 일상적인 우매함 사이의 유사성이 어떤 의미를 갖는지는 곧 명백해질 것이다.

사회조합주의에서 정부의 명백한 경제 조정 관행은 사회조합주의의 미시적 측면을 구성한다. 이 관행들은 특히 유럽의 조합주의적 경제체제에서 그렇듯이, 정부의 주문에 따라 조직노동자와 대기업 간의 임금과 소득 협상을 강조한다. 이 관행에는 포괄적인 사회적 편익들에 대한 약속이 포함되고, 이 편익들이 일련의 권리로 전환되어 노동 안정성을 저해하는 경제 불안정을 방어하는 수단이 된다. 이 같은 정부의 조정 관행

여하는 투자자를 일컫는다.

은 일본에서 그렇듯이 기업과 정부의 국가적 교역 및 생산 전략의 공동 개발을 촉진하고, 대기업에는 핵심 노동력에 대한 안정적 보호와 부양 책임을 부과한다.

사회조합주의는 경영 혁신 요구에 대한 전통적인 사민주의적 응답과 유사성이 있다. 그러나 이 유사성은 사민주의적인 관심이 사회조합주의의 발전과 효과를 통제했기 때문이 아니라, 사민주의적 응답이 생산과 성장의 명령이 주요 노동력에 대한 사회적 보호나 경제력 향상, 경영 참가 등과 외관상 화해한 것처럼 보이는 더 거대한 정치경제를 담고 있기 때문이다. 그럼에도 불구하고 현재 사회조합주의는 곤경에 처해 있으며, 이 곤경은 보수적인 경영 쇄신 프로그램에 대해 전통적인 사민주의가 내놓은 응답의 한계를 보여 준다. 그리고 곤경의 근원지는 다름아닌 조합주의적 정치경제에서 우대받는 거래, 선별적 보호에 대한 외부자들의 저항, 내부자들의 기회주의가 만나는 지점이다.

미시적 수준에서 곤경의 대표적 형태는 내부자들의 기회주의이다. 가령 일본의 케이레츠[33] 안에서 가장 효율적인 기업은 계열 기업들과 은행들 바깥에서 더 저렴하게 자본을 취득하거나 더 실속 있게 투자할 수 있다는 것을 알 것이다. 이러한 전복적인 기회주의는 변칙이 아니라 독창성과 발명의 생명선이다. 이 같은 기회주의가 지닌 매력은 시장이 점차 커지고 유동적으로 되면서 지속적으로 증가하고, 국민경제 안에서 이루어진 거래들은 국민경제 바깥에서 이루어진 거래들과 경합하게 된다. 그

---

33 계열系列. 우리 '재벌' 개념과 가까운 종합상사 형태.

러나 내부자들의 기회주의가 기업 차원에서 사회조합주의를 침해하게 되면, 외부자들의 동요가 전체 정치경제 차원에서 사회조합주의를 위태롭게 할 수 있다. 이때 소규모 사업이나 경제에 속하는 무자본 혹은 저자본 노동자들은 후위 부문에, 비교적 규모는 작지만 유연한 기업들은 전위 부문에 속하게 된다. 그리하여 조만간 모든 사람들이 전국적 정치와 지역 정치를 통해 조직된 이해관계의 공동지배에서 구제책을 찾게 되고, 이 투쟁에서 민주주의는 효율성의 자연스러운 동맹자로 부상한다. 이 시점부터 내부자들의 기회주의는 더 많은 유연성을 향해 작동하고, 외부자들의 동요는 그만큼 확실하지는 않아도 더 많은 포용을 향하여 작동한다.

사회조합주의는 유연성과 포용이라는 두 가지 전복적 요소 중 유연성이 홀로 작동하는가 아니면 유연성과 포용이 조화를 이루며 작동하는가에 따라 각기 다른 미래를 갖는다. 더 많은 포용성 없는 더 큰 유연성과 더 많은 포용성 있는 더 큰 유연성이 그것이다. 전위와 후위의 분열 구도 안에서 더 많은 유연성을 가질 것인가, 아니면 전위와 후위의 격차를 가교하는 가운데 더 많은 유연성을 가질 것인가. 첫 번째 길은 독일 및 일본식 시장경제의 뚜렷한 특징들을 이루었으나 점차 쇠락의 길을 걷고 있고, 외부자들의 이른바 대변인들이 지금까지 제안하지 못했던 대담한 제도적 혁신이 없다면 두 번째 길은 출발할 수도 없고, 심지어 그 길이 무엇인지 설명조차 할 수 없다.

이런 길을 상상하는 것은 기업을 재구성할 제3의 프로그램에로의 방향 전환을 의미한다. 이 프로그램은 기존의 보수적인 기업 쇄신 경영 프로그램과 사민주의적 노동자 옹호 프로그램, 둘 다를 대체할 대안을 제공할 것이다.

급진민주적 대안

이제부터 이 제3의 프로그램을 '급진민주적 프로그램'이라고 부르겠다. 우리가 산업 조직 영역에서 현실화하려는 이 프로그램은 민주적 실험주의에 대한 약속을 대변한다. 민주적 실험주의가 사회 전체에 걸친 실험주의적 기회의 일반화와 개인 역량 및 그 보증 수단의 향상을 조합함으로써 전진한다면, 기업 개혁 프로그램에도 민주적 실험주의자의 야망에 부응하는 연합이 있어야 할 것이다.

급진민주적 대안이 해결해야 할 실천적인 문제들을 이 대안이 표방하는 민주적·실험주의적 정신과 연결하여 이 대안에 활력을 불어넣으려면 두 가지 통찰이 필요하다. 첫 번째 통찰은 재산법, 계약법, 회사법의 현행 체제가 생산적 자원 및 기회에 대한 접근을 불합리하게 제약하고 있다는 통찰이다. 현존하는 재산권 체제는 그 옹호자들이 습관적으로 암시하듯이, 좋은 실천적인 근거가 있으면 무엇이든 행하도록 허용하는 분권적인 경제적 주도권의 자연스러운 언어가 아니다. 이 재산권 체제는 어떤 제약적인 선택지를 제시한다. 예컨대, 생산적 자원에 접근할 수 있는 사람들의 수나 그 접근 경로의 다각화보다는 재산권 자체의 절대성에 더 큰 관심을 갖는다. 이 재산권 체제는 저축이 가진 생산적 잠재력의 많은 부분을 금융도박에 탕진하도록 방치하고 기존 사업에 대해 대체로 (이익잉여금에 대한 의존을 통해) 스스로 꾸려 나가도록 요구하고 너무나 많은 사업의 싹을 자르면서 저축과 생산, 금융과 산업을 잇는 약한 고리를 용인한다. 이 같은 문제를 해결하려면 우선은 우리가 사용할 수 있는 법적·제도적 도구를 이용하고, 그 다음에는 동일한 경제 안에 대안적인 재산권 체제가 공존할 수 있도록 하는 다양한 도구들을 마련하여 생산적 자원의 분산적인 배정 기제뿐만 아니라 그 배정의 수혜자들도 확장시키야 한다.

급진민주의적 대안을 촉진하는 두 번째 통찰은, 노동자들이 현재의 자리에 안주하여 참호를 구축한다면 더 나아갈 수 없다는 것이다. 노동자들을 진정으로 옹호해 줄 것은 그들의 역량을 향상시켜 줄 제도이다. 이 두 번째 통찰의 목표는, 혁신이 가져올 불안정성에서 노동자들과 그들의 관습적인 생활 방식이 위협받지 않도록 지키는 것이 아니라 혁신 과정을 통해 노동자들이 번영을 구가하도록 돕는 것이다. 이 관념에는 혁신에 가장 우호적인 협력 제도들의 발전이라는 일반적이지만 중요한 약속이 따라붙는다. 그리고 이러한 사회적 방어 형식만이 표준적인 사민주의 프로그램과 연루되어 있는 내부자-외부자의 구분을 피하면서 더 큰 포용성을 가질 수 있다고 가정한다.

이 두 가지 통찰 또는 지도 이념에서 급진민주적 프로그램의 두 가지 정책이 각각 나온다. 생산적 자원 및 기회에 대한 접근 형태의 확충과, 경제적 혁신에 신속히 응답하는 데 기여할 노동자 역량과 보증 수단의 발전이 그것이다. 이 프로그램은 발전의 전기 국면에는 기존 제도의 경계 안에서 작동하겠지만, 후기 국면에는 이 경계를 넘어 제도적 틀 바깥으로 밀치고 나가게 된다.

생산적 자원 및 기회에 대한 접근 형태를 다각화하려면 세 가지 요소가 있어야 한다. 첫째, 높고 지속적인 정부 및 민간 저축 수준, 둘째, 현재의 제도들로 인해 불모의 도박으로 허비되는 민간 저축의 투자 잠재력의 더 효과적인 실현, 셋째, 기업가적 독립성과 재정적 책임을 가지고 정부 및 민간 저축을 투자로 이끌어 갈 일련의 새로운 경제적 행위주체들의 조직이다. 이 세 가지 요소를 기본으로 이 요소들의 각 부분이 두 단계로 발전하는 것을 상상할 수 있다. 첫 번째 단계는 기존의 재산권 체제 안에서 발전하는 것이고, 두 번째 단계는 동일한 경제 안에서 자본에 대한 접근을 분산시킬 다양한 도구들을 가동하여 다른 몇 가지 재산권 제도를 창조하고 공존하게 함으로써 기존의 재산권 질서의 경계를 넘어서 발전하는 것이다.[34]

두 번째 더 창조적인 단계에 이르러 급진민주적 프로그램의 발전은 심층적으로 서로 연관된 일련의 제도적 혁신안에 의존한다. 첫 번째 유형의 혁신안은 조세-이전을 통해 자원의 재분배를 겨냥하며, 두 번째 유형의 혁신안은 정치제도의 혁신을 통해 정치개혁의 속도를 올리는 것을 목표로 삼는다.

다음의 세 가지 기본 세금들로 작동하는 조세 체제를 상상해 보자. 첫째로, 프로그램의 전기 단계에서 공공 수입의 기둥인 종합적인 정률 부

---

34 다른 재산권제도는 협동적 소유 및 사회적 소유 기업과 관련된다. 이는 프티부르주아 사회주의나 시장사회주의에 근접한 사고방식이다. 여기에서 존 스튜어트 밀, 제임스 조이스, 제임스 미드로 이어지는 자유사회주의 사상을 엿볼 수 있다.

가가치세와 여타 직접적이고 재분배적인 세금, 둘째로, 임금소득 및 여타 모든 소득을 포괄하는 소득과 투자 지향적인 저축 간의 차액에 대해 차등적으로 세금을 부과하는 개인 소비에 대한 누진세(칼도어[35]세Kaldor tax),[36] 셋째로 증여 및 상속 재산에 대한 누진세가 그것이다.

급진민주적 프로그램의 전기 단계부터 부과되는 소비세는 세수 확보 요구와 저축·투자 장려에 대한 필요성 사이에서 일어나는 억제적 갈등을 지속적으로 조정한다. 공공지출 수준과 공공지출이 산출하는 재분배에 더 이상 절대적 우위를 줄 필요가 없는 조세 체계를 수립함으로써 소비세에 대한 강조를 완성할 수 있다. 세 가지 기본 세금 체계로 우리가 개별적으로 그리고 명료하게 겨냥하는 과세 목표물은 두 가지다. 생활수준의 위계 서열 또는 사회적 재원에 대한 개인 소비가 하나이고, 경제권력으로서 부의 축적, 특히 세대를 넘어서 이루어지는 부의 축적이 다른 하나이다.

이 세 가지 기본 조세는 각기 다른 특징적인 용도로 사용될 것이다. 누진적인 개인 소비세는 정치적·관료적 장치의 관심을 재분배적 과세의

---

35 니콜라스 칼도어Nicholas Kaldor는 1908년 헝가리 부다페스트 출생으로 런던대학교에서 경제학 박사학위를 취득하고, 1949년에서 1975년까지 케임브리지대학에서 경제학 교수를 역임하였다. 《지출세An Expenditure Tax》(1956)라는 저작에서 누진소비세를 제안하였다.

36 과세표준을 소득에 두는 소득세와 대조적으로 소비에 두는 소비세(지출세). 경제학자 칼도어가 주장한 것으로 알려졌으나 밀, 마샬, 미드 등 유수의 경제학자들이 이미 주장하였다. 소득을 기준으로 세금을 부과하는 것은 경제성장을 둔화시키므로 저축을 제외하고 소비에 대해서만 세금을 부과하자는 제안이다. 칼도어는 개인적 소비에 대해 종합누진세를 제안하였고 이를 '지출세 expenditure tax'라고 불렀다. 지출세의 도입이 저축 증가, 자원 절약, 투자 증대, GDP 증가라는 선순환 구조를 만든다는 것이다.

증진과 연결시키고, 각 개인이 처한 조건의 극단적 불평등을 회피하는 데 대한 민주 정부의 관심을 표현하면서 정부의 핵심적 활동을 밑받침해 줄 것이다. 조세왜곡효과[37]가 가장 적고 가장 신뢰할 만한 세금인 종합적 정률 부가가치세는 각종 사회기금과 지원센터의 재원[38]을 조달하고, 그래서 생산을 촉진하기 위해 소비에 대한 추가 부담을 대변한다. 증여세와 상속세는 사회상속계좌social-endowment accounts의 재원을 밑받침하고, 가족 상속을 제한하고 사회상속을 유도한다. 이는 손 안 대고 코 푸는 것 같은 '게으른 평등'이 아니다. 이러한 과세와 집행의 연결은 개인적인 부의 증식과 사회적 연대를 잇는 관계를 다른 방식으로 이해하고 지속시키는 데 일조할 것이다.

그렇다면 이러한 새로운 경제 제도를 구현하는 데 필요한 시민사회의 역할은 무엇인가. 바로 현존하는 대의민주제 국가보다 더 능력 있고 더 민주화된 나라, 즉 현재 서구 산업민주국가들의 제도와 관행이 보여주는 것보다 더 높은 수준의 정치적 동원을 장기간 유지할 수 있도록 정부 권력의 장악과 행사를 둘러싼 갈등을 조직할 새로운 방식을 요구하

---

37 세금은 경제적 유인을 왜곡시키고 경제 주체들의 후속적 행동을 변화시켜서 자원 배분의 효율성을 저해한다. 세금이 경제주체의 후속적 행위에 미치는 영향이 클 때 조세왜곡효과가 크다고 할 수 있다.

38 사회기금 및 지원센터 또는 사회투자기금은 자본과 신용을 확보하는 데 어려움을 겪는 노동자 작업팀에게 창업자금을 제공하는 역할을 한다. 그러한 기업 자산이 노동자들의 개인적 소유로 바뀌지 않게 통제하는 것이 특징이다. 노동자들은 사업 이익으로 자본 사용에 대한 기본적인 이자율을 기금이나 지원센터에 지불하고 잔여 이익을 배분한다. 사회기금에 입각한 기업의 소유권을 노동자 지분이나 시회기금 지분 또는 혼성 형태로 장기적으로 유지하게 한다면, 이는 시장경제 안에서 다양한 소유권 체제를 낳게 할 것이다. 웅거는 이를 경제적 약자가 시장에 진입할 수 있는 권리, 즉 '시장 권리market rights'로 명명한다.

고, 대중들이 기존 계약법 및 회사법 체제가 허용하는 것보다 더 완전하고 평등하게 스스로를 조직할 수 있도록 이끄는 시민사회 조직을 만들어야 한다. 기업-노동자-정부를 잇는 관계의 형성에서 급진민주적 대안은 우리가 상속받은 정치적·경제적 다원주의 형태들을 대신할 급진적인 대안으로 확장된다. 그리하여 신자유주의에 대한 대안을 찾는 전 지구적인 모색은 앞서 논의한 문제들로 귀결될 것이고, 이를 통해 이 책에서 다루는 제도적 제안들을 더욱 온전하게 발전시킬 기회가 마련될 것이다.

4 신자유주의와 그 불만들

신자유주의 개념

민주적 기획을 촉진할 가장 중요한 기회는, 내부자와 외부자 간의 폭넓고 모호한 차이와 밀접하게 연결된 전위와 후위의 분열을 국민경제 안에서 극복하려는 노력에서 찾아야 한다. 전위와 후위의 분열에 이의를 제기할 가장 중요한 구도는, 현재 세계를 지배하는 정치적·경제적 관념들에 대한 대안의 모색이다.

'워싱턴 컨센서스Washington consensus'[39]라고도 불리는 신자유주의 프로그램은 브레튼 우즈Bretton Woods 기구들[40] 및 선도적인 학계 전문가들뿐만 아

---

39 1989년 미국 국제경제연구소의 정치경제학자 존 윌리엄슨이 경제 위기로 어려움을 겪고 있던 중남미 국가들에 대한 개혁 처방을 '워싱턴 컨센서스'로 명명한 데서 유래됐다. 윌리엄슨은 중남미 경제 위기 극복을 위해 긴축 재정, 사회 인프라에 대한 공공지출 삭감, 외환 시장 개방, 시장 자율 금리, 변동 환율제, 무역 자유화, 외국인 직접투자 자유화, 탈규제, 국가 기간산업의 민영화, 재산권 보호 등 열 가지를 제시하였다. 이후 1990년대 미국 행정부와 국제통화기금(IMF), 세계은행이 모여 있는 워싱턴에서 정책 결정자들 사이에 이 같은 합의가 이루어졌다. 이후 이 용어는 신자유주의 경제정책의 대명사가 되었다.

40 국제적인 통화제도 협정에 따라 구축된 국제 통화 체제로 제2차 세계대전 종전 직전인 1944년 미

니라 미국 등 주요 강대국의 후원을 받고 있다. 이 전문가들은 냉혹하게 신자유주의 프로그램을 개발도상국에 강요한다. 이 프로그램에 대한 반대는 중국, 러시아, 인도, 인도네시아, 브라질 등 거대 개발도상국에서 두드러진다. 이들 나라의 여론 주도 세력은 대륙처럼 큰 나라의 상황에서 신자유주의에 대한 저항 수단과 독창성의 기반을 확인하며 다른 경로에 대한 갈망을 고수한다. 그럼에도 불구하고 세계의 다른 나라들과 마찬가지로 이들 국가에서도 신자유주의 프로그램에 대한 반대를 신뢰할 만한 대안으로 발전시키는 데 대체로 실패했다. 반反신자유주의적 프로그램은 흔히 사회적 지원을 더 강력하게 강조함으로써 신자유주의를 완화하거나 우회할 따름이다. 그 결과, 전위와 후위 간의 격차는 거의 그대로 유지되며, 기성 제도들의 목록도 대부분 변함없이 지속된다.

가장 추상적이고 보편적인 형태로 말하자면, 신자유주의는 조세수입의 증가보다는 공공지출의 억제로 달성한 재정 균형을 통한 정통적인 거시경제적 안정, 국제무역 체제로의 점진적인 통합과 이로써 확립된 규칙들의 형식을 취하는 자유화, 좁게는 생산 영역에서 정부의 철수로, 넓게는 표준적인 서구 민사법民事法의 채택으로 이해된 민영화, 정통적 강령에서 다른 정강들의 불평등 유발 효과를 상쇄하도록 설계된 보상적 사회정책('사회안전망')의 전개를 약속하는 프로그램이다.

브라질이나 멕시코처럼 극단적인 불평등을 실효적인 보상 장치로 제

국 뉴햄프셔 주 브레튼 우즈에서 열린 44개국이 참가한 연합국 통화금융회의에서 탄생되었다. 이 협정을 '브레튼 우즈 협정'이라 부른다. 이 협정에 따라 국제통화기금(IMF)과 국제부흥개발은행(IBRD)이 설립되었다.

어하지 못하는 나라에 이 프로그램이 투입되는 경우, 신자유주의 프로그램은 두 부류의 정치적 담론을 유지시키는 데 기여하게 된다. 하나는 경제적으로 부유한 나라들에서 놀라울 정도로 성공을 거둔 시장에 기초한 제도들을 고수해야 하는가 하는 문제이고, 다른 하나는 이를 기본으로 조세-이전 정책의 발전과 정부의 사회적 활동을 통해 재분배적인 교정을 시행해야 하는가 하는 문제이다. 이 대목에서 '시장 효율'이라는 말은 '사회적 양심'이라는 말과 합류한다. 이렇게 해서 제도적으로 보수적인 사민주의는 신자유주의적 전망의 불가결한 부분이 된다.[41]

신자유주의 프로그램이 일련의 특수한 제도들과 연결되는 경우에만 생명력을 얻는다고 할지라도, 이 프로그램은 지지자들의 상상 속에서 제도적 변화의 수많은 경로들 가운데 가능한 유일한 경로로만 존재하지는 않는다. 신자유주의 옹호자들은 통상적으로 수렴 테제를 지지한다. '수렴 테제'는 현대사회가 국제적인 수준에서 연관된 일련의 활용 가능한 최상의 관습과 제도들로 점차 수렴되고 있다는 믿음이다. 옹호자들은 이 일련의 관습과 제도들을 산업화된 부유한 민주국가들의 경제적·정치적인 제도와 동일시하고, 실제 기업 경영에서 미국식·독일식·일본식 제도적 변주를 한낱 지엽적이고 일시적인 것으로 무시해 버린다. 그리하여 여타 강력한 이념들이 그러하듯이, 수렴 테제도 자기충족적인 예언으로

---

41 웅거는 신자유주의와 사민주의를 동전의 양면, 정확하게 정도의 문제라고 보고 있다. 기성 체제를 유지하는 데에서는 양자가 똑같고 하나는 경제질서의 과두파들의 이익을 옹호하고, 다른 하나는 희생자의 이익을 옹호한다. 그러나 신자유주의는 희생의 비용을 사회대중으로 전가하는 데 한계가 있기 때문에 어느 정도 사민주의적 보상 원리를 활용한다. 따라서 질적인 대결은 실제로 양적인 차이로 귀결된다.

변하여 대안적 제도를 탐색하려는 노력을 훼손하게 된다. 그러나 자기 충족적 예언의 진정한 힘은 이러한 신자유주의의 추상적 공식화 작업 안에, 즉 이 프로그램이 국가에 대해 국가와 함께 수행하기를 원하는 신자유주의의 공식화 작업 안에 내포되어 있다.

최근 수많은 개발도상국 안에서 신자유주의의 작동 형식이 된 것, 즉 가난한 국가들이 사실상 신자유주의적 메시지를 실천한 방식을 살펴보면 신자유주의 프로그램에 내포된 의미는 더욱 명백해진다. 1990년대 라틴 아메리카의 주요 국가들, 특히 멕시코와 아르헨티나가 채택한 정책은 이 작동 형식을 가장 명확히 드러내 준다. 당시 인도 정부도 이 방향으로 움직였다. 이 신자유주의적 프로그램은 시장 개혁을 명분으로 공산주의 해체 이후 각종 경제 문제를 안고 있던 정부들의 경제정책에 결정적인 영향을 미쳤다. 실제로 소련과 중부 유럽에서 공산주의가 붕괴하고 중국에서 공산주의가 쇠퇴하고 '수입 대체 산업화' 및 고^高인플레이션 유발 금융완화정책high-inflation finance과 결합된 보호주의적이고 대중영합적 정책들이 신뢰를 잃은 후에는, 제2차 세계대전 이후 두 세대에 걸쳐 조직된 일본·한국·대만 등 동북아시아 경제들만이 신자유주의 지배 형태에 맞서 비록 결함은 있지만 유력한 대안을 대표하였다.

신자유주의의 작동 원리는 크게 세 가지다.

첫째, 사적이든 공적이든 정부가 낮은 수준의 국민 저축을 묵인하고 국가 발전에 필요한 금융을 외국 자본의 유입에 지속적으로 의존한다. 저축률이 낮을 뿐만 아니라(과거 동아시아의 '호랑이들'과 최근 중국이 보여주는 35퍼센트가 아니라 통상 20퍼센트 남짓한 수준을 기준으로 해서), 정부가 투자에 저축을 동원할 때 전통적인 자본시장에 의존한다. 실질이자율을 마이너스로 만들 정도로 오랫동안 '금융 억압'[42] 정책을 고수한 정부가 회의적이고 진득하지 못한 자본을 해외에서 유치하고자 하면, 그제야 정부는 공채 발행을 위해 자신들이 천문학적인 실질이자율을 용인해 주고 높은 이자를 지급하지 않으면 안 된다는 사실을 깨닫는다. 국가가 외국 자본에 덜 의존할 때 외국 자본이 더 유용하다는 뒤늦은 깨달음이다. 그뿐만이 아니다. 대부분의 자본이 국내에 지속적으로 머무는 세계에서 외부유입 외국 자본은 그다지 많지 않거나 지속적이지 않아서 보유 자산 이상으로 투자와 소비가 일어나는 사회의 자본 수요를 만족시키지 못한다. 외국 자본의 유입은 해당 국가의 중앙은행으로 하여금 값비싼 국내부채(통화채권)의 증가를 통해 새로운 자원을 '불태화sterilize'[43]하도록 유도한다는 점에서 다시금 높은 물가 상승을 촉발하고 정부의 경제 통제권을 위축시킬 우려가 있다.

---

42 금융 억압financial repression는 기업과 정부의 상환 부담을 줄이면서 양측이 값싼 대부를 받을 수 있도록 은행들이 지급하는 저축자의 이자소득을 물가 상승률 이하로 유지시키는 정책을 가리킨다. 특히 국내 통화로 표시된 정부 부채를 청산하는 데에 효과적이다. 맥키넌Mckinnon과 쇼Shaw는 개발도상국에서 일반적으로 행해지는 이자율 통제나 자금 배분, 즉 정부의 직접적인 금융 개입과 같은 금융 억제는 저축과 투자를 축소시킬 뿐만 아니라, 투자 자금을 비효율적으로 배분시켜 결국은 경제성장을 지체시킨다고 주장했다. 오히려 이자율 결정을 자유화하고 금융 업무에 대한 정부의 간섭을 제거해야만 저축을 증대시키고 자금 배분을 효율화할 수 있다고 주장한다. 금리 상한제, 높은 지급준비율, 정책금융 등 개발도상국 정부의 금융 억제가 저축 감소, 비효율적 신용 할당, 저투자를 초래해 경제성장을 저해한다는 것이다.

43 불태화不胎化는 살균 소독이나 불임 시술을 의미하는 'sterilization'의 번역어이다. 해외 부문으로부터 외자 유입이 늘어 국내 통화량이 증가하고 물가 상승이 일어날 때 이를 상쇄하기 위해 취해지는 정책이다. 구체적으로는 중앙은행이 통화안정증권과 같은 통화채를 발행해 시중의 돈을 회수하거나 재할再割 금리나 지급준비율을 올리는 정책을 의미한다.

신자유주의의 두 번째 신조는, 세계경제 질서를 맹목적으로 고수하는 전략 말고는 국가 발전에 관한 정부의 모든 적극적 전략을 폐기하려는 것이다. 이러한 맹목적인 고수 전략을 부추기는 주장에 따르면, 경제적 진보는 가장 선진적인 경제의 가장 선진적인 부문과의 풍요롭고 계몽적인 연계에서 발생하는 편익들과 결합된 전통적인 재산권의 관철에서 나온다. 이때 국가 발전 전략을 포기하는 전략의 중심에는 두 가지 거부가 존재한다.

첫 번째 거부는, 경제성장의 방향과 속도 및 결과를 좌우할 생산요소 부존량factor endowments[44]에 대한 정부의 주도적 역량을 거부하는 것이다. 그런데 정부는 노동 역량 계발이나 새로운 기술 이전 등 일부 생산요소의 촉진을 넘어, 생산요소들이 결합하는 제도적 맥락 자체를 바꿈으로써 이 영향력을 발휘할 수 있다. 정부의 행위는 규모scale와 범위scope의 누적적인 경제[45]를 산출하는 전략들의 융합을 촉진한다.

두 번째 거부는, 외국과의 경쟁에 대응하는 보호의 수준(선별적 보호주의), 환율 수준(예컨대, 소비재와 선진 기술에 대해 다른 환율의 채택), 이자율

---

44 경제학에서 국가의 생산요소 부존량은 한 나라가 보유하고 생산활동에 투입할 수 있는 토지, 노동, 자본, 기업가 정신의 양을 의미한다. 조건이 동일하다면 생산요소 부존량이 많은 나라가 작은 나라보다 더욱 발전할 가능성이 높다. 생산요소 부존량에서 더 큰 편익을 얻기 위해서는 공정하고 효율적으로 이 요소들에 접근할 수 있는 건전한 제도의 발전이 필수적이다.

45 '범위의 경제'라는 용어는 경제학자 판자르John C. Panzar와 윌릭Robert D. Willig에서 유래한다. '규모의 경제economies of scale'가 단일 제품의 생산 규모를 증가시킴으로써 나타나는 평균비용의 절감을 의미한다면, '범위의 경제economies of scope involve'는 다양한 제품을 생산함으로써 평균비용을 낮추는 것을 의미한다. 범위의 경제는 다른 제품의 생산에 기존 제품 생산의 노하우를 공통으로 사용하거나, 기존 제품 생산에 쓰이는 불가분적·물리적 자산을 사용하는 경우에 발생한다.

수준(장기간의 생산적 투자의 경우에 그 위험 부담을 어느 정도 사회화하는 요율)을 효과적으로 분별하는 역량에 대한 포기다.

최근 벌어진 경제정책 논의에서는 선별적인 보호주의가 절대적인 자유무역보다 그 원리상 우수하며, 단일한 환율 및 이자율보다 차별화된 환율과 이자율이 더 효과적이라는 주장이 두드러진다. 그런데 신자유주의의 표준적 시각에 따르면, 선별성은 원리상 거의 명백히 더 나쁘며 유착('지대 추구')과 편견을 조장한다는 것이다. 정부 역할에 대한 부정적 가설에 안주하는 판단이 아닐 수 없다. 이는 국가와 시장경제의 제도적 형태에서 가능한 변화, 즉 그 원리뿐 아니라 실천까지도 최상으로 끌어올릴 수 있는 가능성을 배제하는 시각이다. 따라서 국가 발전 기획의 포기에 기반한 두 가지 부정은 모두 제도적 물신숭배, 즉 실현 가능한 제도적 변주의 여지를 전혀 상상하지 못하는 태도에서 나왔다고 할 수 있다.

신자유주의의 세 번째 작동 형태는 환율 지표(변동환율시스템)와 높은 이자율에 과도하게 의존하는 통화안정화 방식이다. 신자유주의적 안정화 프로그램 설계자들은 이러한 장치들이 필요하지만 임시변통일 뿐이며, 조세 개혁과 민영화, 공공지출 삭감을 통한 재정 균형 또는 흑자 달성이 뒤따라야 한다고 주장한다. 그리고 정부를 약화시키는 이 계획에 '구조조정structural adjustment'라는 고상한 명칭을 부여했다.

그러나 구조조정 프로그램은 곧 제어하기 힘든 모순에 직면했다. 구조조정 프로그램이 철저하게 관철되면 (1990년대 아르헨티나의 사례에서 보듯이 20퍼센트를 상회하는) 대량 실업이 양산되고, 소수의 수혜자와 다수의 피해자로 나라가 두 쪽 나는 국내적 이중구조가 심화되기 때문이다.

더욱 일반적으로 말해, 신자유주의 프로그램은 사람이나 기간 시설에 투자할 자원과 역량을 정부 수중에 남겨 두지 않는다. 그 결과, 사회적 필요들이 충족되지 않음에 따라 생산에서 병목현상이 나타나기 시작하고, 국내외 투자자들은 현재의 사회불안 속에서 장래의 정치적 분쟁을 예상한다. 이 때문에 신자유주의의 엄격한 정책은 그 정책이 고취하기로 설계된 바로 그 확신을 약화시키는 자멸적 행보를 걷게 된다. 이 모든 근거에도 불구하고, (1980~1990년대 칠레처럼) 역대 정부가 사회기반시설 투자라는 가장 화급한 수요를 성공적으로 충족시키지 못한 경우에는 구조조정을 극단까지 추진하는 것이 불가능하다. 결과적으로 엄혹한 이자율과 (관행적인 표준에서 볼 때) 과대평가된 환율은 그 추정된 용도가 잠정적인 방책에 불과하다는 점을 보여 줄 것이다. 외국 자본과 인플레이션이 가져올 이득은 고작해야 '조정adjustment'의 희생자들이 짊어져야 할 부채와 실업 부담을 완화시키는 데에 쓰일 뿐이다.

현재 작동 중인 신자유주의는 이러한 세 가지 신조, 즉 낮은 수준의 정부 및 민간 저축과 저축 대비 낮은 투자 가동율, 국가 발전 기획의 포기, 높은 환율 및 이자율과 공공지출에 대한 과감한 억제들로 이루어진다. 높은 환율과 이자율, 공공지출에 대한 과감한 억제로 인해 해당 정부는 사람에게든 교통이나 통신처럼 경제 발전에 필요한 물리적 수단에 대해서든 그 어디에도 투자할 수 없게 된다. 신자유주의의 작동 형태는 신자유주의 프로그램의 추상적이고 교조적인 정식을 결여한 문제적인 통일성을 보여 준다. 이러한 신자유주의의 통일성은 협애狹隘하게 경제적이고 기술적이기보다는 사회적이고 정치적이다. 이 통일성은 정부의 무력화

disempowerment라는 부정적인 통일성이며, 이는 해당 국가로 하여금 기존 사회질서에 개입하지 못하게 한다. 그리하여 열강과 선진국 제도—이 제도들은 필수적으로 진보의 얼굴을 대표하도록 되어 있다—의 수용이라는 외견상 불가항력적인 운명과 대결하려는 정부의 역량을 약화시킨다.

미시에서 거시로, 선진국에서 거대 세계로

그런데 기존의 신자유주의 비판은 대안적인 기업 재건 프로그램을 논의할 때 제시된 관심사들과는 매우 다른 방향으로 우리를 인도하는 것 같다. 이 비판들은 주로 부유한 나라들보다는 가난한 나라들에 관한 토론이고, 기업과 노동자 및 정부와 기업의 관계라는 미시적 관점이 아니라 경제적·정치적 전체 질서라는 거시적 관점에서 본 사회적인 세계에 관한 토론이다. 그러나 이 비판들 각각은 외견상 심층적인 통일성을 가장하고 있지만 피상적인 것임이 드러나고 있다.

핵심적인 구조적 문제와 기회의 측면에서 부국과 빈국의 문제는 하나로 수렴돼 왔다. 수렴 테제는 현대사에 대한 단일한 제도적 귀결의 서술로는 거짓이지만, 곤경에 대한 묘사와 대화의 전조前兆로는 진실일 수 있다. 전위와 후위 부문 간 구별의 세계적 반복과 전위 부문 연결망의 지도적 역할에 대해 앞에서 제기한 논거를 통해 세계경제를 추동하는 요소들의 보편성을 이미 주장했다. 이러한 구별에서 부국이나 빈국이나 어떤 차이가 존재하지 않기 때문이다. 기업에 대한 토론과 기업-노동자-정부 관계에 관한 토론은 기본적인 제도들이 도전받지 않는 부국들에서 더 생생할지도 모른다. 그럼에도 불구하고 이 토론은 후진국의 경우에도 마찬가지로 타당하다. 만일 신자유주의에 대한 대안이 있다면, 그것은 이미 발전한 곳에서 생산적인 전위를 유지시키는 것뿐만 아니라 현재 경제적 후위로 간주되는 세계에 전위주의 관행을 확장하는 능력에서도 반드시 대안의 유효성을 입증해야 한다.

빈국과 마찬가지로 부국도 신자유주의에 대한 실천적인 대안의 발전에 관심이 있다는 점은 그렇게 분명하게 드러나지 않아도 진실에 가깝다. 복지와 고용 간의 역관계, 나아가 생산 침체 문제를 해결해야 하는 어려움에 대한 끊임없는 염려들은, 이후 차차 주장하겠지만 물려받은 정치적·경제적 제도들의 틀 안에는 그 해법을 찾을 수 없다. 최근 몇 년 동안의 정책 논쟁이 남긴 가장 중요한 교훈은, 우리의 정책 토론이 실천에서든 상상에서든 익숙한 정책 선택지들에 대한 토론에서 이러한 선택지들을 제한하는 제도적 구조틀에 대한 토론으로 이행하지 못할 경우 해결할 수 없는 수수께끼로 변한다는 점이다.

더욱 포괄적인 견지에서 보자면, 신자유주의의 대안을 찾는 작업은 간단히 오늘날 대의민주제와 규제받는 시장경제, 그리고 자유로운 시민사회의 제도적 형태의 다각화와 같은 대안적 다원주의들pluralisms이 제기하는 포괄적이고 지속적인 문제의 최신 변형이라 할 수 있다. 이 책의 후반부에 논의하겠지만, 신자유주의를 대체할 효과적인 대안은 서로 연계되어 있고 지속적인 제도적 혁신을 요구한다. 그러한 혁신의 누적적 효과는 대안적 다원주의 관념에 실천적 내용을 제공할 것이다.

신자유주의의 대안을 찾는 토론은 민간기업뿐만 아니라 민간기업과 정부 및 노동자와의 관계라는 작은 세계보다는 사회적 제도와 그 연관성이라는 커다란 세계를 직접 다룬다는 점에서 기업에 관한 논의와도 다르다. 이 책에서 우리는 사회의 기본 구조의 단편들이 경제활동을 형성하는 방식보다는 사회의 기본 구조 자체에 주목한다. 물론 이것은 관점의 차이일 수 있다. 그러나 이 두 가지 문제를 연결시키는 수많은 매개 고리들이 존재한다.

이 연결 고리 중 가장 강력하고 곤란한 고리가 바로 금융과 산업의 관계, 즉 저축과 투자의 관계이다. 이 연결 고리의 취약성이 기존 시장경제의 제도적 형식에 존재하는 유일하고 가장 현저한 흠결이다. 만일 우리가 전위와 후위 부문 간의 구분을 완화하고, 신자유주의와 전통적인 사민주의에 맞서 민주적이고 생산적인 대안을 발전시키려 한다면 이 연결고리의 변형이 필수적이다. 이 변형을 꾀하는 제안들을 차례로 검토하다 보면 이 책의 주제를 이루는 거시적·미시적인 전망의 통일성이 상당 부분 드러날 것이다.

저축을 생산적인 투자로 전환하는 일은 금융의 가장 중요한 사회적 책임으로 상정된다. 그런데 이 사회적 책임이 대체로 충족되지 못한 지 오래다. 예컨대, 오늘날 영국과 독일 기업들의 국내 및 해외 자본의 상대적 중요도를 비교해 보자.

이 두 나라는 기업과 은행 또는 여타 기관투자자들의 관계 면에서 대조적인 사례로 알려져 왔다. 이러한 고정관념에 따르면, 독일에서는 기관투자자들이 기업에 대한 장기 투자를 결정할 때 높은 수준의 이익잉여금(사내유보분)[46]을 선호한다. 이익잉여금은 순차적으로 장기간의 전략적 투자뿐만 아니라 노동력 부문의 숙련 기술과 과학기술의 지속적인 향상을 장려한다. 반면에 (미국과 마찬가지로) 영국에서는 장기 투자에 대한 기관투자자들의 무관심과 주식시장의 독재는 이미 주가에 반영된 단기 성과를 강조하면서 장기 투자의 필요를 부정한다. 그런데 여러 사실들은 이러한 고정관념들의 타당성을 밑받침하지 못한다. 여기서 중요한 점은, 독일이든 영국이든 잘나가는 기업들은 대부분의 금융을 이익잉여금에서 조달한다는 사실이다. 오늘날 독일과 영국 모두에서 주주 배당금으로 분배되지 않은 이익잉여금은 투자금의 약 80퍼센트에 달한다. 은행과 주식시장을 포함한 금융 시스템 전체가 생산에 필요한 투자 자금 제공이라는 금융의 주요 역할에서 비껴 나 있다. 기관투자자들이 가장 두드러지게 활약하는 경제체제 안에서조차 기관투자자들이 감시자 역할을 거의 하지 않고 있다는 사실은 이제 부차적인 의미만 가질 뿐이다.

은행가들이 회계와 도박 사이의 어두운 세계에서 살아남았다고 할 때, 도박이 생산적 투자 책임과 기회에 방해받지 않으면서 주식시장의 대세를 장악한 격이다. 흔히 주식시장은 저축을 생산적 투자로 전환시키는 근간으로 상정되지만, 실제로는 표준적 금융이론이 우리에게 가르치는 것보다 도박판에 더 가깝다. 주식시장은 서로의 위치를 교환함으로써 누군가를 더욱 부자로 만들고 누군가를 더욱 가난뱅이로 만든다. 그러나

---

46 이익잉여금(사내유보분)은 기업이 영업 활동을 통해 얻은 매상고에서 모든 비용을 공제하고 남은 이윤 중에서 임금 및 주주 배당을 제외하고 기업 내부에 확보하고 있는 잉여금을 말한다.

생산의 금융 수요와 이러한 많은 교환 행위 간의 연결은 제한적이고 간접적이다.

실제로 주식시장은 두 가지 다른 중요한 기능을 수행한다. 주식시장은 기업공개[47] 장소를 제공한다. 주식시장은 또한 소유의 유동성과 경영진의 책임을 향상시킴으로써 기업 경영권과 관련한 시장을 수립한다. 이두 가지 기능은 그 자체로 중요하지만, 사실 어느 것도 저축을 생산에 동원하는 과정에서 드러나는 금융의 기본적 취약성을 역전시키지는 못한다. 잘나가는 기업은 대체로 남의 도움 없이 살아가야 하고, 새로운 기업은 통상 아무런 지원도 받지 못하는 농부처럼 자갈밭에서 물을 퍼 올리며 가족 금융으로든 자기 착취로든 어떻게든 견뎌야 한다. 은행 시스템에서 공적 예금보험 체제가 만들어 놓은 '도덕적 해이'와 몇 가지 기업가적 모험주의 형태들이 보인 찰나적인 매혹에도 불구하고, 벤처캐피털은 현대 경제 전반에서 금융의 극히 일부분일 뿐이다.

생산적 투자에 대한 금융 지원 부족, 그리고 사회의 소비 지연[48]은 막대하게 낭비되고 있는 잠재적 생산력에 대한 흥미를 떨어뜨린다. 공업에서 사야노프Chayanov[49]같은 사람은 어디에 있는가? 마르크스주의에 대한

---

47 기업공개Initial public offering는 기업의 주식을 최초로 기관투자자에게 매각하고, 기관투자자가 이를 다시 일반 대중에게 매각하는 과정을 의미한다. 기업공개는 대체로 기업이 자본금을 모집하는 수단으로, 이를 통해 사사로이 소유된 기업이 공적(공개) 기업으로 변환된다.

48 저축은 현재의 소비를 미래로 지연시키는 행위다. 그러나 사회 전체적으로 모든 소비를 지연시키는 것은 생산활동을 저해하는 작용을 한다.

49 알렉산더 사야노프Alexander V. Chayanov(1888~1937) 는 소련의 농업경제학자이자 농촌사회학자이다. 그는 협동조합의 건설을 지지했으나, 혁명기 대규모 농장의 효율성을 의심하였다. 외부적인 요소의 개입 없이 농민은 이윤을 목표로 한 잉여(자본주의적 생산)를 산출하지 않는다고 판

환상은 없지만 변혁적인 희망을 가진 힐퍼딩[50]과 같은 사람은 어디 있는가? 20세기 경제학에서 가장 영향력 있는 이단이라 할 케인스주의는 비생산적인 축적이 저축을 투자로 전환시키는 데에 끼치는 파괴적 악영향을 강조하면서 저축과 투자 간 단절의 한 측면을 탐구했다. 그러나 비생산적 축적이 가져올 위험은 우리가 여전히 적절히 설명하지 못하고 있는 더욱 일반적인 문제의 특수한 사례일 뿐이다.

마르크스주의는 희소성의 여건 아래서 계급사회를 강제적인 잉여의 추출(생산적 투자를 위한 사회적 저축의 동원), 즉 착취나 전유로 이해할 수 있다. 즉, 생산적 투자를 위한 사회적 저축의 동원의 기능적 도구로 묘사했다. 그러면서 생산양식의 등장과 소멸을 사회적 저축의 생산적 이용을 발전시키려는 강렬한 욕구의 최종적 결과로 설명했다. 비록 이제는 마르크스주의와 케인스주의가 신뢰를 상실했지만, 우리는 아직도 확립된 시장경제 형태의 특징을 이루고 있는 도박에 의한 낭비를 이해하고 비판할 준비가 되어 있지 않다.

나는 이미 산업 쇄신 경영 프로그램과 관행적인 사민주의적 응답에 맞서는 급진민주적 대안은 우선 기성의 재산권 체제의 틀 안에서, 다음으

단했기 때문이다. 이것이 소비-노동-균형 원리다. 농민은 자급자족을 목적으로 노동하기 때문에 자급자족 수준에 도달하면 노동 투입량을 제한한다는 것이다.

50 루돌프 힐퍼딩Rudolf Hilferding(1877~1941)은 오스트리아 태생의 독일 정치인이자 언론인, 마르크스주의 이론가이자 경제학자로서 오스트리아 마르크스주의의 대표적인 인물이다. 바이마르 공화국에서 국회의원으로 피선되었고 재무장관을 두 차례 역임했다. 독립사민당 당원으로 정치적 경력을 시작했으나, 사민당 통합 이후에 마르크스주의를 실제 필요에 맞게 수용하는 데 창의적인 능력을 발휘한 인물이다. 역저 《금융자본》으로 유명하다.

로 그 틀을 넘어 생산적 자원과 기회에 대한 접근 형태를 다각화함으로써 어떻게 금융 재편성을 요구할지에 달렸다고 주장했다. 우리가 이 과정을 성공적으로 수행한다면, 기업을 혁신할 대안 프로그램을 논의하면서 제기된 국지적인 쟁점들과 신자유주의를 대체하려는 노력으로 밝혀진 포괄적인 문제들 간의 구별이 사라질 것이다. 투자를 위한 저축을 재조직하여 사회의 경제적 진보를 후원하지 않는다면 신자유주의에 대한 어떠한 대안도 성공할 수 없다.

비교우위론의 허구성

신자유주의는 통상 두 가지 종류의 불만을 초래하며, 그 불만은 각각 변혁의 기회를 제공한다. 첫 번째 불만은 기존의 상대적인 생산요소 부존량 분배로 결정된 위치를 국민경제를 위해 수용하라는 요구에 대한 저항이다. 정통적인 경제이론은 개발도상국들이 천천히 끈기 있게 예정된 진화의 사다리를 한 계단씩 오르게 한다. 이에 따르면, 사다리의 첫 단계는 미숙련노동에 의한 수출 주도형 저임금 생산 이다.

우리의 지난 현대사를 보노라면 명확하고 투명한 재산권 체제를 관장하는 소극국가[51]가 기록한 성공적인 국가 발전 사례는 결코 존재하지 않았다. 전형적인 성공 사례는 정부가 사람과 기간산업에 투자하고 민간기

---

51 a passive state. 맥락상 자유방임국가나 야경국가를 지칭한다.

업과 적극적으로 협력하면서 만들어졌다. 이러한 협력의 제도적 수단과 경제적 내용은 중앙집권적인 관료 기구로부터 분권적인 협동체들에 이르기까지, 기술 원조 및 신용 우대 조치에서 직접적인 기술적·교육적 지원에 이르기까지 아주 다양한 형태를 취했다. 19세기의 성공 사례로는 연방정부가 지원하여 가족농장을 발전시킨 미국의 사례가 있다. 현대에 들어서는 정부에 의한 활발한 무역과 산업정책 운영, 저축과 투자 유인책 제공, 기술적·기업가적 핵심 그룹의 지속적인 양성에 기반한 동북아시아 국가들의 사례가 있다.

정통 경제학자들은 기초적인 공공투자와 토지개혁 같은 평등주의적인 개혁의 명백한 중요성을 무역 및 산업 발전에서 관료적 개입주의가 거둔 혼합적인 성과와 즐겨 대비한다. 하지만 과거 일본과 독일, 나아가 현재 성공적인 개발도상국들에 대한 어떤 그럴싸한 설명도 리카도[52]가 주장한 비교우위론의 명료한 논지를 재형성하는 데 정부의 주요한 역할을 설명하지 못한다.

정부 차원의 적극주의가 거둔 성과를 보여 주는 이런 경험들에 비추어 볼 때 정부 정책의 효과는 흔히 경성국가hard state,[53] 즉 자산 엘리트들의 이

---

52 데이비드 리카도David Ricardo(1772~1823)는 영국의 경제학자로서 수출입의 논리를 생산비의 절대적 차이로 설명하던 전통적인 절대우위론을 거부하고 상대가격에 따라 수출입이 이루어진다는 획기적인 비교우위론을 전개하였다.

53 경성국가는 일반적으로 연성국가에 대비되는 것으로, 흔히 국가의 예산재정지출이 민간기업에 대한 구조조정 및 개혁 과정에서 엄격하게 집행되느냐 아니냐에 따른 구분이다. 국가예산 지출에서 경성적으로 엄격한 룰이 지켜진다면 민간시장에서 발생하는 부실의 퇴출을 강화하고 이를 통해 시장원리에 의한 규율을 잡아 갈 수 있으며, 반대로 연성적이면 국가가 민간기업과 시장의 치열한 경쟁에 의한 진입퇴출 시스템을 제대로 만들어 내지 못하고 부실 기업을 구제금융으로 쉽게

해관계에서 벗어나 실질적인 독립성을 가지고 정책을 구성하고 이행할 역량을 가진 국가에 의존해 왔다. 경성국가는 농지개혁과 같이 국가 발전에 필요한 구조적인 개혁들을 실행에 옮길 수 있다. 경성국가는 정부와 민간기업의 협력 관계가 경영진과 관료 엘리트 간의 직접적 유착으로 타락하는 것을 저지함으로써 후견주의적인 부패상에 맞서 적극적인 경제정책에 일정한 보호 수단을 제공할 수 있다.

정치적 권위주의는 국가가 이러한 경성성으로 가는 지름길을 제공한다. 그러나 이 지름길의 대가는 값비싸다. 정치적 권위주의는 정치적 자유에 대한 집단적 이익을 억압할 뿐 아니라 경제적 실험주의의 폭을 제약하고 왜곡한다. 생존에 노심초사하는 정치–관료 장치는 오로지 자신들의 지위 보존과 맞아떨어질 것 같은 정책의 주도권을 장악하는 데 골몰하며, 기성 경제권력과는 양해하는 선에 머무르려 한다. 이런 상황에서 정치적 민주주의를 향한 진보는 단기간에 공공정책의 후견주의적 왜곡을 오히려 증가시킬 수도 있다. 즉, 사태는 개선되기 전에 악화될 우려가 높다.

그러므로 경제적 민주주의를 이룩하려면 비록 신자유주의적 프로젝트에도 정부와 민간기업의 협력 관계가 암시되어 있지만, 가장 성공적인 경제체제들의 정치 · 사업 지도자들이 거부해 온 진화론적 결정론에 기

구제해 주기 때문에 시장 규율에 의한 기업의 경쟁력 형성을 지연시키게 된다. 경성국가는 90년대 들어 자본주의 시장으로 이행하는 동구권 경제에 대해 스티글리츠와 쉐보르스키 등이 주로 사용해 온 개념이다. 웅거는 자유주의적인 시장불개입이나 소극적인 작은정부를 거부하고 독립성, 개입, 시민사회와의 적극적 협력, 큰정부의 의미로 경성국가 개념을 확장하고 있다.

반한 성장 전략에서 탈피하는 것이 필요해 보인다. 동아시아의 호랑이들이 보여 준 정부와의 협력 관계 사례는 다른 개발도상국들에게는 결함을 가진 모델이다. 그래서 이를 모방하기에 앞서 바로잡으려는 노력이 필요하다.

동아시아 호랑이 모델을 극복하려면 협력을 구성하는 제도적 형식과 경제적 내용을 반드시 더 분권적이며 실험주의적으로 만들고, 지대地代 추구와 경제적 독단주의 그리고 성장을 안정에 굴복시키는 것과 같은 이 모델의 특징적인 결함들에 덜 취약한 구조를 만들어야 한다. 이에 근거한 정부와 기업의 협력 관계가 한국과는 다른 방향을 택한 대만의 행로를 좇아 단지 소기업의 특권을 존중하는 선에 멈춰서는 안 된다. 부유하든 가난하든 현재 많은 경제체제들은 자본집약적이고 시장통합적인 전위 부문과 시장·자본·기술에 대한 접근에 취약한 중소 규모 기업들의 후위 부문을 구분하는 경제적 이중구조에 짓눌려 있다. 정부와 기업의 협력 관계는 이러한 이중구조의 사회적·경제적 격차를 성공적으로 가교하는 경우에만 온전히 민주적이고 실험주의적인 영향력을 발휘할 수 있다. 이중구조를 타파하려는 목표를 달성하는 데에 필요한 제도적 혁신은 우선 많은 기업들을 협력적이면서 경쟁적인 연결망 속에 참여시키는 것, 나아가 정부로부터의 상당한 독립성을 누리면서 자신들이 접촉하는 기업들과 친밀한 관계를 가지고 있는 조직들의 주도로 민관혼성 재정적·기술적 지원 형태[54]를 경제적 연결망으로 발전시키는 것, 그리고 다음 단

---

54 사회자본 또는 사회투자기금을 의미한다.

계에서 전통적인, 통일적이고 완숙한 자유주의적 재산권들에 맞서 대안을 발명하는 것에까지 이른다.

기업과 정부 간 협력 관계의 민주화는 동아시아 호랑이들의 사례를 현대 세계의 개발도상국들에게도 유용한 사례로 만들어 주는 필요조건이다. 하지만 이것이 충분조건은 아니다. 협력 관계의 민주화는 이 모델의 결함을 해결하기에 충분하지 못할뿐더러, 더 많은 교정 작업이 이뤄지지 않는다면 민주화 자체가 달성될 개연성도 낮다. 기업과 정부 간 협력 관계를 성취할 수 있는 국가적 발전 전략은 경성국가를 요구한다. 그렇지만 이는 권위주의 형태를 취하는 경성성과는 양립할 수 없다. 경성적인 동시에 급진민주적 국가라는 관념에서 역설을 느낀다는 사실 자체가 우리가 물려받은 제도들의 목록이 매우 부적절하고 빈곤하다는 점을 증명한다.

경성성과 민주주의를 조화시키는 핵심 조건의 하나는, 정부기관들 간의 교착 상태를 초래하기 쉬운 헌법적 양식과 단호하게 단절하는 것이다. 그리고 시민의 정치적 참여를 제도적으로 꾸준히 고양시키는 것이 또 다른 조건이다. 정부의 헌법 조직은 반드시 예리하게 규정된 정당 프로그램을 용이하게 집행할 수 있도록 꾸려져야 하고, 정치가 협애하게 설정된 파당적인 이익의 선제적 방어 수단으로 추락하는 것을 저지할 수 있도록 시민의 정치참여가 강화되어야 한다.

국가가 경성성에 이르는 지름길을 권위주의가 제공하는 것과 똑같이, 대중영합주의populism는 대중의 포괄적인 정치참여의 지름길을 제공한다. 대중영합주의는 지도자와 대중, 달리 말하면, 공식적 조직 바깥에 머무는 민중people 사이에 직접적인 연계를 구축한다. 대중영합주의의 원천적 허약함은, 명백히 민중의 정치적 에너지 정도에 그 흥망성쇠가 좌우된다는 점이다. 민주화 운동의 과제는 이러한 에너지의 분출을 지속시키는 제도들을 발전시키는 것이다. 이는 오직 제도화된 관행들로만 가능하기 때문에 이 제도들은 제2의 천성이 된다.

흔히 사람들은 정치적 동원 수준이 자연적 사실처럼 쉽게 변하지 않는 사회의 문화적 특성인 양 말한다. 하지만 한 사회의 정치적 동원 수준은 그 사회의 특별한 규칙과 관행, 예컨대 선거 체계의 운영, 정치자금의 사용, 대중매체 수단에 대한 접근 등을 규율하는 규칙과 관행에 의존한다는 이론을 지지하는 증거는 많다. 정치적 동원이 지닌 생산적인 성격을 파악해야만 본성상 정치제도는 정치 동원을 억제하고 정치 동원은 제도 외적이거나 반제도적인 것처럼 제도와 정치 동원 간의 단순한 역逆관계만을 주장하는 보수 정치학의 환상에서 벗어나게 된다.

교착 상태의 신속한 해결을 통해 구조적 개혁을 촉진할 헌법적 양식과 정치 동원의 제도적인 고양이 필요하다. 이 둘의 공존은 변혁적 정치, 즉 위로부터 제공된 변화와 아래로부터 시작된 변화의 연합에 필수적인 도구를 대중의 손에 쥐어 줄 것이다. 그리하여 발전의 실천적 과제와 이를 위해 활용 가능한 사례들을 본보기 삼아 개선을 이끌어 내려는 압력이 바로 국가와 경제의 제도적 형태 자체에 혁신의 기회를 창조할 것이다. 세속적인 성공을 위해 제도적 형태들을 재조합하고 쇄신하라는 이러한 실천적 명령은 오늘날 우리 세계의 이데올로기적인 갈등의 초점을 경제적·정치적 다원주의에 입각한 대안적·제도적 형태들로 이동시키는 거대한 힘이다.

신자유주의 경제학과 신자유주의 정치의 불안정한 관계 ▃▃▃

적어도 신자유주의 정치경제학이 내놓는 처방들을 문자 그대로 급진적으로 해석한다면, 신자유주의적 정치경제학을 지속시킬 수 있는 정치는 존재하지 않는다. 경제학에서 신자유주의적 기획에 대응하는 정치를 찾아내려면, 우리는 신자유주의 프로그램들을 매우 제한적이고 선별적으로 실행하는 선에서 스스로 만족하든지, 아니면 해당 프로그램을 다시 설계하고 이를 노회한 신자유주의자들이 피하고 싶어 하는 구조 개혁 방향으로 전환시키든지 양자택일을 하지 않으면 안 된다.

부, 권력, 소득의 강력한 집중을 통해 위계적으로 분열된 사회에서, 그것도 정치인 및 관료들과 유착하여 이익을 내는 데 익숙해진 사업가 계급이 버티고 있는 상황에서 신자유주의적 기획을 밀어붙일 때 일어날 일을 상상해 보자. 신자유주의 관념들의 무제약적인 관철은 신자유주의의 실제적인 작동 구도를 규정한 타협의 경계를 넘어가 버릴 것이다. 그와 같은 무제약적인 관철은 사회제도 곳곳에 숨겨진 보조금을 체계적으로 철회시킬 것이고, 해외 경쟁을 비약적으로 강화하고, 독점규제법을 강력히 시행하고, 대기업과 소기업을 가르는 척도를 철폐하고, 더욱더 극적으로 교육적 기회와 정치적 권리를 재분배함으로써 자산계급과 기업엘리트들의 사활적인 이익을 위협할 것이다. 이런 국면에서 기업 엘리트들은 자유주의적 원칙에 대한 충성을 재확인함과 동시에 자신들의 특권에 대한 명백한 공격에 격렬하게 저항하리라고 예측할 수 있다.

이러한 저항이 가져올 예측 가능한 결과는 신자유주의 기획의 선별적 해석과 이행이다. 이 선택의 결과는 해당 프로그램을 엘리트들의 재편과 쇄신 장치로 전환시킨다. 이 선별성의 체제 아래서는 엘리트들의 이익 희생에 대한 적절한 보상이 따른다. 예를 들어, 국내시장에서 외국 기업과의 더 큰 경쟁을 감수하는 것은 보조금 지원을 포함해서 국영기업 민영화에서 그 손실을 보상받는 식이다. 이때 민간기업들은 헐값으로, 2차 시장[55]의 실거래가보다 저평가된 명목가로, 또는 매우 우호적인 조건sweetheart terms으로 정부가 대부해 준 자금으로 국영기업을 매입할 수도 있다.

이처럼 조절된 신자유주의가 선호하는 정치 형태는 상대적 민주주의, 민주주의라고 할 수 있지만 그다지 민주적이지는 않은 형태로 아시아 호랑이들이 수립한 방식이다. 이 같은 권위주의적 경성국가는 선별적 신자유주의가 필요로 하는 것보다 더 유착적인 정실情實주의에 기회를 제공할 뿐만 아니라, 관료 기구들로 하여금 공세적인 산업 및 무역정책을 직접 기안하여 추진하도록 장려한다. 여기서 나온 정책은 기존 기업 엘리트들의 이익을 지탱해 줄 수도 있지만, 다른 방식으로는 그들의 이익을 해칠 가능성도 있다. 실제로 권위주의적 경성국가의 지도자들은 동북아시아 경제에서 그랬듯이 기업 엘리트 집단을 직접 재편성하기도 한다.

---

55 2차 시장은 이미 발행된 유가증권이 매매되는 시장으로, 여기서는 국영기업이 다시 거래되는 시장을 의미한다.

그렇다고 해서 진짜로 민주적인 민주주의가 선별적인 신자유주의에 이로운 것만은 아니다. 역동적이며 반항적인 민중populace과 그들의 선동적인 지도자들은 신자유주의적 기획이 의존하는바 자본집약적이고 현대적인 경제 부문에 주변화된 경제 부문을 통합하려는 더딘 일정을 참고 기다려 주지 않는다. 그들은 신자유주의와는 다른 대안을 요구하거나 적어도 대안적인 신자유주의 이해 방식을 요구한다. 신자유주의와 다른 대안 또는 대안적인 신자유주의 이해 방식이란, 배제된 경제를 더 많이 통합하되 더 신속하게 하라는 것이다. 민중과 그들의 선장들이 일반적으로 그랬듯이, 지금 당장 전진하지 못하거나 그러한 대안을 상상조차 하지 못하는 경우, 그들은 자기논파적인 경제적 대중영합주의를 내세우는 지도자와 정당들을 계속해서 선출하게 된다. 그렇게 되면 경제적 대중영합주의와 경제적 정통설 사이에서, 처음부터 다시 진자 운동이 시작되는 것이다.

　적정한 민주주의는, 선별적 신자유주의 신봉자가 이 같은 위험에 맞서 택하는 해독제이자 예방약이다. 적정한 민주주의라는 전략은 낮은 수준의 정치참여에 대중을 묶어 두는 데 기여하는 구조적 규칙과 선거제도, 언론 시스템에 대한 선호를 나타낸다. 우매한 대중mob을 두려워하는 이러한 본능은 (신임투표제적plebiscitarian 대통령 선거가 함축하는 불안정화의 이변을 회피하고 정치권력을 정치계급[56]의 수중에 두려는) 내각제에 대한 선호

56　정치계급political class은 이탈리아 정치이론가 가에따노 모스까Gaetano Mosca가 제안한 개념으로서 정치에 적극적이고 각성되어 있으며 국가적 리더십을 형성시키는 소수 집단을 가리킨다. 통치계급ruling class, 정치엘리트political elites, 파워엘리트power elites 등과 교체로 쓸 수 있지

에서, (정치적 유력자들에게 유순한 언론계 거물들을 만들기 위해) 언론 매체 및 재산 집중에 대한 관용에 이르기까지 다양한 형식을 취할 수 있다. 우중愚衆을 두려워하는 본능은 다른 환경에서는 다른 식으로, 즉 국내외의 기술관료들이 속삭이는 경제학 처방을 경청하는 작은 보나파르트에게 대통령 자리를 만들면서 강력한 대통령제에 대한 선호를 고취할 수도 있다. 여하간 어떠한 종류의 대중 조직도 빈곤과 후진성에서 스스로 벗어나려는 국가에게는 값비싸고 위험한 사치품으로서 우대받지 못한다.

우리는 이러한 진정제들이 기껏해야 무차별적으로 작동하리라고 예상할 수 있다. 만일 이 약들이 대중 조직과 사람들의 집단적 투쟁성을 성공적으로 억제한다면, 그것은 신자유주의적 기획을 민주주의 심화로 얻을 집단적 이익과 불화에 빠뜨리면서 그렇게 할 것이다. 이 해독제는 경제적 정통설과 대중영합주의 간의 반복적인 동요를 회피하는 것보다 신자유주의적 프로젝트에 대한 대안을 억제하는 데에 더 효과적일 수 있다. 해독제는 사회 조직으로 하여금 사회적 대안들을 만들어 내게 한다. 그러므로 민중people을 해체하거나 해체된 채로 방치하려는 조치들은 정합적 대안의 형성을 좌절시킬 수 있다. 어쨌든 경제적 대중영합주의로의 복귀를 막기 위해서는 배제되거나 소외된 사회집단에게서 자신의 경제적 여건에 맞설 정치적 대응 수단을 박탈하는 일, 그리하여 상대적 민주주의와 가짜 민주주의를 넘나드는 위험을 감수하는 일 또한 피할 수 없

만 대의민주제 아래서 정치를 독점하는 집단에 대한 비칭卑稱에 가깝다. 여기서는 의회와 정부 등 대의기구에서 정치를 이끌어 가는 세력을 의미한다.

게 될 것이다.

이제 상대적 민주주의 정치를 수반한 선별적 신자유주의 가설에서 이와 대조적인 급진적인 신자유주의 가설로 완전히 돌아가 보자. 신자유주의 프로그램이 그에 대한 선별적 해석을 회피하고자 한다면 폭넓은 민중적 지지를 얻어야 할 것이다. 그러한 기반이 몹시 불평등한 사회 조건 안에서 조합될 수 있다고 가정해 보자. 급진적인 신자유주의 프로그램은 선진 경제 속에 후진 경제의 통합이라는 더딘 일정 같은 것은 괘념치 않을 것이며, 저임금에 기반한 수출 주도형 생산의 연장된 국면을 경제 진화의 불가피한 대가로 수용하지도 않을 것이다. 이 프로그램은 거대 기업 주변을 도는 궤도에서 작은 기업들을 해방시키는 정책과 제도, 반ㅈㅓㄱ이 중구조적 정치경제의 집행을 요구할 것이다. 신자유주의 프로그램은 현재 아주 부유한 경제체제에서는 폐기되고 있는 산업 조직 방식을 가난한 나라들에게 받아들이라고 선고하는 진화론적 숙명론에 맞서라고 국민들을 선동할 것이다. 워싱턴 컨센서스의 수호자들은 이러한 요구들을 충족시키는 과정에서 등장하는 급진적 신자유주의를 거의 알아채지 못할 것이다.

이 주장의 요점은, 신자유주의의 관행적 공식이 내적인 불안정성을 겪고 있으며, 이 불안정성은 경제와 정치의 관계에 뿌리를 두고 있다는 것이다. 보수적인 호선co-option과 상대적 민주주의 정치를 옹호하는 쪽에서 보자면 신자유주의의 관행적 공식은 너무나 급진적이다. 그래서 이 공식이 정치적으로 현실적인 것이 되고자 한다면 편집되고 제약되지 않으면 안 된다. 그런데 고양되고 확장된 정치참여를 주장하는 쪽에서 보면 이 공식이 그다지 급진적이지 않다. 오히려 이 관행적 공식은 가장 중요한 문제들에 관해서는 너무 적게 말하거나 전혀 말하지 않기 때문이다.

민주정치의 현실적·가능적 형태들에 입각한 비판에 따르면, 신자유주의는 오늘날 가장 친숙한 정치 프로그램들이 가진 공통적인 약점을 안고 있다. 신자유주의가 정치적으로 작동하려면 신자유주의는 절삭되거나 혹은 급진화되어야 한다. 신자유주의는 기본적으로 대의민주제와 시장경제 제도의 전통적인 목록에 의존하며 정치와 경제 사이의 복잡한 거래에 침묵하거나 모호한 태도를 취하기 때문에, 신자유주의의 관행적 공식은 경제적·정치적 정통의 엄격하고 보수적인 견해에 보호 수단을 제공한다. 따라서 현대 사민주의의 관행적인 공식이 사민주의적 공약을 사실상 절삭한 것과 꼭 마찬가지로, 신자유주의의 관행적 공식은 신자유주의를 사실상 절삭한다.

물론, 신자유주의 프로그램의 이행에서 나타나는 내적 불안정이 가져오는 정치적 역설이 모든 개발도상국에 똑같이 나타나는 것은 아니다. 정치적 역설은 개발도상국 각자가 처한 불균등한 상태에 따라 다르게 나타난다. 만일 사회가 장기간에 걸친 일련의 사회적·이데올로기적 갈등을 통해 더 철저하게 평등화되었다면, 이러한 사회에서의 신자유주의의 적용은 그렇지 않은 사회에서의 적용보다는 불쾌함과 모호함을 덜 유발할 것이고, 신자유주의 프로그램의 이행에서 절삭과 급진화 사이의 선택도 그렇게 절박하지 않을 것이다. 그러나 궁극적으로 국가가 이 딜레마에서 벗어나는 방법은, 한쪽 극단에 선 신자유주의와 미연에 아주 다른 신자유주의, 즉 불평등의 길고도 고통스러운 갈등의 역사에 대한 간략하고 평탄한 신자유주의적 결말 사이에서 의도하지 않은 협력을 취하는 길 뿐이다. 나는 신자유주의의 정치적 역설에서 이 부적절한 탈출의 의미를 곧 다시 논의할 것이다.

부유한 국가에서 신자유주의에 대한 대안들의 모색

거대한 빈곤국가에게만 제도적 실험주의의 기회가 허락된 것은 아니다. 오늘날 주요 강대국과 주요 경제체제들도 과거 열강들이 경험한 것처럼 일련의 풀지 못한 구조적 문제를 안고 있다. 변혁에 회의적인 사람들은 세상의 모든 현실적 문제가 둘 중 하나라고 말할지 모른다. 즉, 해결될 수 없는 문제와, 저절로 해결되는 문제. 현대 산업민주국가의 일상 정치는 이러한 격률格率이 참인 양 진행된다. 그러나 인간의 고통과 국가적 퇴행 속에서 비용은 지속적으로 증가하고 있다. 잘사는 산업민주국가라 하더라도 더 학습 친화적인 산업 경제로 이행하고, 결사체적인 삶과 지속적 교육을 통해 산업 경제의 기반을 확보하는 데에 어려움을 겪고 있다. 언제나 실패로 끝나는 생산성 향상 문제, 산업을 재구성하는 생산주의적 프로그램에 복지국가의 분배주의적인 약속을 성공적으로 안착시키지 못하는 무능력, 계급·인종·성별의 실타래로 꼬인 노동자의 구획을 뚫고 다시 출현하는 새로운 양태의 견고한 위계적 분할, 사회에서 도피 중이거나 사회와 불화에 빠진 실업자 혹은 불안정 고용 노동자라는 실질적 최하층 계급의 증가, 그리고 집단적 문제의 집단적 해결을 위해 마련한 제도에서 사무직과 현장 노동자를 포함한 광범위한 월급쟁이 중산층의 일반적 소외 문제 등 이 모든 문제들이 실제로 성공했다고 주장하는 산업민주국가들에게 현재 무거운 짐이다.

지금까지 매우 빈번히 그래 왔듯이, 논쟁의 프레임이 소위 전前정치적인 경제질서에 대한 정부 개입의 확대 또는 축소 요구 간의 대결로 짜여지면 이 구조적 문제들은 구조적 해법이 없는 채로 방치된다. 그리고 얼마간의 시간이 흐르고 나면, 교육받고 고용된 사람들뿐만 아니라 가난하고 주변화된 사람들까지도 정치가 지닌 변혁적 힘에 대한 희망을 접게 된다. 정부 및 그 복지 책임에 대한 공격은 이데올로기적인 차선책이 되며, 이는 정당하고 효과적인 원리라기보다는 반복적인 실망에서 일종의 탈출구로 여겨진다. 정치에 기대할 것이 없으니 납세 부담이라도 최소화해야 한다는 식이다.

나라의 정치가 제도적 혁신 작업에 발벗고 나서고 선진경제와 후진경제의 어려움을 연결하는 일련의 유사점들을 인식하기 전까지는 구조적 문제들을 해결할 실질적 해법은 존재할 수도 없고 존재하지도 않을 것이다. 잘사는 나라는 물려받은 비교 우위의 운명론에 반란을 일으키고, 국내적 이중구조가 낳은 사회적·문화적·경제적 격차를 극복해야 한다. 이를 위해 부국들은 정부와 기업의 협력 관계를 발전시키고 이러한 관계가 경영 엘리트와 정치 관료 엘리트 사이의 유착으로 타락하지 않도록 협력 관계를 분권적이고 실험주의적인 형태로 구성해야 한다. 공적 권위와 민간기업 간의 분권적이고 실험주의적인 협력 형태는, 정부와 기업을 매개하고 동시에 양자로부터 독립적인 사회제도의 발전을 요청해야만 시작될 수 있다. 이 협력 형태들은 전통적인 재산권을 진보적으로 해체하고, 이 권리의 구성 요소를 다양한 권리 보유자들—그들 각자가 우리가 계속해서 '재산'이라고 부르는 바의 일부를 향유하고 있는—에게 귀속시킴으로써 완결될 것이다.

이 같은 경제적 변화가 실현되고 지속되기 위해서는 경제적인 변화 이상이 필요하다. 산업화된 민주국가들의 정부도 사회·경제정책이 거대한 조직적인 이해관계의 후견에서 벗어날 수 있기 위해서는 경성국가의 특성들을 많이 획득하지 않으면 안 된다. 정치적 민주주의의 토대를 갖추었더라도 심화된 제도적 변화가 없다면 어쨌든 국가의 경성화는 실현할 수 없다. 정당정치 프로그램의 단호한 이행과 교착 상태의 신속한 해결에 유리한 정부 조직의 헌법적 개혁, 나아가 시민의 정치참여 수준을 제고하고 시민사회의 자체 조직을 강화하는 선거·정치제도 개혁 등이 그러한 제도적 변화라고 할 수 있다.

그런데 오늘날 이 변화를 이끌어야 할 주체들이 사라졌다. 마찬가지로 이 주체들을 일깨우고 장려할 제도적·전략적 관념들도 사라졌다. 선진국 국민들은 20세기 역사의 파국들에서, 최근에는 공산주의의 붕괴에서 잘못된 가르침을 배웠다. 잘못된 가르침이란, 말하자면 사회의 형성적·제도적 맥락에서 변화를 가져오는 국가적 대안이란 낭만적이고 비현실적인 관념이라는 것이다. 그런 변화는 잘해 봐야 실용적인 정책 형성을 방해하고, 운이 나쁘면 정치경제적 독재의 길을 열어 줄 뿐이라는 것이다. 정치적으로 깨인 사람들이라고 해서 다르지 않다. 그들은 교조적 마르크스주의자들과 보수적 자유주의자들이 공유하는 잘못된 관념의 렌즈를 통해 역사적 경험을 바라본다. 구조적 변화는 필연적으로 총체적 변화이며, 모든 정책은 보수적 개혁 아니면 혁명일 수밖에 없다는 것이다. 그들은 혁명은 불가능할뿐더러 바람직하지도 않다고 경멸하고 혁명도 포기하고, 나아가 반복적이고 누적적인 제도적 재구성 노력까지 포기해 버렸다.

그러나 합리적인 사람이라면 동시대의 경험에서 다른 교훈을 이끌어 내야 한다. 바로 그 교훈이란 민중의 지속적인 정치참여와 지속적인 제도적 실험주의 없이는 산업 재편이나 실업, 교육, 보건과 같은 실천적이며 정책적인 문제들을 효과적으로 해결할 수 없다는 것이다. 불균등하게 조직된 집단들과 회의적인 시민들로 구성된 이 세상에서 정치가 단지 단기적인 집단 이익 계산법으로 타락해 버린다면 현실주의적 제안의 채택은 물론이고 그 정식화까지도 봉쇄될 것이다. 일상 정치의 반이데올로기적이고 반구조적인 특성이 현실의 실천적 문제 해결까지 가로막고 있는 상황, 이것이 오늘날 우리 일상 정치가 처한 본질적인 여건이다. 그래서 현실주의자가 되기 위해서는 우리는 반드시 예언자가 되어야 한다.

이 모든 주장이 선진 산업민주국가들에서 전개된 정치와 정책 논의와 동떨어져 보일지도 모른다. 그럼에도 불구하고 우리는 현재의 대화에서 불가피한 논쟁으로 분명히 넘어가야 한다. 현재 벌어지고 있는 전형적인 논쟁을 보자. 정책가들은 미국과 대부분의 서유럽 국가들을 비교하면서 유럽에 비해 미국이 직업 안정성과 복지 편익은 떨어져도 유럽보다 실업률이 더 낮다는 점에 주목한다. 유럽 노동자들은 더 많은 안정성과 편익을 향유하지만, 경기순환의 부침을 감안하더라도 유럽의 실업률은 고질적으로 높다.

　이처럼 외견상 복지와 고용 간의 역관계를 조정할 방법을 누구나 알고 싶어 한다. 인기 있는 접근법은 세계경제 안에서 국민경제의 경쟁력에 초점을 맞추고, 노동력의 교육을 경쟁력의 가장 강력한 도구로 인정한다. 이에 대해 비판자들은 국제 경쟁력이 대부분의 국가의 경제적 번영에 주변적 영향만 미친다는 점을 논증하기 시작했다. 선진국의 반숙련 산업 노동력에 대한 개도국 경쟁자들의 잘 알려진 추월조차도 대단치 않은 양적인 현상으로 드러난다. 비판자들은 교육이 일반적인 것이든 특수한 것이든지 간에, 큰 기업에서나 작은 기업에서나 두루 통하는 실험적 방법을 찾아내지 못한다면 교육으로는 경제를 재조정할 수 없다는 점을 증명하려 한다.

　이 같은 비판은 우리를 한결 더 심층적인 관점으로 이끈다. 이 관점에 따르면, 교육적 투자만으로는 생산성을 제고하고 고용과 복지 간의 역관계를 조정할 수 없다. 교육적 투자 외에 기업과 학교에 일련의 혁신적 실천들을 확대시키고, 이를 학교와 기업을 넘어 그 배후에 있는 농밀한 결사체적인 삶으로 연결하고 육성시켜야만 소기의 목적을 달성할 수 있다. 이 결사체 구조야말로 공적 투자와 책임의 공유에 우호적인 연대적 문화를 지속시키고, 교육과 생산에서 실험주의적인 도전이 번창할 수 있는 신뢰 문화를 북돋울 것이다. 결사체 구조란 일차적으로 대중이 자신들이 안고 있는 공통의 문제를 파악하고 토론할 수 있는 구조이다.

　이러한 심층적인 관점은 사회의 기존 제도적 구조와 모호한 관계를 갖는다. 이 관점은 우리에게 다른 마음으로 현존 제도 아래 살고 이를 작동하도록 유도할 뿐인가? 아니면, 기존 제도를 아예 바꾸도록 촉구하는가? 두 번째 답변이 불가피하다고 느낀다면 다음에 이어질 논쟁 역시 불가피할 것이다.

한 가지 사례를 들어 보자. 현행 법규와 제도적 관행은 포드주의적 대량생산 산업에 대해 이중구조적인 고용을 허용해 주고 있다. 즉, 정규직으로 이루어진 핵심과 비정규직이나 하청으로 이루어진 주변으로 고용을 이원화하여 생산과 노동시장에 존재하는 불안정성을 면제해 주어 유연한 경쟁자들과의 경쟁에서 밀리지 않도록 한 것이다.

다른 사례도 들어 보자. 투자 재원이 단기적으로 생산자본에 부담으로 작용하는 전통적인 조세-이전 방식으로 조달되는 상황에서는, 사람과 교육에 대한 투자의 강화가 제한받을 수밖에 없다. 사람과 교육에 대한 투자가 강화되려면 재산 및 상속제도의 수정 등 배후 권리에서 더욱 철저한 평등화가 선행되어야 한다.

문제는 세 번째 사례이다. 일반적인 시민사회 조직 및 결사체가 더 촘촘한 실천력을 획득하려면 조직가들이 활용하는 공법公法적 구조틀을 가져와야 한다. 이 과정에서 계약법이나 회사법 같은 전통적인 장치들은 부적합한 것으로 판명날 수도 있다. 이 장치들은 천 가지 사례 중 몇 가지 예시에 지나지 않는다. 더 자세히 들여다보면, 전체 사회질서는 그와 같이 헤아릴 수 없는 반半의식적인 제도적 선택지들의 상상하지 못한 결과임이 드러난다. 바로 이 반의식적인 선택지들 때문에 정치는 운명이다.[57]

---

57 웅거는 정치를 운명을 거부하는 행동으로 정의하는데, 본문의 진술은 이러한 정의와 모순되는 것

그런데 제도적 문제에 답하거나 심지어 제도적 문제를 제기할 때 우리는 오래된 미신에 발목이 잡힌다. 제도적 변화란 어떤 제도적 체계에서 다른 제도적 체계로의 완전한 교체라는 믿음이 그것이다. 그 결과, 공적인 제도를 실험주의적인 신조로 완전히 장악하지 못했다.

부유한 나라에서 진보 정당, 노동자정당, 사민주의 정당들은 명백한 딜레마를 겪는다. 딜레마의 한 축은, 이 정당들이 노동력의 핵심 부문, 즉 대량생산 산업에 뿌리내린 조직화된 노동자들과 특권적이고 본질적인 관계를 유지한다는 점이다. 이 길을 선택한 좌파 정당은 사양산업과 거기에 종사하는 작은 인구 집단에 묶이게 된다. 그 결과, 소수파였던 그들은 사회의 나머지 집단에 의해, 보편적인 사회 이익의 담지자가 아니라 파당적 이익을 외치는 또 다른 파당으로 파악되고, 마침내는 그들 스스로도 자신들을 파당으로 파악하기에 이른다. 그리하여 진보 정치의 프로그램적인 내용은 보조금, 보호주의, 그리고 규제된 복지 혜택으로 노동자와 사양산업 경제를 선제적으로 방어하는 수단이 되기 쉽다.

진보 정치 딜레마의 다른 한 축은, 진보 정당이 전통적인 산업 노동계급 지지층과 맺고 있던 특별한 연합을 깨뜨렸을 때이다. 이때 진보 정당은 개방적이면서 그 사회적 지지 기반이 모호한, 일반적인 '삶의 질' 향상을 주장하는 정당으로 변신하게 된다. 특히 부유한 산업민주국가에서 국가정책을 지배하는 쟁점들이 진보 정당의 새로운 관심사가 된다. 예컨대

같다. 그러나 다양한 선택지들이 존재함을 깨닫지 못할 때 정치가 운명론을 부채질하고. 선택 가능성을 각성할 때 정치는 운명을 극복하는 기술로 이해함으로써 이 모순을 해소할 수 있겠다.

정부 지출의 억제와 사회보장·교육·건강보험의 최소 필요 충족 사이에서 균형 맞추기, 국민 정서 변화에 따른 다양한 형태의 집단생활 간 관계뿐 아니라 상이한 집단적 정체성과 문화에 대한 상징적인 인정, 부패와 특권으로부터 정치의 정화와 같은 쟁점들이다. 이 경우, 금본위제에 기반한 건전재정(균형재정) 원리나 유사한 논리의 케인스식 대체조차도 진보 정당에게는 당연한 것이 될 수 없다. 따라서 과거의 전통적인 운명을 수용해 온 진보 정당으로서는 제도적 개혁을 통한 급진적 재구성의 사명을 포기하는 대가를 치르지 않고서는 실제로 다수파의 지위를 열망할 수 없다.

진보 정당이 이 딜레마를 깨려면 동전의 양면처럼 연결돼 있는 두 가지 과업을 완수해야 한다. 첫 번째 과업은, 이미 파편화되어 있는 민중적 이익들을 정치적 연대 전략으로 압도하면서 다수파 민중연합을 형성하는 것이다. 그럼에도 불구하고 우리는 현재의 대화에서 불가피한 논쟁으로 분명히 넘어가야 한다. 두 번째 과업은, 기존의 분배적 요구를 생산주의적 전망 안에 착근著根시키고 시장의 해방(자유)과 민주주의의 심화를 연결하는 재구성적 프로그램을 형성하고 전개하는 것이다.

이를 위해서는 산업 재편 계획을 제안하고 시행하는 것이 필요하다. 이 계획은 생산을 구성하는 자본집약적이고 유연한 전위 부문과 낮은 기술과 저자본을 보유한 후위 부문 및 대량생산 산업을 분리하고 있는 장벽을 낮춤으로써 더 포용적인 민중연합의 기반을 마련하는 데에 일조할 것이다. 이 계획의 전개와 재규정은 시간이 지나면서 성공적인 제도적 개혁의 필요와 기회를 동시에 창출할 것이다.

제도적 혁신은 먼저 시장경제의 제도적 형태들에서의 혁신이 될 것이다. 즉, 정부와 기업 간의 협력 관계를 실험주의와 분권적인 성격으로 이끌어 갈 매개 기구가 있어야 하고, 기업들의 규모와 유연성을 조화시킬 협력적 경쟁 제도들을 정비해야 하며, 전통적 재산권 개념을 넘어 생산적 자원에 대한 접근권을 확대시킬 대안도 마련해야 한다. 이러한 경제 제도들의 도입과 운영은 순차적으로 정치에서 실험주의의 가속을 요구하고, 정치적 교착 상태를 해결하는 데에 있어서 전통적인 입헌주의에 대한 대안, 시민사회의 조직 과정에서 전통적인 계약법과 회사법에 대한 대안, 마침내는 민중의 정치참여를 영구적으로 배제하려는 현행 선거제도에 대한 대안을 요구할 것이다.

이 같은 일련의 프로그램을 기반으로 할 때에만 진보 정당이 지향하는, 분산돼 있는 유권자들의 이익을 어느 정도 수렴할 제도적 장치를 창조할 수 있다. 포용적인 민중연합은 우선적으로 정치적 기획일 수밖에 없으며, 제도적 변화를 통해 추구되어 마침내 사회적 현실이 된다. 일련의 전략적 연합이 전개됨에 따라 집단적 이익을 넘어 집단적 정체성의 영속적인 결속체로 전환시키는 일련의 구조 개혁들이 이어진다.

개발도상국에서 신자유주의에 대한 대안 모색

대다수 개발도상국의 진보적 자유주의자, 사민주의자, 민주적 좌파들도 비슷한 전략적 딜레마를 안고 있고, 그 해법은 비슷하다. 진보파는 산업 노동자와 공무원 노조, 소규모 지역 결사체들과 교회, 그리고 풀뿌리 정당 조직 기구들과 같은 시민사회 조직에 의존하지 않으면 안 된다. 하지만 많은 개발도상국들, 특히 브라질과 멕시코, 인도네시아와 같이 개발도상국의 최전방에 있는 나라들의 현실 조건을 보면 이와 같은 조직이나 단체의 구성원들은 노동계급 안에서 상대적으로 특권적인 소수를 대표한다. 사용자에 대항한 노동계급을 특징짓는 이익이 아무리 실질적이라 하더라도, 이 노동자들도 미조직노동자들의 이익에 대항해서는 사용자들과 이해관계를 공유한다. 많은 경제들이 선진 부문과 후진 부문을 동시에 갖고 있는 이중구조 아래서, 선진 부문 종사자들은 경제적 이해관계뿐 아니라 일정한 정치적 태도까지 공유할 수 있다. 이 이해관계와 태도 때문에 이들을 자본도 없고 권력도 없고 조직도 되지 않은 소외된 제2경제 부문 무산대중과 구분하는 것이다.

이러한 여건에서 좌파·좌경 정당들은 자신들의 정치적 정체성과 프로그램적 메시지를 매우 포괄적으로 규정하는 오류에 빠질 가능성이 크다. 표준적인 역사적 과정에서 좌파 정당이 저지르는 최초의 그리고 가장 흔한 오류는 대중영합적 경제정책에 대한 헌신이다. 예컨대 정부의 핵심적 운영 활동뿐 아니라 소비재에까지 직접적인 사회적 지원과 보조금을 조달하면서 불어나는 엄청난 재정 적자가 이에 해당한다.

이 같은 경제적 대중영합주의의 중심에 의사疑似 케인스적 정치경제학이 있다. 케인스주의는 국가를 강화했다. 생산과 재산 체제를 급진적으로 개혁하거나 부와 권력을 과감하게 재분배하라는 요구를 노동계와 좌파가 포기한 것에 대한 보상으로 케인스주의는 정부를 건전재정 원칙에서 해방시켰다. 하지만 최근에 이르기까지 많은 제3세계 정부들이 선호하던 경제적 대중영합주의는 국가의 허약성을 드러냈다. 의사-케인스적 정치경제학은 교통과 통신, 인간에 대한 투자 비용을 선진 경제의 자산계층에게 당당하게 부과하지 않고 만성적인 고高인플레이션을 통해 전체 사회에 부과하는 약한 모습을 보여 준다.

　의사-케인스적 공적 금융은 종종 민족주의적·자립적 경제성장 전략을 수반하는데, 경제학자들은 보통 이러한 전략을 '수입 대체 산업화'로 명명해 왔다. 하지만 이 산업화의 실체는 기술적·경제적 지향이라기보다 정치적·경제적 용무에 가깝다. 종종 보나파르트적 민족주의자 또는 대중영합주의자에 가까운 국가 수장들은 자신들이 만들고 통제하는 데 일조한 산업계 및 노조와 협약을 맺었다. 이 협약을 기반으로 보조금과 보호 수단에 의존하여 유지된 산업은 부유한 나라 대중들이 이미 향유하는 소비재를 재생산하는 일을 훌륭히 수행해 냈다. 문제는, 이 산업은 임금 억제에 기대지 않고는 해외에서 효과적으로 경쟁할 수 없다는 점이다. 더구나 이 산업구조로는 주문 제작 방식으로 후진적인 경제를 끌어올리고 변형하는 데 필요한 투입과 기계제품을 생산할 능력을 갖추기 어렵다는 점이다.

　의사-케인스적 공적 금융과 이 민족주의적이고 자립적인 수입 대체 산업화 전략 사이의 근본적인 유사점은, 둘 다 경제적·사회적 이중구조의 창조자인 동시에 피조물이라는 점이다. 이 두 가지는 함께 작동하면서 우대받고 조직된 제1경제의 특권을 고착화시키고 그 책임을 줄이는 데 일조하였다. 정부는 정부의 도움으로 수립된 권력과 특권을 가진 바로 그 집단들의 볼모가 되었다.

의사-케인스적 공적 금융은 공공 영역의 해체로 시작해서 민간 경제의 억제로 끝나는, 잘 알려진 자기파괴적 경로를 반복해서 밟아 나갔다. 돈의 타락과 더불어 생산에 대한 투기의 승리, 근면에 대한 교활함의 승리가 도래한다. 최후의 결정타는 국제수지 위기 또는 스멀스멀 다가오는 초^超인플레이션의 그림자, 아니면 초인플레이션 그 자체일지 모른다. 결국 경제적 대중영합주의의 과잉은 정통적인 재정 교리로의 불가피한 복귀와 국제통화기금(IMF)에 대한 섭리적인 투항에 앞선 최후의 깔딱거림처럼 보일 수 있다.

이 점과 관련하여 자립적 수입 대체 경제성장 전략은 경제적·사회적 이중구조를 심화시키면서 보호주의 장벽 뒤로 유치산업[58]의 기술적·조직적 유치 상태를 영속화한다. 이러한 경제성장 전략은 기존의 비교우위론에 맞서는 민족주의적 반란의 도구로 시작되어 어느 정도까지는 대의를 성취하는 데 성공하지만, 이제는 그 능력을 소진하고 오히려 쇄신과 효율을 제약하는 요인으로 변모한다.

오늘날 개발도상국 전역에 경제적 대중영합주의와 민족주의적·자립적 산업화를 극복해야 할 필요성에 대한 광범위한 합의가 존재한다. 문제는 무엇으로 이를 대체하는가이다. 브레튼 우즈 체제, 지도적 경제 열강, 경제학에 지배적인 조류 등 이 모든 요인들은 경제적 민족주의와 대

---

[58] 장래에는 성장이 기대되나 현재는 자금이나 기술 면에서 국가가 보호하지 않으면 국제 경쟁에서 생존하기 어려운 초기 단계의 산업.

중영합주의의 실패한 프로그램을 대체할 필수적인 후속편으로 현재 북대서양 국가들에 확립된 제도를 모방하라고 개발도상국들을 압박하고 있다. 하지만 경제적 민족주의와 대중영합주의 프로그램이 실패한 여건에 비추어 보면 이 신자유주의도 앞서 기술한 선별적 방식으로 이해되고 실행될 개연성이 높다.

이처럼 신자유주의 프로그램이 불완전한 형태로 시행되면, 그것은 결국 기존 엘리트들의 이익과 조화되는 방향에서 경제 관행들을 재편할 것이다. 그 결과, 신자유주의 프로그램은 스스로 대체하고자 했던 경제적 프로그램과 똑같은 근본적 결함, 즉 경제적·사회적 이중구조의 영속화와 반숙련·저임금·수출지향적 생산 편중이라는 결함에 역설적으로 시달리게 된다. 사회의 다수파, 말하자면 제2경제의 노동자들은 브라질, 멕시코, 인도네시아, 러시아 같은 나라들에서 새로운 신자유주의적 정통설이 제공하는 즉각적 편익에서 배제될 가능성이 높다. 신자유주의 교리의 옹호자들은 배제된 이들이 여러 세대에 걸쳐 경제발전의 사다리를 타고 올라 현대적 경제 부문에 통합될 때까지 기다려 주기를 바란다. 그러나 배제된 이들은 기다리지 않을 것이다. 그들은 정치를 통해, 특히 대중영합적인 지도자를 선출하여 역풍을 일으키고, 경제적 대중영합주의와 경제적 정통설 사이에서 파괴적인 진자 운동을 다시 시작할 우려가 크다.

하나의 놀라운 예외 사항은, 신자유주의적 개혁의 완전하고 급진적인 형식은 정치적으로 실현 불가능한 형태라는 점이다. 신자유주의를 유지하는 데 필수적인 광범위한 민중적 기반은 오히려 신자유주의의 변형을 요구할 것이기 때문이다. 급진적인 신자유주의적 개혁이 정치적으로 실현되는 예외적인 상황은, 실천적이고 이데올로기적인 투쟁이 이미 오랫동안 이어져 사회가 비교적 평등을 달성하고 종합적인 교육을 실시한 경우이다. 라틴 아메리카 국가들이 극단적인 불평등에서 어느 정도나 탈출했는지, 종합적인 교육을 어느 정도 제공하는지를 반영하는 스펙트럼에서 이 국가들의 위상을 살펴보자. 더 먼 나라에서 더 가까운 나라 순으로 살피면, 이 스펙스트럼은 브라질과 멕시코에서 시작된다. 다음으로 아르헨티나, 볼리비아, 칠레를 가로지른다. 이 스펙트럼은 아마도 코스타리카를 거쳐 쿠바에서 끝날 것이다. 쿠바는 역설적으로 최대의 편익과 최저의 위험으로 신자유주의를 수용할 여건을 갖춘 나라이다. 문제는, 어떤 나라도 (미국과의) 전면전과 그 뒤에 일어날 패배, 그리고 승전국에 의한 점령을 20세기 민족 번영의 경로로 선택할 수도 없고 선택하지도 않았으며, 어떤 나라도 장기적인 폭력 투쟁과 그 신자유주의적 여파의 결합을 선택하지도 선택할 수도 없었다는 점이다. 따라서 라틴 아메리카 사례는 변화 형태로 증명될지언정 계획적인 변혁의 활용 가능한 사례가 아니다.

개발도상국 그 어디서도 진보파들이 경제적 대중영합주의와 자립적 산업화의 대안적 후속편을 시행하지도, 심지어 정식화조차 하지 못했다. 단지 거대한 주변부 국가들에서만 진보파들이 시도해야 하고 성공할 수 있다는 확신이 존재한다. 가장 흔한 답변, 즉 저항을 최소화할 경로는 단지 신자유주의와 경제적 대중영합주의 간의 차이를 줄이는 것이었고, 그로부터 귀결되는 타협안은 비현실적이고 불안정하지만 어쨌든 상대적으로 후진적인 영역에 사민주의의 확장성을 대표한다고 주장하게 되었다.

이 같은 임시적인 균형을 넘어서, 브라질 노동자당 같은 일부 좌파 정당들은 완고한 이중구조의 집요한 제약 요소에 도전하기보다 이를 반영하는 양면적 프로그램을 제안해 왔다. 조직화된 경제 부문을 위해 좌파 정당들은 조합주의 정치경제, 즉 대규모로 조직화된 산업과 노동자 이익의 협상을 내세운다. 이때 조직화되지 않는 제2경제 부문에는 보상적인 복지 지원을 제공한다. 하지만 이중구조적 경제 여건에서 조세−이전 프로그램으로 실현된 보상적 사민주의는 언제나 무망한 기도임이 드러날 것이다. 보상적 사민주의는 민주적인 구조 변화의 종속물로만 작동할 수 있으며, 그것도 교육과 아동 지원 같은 미래에 대한 잠재적 기여를 최대로 제공할 수 있는 사회적 지출의 우선순위를 존중하는 한에서만 작동할 수 있다. 제2경제에 묶인 민중의 실천적 문제들을 성공적으로 해결하기 위해서는 세금과 복지를 통해 제1경제에서 제2경제로 이전되는 자원의 규모가 엄청나지 않으면 안 된다. 그러나 경제권력과 정치권력의 연결은 이전 자원이 필수적 규모에 도달하는 것을 저지할 것이다. 만일 자원이 이 규모에 성공적으로 도달한다면, 그 결과는 황금알을 낳는 거위를 죽이는 것처럼 잘나가는 제1경제를 파괴할 것이다.

보상적 사민주의는 가장 불평등한 대중 민주주의 체제에서도 당연히 모든 정치 세력이 거의 보편적으로 지지하는 프로그램이다. 그러나 불평등한 민주주의 체제에서 보상적 사민주의를 실행하는 것은 불가능하다. 현대 개발도상국들이 처한 여건에서 진보파들이 택할 수 있는 효과적인 프로그램은 다음의 세 가지 최소 조건들을 반드시 만족시켜야 한다.

첫째, 그 프로그램은 경제적·기술적 전위 부문이 경제적 후위 부문의 생산적 수요 및 소비 수요에 스스로 다시 부응할 수 있도록 정부 및 민간 수단을 통해 전위 부문을 강화함으로써 일관되게 반이중구조적 정치경제를 제시해야 한다.

둘째, 그 프로그램은 확정적인 비교우위론과 단선적인 경제발전 논리에 대한 국민적 저항을 지속시킬 방법을 담고 있어야 한다. 이를 위해서 진보파의 프로그램은 국가의 역할을 사회적·조절적 책무로만 한정하는 것을 단호히 거부해야 한다. 그리하여 성공한 후발 주자들이 실현시킨 정부-기업 협력 형태보다 덜 중앙집권적이고 덜 유착적인 협력 형태를 실현시킬 방법을 찾아내야 한다.

셋째, 그 프로그램은 이러한 경제적 해법들을 구조 개혁의 반복적인 실천과 시민 참여의 조직적인 고양에 우호적인 정치제도 속에 정착시켜야 한다. 새로운 개혁 방침들은 법적-제도적 관념들에 의해 촉발되는 일련의 순차적인 제도적 쇄신들을 요구한다. 이러한 법적-제도적 관념을 너무 적게 제안해 온 것이 현대 진보적 사유의 치명적 맹점이었다.

저항의 거점, 주변부 거대 국가들

국가적 반란과 국제기구

오늘날 중국, 러시아, 인도, 브라질, 인도네시아 등 세계의 주변부 거대 국가들은 진보적 대안을 발전시킬 맥락들로서 특별한 기회를 향유한다.[59] 이 나라들은 국제무역에 덜 의존적이며, 국제 자본시장과 브레튼 우즈 기구들의 냉대에 비교적 덜 영향을 받는다. 이 같은 정신적 이점이 제공하는 실천전 독자성을 누리면서, 이 나라들은 각기 다른 시스템의 위성이라기보다는 스스로를 세계에서 영향력 있는 존재로 상정할 수 있다. 다섯 나라 중 중국, 러시아, 인도의 정치적 국민들은 외부 세계가 부과한 통제에 비분강개하며 내부를 지향하는 데 오랫동안 익숙해져 있다. 특히 중국과 인도는 오래되고 특징적인 위대한 문명과 역사에 준거하여 외국의 정복과 국내적 대격변을 견딜 수 있는 정신적 이상을 보유하고 있다.

　진보적 대안이 기회를 잡으려면 이 국가들 중 최소 몇 나라에서라도 그 대안의 토대를 발견해야 한다. 체제 수렴적 정통설에 대한 주변부 거대 국가들의 반란은 국제기구들이 이 정통설에 비타협적으로 복종하는 것에서 벗어나게 하려는 노력을 강화할 수 있다. 국제통화기금the International Monetary Fund, 세계은행the World Bank, 그리고 새로운 파생 기구인 세계무역기구World Trade Organization와 같은 브레튼 우즈 기관들이 이 국제기구의 대표자들이다. 이 기관들은 오늘날 신자유주의 발전의 첨병이다. 진보적 대안이 전기 단계를 넘어 전진하고자 한다면, 이 결합(국제기구와 신자유주의의 연합―옮긴이)의 파괴가 필요해질 것이다.

59　2009년 국제통화기금과 경제협력개발기구가 작성한 주요 국가 경제지표(PGI))에 따르면, 국내총생산에서 수출 비중(퍼센트)은 한국(43.4), 독일(33.6), 멕시코(26.2), 중국(24.5), 러시아(24.4), 캐나다(23.4), 인도(22.1), 남아공(21.7), 프랑스(17.8), 영국(16.3), 인도네시아(12.8), 일본(11.4), 브라질(9.7), 미국(7.5) 등의 순이다.

국제기구들이 이구동성으로 당연히 떠맡게 될 유일한 과업은, 국제무역 체계의 청산 규칙들[60]을 시행하는 최소주의적 역할이 될 것이다. 이역할과 관련하여 국제기구들이 맡게 될 지위는 시장에서 분쟁 해결 기구를 관리하는 자의 지위와 유사할 것이다. 예컨대, 통화 변동성 또는 불태환성Inconvertibility[61]의 결과가 상품·서비스·자본의 국제적인 이동을 제한하는 것을 방지하는 식이다. 이때 청산 기능의 수행은 대안적인 국가 발전 프로젝트를 추구하는 국가의 자유를 우대하도록 설계된 자기-규제에 반드시 종속되어야 한다.

국제 경제기구들의 두 가지 다른 책무, 즉 개별 국가들의 일시적인 유동성 위기 해결을 지원하는 책무와 장기 개발 원조를 제공하는 책무는 단일한 신조에 복종하는 통일적인 기구들보다는 복합적인 발전 전략들에 복무하는 다수의 병렬적인 기구들에게 배분되어야 한다. 국제통화기금과 세계은행 같은 통일적인 기구들을 유지하는 경우, 이 기구들은 그 판단 및 기금 운용에서 광범위한 독립성을 향유하는 기술팀들의 연합체가 되어야 할 것이다. 예를 들어, 국내 부가가치세나 이와 가장 유사한 세금에 대한 작은 추가세를 (재정적) 기반으로 한 국제기구들에 대한 규칙 구속적인 기금 운용 체제는 이 국제기구들에 재원을 제공할 수 있다. 상품, 서비스, 자본의 국제적 흐름을 통제하는 규칙들은 개별 국가들의 이탈적 조치로 추방이나 제재를 받지 않으면서도 자국의 특별한 비전을

---

60 국제무역에서 각국의 무역수지가 전체적으로 균형을 이루는 수준에서 상품무역 거래시장이 청산 되는 것을 보장하는 규칙들.

61 어떤 나라의 통화가 다른 나라의 통화로 교환되지 않는 상태나 성질.

위해 일반적인 체제에서 선별적으로 이탈하려는 자주적 권력을 존중해야 한다.

세계경제의 다각화를 설명하기 위해서는, 이러한 다각화가 왜 국제 질서에 주요 국가들이 일으키는 반란의 압력을 통해서만 발생할 수 있는지를 알아야 한다. 대중이 국제적인 수렴 압력에서 벗어나기를 바라기 전에 수렴 테제로 설계된 경로, 그리고 이 경로를 따르도록 집요하게 작동하는 힘에 대한 실천적 대안의 초기 징표들이 존재할 수밖에 없다. 국제기구의 정책에서 다원주의는 순차적으로 국가적 반란이 일어날 공간을 확장시키는 데 기여할 수 있다. 거대 국가들의 이견과 국제기구들의 다각화의 결합은 더 작은 국가들에게 필요한 재정적 보호 수단을 제공할 것이다. 이러한 보호 수단이 없다면 작은 국가들은 이데올로기적인 미신과 재정적·정치적 강요의 연합을 전복하는 일이 불가능하다는 것을 알게 될런지도 모른다.

이제부터는 이 대안적 프로그램을 본격적으로 전개하기 위해 다섯 나라 중 세 나라, 중국·러시아·브라질이 처한 제약과 기회를 검토한다. 그들의 여건은 변화하겠지만, 이 제안의 바탕을 이루는 관심과 관념들은 그 여건들보다 오래 지속될 것이다. 각국의 상황은 분열된 사회들, 경제적 세력들, 민주적 공약들이라는 세 가지 요소의 관계를 다른 각도로 조명한다. 어쨌든 두 가지 주제는 서로 연결되고, 동시에 이 책의 프로그램적인 주장과도 연결되면서 모든 국가적 토론에서 반복되고 있다.

첫 번째 주제는 결정적인 기업가적 창의initiative를 살리고 동시에 생산적 자원에 대한 다층적 이해관계 체계를 조직하면서 기존의 재산 시스템을 혁신할 정도로 생산주의적이고 동시에 민주적인 대안이 필요하다는 것이다. 노동자와 경영자로 이루어진 내부자들은 반드시 보호되어야 하고, 시스템은 내부자들의 역량에 대한 장기 투자를 우대하도록 고안되어야 한다. 그러면서도 선별적인 방향 전환을 통해 고전하는 사업의 구제 여부를 결정할 수 있게 하는 외부 투자제도를 통해서 이따금씩 내부자들을 흔들어 놓지 않으면 안 된다.

기존의 시장경제 제도는 무디고 일방향적인 장치들을 통해 긴장을 관리한다. 그러면서 때로는 전통적인 일본식·독일식 사회조합주의 형식처럼 우대받는 내부자들의 집단적 이익을 견고하게 하기도 하고, 이익잉여금에 기반을 둔 경영 엘리트에게 힘을 몰아 주었다가 외부 투자자들에게 결정권을 부여하기도 한다. 이렇게 결정권을 넘겨받은 외부 투자자들은 성급한 단기차익 지상주의 아래 간헐적인 파국에 대한 중대한 책임을 다한다. 따라서 우대받는 내부자와 무력한 외부자라는, 어느 쪽이든 비싼 대가를 치러야 하는 이분법을 완화시키면서 생산적 혁신을 가속화하려면 이 선택지를 확대시켜야 한다. 정부와 기업 사이에 분권적인 전략적 조정의 발전, 정부와 기업 사이에 그러한 결합 행위자로서 매개조직의 창조, 다발로 묶인 재산권[62]의 분해, 같은 경제 안에서 상이한 재산 및 계약 체제의 공존, 누구에게나 인정되는 사회상속계좌와 같은 수단을 통

---

62 관계의 묶음으로서의 재산권은 웅거의 해체적 재산 관념이다. 근대 자본주의가 소유와 영업의 자유 아래 재산 관계를 언제든지 처분 가능한 획일적 사유私有 관념으로 통합·확립했다면, 웅거는 다수의 이해관계자들이 관여할 수 있는 공유적 재산 관념으로 '관계들의 다발로서 재산'을 제안한다. 이 재산 관념은 프루동이 처음 사용했다고 하며, 에머슨은 인간이 '관계들의 다발'이라는 잠언을 남겼다.

한 개인 역량 제고 등은 모두 시장경제의 제도적 형식에서 필요한 확장 형태들이다.

주변부 거대 국가들이 직면한 제약과 기회에 관한 논의에서 반복되는 두 번째 주제는, 경제개혁과 정치개혁 간의 연관성이다. 이 책에서 제시한 혁신 프로그램이 요구하는 제도적 쇄신은 현재 시행 중인 제도적 관행보다 더 유연하다. 이 제도적 쇄신안은 대중의 지속적인 정치적 에너지 표출에 우호적인 제도와, 권력을 분산시키면서 교착 상태를 해소하는 헌법, 그리고 일반적이며 자립적인 시민사회의 조직을 촉진하는 규칙들을 요구한다.

제도적 쇄신안을 마련하는 운동은 지금까지 오로지 계몽된 권위적 엘리트의 소관 사항이었는지도 모른다. 그러나 대안적인 사회적 미래를 발견하고 이를 현실화하는 지속적인 집합적 능력은 조직된 사회와 속도의 정치를 요구한다. 현재 제도화된 정치적 동원을 통제하는 요소들, 권력 분산과 정치의 속도 저하를 결부시키는 입헌주의 양식에 대한 양보, 그리고 시민사회의 자립적인 조직에 대한 법률적 간섭은 혁신 세력이 짊어져야 할 운명의 힘을 강화시킨다. 이런 통제 요소들은 성공적인 쇄신을 위기와 재난에 의존시키고 만다.[63]

현재로서는 북대서양 양안 국가들 사이에 확립된 대의민주제와 시장경제, 자유 시민사회는 우리가 접근할 수 있는 정치적·경제적·사회적

---

63 웅거는 기존의 제도개혁론은 위기가 초래된 경우에만 가동되었다는 점을 비판하고, 위기 없는 상황에서 이중구조를 지속적으로 변혁해야 한다고 주장한다.

다원주의의 유일한 형태이다. 현재는 이 북대서양판型이 유일하기 때문에, 이 판형이 출현한 사회들이 세계적으로 크게 성공했기 때문에, 이 제도가 세계 전역에서 절대적인 권위를 누리고 있다. 그러나 이 북대서양판을 북대서양 사회보다 더 분열적이고 절망적이고 위계제적인 계급사회에 이식한다면, 이 다원주의 판형의 결함은 늘어나고 그 강점은 흐려질 것이다.

우리에게 익숙한 북대서양식 정치·경제·사회제도들은 북대서양과 동일한 역사를 가진 곳이라면 일정한 제약 아래서 민주주의와 민주적 실험주의를 뒷받침해 준다. 하지만 주변부 거대 국가들의 여건에서는 번영과 민주주의를 조화시키는 데 북대서양의 제도들이 기여하는 바는 너무 미미하다. 어쨌든 주변부 거대 국가의 개혁 엘리트들이 종종 가정하는 것과는 반대로 그 해법은 민주주의의 축소가 아니라 그 확장에 있다. 이 해법과 현존하는 정치경제적 문제들 간의 연계성을 이해하기 위해서는 혼란을 겪는 주변부 거대 사회의 미래를 재해석해야 한다.

러시아

구소련과 소련 제국 전역에서 공산주의가 붕괴하면서 현대사에 관한 해묵은 관념이 새로운 힘을 획득했다. 이 관념은 수렴 테제의 본질적인 형식이자 가장 영향력 있는 실례이기도 하다.[64] 이 관념은 현대 사회가

---

64 프랜시스 후쿠야마가 동구권의 붕괴 직후에 '역사의 종언'을 말했다. 그 후 그의 입장은 점차 누그러졌다.

민주적 시장사회의 길과 권위주의적 명령경제 중 하나의 경로를 따랐다 (더 세게 말하면, 따르는 것만 가능했다)고 가르친다. 그런데 두 번째 경로가 난관에 봉착하였다. 그 경로는 자유를 희생하는 대가를 치르고도 생산력 저하와 오도된 생산[65]이라는 경제적 재앙으로 이어졌다.

이 '제2의 길'(명령경제)이 가져온 실패는 너무나 명백해서 모든 '제3의 길'[66]에 대한 거부까지 초래할 지경이다. 이 지배적인 견해에 따르면, '제3의 길'이나 '시장사회주의'[67]가 약속한 것은 오히려 제1의 유일한 길, 즉 현존하는 민주적 시장 사회들이 채택한 경로를 통해 더 훌륭하게 성취되었다. 첨언하자면, 정치적 민주주의는 개인적 자유나 경제적 성장 어느 한쪽을 희생하지 않으면서 불평등의 감소를 가능하게 하고 경제적 기회의 분산과 적절한 수준의 교정적인 재분배를 밑받침해 준다. 이 하나의 유일한 길은 물론 변주를 허용한다. 하지만 변주들은 그 중요성에서 부차적이며, 그 범위에서도 꾸준히 위축되어 가는 것으로 보인다(소위 일본식 또는 독일식 '자본주의'의 뚜렷한 특징들이 쇠퇴하고 있는 사정을 주목하라).

명령경제의 길을 걸었던 나라들은 현재 그들이 잘못된 방향을 선택했던 갈림길로 돌아가지 않으면 안 된다. 그 교정은 고통스럽지만 불가피

---

65 오도된 생산은 명령경제가 낳은 수요와 공급, 생산과 소비의 부조화 상태를 의미한다.

66 동구 사회주의 붕괴 이후에 일부 사회자유주의자들과 사민주의자들이 걸었던 중도 노선, 중도좌파 노선을 말한다. 영국 노동당의 토니 블레어, 고든 브라운이 주창한 집권 프로그램이고, 미국에서는 빌 클린턴에 의해 구체화되었다. 사회학자 앤서니 기든스나 철학자 마이클 왈처가 이러한 정책 방향을 구체화하였다.

67 시장사회주의는 사회주의적 소유와 시장 원리를 결합한 경제체제로서, 동구권에서 붕괴 전 유고의 경제체제가 대표적이다. 등소평이 중국의 사회주의 지향점으로서 유고 사회주의를 따라 '시장사회주의'라고 불렀다.

하다. 만일 단호하게 대처한다면, 그 고통은 개혁가들이 어중간한 처방으로 얼버무리는 경우에 겪게 될 고통보다 짧고 덜 부담스러운 것으로 드러날 것이다. 가장 중요한 점은, 전환 자체는 인내심과 독창성을 요구하지만, 하나의 진정한 길[68]이 지닌 기본 성격은 추호의 의심도 없다는 것이다(예컨대, 이하에서 논의되는 국가 산업의 대중 사유화라는 독특한 전략들).

두 가지 큰 요인이 공산주의 해체 이후 개혁 중인 국가를 추동한다. 첫 번째 요인은, 재산권의 정리 작업이다. 특히 그 작업이 생산자원에 대한 통제권과 그 자원이 낳은 금융 흐름에 대한 권리를 통합하는 것일 때 재산권의 정리가 중요하다. 두 번째 요인은, 국내 기업들에게 많은 기회를 제공하면서 국민경제를 세계경제로 통합하는 것이다.

현재 세계에서 가장 권위주의적인 정치경제 원리의 가장 영향력 있는 형태인 이 신조(제1의 길)가 러시아에서 반대론에 직면했지만, 반대론은 아무런 현실적인 대안도 제시하지 못하고 있는 실정이다. 이러한 어중간한 반대론은 국가의 재정적 지원으로 기존 산업 체계의 뒷처리와 스스로 불가피하다고 인정한 전환의 속도를 늦추려는 시도 사이에서 우왕좌왕한다. 이에 따라 하나의 진정한 길을 추구하는 것과 관련하여 '충격요법'과, 절제와 타협의 방법을 대비시키는 또 다른 담론이 유행한다. 실제로 반대 프로그램은 원래의 프로그램을 다소간 완화시킨 것에 지나지 않는다.

대부분의 세계에서와 마찬가지로, 러시아에서 이러한 반대는 오히려

---

68 제1의 길과 같은 말이다. 자본주의적 시장경제가 인류의 경제문제를 해결하는 유일하고 완전한 해법이고, 모든 국가들의 경제가 자본주의적인 시장질서로 완전하게 개편되어야 한다는 시장의 물신숭배론이자 신자유주의 이데올로기다.

정설을 재확인시켜 주는 답변으로 이어졌다. 즉, 사회적·경제적 조건에서 볼 때 완만하고 모호한 전환이 급속하고 단호한 전환보다 많은 비용을 유발할 개연성이 높다는 답변이다. 답변을 부연하자면, 개혁 프로그램의 냉철한 실행은 '사회안전망'의 발전을 요구하고 동시에 가능하게 만든다. 특히 사회보험은 산업 구조조정에서 발생하는 불가피한 고통을 완화시킨다. 이를 통해 사회보험은 과거 지향적인 대중영합주의가 시도할 개혁의 정치적 중단을 저지하는 데 기여한다. 사회보험은 또한 언젠가 세계 지향적인 경제 부문의 역동적인 중심에 참여할 사람들을 만들어 내고 준비하는 데에 기여한다. 그러나 이러한 예비적이고 보상적인 사회투자 프로그램의 전개는 개혁 프로그램에 대한 대안이 아니다. 반대로 비능률적 생산 부담을 떨쳐 버리고 활발하게 돌아가는 민간 경제에 세금을 부과해 재정 수입을 확보하는 국가만이 규제적이고 사회적인 책무를 효과적으로 수행할 수 있다.

정치에 대한 제한적인 관념은 개혁 프로그램과 그 대중영합적인 완화책 간의 차이를 유지시키고 영속시킨다. 이 관념에 따르면, 민주주의가 성공적인 경제개혁의 조건이자 산물이라 할지라도, 과도한 민주주의는 충족시킬 수 없는 기대들로 개혁 과정을 압도할 우려가 높다. 정치적 동원 수준을 제고하는 정치제도, 교착 상태의 신속한 해소를 통해 변혁적 정치의 속도를 높이는 헌정 제도, 시민사회의 자립적인 조직을 만들어 낼 기초의 강화 등은 나쁜 길에서 좋은 길로 반드시 전환해야 하는 국가에게는 구입할 수 없는 사치품처럼 보일 수 있다. 자유주의적인 법률가 엘리트들은 그러한 제도들이 경제개혁과 정치적 민주주의를 침식하면서 선동적이고 대중영합적인 권위주의로 나아가는 길을 열지 않을까 우려한다. 보나파르티즘[69]에 대한 혐오가 역설적으로 민중 자치와 대중 조직의 강도 및 범위에 대한 제한을 정당화하는 식으로 나타나는 것이다.

사회의 조직적인 힘과 정치권력에 대한 이와 같은 계획적인 제한은 두 가지 효과를 낸다. 자유주의적 법률가들이 두려워하는 인격적 권위주의가 발생할 기회뿐 아니라 심지어 필요까지도 만들어 내는 것이다. 자유주의적 법률가들은 그들이 탈출하고자 했던 정치적 운명의 설계자로 전락하고 만다. 작은 보나파르트들이 사회 혼란과 무기력한 정치로 조성된 진공 상태를 파고든다. 민족의 필요라는 신화적 이미지와 패배자들의 적개심에 대한 뻔뻔한 호소 사이의 위협적인 변증법만이 정치 언어를 지배한다.

정치의 속도를 의도적으로 줄이고 사회적 혼란을 숙명론적으로 수용하는 것은, 대안적 미래상을 형성하고 실행하는 데에 필요한 수단을 국가로부터 박탈하는 것이다. 그 결과, 불가피한 것을 인간화하는 체념적인 입장이 유일한 반대로 여겨지는 수준에서 실천적이고 상상적인 조건이 수립된다. 이 두 가지 효과, 즉 강력한 정치에 필요한 기반을 파괴함으로써 독재자 정치의 토대를 역설적으로 창조하는 것과, 대안적 미래를

---

69 Bonapartism. 루이 보나파르트 나폴레옹이 정치, 군사, 외교적 질서를 유지하기 위해 취한 세력 균형 정책. 마르크스는 보나파르티즘을 부르주아계급이 국가를 지도할 역량을 잃고 노동계급이 그러한 역량을 갖추지 못한 국면에 나타나는 권위주의 정치로 이해했다. 루이 보나파르트 나폴레옹은 1851년 12월에 쿠데타를 일으켜 왕당파를 일소하면서 독재 권력을 수립하고, 1852년 11월 국민투표로 황제의 지위에 올라 1870년 프로이센과의 전쟁에서 참패하고 노동자의 혁명운동으로 몰락하였다. 웅거는 보나파르티즘을 대중의 이익을 명분으로 내세워 권력을 강화하는 대중영합적 권위주의로 규정한다.

형성하고 실행하는 데 필요한 수단을 시민사회로부터 박탈하는 것이 서로 착종되어 경제적 정통설과 경제적 대중영합주의 사이에서 진자 운동이 일어날 조건을 창출한다. 이러한 동요는 변혁적 정치의 무능력을 드러내고 이를 강화한다. 이 같은 재구성적 역량의 배제 과정으로 나타나는 원리는 역사적 상황에서 언제든지 반복된다.

관념들이 사회적 행동의 활용 가능한 형식들을 활성화하기 시작할 때 관념들은 현실적인 것과 가능적인 것 사이의 경계에 결정적인 압력을 행사한다. 일상화된 실천적·담론적 행동 형태들이 대중들에게서 제도화된 사회를 교정할 기회를 박탈해 버리면, 이 사회적 세계는 어떤 도전에도 흔들림 없이 강고해지고, 마침내 필연성과 권위라는 허위적 외관을 얻게 된다.

공산주의 해체 이후 러시아 경제에 일어난 기업 사유화와 구조조정 사이의 갈등은 정통적인 견해의 한계들을 검토하고 이에 대한 생산주의적·민주적 대안을 제공할 맥락을 제공한다. 이 갈등의 윤곽을 파악하려면 러시아가 구소련으로부터 물려받은 산업 시스템의 특징부터 몇 가지 알고 넘어가야 한다. 구소련의 과감한 산업화 전략은 지나치게 중공업 편향적인 발전을 낳았으며, 산업의 거의 전 분야가 가장 엄격하고 전통적인 포드주의적 대량생산 방식으로 조직되었다.

중공업 중심의 경제는 자본과 노동 등 투입 요소들의 강요된 축적으로 성장했지만, 지속적인 생산성 향상은 불가능하다는 사실이 드러났다. 대다수의 생산품들은 조악하고 매력이 없었고, 일부 제품의 생산 단가는 완성품의 가치보다 높을 정도였다. 중앙통제적인 조달과 계획 시스템의 결과, 제품 비축과 부족, 강요된 대체 등이 만연했다. 많은 수의 거대 기업들이 해당 제품의 준{sup}독점적인 생산자였으나, 그들은 필수적 투입 요소에 대한 의존성을 줄이라는 압력으로 급격한 수직적 통합에 내몰렸다. 그 결과, 생산의 반{sup}경쟁적인 집중은 그만큼 값비싼 생산 능력의 소산{sup}{sup}을 수반하였다. 구소련의 방위산업 시설은 전위적이고 실험적인 생산 요소들을 가졌다. 그런데 방위산업 시설과 나머지 산업 시설과의 연계는 보잘것없었고, 이는 심각한 산업적 이중구조를 초래하였다. 더구나 대규모로 집단화되고 엄청나게 비효율적이었던 농업은 1920년대와 1930년대의 형성기를 거친 후 성공적인 현대 경제에서 농업이 수행한 산업금융과 인력 조달이라는 지대한 기여를 하지 못했다.

경제적 실패를 알리는 이런 익숙한 신호들이 전하는 메시지는 그리 익숙하지 않다. 모든 경제는 선별적 구조조정의 문제에 직면하지만, 사라져야 할 기업과 투자 및 개편을 통해 살려야 할 기업 간에 명료한 경계선 같은 것은 없다. 모든 일시적 유동성 위기를 즉각적이고 최종적인 경제적 사망으로 판정하기 위해 그려진 경계선도 마찬가지로 자의적이다. 채권자, 노동자, 주주에 대한 채무를 규정한 법규범 형식이 제각기 다를 수 있기 때문이다. 달리 말하면, 어떠한 일련의 법규범도 시장경제의 필연적인 파산을 규정하고 있지 않기 때문이다.

무너져 가는 사업을 떠받치는 것은 지킬 수 없는 약속을 하면서 미래에 엄청난 부담을 지우는 일이다. 반대로 오늘날 러시아와 같은 경제권의 거의 모든 장수 기업들이 그러하듯 곤경에 처한 기업을 그대로 죽도록 방치하는 것 역시 사회가 장기적으로 감당할 수 없을 만큼의 큰 낭비와 역경을 초래한다. 기존의 시장경제는 곤경에 처한 대기업을 지원하기 위해 간헐적으로 정부가 개입하여 시장의 조급증과 단기차익 지상주의를 완화하면서 선별적 전환에 대한 책임을 자본시장에 부과한다. 이러한 장치가 없거나 부족할 때, 혹은 이런 장치로 해결할 문제들이 산적해 있을 때 집단적 전환을 꾀하는 전통적인 제도들의 우연적 성격이 빛을 발한다. 이 제도들은 저축의 생산잠재력을 많은 부분 휴면 상태로 남겨 둔 채 기업으로 하여금 이익잉여금을 활용하도록 유도한다.

선별적 전환에 관한 정통한 결정들은 두 종류의 내부자 정보, 즉 시장 및 생산적 기회들에 관한 완전한 통찰과 각종 경제활동의 배경이 되는 사회적 세계에 관한 세밀한 이해를 요구한다. 거대한 규모의 자본을 유지하거나 통제하는 이들의 탐욕과 타산打算에만 의지하는 선별적 전환 제도들은 둔탁한 도구이다. 이 제도들은 이에 대한 통찰이 요구하는 사항들을 단편적으로 그리고 불균등하게 만족시킨다. 언제나 그렇듯이, 질문은 "대안은 무엇인가? 이 대안은 그것이 대체하려는 기성 제도가 야기한 해악보다 더 많은 해악을 가져오지는 않을 것인가?"이다.

소련 해체 이후의 경제와 같은 여건에서 선별적 전환은 은밀한 과업이 아니라 오히려 전면적이고 중심적인 문제이다. 선별적 전환은 두 가지 경제적 재앙, 즉 생산 시스템을 전면적으로 포기하는 것(초토화 정책)과 현존 생산 체제를 유지하려고 혜택을 무분별하게 분배하는 것(예를 들어, 수출입 보조금, 신용 보조, 세제 혜택)을 막을 필연적 대안이다.

희망적인 경제성장의 경로라면 당연히 이 두 가지 재앙을 방지하는 데 유익한 제도들에서 시작되어야 한다. 그 제도들은 선별적 전환 문제를 처리하는 데 일조함으로써 지속적인 경제성장을 위한 기초를 마련하는 데에도 도움을 줄 것이다. 그 다음 과제는 재산 사유화(민영화) 문제이다. 도입하려는 재산 체제가 민주적 실험주의를 심화하면서 생산의 실험주의까지 향상시킬지를 살펴서 판단해야 한다.

제1의 길이라는 하나의 진정한 길이 고수한 원칙은 사유화에 대한 직접적인 함축을 담고 있다. 이 함축은 우리에게 익숙한 사유재산 체제를 만들라고 명령한다. 만일 우리가 잠시라도 사유재산에는 단일한 기본 형식만이 존재한다는 그릇된 관념을 수용한다고 하더라도, 우리는 기업 경영권과 사업이 발생시키는 현금 흐름에 대한 수익권을 어떻게 연결하고 또 어떻게 분리할지를 결정하지 않으면 안 된다. 하나의 진정한 길의 원리를 구현한 가장 협애한 형태는, 경제적 보상과 처벌로 이루어진 경영자 책임성을 더 강화하기 위해 이 두 가지의 책임 주체를 한 사람으로 결합시켜야 한다고 주장한다. 그렇게 되면 기업의 독립적 법인격의 확립 및 기업의 경제적 주도권과 관계된 법인화法人化는 법인에서 재산과 권력의 결합으로 알려진 사유화로 빠르게 이행할 것이다.

그러나 대안적인 기업 운영 형태에 대한 상대적인 경험들로는 이러한 도그마를 보강하기 어렵다. 대기업이든 소규모 기업이든 친밀하게 구성된 가족기업이 대세인 나라에서만 기업 경영권과 현금 흐름을 지배할 권리가 만족스럽게 결합된다. 그럼에도 불구하고, 이 도그마는 비록 지나치게 협애한 형태이지만, 하나의 진정한 길의 교리에 담긴 중요한 관념을 표현한다. 그 관념이란, 명백하게 범위가 획정된 재산권으로 경영인-기업가에게 자유로운 행위 지대를 제공할 때 시장 지향적인 활동이 번성한다는 믿음이다. 이렇게 성립한 재산권은 기술에 탐욕을 더함으로써 공동체의 구속과 정부의 통제에서 경영인-기업가를 해방시킨다.

제1의 길의 목표가 이렇게 확장되면, 그 목표는 그 교리가 시사하는 것만큼 명료해질 것이라고 상정해 보자. 러시아와 같은 여건에서 그 목표에 이르는 경로는 앞으로도 분명하지 않을 것이다. 국가기업들을 매각하면서 전통적인 목적을 달성하는 전통적인 수단은 막대한 현금을 보유할 개연성이 높은 외국 자본과 내국인들, 달리 말하면 신종 도박사 계급과 공기업의 해묵은 내부거래 경영인 계급에게 공기업을 넘기는 것을 의미한다. 하지만 이 절차뿐 아니라 이 절차의 결과도 러시아에서는 받아들이기 어려울 것이다. 한번 정립된 시장경제가 결국 생산적 자산을 가장 효율적인 사용자들에게 전달할 것이라는 현실 안주적인 교리는, 이기심의 가장 어두운 구석에서조차 위안을 찾으려는 사람들에게 위안을 줄 뿐이다. 피아제Jean Piaget는 모방이 창조라고 썼다. 선도국가에서 확립된 경제제도를 수입하려는 단호한 노력은 자칭 모방자들에게 그들도 모르는 사이에 혁신을 강제한다. 그래서 비자발적인 제도적 실험주의는 개발도상국에서 혁신의 엔진이 되기도 하지만 반란의 기회도 된다. 사유화 사례도 마찬가지다.

1990년대 초 러시아에서 사유화 정책은 하나의 진정한 길의 교리가 요청한 것과 기존의 이해관계들이 요구한 것 사이의 타협으로 등장했다. 사유화는 또한 확립된 이해관계들이 요구한 것과 지치고 무기력해진 국가가 감수할 법한 것 사이의 타협이기도 했다. 제한적인 경매와 대중에 대한 쿠폰의 광범위한 분산[70]으로 수행된 '대중 사유화Mass privatization'는 사유화의 다양한 경로를 제공했다. 이 가운데 인기를 얻은 방식은 새로운 국가 금융과두제와, 외국 파트너와 결합한 내부 경영자들이 최대 기업에 대한 지배 지분을 획득하여 거의 하룻밤 새 구소련이 가지고 있던 생산적 부의 대부분을 인계받는 방식이었다. 이데올로기적인 미신과 사회적으로 만연한 내부자거래 아래서, 구엘리트들은 스스로 가장 대담하고 운수 좋고 뻔뻔한 외부자를 자처하며 새로운 엘리트에로의 변신 투쟁을 벌였다.

선별적 전환이라는 긴급한 과업에 대한 유용성 측면에서 평가할 때, 이 해법은 치유 불가능한 역설을 드러낸다. 만일 그 목적이 국가 산업의 붕괴를 방치하여 그 폐허 위에서 국내시장과 세계시장을 겨냥한 다른 더 훌륭한 생산 체제를 수립하는 것이었다면, 내부자-민영화 절차는 본래의 목적 이상의 과도한 결과를 가져온다. 내부자-민영화 절차는 기존 산업 체제에 대한 보조금 지급을 지속시키려는 로비를 영속시키며 고착시킨다. 새로운 국가는 새로운 엘리트로 거듭난 집단의 이익에 봉사하거나, 아니면 그간 배제돼 온 성난 다수의 이름으로 이 이익을 공격해야만 한다. 이 과정에 새로운 기업가와 외국 파트너들까지 포함시키는 것은 향후 국가가 짊어져야 하는 부담의 성격까지 바꿀 수 있다. 그러는 사이에 정치는 경제를 추월할 것이고, 경제적 정통설과 경제적 대중영합주의

---

70 기업 지분을 쿠폰처럼 대중에 분산시키는 방식. 공기업 매각 방식에서 국민주 모집 방식을 생각해 볼 수 있다.

사이의 진자 운동은 큰 폐해를 야기하게 된다.

다른 한편, 내부자에게 우호적인 사유화의 목표가 선별적 전환이라는 시급한 과제에 필요한 구조들을 수립하는 것이라면, 이 프로그램이 수행하는 바는 너무 사소하고 이 사소함은 시급한 과제를 성취하기보다는 좌절시킨다. 만일 자본시장이 사유화를 명령하고 동시에 사유화에서 이윤을 얻는 동일한 이해관계(집단)의 지배를 받는다면, 어떠한 자본시장도 사유화된 자산을 언제 전환할지 제대로 판단할 수 없다. 귀중한 재산을 몇몇 사람들에게 벼락 재산으로 넘겨주고 거기에 제대로 과세도 하지 못한다면, 정부는 혁신적 산업 전략을 형성하고 실행할 사회제도를 밑받침할 재원은 물론이고, 권력과 자신감도 갖지 못할 것이다. 선별적 전환이 자기 잇속만 챙기는 경영 엘리트들과 그들의 새로운 해외 및 국내 파트너들의 영향 아래서 정부에 의해 폭력적으로 저지되면, 어떠한 노동자나 사회 조직, 지역 정부, 소규모 기업 공동체도 선별적 전환의 책임과 편익, 부담을 공유할 수 없다.

산업 구조조정은 십중팔구 이런 환경에서 일어난다. 그런데 확립된 경제 질서 아래 국가(러시아)를 세계경제에 동참시키는 것 역시 이러한 구조조정이다. 이 질서에서 전위 부문들을 잇는 세계적인 연결망은 해당국 내부의 후위 부문들과 상대적으로 떨어져 있다. 국가들을 위계적으로 나누는 구분은 부유한 나라와 가난한 나라의 구별이고, 부유한 나라 안에서도 혜택을 누리지 못하는 상당수는 전위 부문에서 격리되어 있고, 가난한 나라에서는 소수만이 전위 부문에 속한다. 이 대목에서 비판적인 주장은 다시 한 번 가차 없이 프로그램적인 질문을 제기한다. 무엇이 대안인가? 하지만 여러 집단과 세력의 포용적인 연합에 호소하면서 생산적 실험주의와 민주적 실험주의를 연결하는 대안이 존재하지 않는다면 이 비판은 힘을 발휘하지 못한다.

대안의 핵심은 두 제도, 즉 선별적 전환 제도와 속도가 붙은 민주정치를 통해 대안적 미래를 상상하고 탐색하도록 국가에 권한을 부여하는 제도 간의 관계에 있다. 첫 번째 과제는 민주적인 시장경제를 달성하면서 생산의 재편을 지향한다. 두 번째 과제는 고에너지 민주주의의 조건을 창조하면서 민주정치의 재편을 지향한다.

이 책의 중심 화제는 민주적 실험주의와 생산적 실험주의를 만드는 제도 목록이다. 그 다음에는 소비에트 해체 이후의 러시아 같은 특별한 여건에 부합하는, 약간 변형된 목록을 살핀다. 세계는 유사한 문제, 유사한 기회, 유사한 해결책과 같은 일련의 유사점들로 연결되어 있다. 그런데 세계적으로 일련의 유사점들이 존재한다는 주장은 수렴 테제라는 환상 속에 내재된 진리의 잔여에만 매달린다.

경제활동은 정치와 경제의 혼합적 성격을 가진 지역적 복합체들에서, 가령 국가 수준이나 그 하위 수준에서 대체로 이루어진다. 내부자들(노동자와 경영자)과 외부자들(지방정부, 사회 조직, 파편화된 주주, 외국 투자자)의 이해관계를 대표하는 일련의 중첩적이고 경쟁적인 지주회사들은 사유화된 기업의 지분을 공동으로 관리한다. 지분의 공동관리는 대안적 사유화를 주장하는 많은 제안에서 익숙한 내용이다. 지분을 공동으로 관리하는 동기 중 하나는, 최고 입찰자에게 전면적으로 매각하는 방식의 비현실성과 불공정성을 인식한 데에 있다. 지분을 한 기업에 몰아 주면 그 지분은 외국 자본이나 국내에서 유동자본을 가장 많이 보유할 법한 사람이나 과거의 특권층이나 암시장 투기꾼들의 수중에 들어갈 것이기 때문이다. 때로 지주회사들은 과도기적인 사유화 기구로 등장하기도 하지만, 정상적인 서구형 민간기업들이 자리를 잡은 다음에는 해체된다.

그러나 이 지주회사들을 임시적인 것이나 보충적인 것으로 상상해서는 안 된다. 지주회사들은 사유화 과정에서 일어나는 몇 가지 곤란한 문제들, 즉 광범위하게 분산된 소유권, 더욱이 종류가 다른 소유권과 경영진에 대한 효과적인 통제를 어떻게 결합시킬 것인가, 자발성과 경쟁을 약화시키지 않으면서 어떻게 민주적 권위를 가진 기구들에게 경제활동을 책임지게 할 것인가, 재산권을 내세워 경영진에게 노동자에 대한 과도한 징계 권한을 부여하지 않으면서 어떻게 질서정연한 작업장을 확보할 것인가 등의 문제를 풀 해법을 제공하는 데에 기여한다.

개혁 방향에 따르면, 생산 기업의 소유 지분은 하나의 지주회사가 개별 기업을 지배하는 절대적인 지분이 아니라 영향력 있는 지분 정도를 확보하도록 분배될 것이다. 영향력을 발휘할 지분 비율은 상황에 따라 다르겠지만 어디서든지 대략 10~30퍼센트 정도에 이를 것이다. 그 나머지 작은 지분을 다른 지주회사들에게 배분하고, 이 소수 지분권을 적절히 보장해 주어야 할 것이다.

지주회사 임원들의 임명은 구조조정 계획을 시행하는 데에 책임이 있는 지역 당국자들이 국내외 파트너들과 협의하여 공동으로 결정하게 될 것이다. 첫 지주회사 경영진은, 불가피하게 생산활동의 최일선에 있는 고위직과 독립적인 기술 인텔리겐차 집단에서 나올 것이다. 지주회사 임원을 주주가 선출하는 것은 대안적 시장 체계가 정착되고 난 후의 일이다. 주주들의 특성은 나중에 따로 설명하겠다. 지주회사 임원의 최초 선출을 어떻게 해야할지에 대해서는 만족스러운 해답이 없다. 현재 사회 안에 존재하는 어떤 힘이 임원을 선택할 것이다. 그 힘이란, 무엇이 됐건 간에 사회의 역사를 반드시 간직할 것이다. 지주회사 설립이 확정되고 나면 그 선택권은 주주에게 넘어간다. 다른 회사들처럼 회사의 경영은 전문 경영진의 책임이 되며, 경영자의 업무 수행 능력은 결과로 평가받게 된다.

이렇게 새로운 지주회사가 사업상 본궤도에 오르면 지주회사의 직원 채용과 정책은 정부의 통제에서 벗어나야 한다. 그렇지 않으면, 지주회사는 지대地代 추구 조직으로 타락하게 된다. 회사에서 권력 구조의 꼭대기에 오를 가능성이 높은 사람은 보호자와 피호인의 역할을 가장 잘 수행하는 사람들일 것이다. 이러한 중간적 수준의 재산권과 산업 조직의 존재는 생산 기업의 독립성과 주도성을 박탈하지 않으면서 일정한 범위의 정부 조직과 사회 조직이 산업의 소유와 통제에 참여하는 것을 더 용이하게 만든다. 이런저런 장치들을 통해 경쟁적 분산과 사회적 책무라는 목표 간의 긴장을 완전히 제거하기는 어렵더라도 완화할 수는 있다.

시간이 지나면 비록 생산 라인은 다르지만 서로 지원해 줄 수 있는 기업 명단이 지주회사에 쌓일 것이다. 이 포트폴리오를 기반으로 기업들끼리 작은 연합체를 이루는 구도로 전환하는 것이 바람직하다. 이때 감독 기구는 경영자 통제와 주주 대표를 위한 도구 이상의 역할을 하게 된다. 기업들끼리 상업적·기술적·재정적 자원을 결합하도록 도와야 하기 때문이다.

지주회사의 지분은 개별적으로 공개시장에서 거래되는 것이 옳다. 다만, 생산기업의 지분은 지주회사와 은행, 그리고 외국 투자자들만 참여하는 폐쇄적인 제도권 시장에서 거래되어야 한다. 이 2단계 시장 시스템을 통해 소유와 경영 간의 더욱 세밀한 조정을 허용하고, 다양한 기관 소유자들 사이에 더 큰 균형을 확립한다.

정부와 기업, 사회기금 또는 지주회사들 간의 관계에 대한 토론은 재산 체제의 다각화와 다각화된 재산 체제 아래서 노동자와 정부가 향유하게 될 권리 분석을 낳게 된다. 지주회사에 부여된 소유 관련 이해관계들이 과거와는 다른 유형의 소유자들로 이루어져 있기 때문에 각 권리 유형에 따라 그 의미와 결과도 다를 수 있다. 기본적으로, 이 재산권들은 서구의 시장경제형 재산권보다는 제한적일 것이다.

전통적인 재산권은 기업 경영자들에게 노동자에 대한 일반적인 징계권을 부여한다. 그리하여 현대 기업의 권력 구조는 감독조정의 기술적 명령과 재산권 요구라는 두 가지 독립된 기초에 의지한다. 사장은 노동자에게 말한다. "너는 내게 복종해야만 한다. 생산 효율은 네가 내게 복종할 것을 요구하기 때문이다. 생산 효율이 아니더라도 나는 소유자이기 때문에 혹은 소유자를 대신하기 때문이다." 재산권에 대한 호소는 비록 그 재산권이 집합적 근로계약이나 고용 관계법의 제약을 받는다고 할지라도 대안적 노동 조직 형태에서의 실험을 압도한다. 기술적인 조정 요청들은 엄격하거나 권위주의적인 작업 조직 방식을 정당화하는 논쟁적인 해석에는 지나치게 허약하고, 지나치게 취약하다.

전통적인 재산권도 비슷하게 기업가적 창의와 정치적 통제 사이에 보호벽을 세운다. 재산권은 경영상 독립적인 결정에 유보된 영역을 표시한다. 그러나 그 경계선을 어디에 그려야 할지를 밝혀 주는 명백한 법적·경제적 논리는 없다. 정치적 통제는 그 자체로 자기완결적이고 불가분적인 범주가 아니다. 경제적 의사결정에 대한 어떤 정치적 개입은 기업가적 창의와 독립성이 담당할 역할을 증진시킬 수도 있기 때문이다. 예컨대, 어떤 개입 형태는 생산적 자원에 접근할 수 있는 행위주체들의 수와 그 주체들에 의한 자원 활용 방식을 확대시킬 수 있다. 이 책의 후반부에 설명할 재산권의 분해(해체)는 전통적인 재산권을 구성하는 많은 역능을 분배하여 특정한 재산 이익 보유자가 노동자들에게 일방적인 징계권을 행사하는 것을 부정하며, 그 사람이 외부의 사회적 이해관계에 대한 완전한 면책을 누리는 것도 부정한다. 지금 논의하는 재산 체제는 이 큰 기획의 일단이다. 이 재산 체제는 세 가지 방식으로 노동자의 권한을 강화한다. 중요성이 덜한 방식부터 고찰해 보자.

첫째로, 시민으로서 노동자는 꼭 그런 것은 아니지만 아주 빈번히 자신이 일하는 기업에 대해 이해관계를 가진 지주회사의 지분 소유자가 되기도 한다.

둘째로, 이 점이 더 중요한 사항인데, 지주회사와 개별 주주들에게 주요 소유권을 배정하기 전에 기업의 노동자 전체가 일정한 정도의 소유 지분, 가령 20퍼센트 정도를 확보한다. 이 노동자 지분은 지주회사에 대한 지분quotas과는 달리, 노동자 전체가 공동으로 보유할 뿐 양도할 수 없다. 이 지분은 전면적인 노동자 소유 기업[71]이 드러내는 폐단 없이 기업 경영진에게 영향력을 행사할 수 있는 추가적인 기반이 된다.

셋째로, 이 재산권 체제는 지방정부와 사회 조직에 중요한 역할을 부여한다.[72] 이 체제는 생산 자원에 대해 기업이 갖는 권리를 제약하기 때문에 경영자와 자본 공급자의 독재로부터 노동자들을 구출한다. 노동자 소유 기업 개념에 호소하지 않으면서도, 하나의 통일적인 소유자를 다른 소유자로 교체하는 것만으로 이 모든 일이 가능해진다.

생산 자원에 대한 기업의 권리를 제약하는 것이 권력과 재산의 연결을 약화시키는 것과 마찬가지로, 이러한 산업 조직과 재산권 구도는 기업가적 창의와 사회적 통제 사이의 장벽을 낮춘다. 이 체제 아래서 주요한 감독 행위자는 이윤 극대화보다 복잡한 이해관계와 요소들에 영향을 받는 조직, 곧 사회기금이나 지주회사이다. 그 결과, 이 재산권 체제는 노동자 및 공동체에 대한 책임과 주주 가치 극대화를 명료하게 구별할 권한을 가진 경영 엘리트에게 재산과 경영권을 집중시키지 못하도록 만든다.

하지만 이러한 법적·제도적 장치들은 선별적 전환의 성공을 보장하는 영구 기관이 아니다. 이 장치들은 단지 경제적 기회와 사회적 가능성 확대를 위한 함축적 지식의 전개와 발전에 우호적인 구도를 조성할 뿐이다. 자원과 에너지를 어디에 투입할 것인지에 대한 판단은 각기 다른 경험 영역에서 나온 이질적인 통찰들의 조합에 달렸다. 여기서 있을 법한

---

71 노동자 자주관리기업.

72 이 주장은 지방정부와 사회단체의 일정 지분이나 감독권을 전제한다.

생산의 미래가 제공하는 기회에 대한 통찰과 이러한 성장 경로와 연결된 사회생활 형태들이 소망스럽다는 점에 대한 통찰의 조합이 중요하다. 다른 경우와 마찬가지로 여기서도 판단의 묘미는 판단의 실용적 특징에서 나온다. 지금 이 결정을 내려야만 하는 사람들은 아무런 힘도 행사할 수 없는 대상의 미래 경로를 예측하는 사람들과는 다르다. (마치 동식물학자가 유전적 공간에서 특수한 변형이 매개 고리들을 통해 가시적 형태로 연결될 수 있을지 묻듯) 오늘 결정을 내려야만 하는 사람들은 현재 관행에 대한 상상적인 변형이 과연 활용 가능할 정도로 근접한 것인지를 스스로 묻는다. 그들은 또한 자신과 그의 대중—그의 기업이나 공동체의 대중—이 변형을 일으키는 데 필요한 에너지와 창의력을 최대한 발휘할 수 있는지 여부를 스스로에게 묻는다. 이 모든 것이 거론되고 이행되더라도, 선별적 전환의 실천에 가장 유리한 제도들이 정착되더라도, 그 어떤 제도도 앞으로 올바른 결정들이 내려질 것이라고 보장하지는 못한다. 그저 결정을 내리는 과정에서 최고의 투명성과 최대의 정보 교환이 존재한다는 점만 보증할 뿐이다.

동원 역량을 상실한 정치, 억제적 헌정주의inhibiting constitutionalism[73] 또는 조직되지 못한 사회는 이와 같은 경제적인 대안들을 창조할 수도, 유지할 수도 없다. 동시에, 선별적 전환에 이바지한다는 이유만으로는 결코 바람직한 대안이 발흥하지 않을 것이다. 경제적 대안은 마땅히 추구해야

---

73 억제적 헌정주의는 견제와 균형의 논리에 충실한다는 명분 아래 개혁의 속도를 늦추려는 제도적 보수주의를 의미한다.

한다. 그러나 대안을 추구하는 주된 명분은 그 대안이 대중의 이익을 옹호하고 발전시키며 특징적인 생활 형식을 형성할 국가권력을 긍정함으로써 민중을 침묵과 무기력의 압제에서 벗어날 수 있게 한다는 점에서 찾아야 한다.

소비에트 해체 이후 러시아에 등장한 헌법적 형태들은 일각에서 우려하듯이 정치의 속도 향상에 우호적인 제도들에서 나타나는 대중영합적이고 인격적인 권위주의를 위한 무대를 마련하는 데 일조했다. 지속적이고 계획적이며 조직적인 시민의 참여가 새로운 모험가나 늙은 악령들의 지도 아래 산발적이며 울분에 찬 선동을 유발하던 그 순간에도, 여론 매체에 대한 정부 통제와 신흥 부자 및 권력자들의 노골적인 연합은 시민의 참여를 좌절시켰다. 시민사회가 활용할 수 있는 독립적인 조직은 어떤 형태이든지 간에 소비에트 국가와의 연관성으로 오염되고 부와 권력의 새로운 원천에서 유리되었다. 이처럼 비우호적인 지형에서 선별적 전환으로 나아가는 사회적 계획은 발전할 수 없었다. 사람들은 경제적 정통설에서 벗어나는 일탈을 시도할 수도, 경제적 대중영합주의에 대한 대안을 성취할 수도 없었다. 하나의 진정한 길(자본주의 시장경제)의 원리가 가능한 것에 대한 자신의 가정들에 도전하는 정치적·사회적 행위 형식들을 봉쇄함으로써 이 나라의 현실을 장악하였다.

이 책의 앞부분에서 구조 개혁의 반복적인 실천과 정치적 동원의 수준을 제고하고, 시민사회의 자립적인 조직을 강화하는 일련의 제도들을 주장하였다. 러시아는 이러한 대안들의 독자적인 형태를 발전시키는 데 엄청난 실천적 이점뿐 아니라 그에 버금가는 가공할 만한 정신적 장애물도 가졌다. 소비에트 체제의 온갖 잔인성과 무능에도 불구하고, 이 체제가 러시아 민중에게 물려준 상대적으로 높은 정도의 평등성과 교육이 그 실천적 이점이다. 장애물은 과거에 대한 대안뿐 아니라 대안이라는 관념 자체에 대한 완전한 정신적 무기력 상태이다. 소수의 탐욕과 다수의 절망이 똑같은 정도로 건설적인 야망을 포기하도록 부추겼다. 어쨌든, 소비에트 이후 러시아는 이와 같은 객관적인 기회와 주관적인 통제의 역설 속에서 세계적인 고민거리를 과장된 형태로 보여 주었다.

중국

중국은 소비에트 해체 이후의 러시아와 동시대적으로 하나의 진정한 길의 원리로부터 건설적으로 이탈하는 과업에서 러시아와 유사한 한계와 가능성을 보여 주지만, 두 나라 사이에는 근본적인 차이가 존재한다. 이 차이는 자발적 제도주의와 비자발적 제도주의 관행을 다른 각도에서 조명할 수 있게 한다. 독창성으로 말하자면, 중국의 시장경제 조직은 러시아의 개혁 엘리트들이 애써 모방하려 한 서구 모델의 탐탁지 않은 러시아판 변형을 능가한다. 그러나 공산주의 체제가 존속하는 한에서 이 혁신들은 중국 통치자들의 이해관계, 관념, 공포가 수립한 강철 구조 안에서만 발언권을 가진다. 제도적 혁신의 요인들은 대안을 발전시킬 출발점으로 삼을 만큼 갖춰져서 도처에 산재해 있지만, 대안의 발전은 정치적 역설의 결과들로 인해 그 싹이 잘려 나갔다.

공산주의 체제가 계속되는 한, 이러한 대안은 발전할 수 없다. 중국의 역사가 그러했듯 중국 내부의 쇄신은 상업적 탐욕과 정치적 독재의 평화로운 공존, 그리고 공적인 업무의 사적인 특권으로의 전환 같은 양식을 따를 것이다. 공산주의 체제가 해체되고 중국이 가감 없이 포스트공산주의 국가 대열에 합류한다면, 하나의 진정한 길을 저해하는 현존하는 모든 요소들은 사라질 것이다. 지금 희망찬 혁신으로 여겨지는 것이 나중에 회고해 보면 탐욕과 독재 간의 단지 일시적인 타협으로, 현재의 조직된 쇄신이 그때에는 그저 피상적인 의미만 갖는 것으로 보일지 모른다.

'수렴의 철칙'에 따르면, 후진 국가들의 따라잡기는 아동의 인지 발달 과정처럼 예측 가능한 속도를 따르게 되어 있다. 익숙한 지식 정보들에 따르면, 부국과 빈국 간의 격차 또는 단일한 국가 안에서 지역들 간의 격차는 매년 2퍼센트 정도씩 줄어든다. 이 속도는 정부의 총체적 무능력으로 늦춰질 수도 있고, 독일 정부의 동독 지역 지원 사례처럼 특별한 촉진 조치로 빨라질 수도 있다. 그러나 평균적인 정부 역량은 넓은 범위의 여건에 걸쳐 거의 일정하다고 알려져 있다. 제도적 변형이 중차대한 의미를 가진다면, 그것은 시장을 질식시킬 만큼 투박하지 않는 한에서 편익과 부담의 분배에 대해 이 변형이 가져온 효과 때문이다.

세기의 전환기에 중국에서 어떠한 제도적 변형들이 일어났는지 고찰해 보자. '향진鄕鎭기업'[74]은 어떻게 정부와 '민간' 주도를 묶는 독창적인 연

---

74 중국의 개혁개방운동에 따라 1978년부터 각 지역 특색에 맞게 육성되기 시작한 소규모 농촌기업. 1992년 9월까지 중국 전역에 약 550만 개가 설립됐다. 중국의 기업 형태는 국가가 소유하는 전민全民소유제, 지방자치단체 주민이 공동으로 경영하는 집체集體소유제, 개인 또는 합작·합자·외국인 단독 투자 3자드資기업 등 3가지 종류가 있다. 향진기업은 집체소유제를 말한다. 우리의 읍면에 해당하는 향진 소속 주민들이 중소기업을 형성, 경영과 생산 및 판매를 자율적으로 결정하는 방식으로 우리나라의 농촌 새마을 공장과 비슷하다. 이 향진기업은 전민소유제 공장에 비해 4배 이상의 생산성을 보이고 있는데, 이는 마을 주민들이 공장을 공동소유하고 재투자액을 제외한

합 형태가 가능하고, 준⁑공적 기업들이 전통적인 서구식 기업들과 똑같이 시장에서 훌륭하게 경쟁하고 혁신을 이루었는지를 보여 준다. 회사 경영 구도에서 볼 때 '1주 1표' 원칙과 '1인(즉, 1명의 노동자) 1표' 원칙을 결합시킨 '주주-협업 체제shareholder-cooperative system' 역시 어떻게 이 결합이 생산 자원에 대한 지분 및 지분 보유자의 권리 인정을 확장하면서 기업가적 창의를 유지하는지를 보여 준다. 농촌 산업의 해묵은 시스템, 즉 수억 명에 이르는 농민의 나라에서 자체적으로 나온 경제발전 문제에 대한 혁신적 응답은 결과적으로 광범위한 산업적 분권화 형식을 낳았다. 노동자에 대한 고용 및 편익 제공 의무와 가격 인상 압력에 대한 통제 사이에 끼어 있는 국가 산업 부문조차도 생산적 전위주의로 진행하는 기업들의 전체 연결망을 포용한다. 이 기업들은 더욱 발전된 생산 관행으로 나아가는 재량권을 확보해 왔다. 많은 지역에 뿌리내린 일정 정도의 지역 민주주의와 지역공동체에 대한 지역정부의 책임은 이러한 경제적 혁신을 지속시키는 데 일조하고, 거꾸로 이 혁신들에서 지지를 얻었다.

이러한 중국식 독창성을 바라보는 두 가지 대조적인 해석이 있다.

첫 번째 해석에 따르면, 이 독창성은 중국에만 존재하는 두 가지 여건이 결합하여 낳은 특수하고 일시적인 적응 양상이다. 산업화보다 도시화를 먼저 이룬 수많은 라틴 아메리카와 아프리카 개발도상국들과 달리

모든 이윤을 주민들에게 분배하며, 균등임금을 지불하는 국영기업과 달리 고급 기술 인력과 경영 관리자에게 더 많은 배당을 주고, 기술자들도 능력에 따라 차등 임금을 받기 때문이다. 따라서 이 제도는 부분적으로 자본주의 경영 체제를 도입한 것이라 할 수 있다. 향진기업은 생산성 제고와 주민 생활수준 향상, 또 외국 기업이 자국 내에 진출하는 경제특구와 달리 외부로부터의 개방 물결이 유입될 가능성이 없다는 점에서 매우 성공적으로 평가되고 있다.

중국은 농민의 나라로 존속하거나 최소한 농업과 다른 경제활동을 결합한 노동자의 나라로 존속한다는 것이 첫 번째이고, 두 번째 여건은 집단지도 체제가 불균등하지만 공직자들의 터무니없는 부패 행태만큼은 억제하려고 시도하면서 권력을 틀어쥐고 있다는 점이다. 이러한 체제는 체제의 사명이라는 관념을 고수하고 있지만 이 체제도 그 사명이라는 것에 더 이상 확정적이고 공유된 의미를 부여할 수 없다.

앞서 잠시 언급했던 제도적 혁신 방안 중 일부는 시장 및 시장 지향적 산업화로의 전환과, 상대적으로든 절대적으로든 엄청나게 많은 농촌인구를 조화시킬 방법을 표현한다. 이 독창적인 조정안들은 제약을 기회로 바꾸지만, 다른 혁신안들은 경제적 분권화를 통해 공공 영역을 사적 기회로 전환하는 새로운 방법을 창조하여 국가 엘리트의 이익에 봉사하는 경로를 따른다. 이 위태로운 타협은 행정 지배의 외피를 그대로 남겨 두면서 관료의 사사로운 사업을 비호한다. 국가 지도자들은 공직을 사사로운 이익 추구의 기회로 바꾸고, 정치적 독재와 사적 욕망 간의 유착을 부추기면서 중국 역사의 가장 고질적인 문제를 새롭게 변주한다. 이 고삐 풀린 가산제家産制[75]는 새로운 사회계약 참여자와 외부자 간의 분할로 조장된 사회불안의 위험에 의해 제약된다. 이런 상황을 미래의 관점에서 돌이켜 보면, 중국의 제도적 이단은 시장경제의 표준적 형태를 향해 수렴해 가는 과정에 나타난 편리하고 독창적이기는 하지만 때로는 기괴한

---

75 가부장제 하에서 아들과 종속자에게 일정한 토지와 가재도구를 할당함으로써 家의 권력을 분산적으로 유지하려는 지배 구조.

사잇길로 판명날 것이다.

수렴론을 지지하는 견해에 따르면, 농촌인구의 상대적 크기는 점점 줄어들 것이고, 새로운 집단과 이해관계의 증식은 최종적으로 공산주의 독재를 붕괴시키는 데에 일조할 것이다. 중국 특유의 여건들이 사라지면, 조직상의 뚜렷한 창의성도 장점을 잃게 될 것이다. 어쨌거나 중국은 그들의 역사적 여건을 반영한 독특한 제도들을 유지할 테지만, 나중에 돌이켜 보면 이 시기의 개혁은 역사의 간계奸計, 즉 정통에 복무하는 이단쯤으로 여겨질 것이다.

중국식 독창성을 바라보는 다른 해석도 있다. 이 대조적인 해석에 따르면, 이 시기의 조직적 혁신은 선도적 산업국가의 제도로 수렴되는 흐름에 저항하는 새로운 정치 및 경제 질서의 전개에 필요한 출발점을 대변한다. 수렴에 저항하는 이 혁신을 통해 중국은 민주적 실험주의와 생산적 실험주의의 대의를 더 훌륭하게 발전시킬 수 있다. 중국이 만들어낸 방안들은 이 책에서 설명하는 진보적 대안 주제들을 예기하는 단편적인 변주를 다수 포함하고 있다.

지방정부와 사적인 기업가 정신의 연합은 다층적 체제의 씨앗을 뿌려 생산적 자원의 분권적 배정을 가능하게 한다. 지역적 기반과 공적 지원, 새롭고 유연한 자발성 형식은 전략적 조정을 거쳐 분권적이고 다원주의적인 관행으로 지속되는 협력적 경쟁 형태로 전환된다. '1인 1표 원칙'은 기업 지배에서 가장 가치 있는 재산권을 그 종신직 보유자들의 이기적이거나 자원을 낭비하는 파벌의 수중에 통합시키지 않고서도 노동자의 권한을 강화할 길을 터 준다. 장기간 축적된 농촌 산업화의 성과는 경제활동의 새로운 확산을 위한 터전이 됨으로써, 장기적으로는 노동·여가·가족생활 간의 격차를 완화하는 데 일조한다. 비록 지금은 국가 엘리트의 독재에 좌우되고 있지만, 일단 독재가 무너지고 나면 제한적이지만 참여적 성격의 지방정부 형태들이 대의민주주의와 직접민주주의를 조합시키는 데에 필요한 상당한 초기 자산을 제공해 줄 것이다.

둘 중 어느 쪽이 중국의 경험에 대한 올바른 해석인가? 어느 방향으로 가야 중국에 미래가 있을까? 둘 중 하나를 택하는 것은 자연 대상을 설명하는 여러 대안적 해석 중 하나를 고르는 것과 유사하기도 하고 그렇지 않기도 하다. 유사점은, 자연 대상에 대한 설명과 마찬가지로 사회적 이해에 있어서도 가능한 것에 대한 상상이 통찰에 포함된다는 것이다. 차이점은, 자연에 대한 해설과 달리 사회적 해석에는 제약 요소들을 변화시킬 수 있다는 믿음이 담긴다는 것이다.

사회의 미래를 논하는 모든 담론은 일종의 자기충족적 예언이다. 따라서 미래 담론은 현실적인 것과 가용 가능한 제도적·이념적 요소들 간의 거래에 대한 스토리를 말하기만 하면 된다. 물론 그 스토리는 말하는 것만으로는 실현될 수 없다. 하지만 그 스토리를 사람들이 행동 방향을 찾는 데 이용할지, 아니면 여기 지금 상태에 안주하는 것을 정당화하는 데 이용할지에 따라 그 스토리는 해방적인 역할을 하기도 하고 억제하는 역할을 할 수도 있다.

중국에서 인민들에게 대단한 영향력을 계속 발휘하는 스토리가 하나 있다. 최근의 경험은 이 스토리에 외견상 새로운 권위까지 부여하고 있다. 이 스토리에 따르면, 중국이 문화혁명 기간에 일어난 것 같은 폭력적 무정부 상태를 다시 겪지 않으려면 중앙과 상부에서 부과하는 강력하고 통일된 권력이 반드시 있어야 한다. 중국처럼 거대하지만 가난한 나라는 불가피하게 억압적 질서와 값비싼 무질서 중 하나를 선택해야 한다는 이러한 믿음은 '구조 물신숭배structure fetishism'의 통렬한 사례이다. 대의민주제, 시장경제 또는 자유로운 시민사회 같은 추상적 제도 관념은 일련의 특정한 법적 제도를 자연적이고 필연적인 표현 형식으로 가진다는 믿음이 제도 물신숭배Institutional fetishism임을 상기하자. 구조 물신숭배는 제도 물신숭배보다는 고차원적인 물신숭배이다. 구조 물신숭배는 비록 우리가 특별한 제도적 질서를 변경하고 때로는 하나의 제도적 시스템을 다른 시스템으로 전면적으로 교체할 수 있을지라도, 제도적 구조와 그 안에 살면서 거기에 저항하고 구조를 초월하려는 행위주체들의 자유 간의 성격을 최종적으로 바꿀 수 없다는 (비관적인) 시각이다.

구조 물신숭배는 사회사상사에서 무수히 표출되었다. 자유를 제도적 구조에 대한 숙명론적이고 구속救贖적인 반란과 동일시하는 실존주의적 관점도 이에 속한다.[76] 정치적 동원과 정치적 제도화가 단순한 역逆관계로 묶여 있다는 미국 정치학의 보수적인 주장도 일종의 구조 물신숭배이다. 하지만 파괴적 혼돈에 무자비한 억압을 대치하고 정치적 불안정에 사회적 평화를 대비시키는 입장보다 더 큰 영향력을 발휘한 구조 물신숭

---

76 웅거는 낮은 수준의 실존주의적 영구반란 이론을 그 자체로 구조 물신숭배로 이해한다. 실존주의적 영구반란은 제도를 인간의 열망에 부합시키려는 영구적 작업으로서, 새로운 제도를 재발명하려는 것이 아니라 인간성의 이름으로 현존 제도를 허무적으로 전복하는 것이라고 이해한다. 이는 비관주의의 공격성이다.

배는 없다. 구조 물신숭배는 그 모든 측면에서 인간과 인간이 발견하고 개혁하고 살아가는 제도적 세계들 간의 관계가 그 자체로는 역사 속에서 열려 있다는 점을 인정하지 않는다. 그러나 일상의 실천적·담론적 기회 안에서 대중이 얼마나 효과적으로 도전하는지에 따라 제도적 질서는 각기 매우 다른 강도로 구축된다.

두 가지 판형의 중국의 미래 중 두 번째가 첫 번째를 압도하기 위해서는, 제도적인 정치 구조는 물론이고 자립적인 시민사회에서도 민주적인 혁신이 필수적이다. 제도적 혁신은 정치적 다원주의 맥락에서 정치적 동원 수준을 지속적으로 제고하고, 중앙정부 차원에서도 단호한 행동과 반복적인 개혁에 필요한 역량을 반드시 유지해야 할 것이다. 이런 변화들에 기초하여 높은 조세를 통해 민중과 물리적 시설, 공적 벤처캐피털에 투자할 자금과 부채를 차환借換refinanced할 자금을 마련하는 강력하고도 책임 있는 국가상이 부상할 것이다. 그래야만 중앙정부가 나서서 사회적 편익을 쇠락하는 공기업 부문으로 집중시키지 않고 사회 전반으로 확산시킬 수 있다. 그래야만 중국은 기업가적 경제의 수혜자와 희생자를 가르는 심층적인 분열을 치유할 수 있다.

이 같은 변화는 이미 달성한 경제적 쇄신에 담긴 민주적 잠재력을 포착해 내고, 경제적 혁신이 일시적 적응 정도로 축소되는 것을 저지할 실천 수단을 창조할 것이다. 동시에, 중국에서 빈번히 경제적 실험주의와 민주적 실험주의를 분리하는 데 일조한 압제와 무정부 상태 간의 양자택일적 딜레마의 허구성을 이 개혁은 증명할 것이다.

여기서 요점은 정치, 즉 좁은 의미에서 정권의 장악과 행사를 둘러싼 갈등이 다른 차원에서 일어날 변화보다 인과적 우선성을 갖는다는 말이 아니다. 오히려 국가가 아무리 경제와 같은 국가 생활의 한 부분에서 새로운 제도적 이탈의 경로를 밟는다 해도, 국가 생활을 이루는 다른 부분에서 반란을 결행할 마음을 품지 않는다면 그 국가는 제도적 이탈을 지속하거나 급진화할 수 없다는 것이다. 생산적 실험주의는, 중국에서 그랬듯이, 정치적 독재와 평화롭게 공존하면서 지속될 수도 있다. 하지만 집단적 수정과 학습 관행, 협력적 경쟁과 분권적인 조정 관행이 발전하면 이 공존을 유지하려는 장치들이 압박을 받을 수밖에 없다. 다른 한편으로, 실천적·생산적 실험주의 관행은 독재자들과 그 부하들을 딜레마에 빠뜨린다. 그 딜레마란 새로운 기업가적 경제에 참여하면 부패와 태만이 발생하고, 참여하지 않으면 국가 엘리트와 경제적 혁신자들 사이에 이해관계와 경험 면에서 위험한 괴리가 생겨난다는 점이다. 혁신은 기업 안에 격리된 채로 머물지 않는다. 개혁가들은 그들에게 어울리는 교육과 공동체 생활 나아가 지방정부 형식을 만들려고 노력하며, 시민사회의 질서와 정신을 놓고도 중앙정부와 경합하기 시작한다. 이 경합이 행동을 이끌어 낼 기회를 창조한다.

앞서 살펴본 중국의 두 가지 사회적 미래상 중 두 번째가 첫 번째 를 압도하도록 만들려면, 중국의 개혁운동권은 이념을 넘어선 제도적 대안을 만들어 내야 한다. 대안의 상세한 그림은 충분조건은 아니어도 필요조건이 된다. 대안의 기초자들이 가져야 할 것은, 지배적 관념의 중력에 저항하고 동시에 자신들이 수립한 제도의 작동 논리를 성취할 그림이다. 이외에도 집단 이익을 바라보는 이해의 눈금을, 집단 이익을 정의하고 옹호하는 데에 제도적으로 보수적이고 사회적으로 배타적인 접근에서 변혁적이고 연대적인 접근으로 바꾸려는 노력이 필요하다. 그리하여 중국에서 개인적으로도 집단적으로도 원대한 가능성의 비전은 직접성의 부재뿐만 아니라 물려받은 제도 및 익숙한 관념과의 단절이 요구하는 높아진 불명확성 및 위험에 대한 감각도 동시에 길러 내지 않으면 안 된다.

브라질

브라질은 라틴 아메리카의 다른 주요 국가 및 다른 대륙의 개발도상국들과 마찬가지로 제2차 세계대전 이후 40년 동안 '수입 대체 산업화'에 모든 역량을 쏟아 부었다. 일반적인 평가에 따르면, 이러한 경제성장 전략 역량은 1980년대의 오일쇼크 시기에 이르러 대부분 소진되었다. 이 전략을 주재하던 국가는 공적인 팽창재정으로 가라앉았다. 완화적 금융 easy money은 공공 부문을 해체하고 이어서 초超인플레이션에 대한 공포를 불러일으킴으로써 거대 민간기업을 위협하기 시작했다.

1994년의 통화안정화 조치[77] 이후, 그 길은 이단의 온갖 구실을 버리고 하나의 진정한 길의 원칙을 따르는 쪽으로 열려 있는 듯이 보였다. 브라질의 이 원칙 신봉자들에 따르면, '재정조정fiscal adjustment'[78]을 통해 통화안

---

77 1990년대 초반 페르난두 엔히크 카르도주 대통령이 군부독재를 마감하고 초인플레이션을 진정시키기 위해 1994년 헤알 계획plano Real을 단행하였다. 높은 금리를 도입하여 물가를 안정시키고 환율을 고정시킴으로써 브라질 화폐 헤알을 안정적인 통화로 정착시키고, 이 통화안정화와 자본 자유화 조치로 외자를 활발하게 유치하였다.

78 재정조정이란 정부 예산 적자를 줄이는 것이다. 정부 지출을 축소하고, 세수를 증대시키는 것을 기본으로 한다. 정확히 합의된 견해는 없으나, 일정한 상태라기보다는 과정을 의미한다.

정을 강화하고 거대 공공 부문의 급속하고 철저한 민영화를 통해 국가의 역할을 재정립하는 것이 필요해 보였다. 중앙정부가 국영기업들과 결별하고 공중 보건과 교육을 향상시키면서 경제를 조정하는 고유의 임무에 헌신한다면, 극단적인 불평등은 완화될 것이다. 그렇게 되면 이미 세계 경제로 통합되어 있는 민간경제의 선진 부문은 점차 많은 인력을 수용하기 시작할 것이다.

세계 다른 지역처럼 브라질의 구도에서도 수렴 프로그램은 자기충족적인 예언이 되었다. 그리고 언제나 그렇듯이 이 프로그램은 다른 미래를 탄생시킬 수 없는 정치를 형성하는 데에 일조한다. 이 프로그램에 기반한 제안들이 의도하는 효과는, 사회적인 관심이 있는 신자유주의나 제도적으로 보수적인 사민주의 비전에 두루 어울리는 능력과 무능력을 동시에 가진 정부를 창조하면서 국가 규모를 축소하는 것이다. 이런 정부가 할 수 있는 일이란, 고작해야 선진적인, 즉 세계에 통합된 영역의 외부에 머물던 다수의 브라질 사람들에게 이 전위 부문에 참여할 준비를 시키는 것이다. 이런 정부는 선진 영역을 추동하는 경제적 힘을 대체할 수도, 그 효과를 의미심장하게 변경할 수도 없다. 그 힘을 대체하거나 그 효과를 변경하려는 어떠한 시도도 배제된 사람들을 위한 지원이란 명목으로 우대를 받은 자들에게 보조금을 제공하는 것으로 변질되어 경제성장 속도만 늦출 뿐이다.

브라질의 상황은 이 책의 프로그램 주장에서 되풀이되는 주제, 즉 전위와 후위 부문 간의 분할을 극복하려는 노력과, 민주주의의 가속화 및 사회 조직화의 맥락에서 적극주의 정부를 재조직하고 정부에게 차환(재금융)을 제공할 필요 간의 핵심적 관계에 대한 실마리를 던져 준다. 이 관계는 두 방향에서 동시에 작용한다. 적극적인 정부, 속도를 높이는 정치, 조직된 시민사회가 존재하지 않는다면, 전위 부문의 단속적이고 제한된 확장의 방법 이외에는 이중구조를 극복할 전망은 없다. 브라질의 발전된 생산 시스템 분야는 세계경제의 다른 전위 부문들과 단단히 연결되어 있기 때문에, 브라질은 무한정 긴 시간 동안 분열되어 있을 것이다. 선진 분야에서 배제된 사람들은 경제적 정통설과 경제적 대중영합주의 사이에서 새로운 형식의 낡은 진동으로 사회를 위협하면서 정치 분야에서 경제에 대한 복수를 계속 모색할 것이다. 국제적인 전위 그룹에 속한 특권적 참여자가 아닌, 주변화된 다수에게는 능력 있는 국가가 꼭 필요하다.

전위와 후위의 이중구조가 위세를 떨치는 동안, 지배적인 정치 프로젝트는 변화하는 여건에 맞춰 가며 이중구조의 생명력을 계속해서 연장할 것이다. 따라서 다른 개발도상국과 마찬가지로 브라질에 수용된 선별적 신자유주의는 신자유주의가 대체하기로 한 낡은 수입 대체 성장 전략의 이원적 타협을 재발명하려는 시도가 된다. 제도적 수렴의 경제와 계급 이기심의 정치의 지배를 받는 가운데 선별적 신자유주의가 창조하기 시작한 사회 세계에서는 민주적 실험주의를 기초로 특징적인 문명을 발전시킬 희망의 싹은 거의 존재할 수 없다. 브라질 사회의 특수한 성격을 형성하는 데 기여한 인종적 예속과 성별 위계제의 무한히 다양한 형식들에 대한 공격은 대신에 북대서양 세계에 구축된 패턴을 추종하게 될 것이다. 이러한 공격과 추종은 결국 정치경제와 분리된 비구조적 미시정치로, 즉 대안적 사회 조직 형식보다 대안적인 개인 생활양식에 더 주목하는 미시정치로 돌아갈 것이다.

신자유주의가 대체하겠노라 주장하지만 실제로는 은폐된 연속성의 끈들로 묶여 있는 브라질의 정치경제가 신자유주의 이전에는 어떻게 돌아갔는지 신자유주의 전사前史부터 우선 고찰해 보자.

수입 대체 산업화는 브라질과 다른 라틴 아메리카의 거대 국가들에서 그랬듯이 정치적 주도권과 사회적 타협의 경제적 표현을 대변하였다. 중앙정부는 보호와 보조에 근거하여 주로 국내시장을 겨냥한 산업 시스템의 수립을 지원하였다. 이 시스템의 기술적 핵심은 포드주의적인 대량생산 산업이었다. 이 산업은 사회 일부의 편익을 위해, 부유한 산업국가들의 일반 대중이 향유하는 많은 소비재를 재생산했다. 그러나 이 산업은 그 특성상 상당한 임금 억제 없이는 국제 경쟁력을 가질 정도의 효율성은 좀체 갖추지 못했다. 후진 부문의 점진적 재구성에 필요한 원료와 기계재의 주문 제작은 언감생심이었다. 거대 공기업은 소비재 산업에 쓰이는 수많은 투입물을 생산하기에 바빴고, 소비재 산업은 주로 다국적기업, 그중 일부는 국내 민간자본의 수중에 있었다. 금융은 가족기업으로 존속했고, 가족기업은 대기업이든 소기업이든 국내 기업의 성격을 지속적으로 규정하였다.

그리하여 이런 자본집약적 산업에 종사하게 된 노동자들은, 그들이 비록 부유한 산업민주국가의 노동자들보다는 적게 벌고 직업 안정성은 훨씬 떨어진다고 하더라도 브라질 노동대중 가운데서는 상대적인 특권층을 형성하였다. 조합주의적으로 통제된 대중 동원 구조에서 빈번히 창설된 브라질의 노동조합들은 국내 산업화론자 및 그들의 외국 파트너들과 함께 수입 대체 산업의 정치경제를 받쳐 주는 거대한 양대 기둥의 하나가 되었다.

처음에는 일본, 다음으로 대만, 한국, 그리고 싱가포르로 이어지는 동북아시아 경제체제도 수입 대체 산업화 시기를 거쳤지만, 그들에게는 브라질과는 다른 특징들이 있었다. 동북아시아 경제체제들은 수입 대체 산업화 성장 전략의 한계를 극명하게 보여 주는데, 많은 개발도상국에서 그랬듯 브라질에서도 신자유주의를 수입 대체 성장 전략의 불가피한 대안으로 상정한 것까지는 동일하다. 그러나 동아시아에서는 제2차 세계대전의 여파로 이 지역의 나라들이 공산주의에 물들 것을 염려한 미 점령군 사령부가 해당 국가의 엘리트들을 압박해 토지 분배와 같은 평등 지향적 개혁 조치를 실시하게 했다. 이 개혁 조치들은 교육에 대한 정부 및 가족의 지원이라는 오래된 전통의 계급 완화적 효과를 극대화시켰고, 결과적으로 동북아시아의 경제적 이중구조는 라틴 아메리카에서처럼 극단적 상태에 이르지 않았다. 또한, 동북아시아 정부는 외국 자본의 관리에 신중한 주의를 기울였다. 이들 정부는 주요 산업에 대한 국가적 통제가 확고해질 때까지 직접투자보다 차입 자본을 선호했다. 그리고 같은 이유로 동북아시아 모든 국가들이 외국 자본을 기반으로는 장기적으로 부자가 될 수 없다는 점을 확신하고 일찍부터 높은 수준의 국민 저축을 장려했다.

가장 중요한 사실은, 동북아시아 정부들이 기업 엘리트들로부터의 실질적인 독립성을 가지고 정책을 공식화하고 실행할 수 있는 경성국가의 기틀을 유지하고 발전시켰다는 점이다. 그러면서도 동북아 국가들은 지속적으로 국가의 힘을 사회의 정치적 무력화에 의존시켰다. 동북아시아 국가들은 그때나 그 후에나 국가의 경성성과 권위주의를 분리하는 비밀을 배우지 못했다. 그러한 분리가 바로 민주적 실험주의 프로그램의 주된 관심사이다. 동북아시아 국가들은 생산적 전위주의를 더 빨리 실천하고 일반화하는 데에서 당시의 선도적 산업국가들에 미치지 못했다. 수입 대체 국면기에 이들 나라에 수립되어 수출 주도 성장 후기 단계에 지속적으로 발전한 기업들은 내부자 보호 수단까지는 만들었으나, 당시 환경에서는 신규 진입자를 위한 사업 및 경쟁 기회를 촉진하는 수준으로까지 나아가지는 못했다. 당시 이 국가들이 도달한 높은 성장률은 생산성의 지속적인 향상이 아니라 확장된 재정적·물질적·인적 자원이 만들어 낸 일시적 효과였음은 당연하다.

이 모든 결점에도 불구하고, 수입 대체 산업화 전략은 다른 많은 국가들에서처럼 브라질에서도 작동했다. 이 전략은 한 세기의 3분의 1 동안 높은 경제성장률을 유지하는 데 일조하였다. 이 전략은 어마어마한 산업 시스템을 구축했으나, 두 가지 기본적 약점을 안고 있었다. 하나는 경제적인 약점이고, 다른 하나는 사회적인 약점이다.

수입 대체 부문에 특혜를 남발한 이 전략은 경제성장이 요구한 사항을 절반만 만족시켰다. 즉, 부의 생산자들을 지원하는 데에는 성공했으나 그 생산자들을 흔들어 깨우지는 못했다. 세계경제라는 새로운 환경에서는 전위 부문이 다른 전위 부문들과 연결되어야만 전진할 수 있다. 여기서는 보호보다는 연결이 더 가치를 가진다.

이렇게 만들어진 극단적인 이중구조적 경제는 국가의 보호를 받으며 뒤처진 포드주의의 특징적인 사회적 결과를 설명한다. 이중구조는 구조적이고 사회적이며 동시에 지역적이다. 이중구조는 다른 무엇보다도 이 나라(브라질)의 상황을 정의하고, 나라의 정치를 내부자들에게 우호적인 선별적 경제적 정통설과 외부자에 호소하는 혼란스러운 경제적 대중영합주의 간의 교대에 내맡긴다. 경제적 정통설이 국가 발전의 독창적인 길을 형성하지 못하는 엘리트들의 뿌리 깊은 무력감에서 자양분을 얻는다면, 대중영합주의는 일련의 모호하고 강박적인 환상 안에서 국민적 반대의 문화를 포획하는 데 일조한다. 그렇지만 이 숙명적인 이중구조는 그 자체로 어떤 맹목적인 경제적 운명의 산물이 아니다. 특정한 역사적 환경에 대한 정치적 대응에서 이중구조가 시작되었다.

우리는 이제 이중구조적 성장 전략과 이 성장 전략이 동반하는 공적 자금의 팽창 경향 간의 연결, 정확하게 말하면 협소한 경제적인 연결을 넘어 정치적인 연결 문제에 이르게 된다. 국가가 여태 그 형성 과정을 지원해 준 특권적 이익의 볼모가 되면서 이 특권 계급에 공공 행정과 공적 투자 비용을 부과할 수 없는 상황이 펼쳐지는 것이다. 중앙정부는 의사-케인스적 팽창재정으로 이 비용을 사회 전체에 전가한다. 의사-케인스적 공공재정은 공공 부문을 파괴하기 때문에 곧이어 국내 제도들을 혼란시키고, 국제적 연관성을 약화시키면서 거대한 민간 기업을 위협하게 된다.

이러한 이유로, 브라질에서 신자유주의 프로그램은 많은 나라들에서 그러했듯이 통화안정화 방침과 함께 관철되었다. 변동환율시스템('환율지표'), 매우 높은 실질이자율, 단호한 임금 억제 등은 인플레이션 후 빈곤층의 소비력이 증가하면 상쇄되므로 모두 임시방편으로 여겨졌다. 통화

안정화 방침은 '재정조정'이 확고한 기반을 잡을 때까지만 유지될 것이었다. 그러나 일시적인 것으로 구상된 것은 영속적인 것으로 드러났다. 개혁가들이 처음부터 호소한 값비싸고 허약한 조치들 없이는 통화안정의 문턱에서 재편성된 공적 자금의 견고한 미래로 이행할 방법은 없었다.

보수적인 전통 정책론의 두통거리는 그 정책이 표방한 약속들이 지닌 제도적 불확정성, 심지어 전략적 불확정성을 무시한다는 것이다. 재정조정 문제도 마찬가지다. 재정조정의 문제는 재정조정이 비현실적이라는 것이 아니라, 재정조정을 실천할 다른 방법이 너무 많다는 데에 있다. 각각의 재정조정은 일련의 지배적인 정치적·사회적 힘들이 지닌 한계를 각기 다른 방식으로 시험한다. 정통 정책은 지속적인 재정 수입 증대보다는 급격한 지출 삭감을 통해 공공지출을 공공 수입과 맞추게 한다. (동시에, 비교적 소규모지만 터무니없이 비싼 공공 부채는 주로 공기업 매각을 통해 부채 규모를 줄이라고 요구한다.) 문제는 이러한 정부 궁핍화government-impoverishing 재정조정 형태(이른바 작은 정부—옮긴이)가 국민에 대한 공적 지출 수준을 더욱더 위축시킨다는 점이다. 비록 정치계급의 다수가 이런 재정조정을 받아들일지라도, 국민 대다수는 분명 이에 반발할 것이다.

정부 궁핍화 재정조정 형태와 다른 대안적인 재정조정 형태는, 거꾸로 조세수입을 높이는 것이다. 정부 부유화government-enriching 재정조정 프로그램(이른바 큰 정부—옮긴이)은 국가에 차환을 제공하고 국가를 재편하는, 더 원대하고 장기적인 운동의 초기 노력에 해당할 것이다. 그러려면 이 국가는 새로운 국가 발전 프로젝트를 선도하면서 이중구조를 정면으로 공격할 수 있는 국가여야 한다. 이 정부에게는 생산 조건뿐 아니라 대중의 역량을 제고할 지출이 필요하다. 이를 위해 정부는 상환 압박이 심한 공적 채무 부담에서 벗어나야 하고, 동시에 높은 재정 수입을 확보해야 한다. 채무 감소라는 전략적 목표를 위해 민영화를 시도하는 정부라면, 그 다음에는 새로운 공적 또는 공사公私 혼성 기업 및 은행을 만들고, 이들 기업과 은행에게 시장 규율와 경쟁 압박, 재정 책임을 감당하게 해야 한다. 민간 주도권의 우연한 규제자이자 사회 불평등의 주변적 조정자 역할을 넘어서려는 국가라면, 마땅히 민주적 경성국가가 요청하는 기술적·인적 자원을 국가 내부에서 발전시킬 것이다. 이러한 재정조정은 전향을 넘어서 희생을 요구한다. 그리고 포괄적인 반反이중구조적인 발전 전략과의 연합에서 그 권위의 많은 부분을 끌어내야 한다.

비용절감형 재정조정 형태가 유지되기 어렵다면, 정부 부유화 형태의 재정조정은 개시하기 어렵다. 정부 부유화 재정조정에 담긴 정치 논리는 새로운 민중연합의 논리다. 이 연합은 재조직과 재금융을 통해 반이중구조적 정치경제에 기여하는 국가를 더 훌륭하게 수립하기 위해 재분배주의적 대중영합주의의 한계를 타파한다. 여기에 선별적인(말하자면 교과서보다 현실적인) 신자유주의를 옹호하는 정치적 작전의 의도와 역량을 능가하는 하나의 프로젝트가 있다.

정부 궁핍화와 정부 부유화라는 재정조정 형태는 둘 다 경제와 정치의 관계라는 문제를 제기한다. 민주정치 하에서는 선별적 신자유주의가 내세우는 냉혹한 경제학이나 해당 정부를 궁핍하게 만드는 재정조정 방식을 수용하기 어렵다. 혹시 모르겠다. 이를 사회에 부과하는 정치가 몹시 권위주의적이거나 사회가 무기력하고 수동적이어서 이를 묵묵히

받아들인다면 잠깐 동안은 가능할지 모르지만, 민주적 실험주의의 대의를 충족시키는 경제 프로젝트는 정부 부유화 재정조정이 유일하다. 그리고 이 방식의 재정조정이 의존하는 토대가 바로 프로그램적 비전과 정치적 힘의 결합이다.

선별적이든 아니든, 신자유주의는 그것이 대체하려고 한 정치경제에서 풍요로웠던 것을, 즉 세계경제 안에서의 비교우위론이라는 맹목적 운명에 대한 반란을 거부하였다. 이런 상황에서 신자유주의의 요점은 대부분의 전도유망한 기업이나 심지어 전도 유망한 부문을 독단적으로 선택하는 것이 아니다. 대내적 실험주의와 대외적 독립성을 갖춘 미래 국가의 이익 증대를 겨냥한 전략을 조직함으로써 비교우위론의 눈금을 움직이게 하는 것이다. 이 전략은 농산품 수출과 공산품 수입 의존에서 국가를 해방시키고, 국가 안에서 수많은 사람이 원하는 소비의 가능성뿐만 아니라 생활양식을 발전시킨다. 19세기 중반 이래로 성공적인 후발 주자들에 의해 이런저런 형태로 반복된 반란 대신에, 신자유주의는 불변의 경제발전 사다리를 타고 오를 수 있다는 희망에 신뢰를 제공했다. 절제력 있는 정부와 낮은 세금, 명확한 재산권, 그리고 자유무역만 있으면 이 사다리 타기가 가능하다고 상정되었다.

그러나 신자유주의가 더 낡은 정치경제에서 전복적이고 진보적이었던 것을 거부함에 따라, 선별적이고 현실적인 신자유주의는 수입 대체 산업의 경제적인 힘과 해방적 효과도 상쇄시켰던 이중구조적 제도에 도리어 충실한 태도를 취한다. 그리하여 신자유주의는 이중구조에 대한 공격을 보상적 조세–이전과 사회지출에 맡기면서, 제2의 경제에서 활동하는 사람들에게 제1의 경제에 참여하게 될 시점을 무턱대고 기다리라고 말한다.

따라서, 신자유주의는 민족주의적이고 대중영합적이며 수입 대체적인 전략의 철저한 교체보다는 세계경제의 새로운 규칙에 대한 적응을 대변한다. 마치 유산계급과 그들의 생활 방식에는 최대한 고통을 주지 않으면서 낡은 정치경제의 이중구조적 제도를 쇄신하는 것이 그 목표였던 양 모든 일이 이루어진다. 민주화를 지향하는 정치경제의 과업은 정확하게 이와 정반대다. 비교우위론의 맹목적인 힘에 대한 오래된 저항을 새로운 형태로 지속하면서 동시에 이러한 저항에서 이중구조의 흔적을 제거하는 것이다.

그러나 오늘날 대안적 발전 전략의 기초 원리를 찾는 브라질 개혁가들에게 동북아시아 경제는 애매모호하고 신뢰하기 어려운 사례만 제공할 뿐이다. 그 모호성의 첫째 이유는, 동북아시아는 경제적·인적 발전에서 의심할 나위 없이 성공을 거두었지만 그 성공이 과연 '기본권의 향유'와 교육에 대한 열의 덕분이었는지 아니면 국가 주도의 전략적 조정에 따른 것이었는지는 여전히 논쟁 중이기 때문이다. 둘째 이유는, 동북아시아의 정부―기업 협력 관행이 엘리트주의적이고 유착적일 뿐 아니라 과오를 유발하고 외부자를 양산한다는 점이다. 셋째는, 동북아시아의 업적은 민주적 갈등과 논쟁에 대한 통제, 따라서 실험주의를 생생하게 유지시키는 데 필요한 다원주의에 대한 통제와 교착되어 왔다는 점이다. 현대 세계사에서 반복적으로 증명되는바, 경제적 반란과 재건의 행위자로서 정부가 짊어진 소명은 사람들에게 확신을 줄 만한 현대적 표현 형태를 갖지 못하고 있다.

브라질은 낮은 국민 저축률, 기업 통제를 대체로 방치하는 자본시장, 정부 및 민간 벤처캐피털의 일반적인 결핍, 적절한 정부 및 민간 신용과 투자에서 중소기업의 배제, 그리고 이러한 이유에도 불구하고 저축의 생산잠재력 둔화와 같은 난제들을 안고 있다. 브라질은 더욱이 국민 중 상대적으로 특권적인 부분들이 사회적 지출에 대해 행사하는 속박뿐만 아니라 거대 기업들이 공적 투자에 부과하는 속박도 겪고 있다. 이 모든 측면에서, 브라질은 많은 개발도상국들의 전형이다.

특권적 이익과의 특혜적 연결을 단절하는 것은 민주화를 지향하는 발전 전략이 요구한 해법의 절반에 불과하다. 해법의 다른 절반은 긍정적이다. 하나의 과업은, 저축률을 향상시키고 은행과 주식시장이라는 전통적인 회로 바깥에서 저축과 투자 간의 통로를 다각화하면서 민간 저축을 공적으로 조직하는 것이다. 다른 목표는, 개발은행들이 협력적이면서 동시에 경쟁적인 중소 규모 기업들의 연합체와 협력 관계를 형성할 수 있는 독립적인 은행과 기금, 지원센터를 설치하는 전통을 확립하는 것이다. 그 밖에 현재 선진적인 부문의 지리적·사회적 변경邊境을 넘어 전위주의 생산 관행을 추진하는 데 필요한 실천적·문화적 조건을 충족시키는 것이 또 다른 과제이다. 그렇게 되면 공기업과 민간기업에서 사령부 역할을 하는 생산적 전위는 후위들이 전위로 자력갱생하는 데 필요한 원료와 기계, 서비스를 주문생산할 것이다. 나아가, 임금 억제에 대한 의존성을 줄이면서 경쟁력 있는 수출 지향적 생산의 범위를 확장해 나갈 수 있을 것이다.

이러한 국가는 경제정책과 경제조직에서 반이중구조적 주도권의 대체물이 아니라 보충물로서 사회적 필요에 헌신한다. 국가는 아동과 교육에 우선적 지위를 배정하는 사회 지출 프로그램을 발전시켜 미래에 최대의 효과를 성취하고 가장 취약한 사람들을 배려할 수 있게 된다. 학교로 하여금 일반적인 개념적·실천적 역량의 향상에 헌신하게 함으로써 교육 내용에서 혁명을 이끌고, 가족상속을 사회상속계좌를 통한 사회상속으로 점진적으로 대체할 수 있다. 경제적 이중구조의 극복은 경제제도의 결과를 조세-이전 프로그램으로 완화시키는 미온적이고 회고적인 시도가 아니라 새로운 생산주의의 특징에서 귀결되어야 한다. 이 기획을 추진하는 정부는 속도가 빨라진 정치와 조직된 사회의 작가를 넘어서 스스로 작품이 되어야 한다. 브라질의 제도적 역사는 프로그램적 상상력으로 국가, 정치, 시민사회를 재구성할 때 참고할 자료가 될 것이다.

대통령제는 경제적 영향과 지역적 분할에 짓눌린 정치체제에 전국적으로 판을 갈아치우면서 강력한 신임투표제적 요소를 도입하였다. 이변을 막고자 전 사회가 결탁하는 상황에서 대통령제는 예측 불가능성의 원천이자 변화의 지렛대가 될 수 있다. 하지만 대통령제는 그 전통적인 형식에 결정적인 결함이 있다. 대중은 육지를 약속한 사람을 선장으로 선출할 수 있다. 하지만 직무 수행에 들어간 선장은 이내 시민사회의 주요 기지에서, 그리고 다른 정부기관에서 이해관계로 뭉친 엘리트들의 일치된 반대에 직면한다. 이를 깨뜨릴 해법은 대통령제가 지닌 신임투표제적 매력을 보존하고, 정치의 속도를 떨어뜨려 교착 상태에 빠뜨리는 경향을 대통령제에서 제거하는 것이다. 이 교착 상태를 타파하는 조정 방안은 나중에 설명하겠다.

다른 나라들에서 그랬듯이, 브라질도 제도화된 정치적 동원을 지속적으로 고양시키는 데 필요한 개혁을 도입하는 데에 어려움을 겪고 있다. 하지만 그 개혁 내용을 살펴보면, 제도 외적인 대중영합주의로 저低에너지 정치제도를 담금질하는 수준을 넘어 고高에너지 민주주의를 제도화하는 역량을 확인할 수 있다. 언론에 대한 폭넓고 자유로운 접근, 언론 재산과 언론 생산 형태의 증식, 선거 캠페인에 대한 공적 비용 보전, 그리고 정당 강화(구속명부식 투표[79]를 통해)로 동원 효과를 높여야 한다. 이러한 개혁이 교착 상태를 타파하는 헌정주의, 독립적이며 광범위한 시민사회 조직에 대한 장려, 그리고 일반 대중이 자신의 권리를 인식하고 방어할 수 있게 돕는 재원과 기회 증대 등과 결합할 때 개혁의 효과는 더 커질 것이다.

과거 브라질이 채택한 제도들을 살펴보면 시민사회 조직에 참고할 만한 사례들이 있다. 1988년 헌법은 '모든 노동자의 노조 가입 강제'라는 조합주의 원칙과 '정부로부터 노조의 완전한 독립'이라는 계약주의 원칙을 결합시켰다. 이 체제가 더 연대감 높은 노조운동을 보증할 수는 없더라도 우대할 수는 있다. 노조 조직 과정에 드는 비용이 절약되고, 산업 관

---

79 정당에서 제출한 목록에 따라 비례대표를 선출하는 정당 명부식 비례대표제는 구속명부식(폐쇄형)과 비구속명부식(개방형)으로 나뉜다. 구속명부식은 유권자가 명부에 기재된 개별 후보가 아니라 정당에만 선호를 표시하는 것이고, 비구속명부식은 정당뿐 아니라 개별 후보에 대한 선호까지 표시하는 것이다. 구속명부식은 정당 자체에 대한 선호를 반영하기 때문에 정당을 강화하고, 비구속명부식은 인물에 대한 선호를 반영하므로 그만큼 정당정치를 완화하는 작용을 한다.

계들이 정치적으로 형성되는 과정이 더 투명해지기 때문이다. 이 체제를 기반으로 새로운 구도 하에 대안적인 노동법 제도가 수립되면 시민사회도 한층 유연하게 조직될 것이다. 이렇게 조직된 시민사회는 노조 조직과는 별개의 영역에서 법적으로 새롭고 자립적인 시민사회 모델을 제공할 것이다. 개인의 의사에 따라 가입 여부가 자유로운 자발적이고 계약주의적인 노조 조직과 정부의 독립된 특수 부서가 결합하는 다른 모델도 가능하다. 이 정부 부서는 특권과 배제로 구축되고 국지화된 요새들에 개입할 목적으로 설계 및 설치·선출되어, 법으로 확립된 자유로운 사회생활의 최소 기준에 합치되도록 이 특권적 요새들을 개혁해야 한다.

이 프로그램의 행위주체는 누가 되어야 하는가? 프로그램을 전진시킬 에너지는 어디에서 와야 하는가? 프로그램은 기존 계급과 인종, 집단과 정당들이 자기들 것이라 주장하는 이익과 개혁을 어떻게 연결하는가?

다른 나라와 마찬가지로, 브라질에서도 선거 때 나타나는 충성심은 계급 이익이라는 간단한 구도를 따르지 않는다. 금권정치는 이중구조를 보존하는 선별적인 신자유주의와 정부 궁핍화 재정 조정 형태를 끝까지 요구할 것이다. 금권정치의 관심사는 경제적 정통설의 국제화 공세와 무제약적인 국제화의 엄격성에 맞선 기업가 계급의 방어 간의 경합일 것이다. 그러나 탐욕으로 몸이 굳어진 부자들과 궁핍에 시달리는 빈민들의 나라에서, 교육을 받았지만 재산이 거의 없는 중간계급이야말로 정치의 무게중심이자 여론 형성과 권위의 큰 원천이다. 민주화 프로그램과 대중운동은 이 집단의 근심과 열망을 진보적인 방향으로 전환시키는 것을 필요로 한다.

민주화 프로그램과 대중운동은 다음 단계에서 개혁된 좌파의 작업과 만나야 할 것이다. 개혁된 좌파는 저항이 가장 작은 경로에 자신의 작업을 설정해 둔 분할에서 스스로 벗어날 필요가 있다. 다른 나라들에서처럼 브라질의 유럽형 좌파 역시 혜택받은 경제(제1의 경제)에 뿌리내린 조직된 노동계급에게 말을 걸었다. 그들은 혜택받은 경제의 조직적 이익을 위한 일치된 활동과 사회적 계약, 그리고 제2의 경제(경제의 후위 부문)에 의지하는 사람들에 대한 사회적 지원을 제안했다. 반면에 대중영합적인 좌파는 낙후된 경제의 비조직 노동자들에게 말을 걸면서, 어떤 대가를 치르더라도 사회적 지출로 그들을 구제하겠노라 약속했다. 그러나 어느 쪽도 각자의 방식으로 성찰한, 이중구조를 극복하기 위한 신뢰할 만한 프로그램을 제시하지 못했다. 두 좌파는 공히 경제적 분할과 사회적 분할을 극복하는 것이 역사적 과업이었지만 이 분할을 표출하는 데 그쳤다.

정치적 연합과 사회적 연합의 비대칭적 관계, 그리고 집단 이익을 정의하고 방어하는 방식의 다양성은 이 과업의 수행을 가능하게 한다. 정치적 연합과 사회적 연합은 비대칭적이다. 사회적 또는 계급적 연합은 정치를 통해 발전하고, 정치적 주도권에서 나오는 제도적 변화에서 생명력을 얻는다. 이러한 의미에서 계급 연합은 정당정치적 연합이나 시민사회 내부의 의견 수렴(즉, 의견 제안자들 사이의 수렴)을 전제로 한다. 하지만 이 비대칭성 테제에 따르면, 정치적 연합은 선행조건으로서 사회적 연합에 똑같은 방식으로 의존하지 않는다. 정치적 연합은 사회적 연합을 정치적 연합 작업의 일부로 형성하기 때문이다.

이러한 작업에서, 개혁운동은 집단 이익을 정의하고 방어하는 방식이 가진 이중성을 활용한다. 일부 접근법은 제도적으로 보수적이며 사회적으로 배타적이다. 다른 접근법은 제도적으로 변혁 지향적이며 사회적으로 연대적이다. 전자에 맞서 후자에 호소함으로써 개혁운동은 집단 이익을 표현할 대안적 언어를 발전시키고 말하게 된다. 이중구조의 극복과 민주정치의 속도 향상 프로그램을 둘러싸고 다수파 민중연합을 구축하려는 개혁운동이라면 반드시 그런 언어를 말해야만 한다.

그러나 오로지 정치적·경제적 제도와 권력 및 부와 같은 큰 문제들의 쇄신에만 집중하고 일상생활에서 사람들이 느끼는 좌절과 공포 그리고 종속의 원인들과 유리된 민주화 운동은 결코 성공할 수 없을 것이다. 그런 민주화 운동으로는 보통 사람들에게서 자신들의 이익에 대한 가장 협애한 관점을 극복하는 데 필요한 지속적인 에너지를 절대로 이끌어 낼 수 없을 것이다. 또한 민주화운동은 노동과 가사의 일상 세계에 지속적으로 관여하는 전략만으로는 민주화운동의 성과가 변질되는 것을 저지할 수 없을 것이다.

모든 사회는 사람들 사이에 경화되고 반복적인 일정한 관계 방식들의 무대를 조성한다. 일반적으로 확립된 결사(체)association의 상像들은 사회의 불확정적인 관념을 특정한 공동생활 방식으로 표현한다. 이 상들은 사람들 각자가 갖고 있는 가능성에 대한 믿음과 바람직함에 관한 믿음을 연결하고, 나아가 두 가지 모두를 실천적인 제도와 연결한다. 이 상들은 각기 사람들에겐 행복의 약속이자 동시에 질서의 장치다.

브라질은 근대화 추진력이 작동하기 훨씬 전으로 거슬러 올라가는 완고한 결사(체) 양식을 통해 북대서양 국가들이 개척한 정치·경제제도를 수용했다는 점에서 세계의 다른 많은 사회와 비슷하다. 어떤 유명한 소설은 행복한 가족은 모두 비슷하지만, 불행한 가족은 갖가지 방식으로 불행하다는 말로 시작된다.[80] 여기서 가족을 국민으로 바꾸면 그 반대로 말할 수 있다. 국민적 문화 관념에서 유효한 잔여residue는 국민 각자가 소중히 간직하는 행복에 관한 집착적 약속, 즉 일상생활에서 가장 깊이 느끼는 욕망의 실현과 화해로 가는 길이다.

미국에서처럼 브라질에서도 우리는 신세계에 담긴 행복에 관한 약속에서 두 가지 목소리를 발견한다. 인간 삶을 자연의 풍성함으로 고양시키는 한편, 사람들 간의 거리를 유지시키는 위계 서열과 특권을 파괴하려는 약속이다. 자신의 고양된 능력과 평정심으로 타자를 더 온전하게 수용하는 독창적인 존재들originals[81]의 사회는 미국과 브라질의 꿈이다. 이를 더 보편적인 언어로 옮기면, 이 갈망은 이교적 야망에서 거만함을 향한 충동을 정화하고 기독교에서 분노의 기질을 정화하면서, 위대함에 대한 이교적 야망과 온유함을 기독교적 사상과 화해시키려는 노력이다. 이 노력을 통해 역량 강화와 연대는 더욱 온전하게 화합할 수 있다.

---

80 톨스토이의 소설 《안나 카레니나》에 나오는 말이다. 학자들은 이 말의 의미에 부합하는 상황을 '안나 카레니나의 법칙'이라고 부른다. 이 말은 아리스토텔레스의 《니코마코스 윤리학》에서도 반복된다.

81 인간을 '독창적 존재originals'로 표현한 사람은 에머슨Ralph Waldo Emerson으로 알려졌다. 에머슨은 독창성, 용기, 자기신뢰, 주체성을 기반으로 실험주의와 초월의 사상을 전개하였다. 그의 사상은 웅거의 저작에도 흐르고 있다. 특히 웅거의 《주체의 각성》을 참조하라. 미국 사상사에 대해서는 Cornel West, *The American Evasion of Philosophy: A Genealogy of Pragmatism*, Macmillan, 1989.

그러나 어느 사회에서나 실천적 문화에 담긴 이 예언적인 충동은 그 충동을 약화시키고 의미를 더럽히는 강박적인 결사association 전략 안에 갇혀 있다. 이 전략은 예언적 열망을 평범한 현실의 꿈 또는 허망한 회피로 축소하면서, 평범한 현실에서 예언적 열망이 반드시 치러야 하는 대가를 규정한다.

많은 나라들에서처럼 브라질에서도 보호자와 피호인 논리[82]는 사회생활의 많은 부분을 지속적으로 아로새긴다. 이 논리는 동일한 관계에서 권력, 교환, 충성을 결합한다. 불평등한 관계의 감상적 처리 방식이 이 논리의 매우 특징적인 운동이다. 이 습관의 족쇄를 떨치고 그 균열로 발생한 에너지를 활용하지 않는다면 어떠한 민주화 프로그램도 이러한 환경에서 성공할 수 없을 것이다.

정치 및 경제제도의 개혁은 민주화와 이중구조의 극복이라는 대의에 기여할 수 있다. 그러나 정치경제개혁만으로는 대의의 성취를 보장할 수 없다. 대의를 이루려면 자신의 권리를 알고 방어하는 민중의 역량을 강화하는 쪽이 더 큰 도움이 되며, 그렇게 되면 민중을 무기력하게 만드는 분노와 절망도 박력 있는 행동으로 바뀔 것이다. 법률구조센터의 확산, 권리의 신속한 관철을 돕는 사법적 구제들의 발전, 그리고 사법부에 속하지 않지만 국지적이고 재구성적인 개입 업무를 담당하는 정부의 특별

---

82 patron/client는 역사적으로는 로마시대의 가장(세력가patron)과 그에 딸린 피호인client을 지칭한다. 피호인은 해방된 자주적인 인간에 이르지 못한 지위 상황을 의미한다. 모든 개인들이 정치, 경제, 사회, 인성에서 자주성과 독립성을 획득하지 못한다면 모든 인간의 결사 방식은 보호자와 피호인의 관계로 전락하기 마련이다.

부서 개설 등이 대중의 역량 강화에 유용한 수단들이다.[83] 그 희생자들이 일상적으로 활용 가능한 정치적·경제적 활동 방식으로는 탈출도 교정도 불가능한 다양한 배제나 속박으로 부패한 조직과 관행에 개입하는 것이 이 특별 부서의 업무가 될 것이다.

제도 변화의 정치는 권리를 주장하는 역량을 강화시켜 그것이 확대되는 때조차도 불완전하다. 제도 변화의 정치는 자체적인 운동에 필요한 에너지를 만들어 내기에도 충분치 않고, 그 작업의 진정성을 확보하기에도 미흡하다. 일상생활에 만연한 경화된 결사 전략을 깨고자 한다면, 다른 형태의 활동과 비전으로 그 노력을 보완하고 만회해야만 한다. 그렇다면 사회관계 구조에서 발생하는 갈등을 해소할 사활적 거점으로서 인종 문제를 살펴보자.

브라질은 인종적으로 혼합된 사회이기 때문에 자신들의 인종주의를 인정하는 데 어려움이 있다. 하지만 이 인종주의는 다양하고 미묘한 형태로 민주적 실험주의의 발전에 엄청난 족쇄가 되고 있다. 인종주의는 브라질 전역의 일상생활에서 반복되는, 복종과 배제를 맹목과 특혜로 치환하는 불평등한 관계의 감상적 처리 방식을 전형적으로 보여 준다. 이 문제의 성격과 해법은 미국 내 인종 갈등과 그 구제의 역사와 비교할 때 두드러진다.

브라질과 미국의 역사와 환경은 두 사회가 똑같이 인종적 억압을 다루

---

83 국가인권위원회, 부패방지위원회, 고충처리위원회, 공정거래위원회, 중소기업육성기구 등이 여기에 해당할 것이다.

는 태도에서 이 문제를 희석하고, 감추고, 동시에 유지하는 방식을 취해 왔음을 보여 준다. 두 사회 모두 그 역사적 대본은 인종적 분할과 부정의를 다루는 특수한 방식에 자명성과 권위의 외관을 제공했다. 민주적 실험주의는 역사적 대본이 권장해 온 이 대응 방식과 단절할 것을 요청한다.

미국 정치는 종종 인종적 편견과 예속에 직접적으로 대면해 왔다. 남북전쟁(1861~1865)과 이른바 '한 방울one-drop 법칙'(흑인의 피가 한 방울이라도 섞이면 흑인)을 포함한 역사를 고려할 때, 직접적인 대면을 회피할 방법이 없었다. 그러나 남북전쟁 후 재건시대의 막바지에 흑인해방국 Freedmen's Bureau[84]의 프로그램을 포기한 이래로 미국인은 마치 인종 문제를 계급 위계제와 경제적 재건 문제와 분리할 수 있는 문제인 양 다루게 되었다. 미국인들은 인종 구분이 계급 구분으로 환원되지 않는다는 점, 그리고 민주주의는 그것이 아무리 실험주의적이라고 할지라도 인종적 증오와 부정의를 온전히 구제하지 못한다는 점을 통찰했다. 그러면서 미국인들은 경제적 재건 없이도 인종적 고통을 분리해서 처리할 수 있으리라는 환상을 갖게 되었다.

예를 들면, 진보적 정통설은 ('적극적 우대 조치'[85]와 같은) 인종적 부정의를 시정하려는 노력과 계급의 폐해를 완화하려는 시도를 분리한다. 진보파들은 인종 차별 시정 프로그램의 설계에서 경제적 또는 계급적 관심에

84　정식 명칭은 '난민, 해방민, 버려진 토지 관청Bureau of Refugees, Freedmen, and Abandoned Lands'이다. 미국 연방정부의 부서로서 재건기(1865~1877)에 남부에서 해방된 흑인을 지원하고자 1865년 설치되었다.

85　사회적 약자나 취약한 집단의 구성원에게 대학 입학이나 취업에서 가산점이나 쿼터를 정하여 우대하는 정책.

대한 그 어떠한 양보도 투쟁의 대의를 희석하고 위험과 파괴에 노출시킬 것이라고 우려한다. 결과적으로 인종 차별을 시정하는 규칙은 그 도움을 가장 절실히 필요로 하는 사람들에게 가장 작은 편익을 제공하게 되었다. 즉, 하층계급은 조직된 노동계급보다, 조직된 노동계급은 전문직 계급이나 기업가 계급보다 더 작은 혜택을 받게 된다. 더구나 진보적 정통설은 제도적 변화를 추구하는 진보주의가 필요로 하는 바로 그 구분과 적개심을 노동계급 내부에서 오히려 격화시킨다.

제도적 변화의 민주화라는 더 포괄적인 맥락에서 인종적 부정의를 바로잡는 대안적 체제는, 인종 차별 철폐의 목적과 기존 하층계급의 구제라는 약속을 명확하게 구별해야 한다. 대안적 체제는 인종 차별에 대한 강화된 감독, 심지어 형사적 제재까지 구사해야 한다. 대안적 체제는 학교, 이웃, 직장에서 공존과 협력을 시행함으로써 이러한 감독을 뒷받침해야 한다.

하층계급에게 인종적 낙인까지 더해진 상황에서, 입학이나 채용에서 특정 인종을 우대하는 적극적 프로그램은 절정에 이른 인종적 부정의와 계급적 부정의의 해로운 결합을 분쇄하는 방법이 되어 왔다. 이 정책을 더 과감하게 적용해야 한다. 정책을 협소하게 운영하게 되면 그 편익은 대체로 이 정책을 거의 필요로 하지 않는 사람들, 즉 인종적으로 우대를 누리는 집단의 엘리트들, 예컨대 미국에서는 흑인과 라티노(미국 내 라틴 아메리카인) 전문가 및 경영자 계급의 차지가 될 것이다. 계급과 인종 같은 불이익 요소들이 개인의 특정한 상황과 결합하여 비상한 재능이나 행운 없이 일상적인 경제적·정치적 활동만으로는 빠져나올 수 없을 만큼 공고화된 불이익으로 개인을 속박할 때, 적극적 우대 조치가 적용되어야 한다. 그런 상황은 개인을 압도할 개연성이 아주 높은 배제와 불이익의 원천들을 결합하고 기회 균등이라는 복음을 곧이곧대로 수용할 기회를 개인에서 사기적으로 빼앗는 것이기 때문이다.

제도적으로 보수적인 미국의 사민주의자들은 이 프로그램의 야망에 반대할 것이다. 그들은 자신들의 온건한 명분(확장된 아동수당 및 완전고용 경제정책 같은)조차 수용되기 어려운 판국에 그러한 구조 개혁 프로그램은 당치 않다고 항의한다. 그러나 그들의 입장은 기술관료주의적 최소주의의 역설을 품고 있다. 이 역설을 이해하면 그 비판의 한계도 통찰하게 된다.

이러한 사민주의자 프로그램에 부합하는 어떤 실현 가능한 정치도 존재하지 않는다. 정치와 집단행동의 힘과 가능성에 절망하는 무기력한 정치체에게 사민주의자들이 원하는 바, 남의 아이들을 위한 희생과 때늦은 케인스주의는 과도한 것이다. 이런 케인스주의는 생산을 재편하는 방식에는 눈감은 채 소비만 민주화하려고 한다. 하지만 속도가 높아진 정치와 조직된 사회에서라면 사민주의자들의 제안은 지극히 사소한 것이 된다. 불의에 맞서 봉기한 다수 대중이 그간 받은 탄압을 그깟 몇 푼 안 되는 자선과 맞바꾸겠는가. 대중은 정부와 사회의 관계 변화에 착수하면서 모든 구성원에게 변화된 삶을 요구할 것이다. 이에 대한 전통적인 응답은 당연히 사회적 관심이 있는 기술관료 엘리트들의 프로그램이다. 그러나 이 응답은 어떠한 현실적·대중적 정치운동의 토대도 갖지 못한다.

인종 갈등이 민주주의의 전진을 가로막는 또 다른 방해 요소가 되는 것을 차단하고, 인종적 억압을 둘러싼 갈등으로 생성된 에너지를 민주적 대의와 결합시킬 수 있는 계획을 수립해야 한다. 미국이 이 방식으로 인종적 부정의를 구제할 체제를 쇄신하고자 한다면, 미국인들은 진보적 대안의 두 가지 필수적 특징을 마음에 새겨야 한다. 바로 단순한 분배주의를 넘어 생산주의적이어야 하고, 현존하는 경제적 전위의 영토를 넘어 경제적 전위주의를 확장해야 한다는 것이다. 또한, 진보적 대안은 정치의 가속화와 사회의 조직화를 겨냥한 제도적 혁신의 역량을 강화할 때 나타나는 효과를 활용해야 한다. 미국 정치에서 초^趏인종적인 민중연합은 혁신된 인종적 교정 구도와 정치적·경제적 재구성이라는 원대한 주도권을 가진 제도적 프로그램의 행위주체이자 그 결과물이 될 것이다.

오로지 정치만이, 달리 말하면 정권을 도모하는 정당정치와 함께 시민사회에서 벌어지는 여론운동의 정치만이 동일한 프로젝트의 양면인 프로그램과 (민중)연합을 시작하면서 기대치 하락의 악순환을 깨뜨릴 수 있다.

미국인들이 이러한 대의를 성취하기 위해 단절해야 할 습관과 환상 중에는 미국사가 미국인들에게 보여 준 인종적 정의에 대한 태도도 있다. 미국인들은 남북전쟁 이후 흑인해방국이 도입한 프로그램을 부활시키고 혁신하는 차원을 넘어, 이 프로그램이 보여 준 제도적 실험주의를 일반화해야 한다. 역사적 대본에서 이탈하는 자유는 바라던 결과의 일부일 수 있다. 또한 자유는 필수 조건의 일부이기도 하다. 자유는 정신적 사건이 된 다음에야 제도적 소지품이 될 수 있다.

브라질인들도 역사가 제공한 대본을 가지고 있고, 이 대본의 큐 사인에 따라 사유하고 행동한다. 어떤 면에서 브라질 사람들의 문제는 미국인들의 문제와 정반대이다. 브라질 사람들은 인종적 예속이 국민적 장래에 부과한 실천적이고 정신적인 부담을 인정하지 않기 때문이다. 수백만의 브라질 중간계급 남성들에게 형성적인 경험 중 하나는, 그들이 유색인 여성 하인들에게 행사하는 억압이다. 이러한 남성들은 삶의 다양한 측면에서 무력한 상태에 처해 있으면서도 이 지점에서 가짜 권력을 향유한다. 그리고 그들의 직접적 피해자들은 타인들의 나라에서 살고 있다고 느끼게 되고, 그렇게 느끼는 것은 당연하다. 이러한 권한 박탈의 마비 작용은 대중문화에서나 표현될 뿐 시정되지 않는다.

브라질의 거의 모든 지역에서 일반화된 노동계급 간의 통혼은 미국의 '한 방울' 법칙과 유사한 것이 발붙일 수 있는 사실상의 토대를 파괴한다. 재산과 지식을 가진 계급 사이에서 벌어지는 의식적인 백색 보존은 피부색 구분선을 계급 위계제의 주요하고 특징적인 차원으로 바꾸고, 보통 사람들에게서 인간으로서 존중을 박탈하고 삶의 기회를 부정한다. 그러나 보호자-피호인 관계의 미시 사회적 논리는 특징적으로 권력을 혜택으로 변형시킴으로써 사람들의 마음에서 이 야만적 현실을 희석시키고 억압의 한가운데에 혼동과 기만을 퍼뜨린다.

브라질에서 민주적 실험주의의 대의가 발전하려면, 인종적 시정을 경제적 변혁과 분리하는 미국식 과오에 굴복하지 않으면서 브라질이 처한 현실을 있는 그대로 인식하려는 노력이 필요하다. 이에 따라 브라질의 인종적 부정의를 바로잡을 책략도 개별적인 차별에 대한 엄정한 경각심으로 계급에 의한 교정과 인종에 의한 교정의 결합을 고수할 필요가 있다. 그리하여 사회가 만들어서 개인의 신체에 새겨 놓은 억눌린 인종적 소속성을 우리는 민주적 실험주의의 해체적 작업에 저항하는 불이익의 주요 형태로 간주해야 한다. 이제 브라질 사람들도 계급, 인종, 여타 불이익 형태의 조합을 거꾸로 입학과 고용에서의 적극적 우대로 바꿀 방아쇠로 사용할 때가 되었다.

권리와 제도의 영역에서 특정 관념의 주장, 즉 혼합적인 인종으로 구성된 인민이 특징적인 국민적 문화 창달을 성취해야 한다는 관념의 주장으로 완결되지 않으면 이 운동은 취약한 상태로 머물 가능성이 크다. 국민적 문화 창달의 관념은 특징적인 제도들로 관철되어야만 그 실재성을 획득할 수 있다. 국민적 정체성이라는 오래되고 유형적인 관념에 따른 안정적이고 관습적인 생활 방식으로서가 아니라, 민주적 실험주의 정신에서 비롯된 집단적 자기혁신이라는 지속적인 힘으로 정립될 때 그 관념은 비로소 실재성을 획득할 수 있다.

민주주의에서 인종적 차이의 운명은 현실적합성을 갖지 못한다. 인종적 차이의 운명은 마치 민주주의 세계에서 국민적 원리의 운명이 인류 안에서는 도덕적 분화의 기초가 되어야 하듯이, 오직 기억의 정치적 힘으로만 제약되는 것이다. 세계 각 국민의 사명은 서로 다른 방향으로 인류의 도덕적 권능과 가능성을 발전시키는 것이고, 다른 제도적 구도 안에서 서로 특징적인 생활 형식을 실현하는 것이다. 각각의 문명은 그 자신의 제도적 고향에서 살아야 한다.

우리가 앞으로 만들어 낼 차이는 우리가 물려받았거나 현재 체현하는 차이보다 더 중요한 것이어야 한다. 우리가 사회의 실천적 제도들을 쇄신하는 역량과 필요를 부인하는 방식으로 과거의 차이를 이용하는 관행을 우리의 마음속에서 중단하게 되는 때에 비로소 우리는 미래의 차이를 형성하는 데에 과거의 차이를 이용하고 마침내 과거의 차이를 초극할 수 있다. 제도를 혁신하는 것과 집단적 정체성을 다시 상상하는 것 사이의 미묘한 관계는 다른 어떤 경우보다도 인종적·국민적 차이의 내용과 결과를 둘러싼 투쟁에서 더 분명하고 중요하다.

5 진보적 대안

대안의 두 단계

신자유주의에 대한 대안으로서 민주적 실험주의 정신에 투철한 핵심 원리는 무엇인가? 우리는 어떻게 이미 수중에 있는 제도적·이념적 재료들을 가지고 이 대안을 발전시킬 수 있는가? 어떻게 노동하는 대중과 국민경제가 안고 있는 실천적 문제들을 해결할 수단으로서 그 장점을 증대시키는 방향으로 대안을 밀고 나갈 수 있는가? 어떻게 정치적 현실주의의 필수적인 보증을 고수하면서 제도적 혁신의 건설적인 힘을 이용할 수 있는가? 그 궁극까지의 거리가 아무리 멀더라도 온갖 누적적이고 연쇄적인 개혁들은 우리가 상상하고 실행할 수 있는 이행의 단계적 조치들을 통해 바로 지금 여기에서 시작된다.

나는 부유한 나라와 가난한 나라를 모두 염두에 두고 이 대안을 정리했다. 가끔은 명백하게, 보통은 암묵적으로 미국과 브라질이 빈번한 준거점이 될 것이다. 이 주장은 전 세계를 함께 묶는 일련의 유사점들이 존재한다는 전제에 입각해서 전개된다. 프로그램상의 답변과 관련하여 나라들 간의 차이를 정당화하는 국가 여건상의 차이는 단순하게 부의 수준과 일치하지 않는다.

우리가 지금 신자유주의와 다른 민주적인 대안이 실현되어야 한다고 상상하는 국가의 구조가 어찌되었든 간에, 그 대안은 대안의 전개를 위해서도 확장된 민중연합을 정치적으로 촉진하지 않으면 안 된다. 항상 서로의 이면에 해당하는 제도적 프로그램과 사회적 연합은 서로에게 현실을 제공하는 차원을 넘어, 서로 발전할 수 있는 조건을 서로에게 제공한다. 사회적(더 특별하게는, 계급) 연합이 단순한 전술적 협력 관계를 넘어서기 위해서는 반드시 더 포괄적인 이익 및 정체성 연대의 발전을 가능하게 하는 관행과 제도 위에 수립되어야 한다. 집단 이익과 집단 정체성 논리는 그 전제가 되는 제도적 틀보다 결코 더 안정적이거나 더 투명하지 않다. 확장된 민중연합은 연합의 본질적 연대를 강화하는 누적적 제도 변화를 당연시하지만, 연합을 확장시키지 않았더라면 갖지 못했을 유형적인 기초와 지구력을 연대들에게 제공한다. 사회적 연합은 프로그램과 전략, 나아가 이 전략을 작동시키는 정치 세력의 조합에 의존한다. 사회적 연합은 통치 권력 같은 우선적으로 사회를 변화시키는 권력 행사를 둘러싼 투쟁을 통해 현실적인 것이 된다. 하지만 그 프로그램은 필수적인 도구 또는 선행조건과 같은 방식으로 사회적 연합을 전제하지 않는다. 다만, 시간이 지나면서 사회적 연합의 형성을 작업의 핵심 부분으로 수용할 뿐이다.

이러한 진보적 대안의 전개를 크게 두 단계, '전기 프로그램'과 '후기 프로그램'으로 상상해 보자. 신자유주의에 대한 대안의 변혁적·민주적 약속을 현실화하는 후기 프로그램은 전위와 후위 부문 간의 격차를 해소하고, 각각의 주요 사회생활 영역에서 민주적 실험주의를 촉진한다. 이 목표를 달성하기 위해 후기 프로그램은 실현 가능한 제도적 관념과 처리 방식의 목록을 분명하고도 결정적으로 혁신해야만 한다. 반면에 전기 프로그램은 현존하는 제도들에 근접한 상태로, 제도적 혁신에 대한 사회의 개방성을 강화하는 방향으로 수많은 평범한 사람들의 실천적인 문제를 처리한다. 특히 전기 프로그램은 우리가 나중에 전위와 후위, 내부자와 외부자 구분을 극복하고자 할 때 꼭 이행해야만 하는 세 가지 유형의 조건을 만족시킨다.

대안의 전기 단계에서 만족시켜야 할 첫 번째 기본 조건은 경제적인 것이다. 정부 및 민간 저축 수준을 향상시키는 것은 물론이고, 많은 저축을 생산적 투자로 이끌고 금융 도박판에서 저축의 탕진을 저지할 제도적 처리 방식을 발전시키지 않으면 안 된다. 높은 수준의 저축이란, 주요 라틴 아메리카 경제체제에서 보편적인 20퍼센트 남짓한 수준이 아니라 제2차 세계대전 후 상당 기간 동안 동북아시아 경제체제에서, 최근에는 중국 경제에서 두드러진 30퍼센트 이상의 저축률을 의미한다. 높은 수준의 저축은 우선 경제성장의 지주로 간주된다. 높은 저축률은 해외저축foreign saving[86] 부족분을 벌충하려는 희망으로 외국 자본에 구애할 필요를 경감시킨다. 외국 자본의 필요의 경감은 두 가지 이유에서 중요하다. 강력한 통제는 자본의 국제적인 이동을 지속적으로 방해한다. 더욱이 해당 국가

---

86 산업 투자에 필요한 국민 저축분을 외국 자본으로 대체할 때 이를 '해외저축'이라고 부른다.

가 외국 자본에 안달복달 매달리지 않는 경우에만 외국 자본은 쓸모 있고 진득하게 행동할 개연성이 아주 높다.

우리가 사람에 대한 공공투자를 소중하게 여길수록 국민 저축national saving 총계 중 정부 저축public saving의 상대적 중요성은 증가한다. 공공투자는 생산적 전위와 후위를 연결하는 공공 단체들을 지원할 때 꼭 필요한 것이다.

게다가 저축 수준의 향상은 더욱 미묘한 방식으로 일의 성패를 가른다. 생산 효율의 향상과 투자에 활용 가능한 자본·노동·기술 등 투입 요소의 일회적 증가를 단순하게 대비할 수 없다. 향상된 저축률은 장기간 유지된다면 지속적인 조직적 혁신, 즉 저축을 생산적 투자로 돌리는 제도상의 혁신과 함께 정부 및 민간 저축을 늘리는 제도상의 혁신 기회를 창조한다. 이처럼 저축 수준 제고를 통제할 수 없는 경제적 요인이나 문화적 관습의 표현이 아닌 하나의 과업으로 다루게 되는 순간, 우리는 저축을 생산적 투자로 전환하는 방법을 묻지 않을 수 없게 된다.

신자유주의를 대체할 효과적인 대안은 투기적 시장에서의 매수 및 매도 포지션speculative market positions의 거래로 생기는 자원, 시간, 에너지의 대규모 낭비를 성공적으로 저지함으로써 그 유효성을 입증해야 한다. 효과적인 대안은 소비 지연의 희생을 실천적으로 이용해야 한다. 결정적으로, 대안은 보상적 프로그램이 아니라 생산주의적 프로그램이어야 한다. 바로 그렇기 때문에 우리는 이러한 대안을 제도적으로 보수적인 사민주의에는 주요한 주제이고 신자유주의에는 대단치 않은 주제인 보상적 조세-이전에 대한 약속으로 오인해서는 안 된다.

대안의 전기 단계에서 충족되어야 할 두 번째 기본 조건은 정치적인 것이다. 신자유주의는 정부의 활동 범위를 엄격하게 제한하려 한다. 신자유주의가 원하는 국가상은, 규제적 감독과 재분배적 관심에서 나오는 생산적인 활동을 포기하고 몇 가지 업무만 잘 수행하는 국가이다. 규제 및 보상과 생산을 분리하는 선線은 정부 활동의 경계를 획정하는 장소로서 적절하지 않다. 이런 제약을 받는 정부 아래서 사회는 이미 확립되고 구축된 비교 우위와 이중구조로 인한 사회적 부담, 단일 재산 체제로의 시장 및 시장 지향적 활동의 억제적인 감축 등 진화론적인 운명에서 탈출하기가 더 어렵다는 것을 발견하게 된다. 정부와 민간, 규제와 생산 간의 엄격한 구분보다 분권화와 실험주의가 더 중요하게 고려되지 않을 수 없다.

정부는 전위 부문의 발전을 지원하고, 전위와 후위의 격차를 줄이며, 부를 가능하게 하고 자유를 현실로 만드는 집단적 학습 관행을 지속시키는 3중의 목표에 기여해야 한다. 이런 책임을 지는 국가는 명확하게 신자유주의가 정부로 하여금 포기하게 한 바로 그것, 즉 생산 부문에서 정부와 기업의 연합 또는 공기업과 민간 기업의 연합을 수행할 수 있어야 한다.

예를 들어 동북아시아 경제체제에서 살펴보았듯이, 우리에게 익숙한 이 같은 전략적인 조정 제도 모델들은 중앙집권적인 관료 기구와 생산적 전위를 대표하는 기업 간의 협력을 강조해 왔다. 민주적 실험주의의 충동 아래서 우리는 이러한 협력 관계의 분권적인 특징을 강조하게 될 것이다. 분권화가 효력을 발휘하려면 정부와 기업, 정부와 민간 사이에 매개조직들이 발전해야 한다. 그렇게 되면 전위 부문뿐만 아니라 후위 부문에도 파급효과를 가져올 제도적 수단을 창조하는 작업에 착수할 수 있을 것이다. 이때 주의할 것은, 이 작업은 후기 프로그램 단계에 이르러서야 진행된다는 점이다. 후기 단계에 도달해서야 우리는 시장과 민주주의의 제도적 형식을 더 단호하게 혁신하고, 결과적으로 더 많은 갈등과 논쟁을 수용할 수 있게 된다.

이 모든 작업을 수행하려면 국가가 경성적이어야 한다. 국가의 경성성을 나타내는 본질적인 징표는, 비록 사회가 여전히 집요한 계급 분할로 얼룩져 있지만 국가는 부유한 엘리트들로부터 고도의 독립성을 유지하면서 정책을 만들고 시행한다는 점이다. 권위주의는 국가의 경성성으로 나아가는 지름길일지도 모른다. 하지만 시민사회의 자립적인 조직 형성을 억압하고 그 억압에 의존하는 권위주의 국가라면, 그 경성성을 얻는 대신에 정치적 자유와 실험적 개방성의 희생이라는 너무 값비싼 대가를 치러야 한다. 그렇게 만들어진 권위주의적 경성국가는 분명 무역과 산업정책에서 정부와 기업 간의 전략적 조정 관행을 분권화하는 데 어려움을 겪을 것이다. 중앙집권적 관료기구에 권력을 넘기라는 유혹에도 쉽게 빠질 것이다. 이런 관료제는 십중팔구 우대받는 사업의 내부자층과 양해 관계를 맺는 수순을 밟을 것이다. 대안의 첫 단계는 경제적으로는 오로지 정부와 기업 간의 분권적인 협력 관계의 제도적 형식을 발전시키는 작업에 착수하는 정도만 할 수 있듯이, 정치적으로는 민주화된 경성국가의 이념에 제도적 내용을 부여하는 작업을 시작할 수 있을 뿐이다. 제도의 형식과 내용을 둘 다 발전시키는 것은 제도적으로 더 성숙한 후속 단계에서, 후기 프로그램의 소관 사항이다.

전기 프로그램이 만족시켜야 할 세 번째 기본 조건은 정치나 경제가 아닌 문화적 조건이다. 가장 넓은 의미에서의 문화적 조건은 개인의 생산적 능력과 비판적 역량의 계발에 관한 것이다. 하지만 이런 역량이나 능력이 꼭 좋은 가정에서 성장하는 것이나 생산적 전위에서 일자리를 잡는 것에 의존하지 않는다. 좋은 가정 환경과 전위 부문에서의 취업이라는 두 가지 행운은 현대 계급사회에서 서로 긴밀하게 연결돼 있다. 심화된 민주주의에서는 이를 뛰어넘어 전위적인 경제적 실천과 시민 생활 전반에서 지속적인 학습과 분석 및 재구성 등 일반적인 역량의 확산을 요청한다. 특화된 개념적 또는 실천적 기술은 이차적이고 상대적이다. 생산적 실험주의와 민주적 실험주의 아래서 이 기술은 더 지속적이고 일반적인 능력에 대한 일시적이고 상황적인 변주일 뿐이다. 민주국가들의 생산적 전위들은 자신의 영역과 야망의 범위 안에서만 이러한 특성들을, 즉 자신들의 구체적인 이익에 부합하는 선에서만 실천적 실험주의를 지속한다.

아동 교육과 성인의 평생 교육을 망라한 교육에 대한 사회적 투자 수준을 높이는 것은 이러한 결단의 가장 간명하고도 가장 직접적인 표현이다. 하지만 이 결단은 그 민주적 대안이 전체 과정의 전기에 착수해야만 하는 두 가지 다른 과업으로 가는 관문일 뿐이다. 첫 번째 과업은, 아이들에게 사회적·역사적 환경에 저항하는 도구를 제공하는 학교를 창조하는 것이다. 두 번째 과업은, 보통 사람들의 위대함이나 인류의 위대함 같은 위대함의 관념을 사회에 강화하는 것이다. 이를 위해 공공 문화는 사람들이 더 기꺼이 다른 사람들과의 관계를 다시 상상하고 그 상상한 바에 따라 실천할 수 있게 하는 견해와 경험의 풍토를 북돋워 주어야 한다.

진보적인 대안은 전기 작업에서 최소한의 제도적 혁신으로 이러한 경제적·정치적·문화적 조건을 충족시키고자 시도하지 않으면 안 된다. 진보적 대안이라고 해도 부와 권력의 즉각적이며 급진적인 재분배를 요구하지 않을 것이기 때문에 광범위한 지지를 노려 볼 수 있다. 많은 나라에서 진보적 대안은 재산과 교양을 가진 계급과 국민적 기업가들의 다수를 포함한 포괄적인 사회적-정치적 연합 프로그램의 역할을 수행할 수 있다. 더욱이 진보적 대안이라고 해서 반드시 나중에 설명할 제도적으로 창의적이며 명백히 반이중구조적인 두 번째 단계로 귀결될 필요는 없다.

서로 연결되고 누적적인 개혁의 모든 경로처럼 전기 프로그램도 복수의 대안적 미래를 갖는다. 나중에 논의할 고에너지 민주주의와 민주화된 시장경제 역시 그 하나의 미래일 뿐이다. 제도적으로 보수적인 후속편도 있을 수 있다. 이중구조의 의도적인 전복보다 경제적 내부자들의 점진적인 통합에 의지할 보수적인 후속편은, 정치 및 사회생활에서 변혁적 정치의 촉진과 대중적 에너지의 고양보다는 낮은 수준의 정치참여를 선호할 것이다.

미래의 다원성은 진보적 대안이 작동하여 전진함에 따라 동지들을 얻는 데 일조할 수 있다. 전기 프로그램은 후기 프로그램상의 더 근본적인 실험들에는 반대할 사람들의 지지를 얻을지도 모른다. 전기 프로그램에서 일어날 정치적 갈등과 설득 과정은 더 급진적인 후속편을 전개시킬 기회들을 결정하는 데 기여할 것이다.

전기 프로그램: 조세·저축·투자

조세 개혁

국민 저축 수준은 문화적 숙명이 아니다. 사회생활의 다른 모든 면과 마찬가지로, 국민 저축 수준도 그 나라의 실제적인 제도와 조응한다. 부유하든 가난하든 대다수 현대사회에서는 두 종류의 실제적인 제도, 즉 조세 체계와 연금 또는 사회보장제도가 중요하다. 이 제도들은 정부 차원뿐 아니라 민간 차원에서도 높은 수준의 국민 저축을 유지하는 데 기여하는 형태를 취할 수 있다. 말하자면 후기 프로그램 단계에서 더 급진적인 재분배적·재구성적 계획을 펼 여지를 이 제도들로 설계할 수 있는 것이다. 이 제도들이 중요한 이유는, 진보적 대안을 추구하는 정부에게는 사람과 기반 시설에 투자하고 기업과의 분권적인 생산적 협력 관계를 지원할 자원이 반드시 있어야 하기 때문이다. 사회 역시 수확 체감의 법칙에서 사회를 벗어날 수 있게 하는 기술을 포함하여 사회의 자본 자산을 확장할 수 있는 수단을 확보해야만 한다. 국가와 사회는 둘 다 해외 투기 자본의 변덕이나 국제경제 기구들의 독단에 의존하지 않고 국민적 정치경제를 발전시킬 자유를 확보해야 한다.

조세 체계부터 생각해 보자. 세제와 관련한 경험의 비교에서 얻을 수 있는 교훈 중 하나는, 어떠한 조건 아래서도 주요한 제도적 변화를 통한 재분배가 공공지출을 통한 재분배보다 낫다는 점이다. 다른 중요한 교훈은, 경제적으로 불평등하고 정치적으로 무기력한 사회 여건 아래서는 공공지출을 통한 재분배가 누진 세제를 통한 재분배보다 낫다는 점이다.

부유한 산업민주국가 중 조세 체계가 이론상 가장 누진적인 나라인 미국은 실제로는 세수稅收가 최저 수준이고 극단적으로 불평등한 나라이다. 이처럼 대규모 불평등과 사람, 특히 아동에 대한 빈약한 투자 조건에서 가장 절박한 관심사는 정부 지출 수준의 제고이다. 정부 지출 수준을 지속적으로 높이려면 세수를 증가시키지 않으면 안 된다. 세수를 증대시키는 최선의 방법은, 전기 프로그램 단계에서 소비세에 중요한 역할을 부여하는 것이다.

처음에는 직접적이고 누진적인 부과 방식보다는 간접적이고 정률적으로 소비에 과세하는 방식이 선호될 것이다. (조세는 거래에 부과할 때에는 간접적이고, 개인의 수입이나 소비 또는 자산 계좌asset accounts에 부과할 때에는 직접적이다. 비록 직접세는 누진적이라기보다 정률적이지만 조세가 누진적이기 위해서는 반드시 직접적이어야 한다.) 직접소비세(지출세expenditure tax)는 임금 형태로든 자본의 수익 형태로든 개인이 벌어들인 액수와 개인이 저축하고 투자한 액수 간의 차이로서 소비에 부과하는 세금이다. 간접소비세와 달리 직접소비세는 누진율에 적합하다. 최저 소비 수준에 머무는 사람에게는 면세 혜택을 줄 수 있고, 직접세가 적용되기 시작하는 과세점을 지나가는 영역에서는 차등적인 누진율을 적용할 수 있다. 이런 누진율의 윗부분에서는 칼도어Nicholas Kaldor가 제안했듯이 세율이 100퍼센트의 몇 배에 달할 수도 있다. 예를 들어 1달러를 소비했는데 4달러를 세금으로 정부에 납부하는 식이다.

소비세의 도덕적 논리는 사회적 자원의 개인적 전용, 말하자면 개인에게 처분권이 있는 자원이더라도 그것을 미래를 위해 보존하기보다 자신을 위해 소비하는 행위를 직접적으로 겨냥한다는 특성에 있다. 생활수준의 위계 서열을 유지하면서 사회적 자원을 개인적 소비로 전용하는 행위는 진보적 대안 프로그램에서는 두 가지 중대하고 지속적인 과세 대상 중 하나이다. 다른 하나는, 경제력의 축적이다. 소득세는 이 두 가지 목적을 간접적으로 달성하며, 노동 임금과 자본 수익을 부당하게 동일시하는 단점이 있다.

하지만 조세수입과 공공지출을 증대시킬 방안을 고민하면서 소비세에 가장 중요한 지위를 부여하는 데에는 더 즉각적이고 실천적인 이유가 있다. 모든 현대사회에서 과세는 저축과 투자에 대한 부담으로 나타나고, 따라서 생산의 필요에 대한 부담으로 나타난다. 이 실천적인 통제는 공평과 능률 사이의 긴장에 관한 유명한 담론에서 하나의 목소리, 즉 보상적 재분배는 비용을 부담시킨다는 목소리를 발견한다. 비용 지불을 꺼리는 것은 경제의 선진적인 부문과 후진적인 부문의 구분을 극복하는 수단으로서 조세-이전의 급진화를 억제하는 고유한 수단을 제공한다. 특히 세수의 상당 부분이 사람과 물리적 시설, 나아가 생산적 편익을 산출하는 사업 조직에 대한 공적 투자로 이어진다면, 소비에 기반을 둔 세제는 과세와 성장 간의 긴장을 완화한다.

온 세상의 진보파들은 일반적으로 소비세에 대한 의존을, 특수하게는 정률 소비세에 대한 의존을 역진적이라며 반대한다. 수입이 적은 사람일수록 자신의 수입에서 더 많은 부분을 소비한다고 판단하기 때문이다. 그러나 이러한 반대는 잘못된 것이다. 나중에 누진성을 더 효과적으로 더 훌륭하게 주장하기 위해서 누진성을 위한 누진성이라는 교조적 입장을 포기할 줄도 알아야 한다.

상대적으로 불평등하고 탈정치적인 사회 여건에서는 간접소비세가 가진 세수 유발의 장점을 설명하는 두 가지 방식이 있다. 첫 번째 가장 기본적인 설명은, 누진세를 통한 재분배와 종합적인 정률 부가가치세(간접소비세의 전형적 형태)를 기반으로 한 정부 지출을 통한 재분배가 기존의 경제적 유인책과 제도에 대한 효과에서 비대칭적이라는 점이다. 특히 소득세와 부유세 같은 직접적이고 누진적인 과세는 곧바로 개인적 행위에 영향을 미친다. 종합적인 정률 부가가치세라는 상대적으로 중립적인 수단을 기반으로 한 정부 지출도 제도와 유인책에 영향을 미치기는 하지만, (공적인 자원과 책임, 사적인 자원과 책임 간의 균형을 이동시킴으로써) 더 간접적이다. 이러한 간접적인 효과는 더 높은 과세점에서나 의미가 있다. 그래서 간접소비세 비중이 매우 높은 프랑스나 덴마크 같은 국가들은 일상적 경제활동의 성격과 동기에 제한적인 영향을 미침으로써 국내총생산GDP의 50퍼센트에 달하는 매우 높은 세수를 달성할 수 있었다.

세제의 비대칭적 효과를 옹호하는 두 번째 이유는 더 논쟁적이다. 간접소비세는 소비, 소득, 부에 대한 직접세보다 덜 투명하다. 따라서 간접소비세는 집단적 기만과 자기기만에 빠지기 쉽다. 세금 납부가 눈에 덜 띨 수록 더 기꺼이 납세자들은 세금을 납부할지도 모른다. 납세자는 이러한 사정을 이해하지 못하거나 원리적으로 이해한다고 하더라도 구체적으로 경험하지 못할 수 있다. 너그러움에 따른 편익은 동시에 숙고적인 자의식에게는 손해로 작용한다. 종합적인 정률 부가가치세는 이러한 편익과 손해를 동시에 달성할지도 모른다. 십시일반의 '조각보 이불' 같은 간접세가 더 큰 경제적 비용을 수반하지만 더 효과적으로 그 역할을 수행할 수 있으며, 간접세의 누적적 효과는 확연하지 않다. 민주적 제도의 숙고적 청렴성이 치러야 할 비용은 실제적이다. 어쨌든 사회가 불평등할수록 이 비용의 상대적 중요성은 작아진다. 여건 및 정보의 불평등과 더불어 숙고적 역량에 대한 많은 부담들이 나타나기 때문이다. 이 숙고적 청렴성의 조건들이 빚는 갈등이 덜 긴박해지는 위치에 가능한 한 신속하게 도달해야만 한다. 이를 위해서는 높은 수준의 정부 지출을 유지해야 하며, 시간이 흐르면서 심화되는 고에너지 민주주의 안에서 정부가 펼치는 사회적이며 생산적인 활동을 경제적으로 지원해야 한다. 투명성 그 자체는 절대적 품목은 아닐지라도 결코 사치품이 아니다.

따라서 진보적 대안의 전기 형태는 중립적인 간접소비세 형태인 종합적인 정률 부가가치세에 중심적 역할을 부여해야 한다. 그러자면 대략 30퍼센트 정도의 고율을 견지해야 한다.[87] 연방국가 구조에서는 이런 세금으로 조성된 재정 수입을 연방 구성주들에게 분배할 것이다. 만일 연방 내부에서 부유한 주州와 빈곤한 주 사이에 거대한 불평등이 존재한다면, 각 주 또는 지자체의 세수 기여도(즉, 부가가치)에 따른 분배와 1인당 소득에 인구수를 곱한 수치의 역逆에 따른 분배라는 두 가지 상보적 기준을 조합한 공식에 따라 재정 수입을 분배할 수 있다.

민주화된 시장경제의 전기 시스템에서는 두 종류의 직접적이고 누진

---

87 한국의 부가가치세는 10퍼센트로 낮지만, OECD 국가들의 평균 부가가치세율은 19.1퍼센트라고 한다. OECD 국가들은 대체로 15퍼센트에서 25퍼센트 사이에 있으며, 유럽 국가들은 20퍼센트를 상회하고, 일본만 8퍼센트로 매우 낮은 수준이다.

적인 과세가 종합적인 정률 부가가치세를 보완한다. 두 종류의 과세는 누진적 과세의 두 주요 대상, 즉 생활수준의 위계제와 경제력의 축적을 각기 겨냥한다.

개인적 소비에 대한 직접적이고 누진적인 과세는 사회적 자원의 개인적 전용을 대상으로 삼는다. 이 세금은 (자본 수익을 포함한) 총수입과 투자 용도의 총 저축 간의 차액에 부과된다. 일정 과세점 이하에서는 면세를 시행하고(정부 자원이 허락하는 한, 통상적으로 훈련과 노동에 대한 분명한 의사를 가진 사람들에 한하여 최저소득을 보장해 주는 마이너스 소득세negative tax[88]를 수반하며), 일정 수준 이상의 과세점에서는 가파른 누진율을 적용한다. 합법적인 저축과 투자로 전환했음을 입증하지 못한 자금은 소비한 것으로 간주하여 직접적이고 누진적인 소비세를 부과한다.

정률 부가가치세를 보완하는 두 번째 세금 형태는 경제력 축적을 대상으로 하는 부유세富裕稅이다. 원칙적으로 부유세가 경제력의 형성을 다루는 것보다 개인 소비세가 더 효과적으로 그리고 더 철저하게 생활수준의 위계 서열을 다룬다. 재산 체제의 변화, 좀 더 넓게는 생산과 교환에 관한 제도적 내용 변화는 재정적 재분배만으로는 달성할 수 없는 바를 성취해야 한다. 그럼에도 불구하고 특별히 재정적 교정에 민감한 경제적 불평등 형태가 있다. 바로 민주적 실험주의에 가장 파괴적으로 작용하는 형태가 재산 상속이다. 특히 재산 상속이 교육적 편익의 차별적 상속과

---

88 소득액이 적어서 납세가 면제되는 저소득층의 최저 생활 보장을 위해 정부가 보조하는 생활비. 시카고 경제학파의 프리드만이 제창한 제도.

연결될 때 파괴적이다.

미국에서는 50세 이하 사람들이 보유한 자산의 절반 정도가 상속 대상이 되거나, 더 흔하게는 생전 증여gifts inter vivos에 의한 사전 상속 대상이 되는 것으로 알려졌다. 증여와 상속으로 상당한 재산을 물려받은 이들은 대체로 자녀들에게 가정과 학교에서 교육을 제공할 여유가 있는 사람들이다. 이와 같은 경제적 이점과 교육적 이점의 결합은 대단한 상승 작용을 하기 때문에 미국과 브라질 같은 나라들에서 상대적으로 엄격한 계급적 위계 서열을 강화한다.

일반적으로 경제적 여건과 작업장에서의 특징적 능력 또는 무능력, 개인적·사회적 가능성과 제약의 특별한 의식 등이 함께 작용하여 계급을 형성한다. 미국에는 (그리고 대부분의 부유한 산업국가에는) 네 가지 주요한 사회계급이 있다. 첫째로 전문직·경영 계급, 다음으로 소규모 독립 자영업자 및 반독립 기술자 또는 하위 전문직 계급, 셋째로 사무직과 생산직으로 구성된 노동계급, 마지막으로 하층계급이다. 미국의 계급 구조는 너무 경직되어서 지난 백 년간 대규모의 지속적인 계급 이동은 일어나지 않았다. 예외적으로 농장 노동자와 생산직 노동자 자녀들이 대거 사무직 노동자로 이동하는 현상이 있기는 했지만, 이는 동일한 노동계급 안에서 일어난 부문 간의 이동이었다.

반면에 다른 산업민주국가들은 때때로 계급 체제에 일어나는 변화의 주요한 에피소드들을 정치적 행동으로 확립된 제도적 혁신의 결과로 간주해 왔다. 물론 재산 상속의 급진적인 감소만으로는 계급 위계제를 파괴하지 못할 것이다. 현대사회에 사는 대다수 개인들은 능력 계발과 기회 창조에 필요한 자원을 부모에게서 물려받을 수 없기 때문에, 모든 개인이 이 자원을 사회에서 상속받도록 보장해 주는 이른바 '사회상속제'의 발전이 더욱 중요하다. 그럼에도 불구하고 증여 재산과 상속 재산에 대한 단호한 과세는 특권을 타파하여 금융상 평등까지 촉진시키는 중요한 조치다.

상속권과 노동이동권 제한은 현대 시장 사회의 본성을 규정하는 데 중요한 두 가지 실제적 제약 사항이다. 그러나 이 두 가지 사항 중 그 어느 것도 추상적인 시장경제 개념에서 도출할 수 없다. 상속권은 평등한 기회의 원칙을 부인하고, 노동이동권 제한은 보편적인 자유무역 원칙을 부인하면서 자본이동만을 허용하고 국경을 넘어 이동할 권리는 부정한다. 따라서 평등한 기회 원칙과 자유이동권의 부인은 각기 실제적 필요에서 그 변명거리를 찾을 수밖에 없다. 그런데 이 실제적인 필요의 힘은 제도적 가정假定, 즉 현행 제도뿐 아니라 우리가 설치할 수 있는 제도에 대한 우리의 가정에 의존한다.

증여세와 상속세는 부유세의 가장 중요한 형식이다. 이 세제들의 사명은 경제적 상속 같은 우연이 개인들의 삶의 기회에 행사하는 영향력을 약화시키는 것이다. 이런 세제는 더 민주화된 사회에서 주로 가족상속제를 대체하는 제도, 즉 이 책 도처에서 설명하는 사회상속계좌social endowment accounts라는 장치를 통해 역량을 유지시키는 데에 필요한 일정량의 자원을 각 개인에게 상속시키는 제도를 재정적으로 밑받침하는 데 일조할 것이다.

일정한 수준의 누진성을 넘어서면 상속세는 노동, 저축, 투자에 대한 동기 부여를 약화시킨다는 점에서 실제로 심각한 비용을 초래할 수 있다. 이 비용의 성격과 범위는 사회의 모든 제도적·문화적 여건이 결합된 영향에 의존하기 때문에 우리가 사전에 그 비용을 계량화하기는 어렵다. 그럼에도 불구하고 그 비용이 얼마나 큰지 알아내야 만 한다. 그래야 상속을 통한 불평등을 피하기 위해 우리가 어느 정도까지 그 비용을 감당해야 할지를 제도적 운명의 귀결이 아니라 집단적 선택으로 결정할 수 있다. 그래야만 자녀들에게 경제적 혜택을 제공하려는 부모들의 소망에 상당한 비중을 주고 온갖 종류의 실제적 타협을 모색하여 이 대가를 낮출 수 있다. 그런 타협 중 가장 단순한 형태는, 2대 상속에는 높은 세율을 적용하되 1대 상속에 부과되는 상속세는 우대해 주는 것이다. 이로부터 발생하는 소비 유인에 대해서는 각 납세자의 소비에 대한 차등적인 누진세로 적절하게 교정하고 대응하면 될 것이다.

신자유주의에 대한 대안 경제의 전기 단계에서 누진적 직접소비세와 부유세와 같은 두 종류의 직접적·재분배적 세금은 간접소비세를 보완하는 역할을 수행할 것이다. 그러나 전기 단계를 지나 더 평등주의적이고 민주적인 후기 국면에 들어서면 이 세제가 중심을 차지하게 될 것이다. 종합적인 정률 부가가치세 또는 그와 유사한 세제는 이 적절한 세입의 배후 보장책이 될 것이다. 경제 불평등의 완화, 정치참여의 심화, 생산적 자원 및 투자 결정에 대한 접근 확대는 재분배적 공적 지출의 적절한 수준을 보장할 필요와 과세에서 분배적 공평을 존중하는 욕구 사이의 긴장을 이완시킬 것이다. 누진성을 위한 누진성을 단념하고 나면 그 왜곡 가능성에 대한 두려움 없이 그 결과를 받아들일 수 있다.

완전한 형태의 민주적인 조세 체제에서는 다음의 세 가지 유형의 주요 세금과 그 원칙적인 사회적 용도 및 정당화 간에 일련의 느슨한 연결 고리를 확보하고자 할 것이다.

누진적인 개인 소비세는 정부 핵심 사업의 자금 공급원 역할을 할 것이다. 따라서 우리는 정치 및 관료 기구의 관심을 재분배적 과세의 발전과 연결시키게 될 것이다. 또한, 우리는 조건의 극단적 불평등을 회피하는 데에 대한 민주적 정부의 이해관계를 강조하게 될 것이다. 조세 중 왜곡이 가장 덜하고 가장 신뢰할 만한 종합적인 정률 부가가치세는 기업과 정부 간 분권적 협력 관계의 행위자로서 곧이어 논의할 각종 사회기금과 지원센터에 대한 자금 공급원으로 역할할 것이다. 그렇게 되면 종합적인 정률 부가가치세는 생산 촉진을 위해 소비에 부과되는 세금으로 이해될 것이다. 종합적인 정률 부가가치세로 표시된 강제저축은 직접 생산적인 투자로 전환하게 될 것이다. 증여세와 상속세는 부유세의 가장 중요한 부분으로서 (사회상속계좌를 통해) 가족상속을 대체하는 사회상속제를 재정적으로 밑받침할 것이다.

이 같은 느슨한 연결 고리들은 이상적인 균형자도, 긴밀하고 억제력 강한 연계 수단도 아니다. 이 수단들은 다만 개인적인 부의 획득과 정부 책무, 그리고 사회적 연대 간의 적절한 관계를 모색하는 변화된 방식을 불러내고 지지할 따름이다. 시간이 흐르면서 이 같은 조세 정책이 자발적인 준수를 확보하고 발전하려면, 공적 금융 체제가 대중이 생각하는 실천적인 것, 의미 있는 것, 정당한 것에 대한 상상력에 뿌리내려야 한다. 내가 언급한 연계 수단들은 이 뿌리가 성장하도록 도울 것이다.

연금 개혁

조세 체계가 정부 저축 및 민간 저축 수준을 높이는 데 일조하고 생산적 투자와 재분배적 지출에 동원 가능한 자원을 결집시킨다면, 연금과 사회보험의 개혁은 가족의 필요뿐 아니라 사회적 필요에도 적정한 수준의 저축을 확보할 기회를 마련하고 생산과 저축의 관계를 재편하는 역할을 한다. 이 문제와 가능성을 이해하려면 확정기여형Defined Cotribution(DC) 연금 체제와 확정급여형Defined Benefit(DB) 연금 체제 간의 불철저하지만 익숙한 차이부터 살펴보는 것이 좋겠다.

여전히 세계의 대다수 사회가 채택하고 있는 공적 연금제도인 확정급여형 연금제는 노동자와 사용자에게 동시에 기여금을 부과한다. 그러나 노동자와 사용자의 기여를 반영하기는 해도, 노동자나 사용자가 갹출한 금액과 마지막에 노동자들이 수령하는 금액 사이에는 일대일 관계가 없다. 따라서 확정급여형 연금제는 재분배를 참작한다는 장점의 이면에 지급 불능의 위험도 안고 있다. 집단적으로 저축해 온 것보다 더 많은 금액을 사회적 권리로서 약속하고 구축할 수 있기 때문이다.

반면에 확정기여형 연금제는 노동자와 사용자가 합의하여 개별 노동자의 연금 계좌에 기여한 금액을 노동자에게 지급한다. 따라서 이러한 연금 계좌의 민간 관리 옹호론이 대두하게 될 것이다. 신자유주의와 밀접하게 관련된 세계적 사조는 이 확정기여형 연금 체제에 금융상 우대를 제공하면서 이 제도의 확대를 바란다. 이 사조는 빈곤 때문에 가장 운 나쁘고 저축 여력이 없는 사람들을 구조할 잔여 장치로 재분배적인 공적 연금제를 이용하길 원한다.

하지만 확정기여형(DC) 연금제는 두 가지 약점이 있다. 우선, 높은 수준의 개인 저축을 우대하기는 해도 이를 요구하지 못한다는 약점이 있다. 앞서 설명했다시피, 민간 저축을 장려하고 조직하는 공적 노력은 사회적 저축social saving[89]을 생산적 투자로 전환하는 것을 용이하게 하는 제도를 수립할 기회를 만들어 낸다. 확정기여형 연금제의 두 번째 약점은, 일반인의 연금 처우와 빈곤층의 연금 자격을 분리시켜 가난한 사람들을 쉽게 체념시킨다는 점이다. 다시 말해, 확정기여형 연금제는 확정급여형 연금제가 갖는 상상적 모호성을 이용하지 못하는 한계가 있는 것이다. 확정급여형 연금제는 저축과 보험 계약을 결합시킨 혼합적인 특성을 가지며, 개인에게 전 생애에 걸쳐 그 자신과 가족을 부양하게 하는 데에 일조한다. 확정급여형 연금제는 사회상속제의 부분적 승인으로서 모든 개인에게 기초적인 경제적 보호 수단과 기회의 집단적 유산을 확보해 준다. 특히 확정기여형 연금제의 보편화는 이 모호성을 저축 계약 관념에 유리한 방향으로 해결한다. 그러나 연금제도를 소수의 사람만이 부모에게 상속받도록 하는 것보다 누구든지 사회에서 상속받도록 하는 더 일반적인 원칙의 부분적인 표현으로 간주하면서 이 모호성을 사회상속제에 유리한 방향으로 해결할 수 있다. 진보적 대안의 후기, 더 급진적인 발전 단계에서 비중을 더하게 되는 사회상속계좌는 개혁된 연금 체제가 예정하는 사

---

89 미국의 경제사학자 로버트 포겔Robert Fogel이 신기술이 야기한 경제적 효과를 측정하는 데 사회적 저축 개념을 도입하였다. 여기서 사회적 저축은 가계저축과 기업저축을 합한 것으로서, 이런 저축이 장롱 속에 잠든 것이 아니라 금융기관에 예금되고 금융기관의 대출을 통해 생산적 부문에 기여하므로 저축이 그 자체로 사회적 성격을 가진다는 것이다.

회상속의 원칙을 보편적으로 확대할 것이다.

정부 및 민간 연금제를 비롯하여 모든 사회보험제도가 통합된다고 상상해 보자. 중위 소득 연금 가입자 및 그 사용자들은 각자 운용하는 기금에 갹출금을 납부하지만 득도 실도 없다. 그러나 저소득 노동자들은 그들의 사회보험 계좌에 붙는 증가분을 고소득 가입자들의 저축에서 수령할 수 있다.

세 가지 연금에서 돈의 일부가 경영상 고도의 독립성을 보유한 사회투자기금social investment funds[90]으로 들어간다. 이 기금의 사명은 공적인 벤처캐피털 운영에 참여하고, 나아가 다각화라는 표준 기법을 통해 고조된 위험을 처리하는 것이다. 우리는 사회투자기금을 단기차익 지상주의에서 해방시키고 현행 제도보다 더 완전하게 저축의 생산적 역량을 활용하도록 기금을 설계한다. 그럼에도 불구하고 우리는 사회투자기금이 수익을 내기를 기대하고, 기금으로 하여금 탈퇴가 자유로운 보험 가입자와 기금을 설치하고 규제하는 정부 양측이 부과한 성공 기준을 지키도록 한다.

저축을 생산적 투자로 전환시키는 제도적 수단이 존재하지 않으면, 높은 수준의 정부 저축 및 민간 저축을 유지하는 것이 무의미할 뿐만 아니라 위험하기까지 하다. 생산적 투자 없이 저축률만 높으면 케인스형 불황에 빠질 우려가 크다. 따라서 제대로 활용되지 못한 투자 잠재력을 이용할 제도적 수단을 발전시키려는 시도는 신자유주의에 대한 전기 대안

---

90 여기서는 사회투자기금의 조성 방식에 대해서 주로 논의하고 있다. 그 구체적인 활용 방안에 대해서는 Roberto Mangabeira Unger, *False Necessity: Anti-Necessitarian Social Theory in the Service of Radical Democracy*, Verso, 2004, 494쪽 이하.

의 또 다른 본질적인 관심, 즉 분권적이고 실험적인 정부와 기업 간 협력 형태의 발전에 대한 관심과 결부된다.

저축과 생산

높은 수준의 저축률은 진보적 대안의 사활이 걸린 중대한 과제이다. 오늘날의 조건에서 볼 때 상대적으로 부유한 국가에서는 국내총생산(GDP) 의 15퍼센트 이상을, 개발도상국가에서는 30퍼센트 이상을 높은 저축률 로 본다. 물론 이렇게 많이 모인 돈은 쉽게 낭비될 수 있다. 더 흔하게는, 생산성의 지속적인 증가보다 생산 투입 요소의 일시적 증가를 재정적으 로 밑받침하는 데에 쓰일 수도 있다. 그럼에도 불구하고 높은 저축률 없 이는 실천적 대안을 운용할 방법이 없다.

낮은 수준의 저축은 외국 자본에 대한 종속을 의미한다. 경험이 보여 주듯이 이러한 종속은 민주주의와 경제적 번영 모두에 위험스러운 많은 조건들을 떠안게 한다. 세계 곳곳에 군림하는 신자유주의는 명칭이 어찌 되었든 어김없이 경상수지 적자와 변동환율시스템을 유지시키는 자본 유입에 대한 의존을 수반하였다. 바로 이 의존성에서 국내 성장을 억제 하고 국가재정 상황을 악화시키면서 외국 자본에 높은 실질이자율의 보 상을 제공해야 할 필요가 발생한다.

그런데 역설적으로 국가가 외국 자본에 덜 의존할수록, 외국 자본이 유용하게 활용될 가능성이 높아진다. 높은 대가를 지불하고 긴급자금 immediate funds을 들여오면, 그 결과는 대개 국고에 치명적인 부담을 준다. 긴급자금을 국가부채로 들여온 정부는 높은 이자율의 최초 희생자가 된다. 그 다음에는 생산적인 투자가 질식되고, 이익잉여금을 사용할 수 없게 된 사업체가 파괴되면서 경제성장 조건에 지속적인 피해가 야기된다.

한편으로, 통화에 대한 투기적 운영을 위한 무대가 마련된다. 금융 혼란으로 시작된 것이 실물경제의 후퇴로 종결된다. 간단히 말해서 경제활동의 수준과 실질임금 수준은 후퇴하기 시작한다. 이와 달리 외국 자본에 대한 필요가 적절한 수준으로 유지되면, 외국 투자가 가져오는 이로운 효과는 더 용이하게 확산되고 그 해악은 억제될 것이다. 이렇게 되면 생산 능력 향상을 위한 장기 투자가 단기 포트폴리오 투자portfolio investment[91]보다 우위를 차지할 개연성이 높아진다.

물론, 한 나라에 계속 머무르기보다 세계로 자유롭게 이동하는 성향이 강한 외국 자본이라면 그 자본에 대한 의존성이 가져올 왜곡되고 역설적인 효과는 그리 크지 않을 것이다. 20세기 말의 자본은 여러 가지 면에서 19세기 말보다는 덜 지구적이었다. (19세기에) 국경을 넘었던 자본은 그 액수는 상대적으로 적었지만 자금 규모에 비해 엄청나게 큰 영향력을 행사했다.

국민 저축 수준의 향상은 경제적으로 꼭 필요한 것이지만 정치적으로도 중요한 기회를 마련한다. 저축 수준 향상을 촉진하는 일부 장치는 시장경제의 제도를 개혁할 수 있는 더 큰 구도를 창조한다. 성장에 필요한 자

---

91 일반적으로는 장기 투자는 공장시설을 짓는 데 쓰이는 해외 자본의 직접투자(FDI)와 주식시장 등 투기적 유가증권 시장에 투자되는 포트폴리오 투자로 구분된다. 포트폴리오 투자는 불확실성을 전제로 여러 가지 금융 자산 보유 방식을 적절한 비율로 조합하여 가장 안전하고 유리하게 금융 자산을 보유하려는 투자 행태를 가리킨다.

원을 제공하면서 동시에 민주주의로 나아가는 제도를 확립하는 것이다.

그러려면 저축 수준을 올리는 것만으로는 충분하지 않다. 저축률을 올리면서 저축과 투자의 연계를 단단하게 구축해야 한다. 우선, 저축과 투자는 동일한 것이 아니다. 저축은 경제적 수단일 뿐이고, 투자는 경제적 목적이다. 저축이 투자로 자동적으로 전환되지는 않는다. 만일 저축이 투자로 이어지지 못한다면 저축은 해법이 아니라 문제가 될 수 있다. 한편, 투자 기회는 저축 수준을 결정하는 데에 일조한다. 투자를 위한 저축과 생산에 대한 투자는 서로 관련이 있다. 인과 관계의 화살은 양쪽을 향해 날아가기 때문이다.

전통적인 시장경제 형식의 결점은 저축과 생산을 잇는 연계가 취약하다는 것이다. 오늘날 지배적인 경제 분석 형태는 이 연계를 논의하기 어렵게 만들고, 나아가 상이한 제도적 조정을 통해서 이러한 연계를 완화하거나 강화시킬 수 있다는 점을 상상하기 어렵게 한다. 이러한 분석에 따르면, 자원의 시장 분배가 작동하는 한 그러한 시장 분배는 어찌되었든 자원을 가장 생산적인 용도에 배정할 것이다. 동일한 분석에 따르면, 자원의 시장 분배가 제대로 작동하지 않으면 우리는 시장 분배를 억제하는 요소를 제거하든지 아니면 자원의 사회적 활용을 위해 그 제약 사항을 기꺼이 수용해야 한다.

이 논리의 핵심 전제는, 전통 경제학이 안고 있는 여타 문제와 마찬가지로, 시장경제라는 추상적인 관념과 일군의 특수하고 우연적인 시장제도를 부당하게 동일시하는 것이다. 이 동일시의 결과는 시장경제의 대안적 형태들이 존재할 가능성을 부인하는 것이다. 그러나 전통과 대안을 가르는 차이에는 저축과 생산 관계를 조직하는 방식도 포함된다. 따라서 표준적 관점이 정의定義의 문제라며 기각하는 것을 자세히 조사해 보면 실제로 그것이 사실의 문제로 드러난다. 실물경제를 경시하고 억압하는 견해로부터 실물경제의 풀리지 않은 수수께끼와 억압된 가능성들을 구출해야 하는 이유이다.

1930~40년대에 가장 저명한 경제이론가들(그 누구보다 하이에크, 케인스, 칼레츠키[92]) 사이에서는 저축이 가진 생산잠재력의 소산消散dissipation에 관한 생생한 논쟁이 벌어졌다. 오늘날 두 가지 연관된 사태의 발전, 즉 경제이론이 제도적 상상력의 여지를 만들지 못하는 사정과 현실 정치 세계에서 일어나는 제도적 갈등과 실험의 결핍은 이 같은 논쟁을 실종시켰다. 이론은 역사의 결함을 반영하고 증폭시키도록 방치하지 말고, 이제는 역사의 결함을 상쇄하는 방향으로 나아가야 한다.

부국이든 빈국이든 대부분의 현대 경제체제에서 기업은 이익잉여금을 통해 평균적으로 기업 운영 자금의 80퍼센트를 조달한다. 기업이 냉정한 기관투자가들의 단기차익 지상주의와 씨름한다고 알려진 영국 같은 나라나 은행과 기업의 밀착 관계로 유명한 독일 같은 나라나 이 비율은 거의 같다. 어느 나라든 생산 체제는 대체로 자체적으로 자금을 조달하고 있는 것이다.

은행과 주식시장으로 모인 많은 자원은 생산활동의 자금으로는 간접

---

92 칼레츠키Michal Kalecki(1907~1970)는 폴란드의 경제이론가로서 경기변동론과 순환론을 연구했으며, 마르크스에서 출발하여 포스트케인주의 경기 분석을 시도했다.

적이고 일시적인 관계만을 가진다. 주식공개(주식시장에서 투자자에 의한 신주 인수)는 이 관계의 일시적인 부분이다. 주식공개는 현대 주식시장에서 시장활동의 대단치 않은 부분을 대표한다. 주로 주식 지분을 매개로 신생 기업에 투자하는 벤처캐피털은 총 투자의 훨씬 작은 부분을 이루며, 부유한 경제권에서도 벤처캐피털은 조직된 형태로 명백을 유지할 뿐이다.

주식공개와 벤처캐피털 이외에 많은 금융활동은 기껏해야 생산활동 자금 조달에 간접적으로 기여할 뿐이다. 금융은 주식시장을 통해 은행 부채로 기업활동에 필요한 자금을 조달하는 기업을 지원하는 평가 기준을 수립할 수 있다. 금융은 또 기업가들이 재편하고 더 효율적으로 운영하고자 하는 기업의 인수를 용이하게 함으로써 기업 경영권 시장을 창출할 수도 있다. 이와 같은 생산에 대한 금융의 간접적인 기여가 그나마 실제적이지만, 이것도 제한적이다.

생산과 혁신의 현실 세계가 목표보다는 구실로 축소되면서 많은 금융 활동은 시장에서 매수 및 매도 포지션의 교환으로 끝나고 만다. 시장의 실패에 미치지 않는 한 생산과 저축의 관계를 형성하는 이 독특한 방식이 누구든지 합리적으로 원하고 예상할 수 있는 전부를 대변한다고 말하는 것은, 경험적인 난제의 자리에 제도적인 도그마를 투입하는 것이다. 결국, 저축과 생산의 연계에 대한 전통적인 접근법에서 중심적인 역할을 하는 제도들(현대 경제에서 은행과 주식시장)은 현대 북대서양 양안 민주국가들에서 성립한 한정된 제도적 해법의 변형들을 대변한다.

늘 그렇듯이 이 대목에서도 진짜 질문은 이렇다. 대안이 무엇인가? 국민 저축 수준을 향상시키고, 저축과 생산의 관계를 단단히 묶으면서, 양자 관계의 제도적 맥락을 어떻게 개혁할 수 있는가? 만일 이 질문이 전망 있는 답변을 얻는다면, 저축이 지닌 생산잠재력의 많은 부분이 현재 금융 카지노에 빠져 있다는 불평은 힘을 받게 된다. 만일 그러한 답변이 존재하지 않는다면, 이 불평은 기각되어야 마땅하다. 경제적 분석이 그런 불평은 무의미하다고 결정하기 때문이 아니라, 제도적 행동과 상상력이 이 불평을 의미 있게 만드는 데 실패했기 때문이다.

만일 실제적인 제도를 통해 저축과 생산의 연계를 강화하거나 이완시키는 것이 불가능하다면, 투자를 통한 저축의 생산 지향성을 구현하기 어렵게 되어 저축과 단순 비축을 단호하게 구분하기도 어려워진다. 결과적으로 완전고용에 미달하는 고용 조건에서 저축은 언제나 득得보다는 실失로 보이며, 소비지출도 투자지출처럼 좋아 보이게 된다. 저축과 생산의 제도적 관계를 잘 이해하지 못하면, 완전고용에 이르지 못한 상황에서는 지출에 대한 의사-케인스적 선호와 절약 그 자체를 선으로 보는 전前케인스적 태도 사이에서 선택을 강요받게 된다. 그리하여 시장경제의 추상적 개념이 지닌 제도적 불확정성과 가변성을 통찰하지 못하는 근본적인 실패가 실무 경제학에서 마주치는 가장 친숙한 문제들을 비판적으로 검토하는 우리의 능력마저 왜곡시킨다.

몇 세대에 걸친 저축과 번영의 관계에 관한 격렬한 논쟁을 거치고 난지금, 이 같은 저축에 대한 변론은 무모한 것으로 비칠지도 모른다. 20세기 동안 영어권 경제학에서는 두 가지 전통이 가장 두드러졌는데, 이 두 전통은 저축에 대한 변론에서 관건적인 것을 모호하게 하는 데에 담합해 왔다.

케인스가 '고전파'라고 부른 첫 번째 전통은 검약을 성장에 대한 하나의 독자적인 제약 요소로 이해했다. 이 사고의 핵심에 자리한 직관은, 현재 소비에서 구해 낸 것(저축)만을 가지고 우리가 생산을 수행할 수 있다는 것이다.

케인스가 가담한 두 번째 전통은, '유효수요'를 상회하는 과잉저축을 생산자원의 불완전가동의 유발 요인으로 인정하면서 고전파 입장을 완전히 전복하였다. 기업가는 소비자들의 구매 의사와 구매 능력만큼 생산할 것이다. 구두쇠 같은 소비 행위는 경제활동 후퇴의 내리막길을 작동시킬지 모르며, 오로지 강력하고 공적인 소비력의 확대만이 우리를 후퇴의 길에서 구할 수 있다.

유효수효이론의 중심적인 통찰은, 희생과 절약, 신중함보다는 에너지와 희망이 우리를 집단적으로 부유하게 만드는 속성이라는 것이다. 이런 관점에서 보면 국민 저축의 증대가 경제성장을 촉진하기보다는 경제성장이 국민 저축을 증대시킬 개연성이 더 높다. 수많은 경험적 연구들이 보여 주었듯이, 이러한 추측은 광범위한 여건에서 응용할 만한 많은 진리를 내포하고 있다.

어쨌든 이 반(反)고전파적인 가르침은 민주적 실험주의의 정치경제학에 대해서 그리고 제도적으로 정통한 경제이해에 대하여 위험스러운 길잡이 노릇을 하는 세 가지 약점을 안고 있다.

우리의 논의를 거의 독점하는 첫 번째 결함은, 침체에 대한 해결로서 정부 지출이든 정부가 유도한 민간 지출이든 지출의 정치적·경제적 결과를 충분히 인식하지 못한다는 점이다. 최근 30년간 저금리와 낮은 세금을 통해 침체를 잡으려 한 노력들의 실망스러운 경험이 주는 진정한 의미는, 통화주의자 논쟁[93]이 보여 주듯이, 투자유인을 위해 정부가 발휘한 모든 영향이 자기논파적이라는 데에 있지 않다. 문제는 그러한 영향이 오히려 불충분하며, 이 영향이 완전하게 전개되지 않으면 자기논파적이 되리라는 점이다. 이 영향은 너무 큰 것이 아니라 오히려 너무나 작다.

수요관리는 공급 확대를 확보하는 데에 종종 불충분한 것으로 드러날 것이다. 그 한 가지 이유는, 수요 증가가 더 많은 것을 생산하기로 결정해야만 하는 사람들에게 지속 가능한 것으로 보이지 않을 수도 있다는 점이다. 이것이 통화주의 비판가들이 뻔질나게 강조하는 지점이다. 그러나 이 점은 총수요의 증가에 대응하는 공급의 반복적인 실패가 암시하는 더 근본적인 이유에 대해 보충적인 의미를 가진다. 이와 같은 더 기본적인 고려 사항은 언급하지 않아도 될 정도로 분명한 것이지만, 경제학 이론은 불편한 진실을 드러내는 역할을 그다지 수행하지 않았다.

생산적 기업의 소유자와 경영자들은 소비자에게 가능한 최대의 만족을 주기 위해 헌신하는 사회단체의 구성원이 아니다. 그들의 목적은 증가된 소비력을 가진 구매자들의 분부가 떨어지면 달려가 응대하려는 것

---

93 경제정책에서 중앙은행의 통화정책을 가장 중요한 수단으로 파악하는 경제학파를 '통화주의자'로 부르며, 시카고대학의 밀턴 프리드먼이 대표적인 인물이다. 케인스도 경제정책에서 통화의 중요성을 인식했다. 다만, 그는 통화 당국이 정부정책상 필요에 의해 통화량을 관리, 즉 저금리 정책을 펴야 한다고 주장하였다. 반면, 프리드먼 등 통화주의자들은 인플레이션을 막을 목적에서 통화 당국이 국가 정부정책과 독립된 규율된 통화량 관리 준칙을 따라야 한다고 주장하였다. 그는 금리를 조정하는 통화량을 시장 논리에 맡겨야 한다고 보았다.

이 아니라 돈을 벌어 출세하려는 것이다. 때로 그들도 상품과 서비스를 구매할 더 많은 자원을 가진 소비자들에게 더 많은 상품과 서비스를 팔면 더 많은 돈을 벌 수 있다고 생각한다. 그러나 다른 전술, 예를 들면 같은 제품과 서비스를 더 높은 가격에 팔거나 경쟁이 어떻게 흘러가는지 지켜보거나 여유 시간과 현금을 금융투기에 쏟아 넣는 전술이 더 유망해 보일 때도 있을 것이다.

더 느슨한 재정정책이나 통화정책을 통한 총수요 증가의 상대적인 용이함과 신속함, 생산 확대의 상대적 어려움과 지연, 이 둘의 차이는 확대정책의 지속성에 대한 회의를 심화시키는 계기를 제공하면서 수익을 거두는 지름길의 매력을 증가시킬 것이다. 생산 확대 결정은 소유자와 경영자들을 위험스럽고 불가역적인 결정으로 내몰기 때문에 장기간에 걸쳐 시행되어야 한다. 더욱이 생산분석표profile와 증가된 소비력이 내포하는 소비분석표 간의 보증된 또는 습관적인 일치 같은 것은 존재하지 않는다. 불일치의 정도는 정부가 유도한 생산 확대의 이익을 누가 얼마나 많이 획득하는지에 달려 있다. 그 불일치는 생산이 어느 정도는 재조정되어야 함을 의미하지만, 생산을 재조정할 필요는 시간을 끌고 위험을 증가시킨다.

우리는 수요 증가의 지속 불가능성이라는 쟁점이 공급반응의 신뢰 불가능성이라는 쟁점에 보조적인 이유를 이제 알 수 있다. 우리가 공급반응을 신뢰할 수 있다면, 우리는 실제로 마음대로 소비함으로써 모든 불황에서 벗어날 수 있을 것이다. 우리는 물가 안정과 양립 가능한 고용의 외적 한계에 부딪히지 않을 것이고, 침체에 빠진 인플레이션보다는 인플레이션 없는 성장을 기대할 수 있을 것이다.

하지만 우리는 그런 공급반응을 기대할 수 없다. 정부에 관한 회의론은 소유자와 경영자에 관한 실상의 단순한 확장임이 드러난다. 더 많은 수요에 대한 반응으로 새로운 사업을 개시할 기회가 적어질수록, 완전고용에 대한 접근은 인플레이션 없는 지속 가능한 성장을 낳지 못할 개연성이 그만큼 더 커진다.

케인스는 공급이 수요를 확보하지 못한다는 점을 우리에게 보여 주었다. 그러나 수요 역시 공급을 확보하지 못한다는 다른 절반의 실상을 여기에 덧붙여야만 이 통찰을 적절하게 활용할 수 있다. 문제는 이 두 번째 절반의 통찰이 전개되기 위해서는 첫 번째 절반의 통찰이 주장한 실천적 정책 및 정치적 관념과 전적으로 다른 정책과 관념이 필요하다는 점이다. 소비·저축·투자 결정이 이루어지는 제도를 탐구하지 않고, 새로운 수요가 새로운 공급을 발생시키도록 더 훌륭하게 유도하는 다른 제도가 존재하는지를 자문하지 않는다면, 우리는 두 번째 절반의 통찰을 발전시킬 수 없기 때문이다. 만일 사람들이 스스로를 재조직하지 못하고 재조직화에 대한 생각조차 없다면, 과연 사람들에게 더 많은 돈을 제공하는 것으로 충분하지 않을 것이다. (케인스가《일반이론》에서 총수요 확대를 위한 소득 창출 방식으로 든 다음과 같은 사례처럼—옮긴이) 사람들에게 구덩이를 파게 하고 이를 다시 메우게 하고 그에 대해 품삯을 지불하는 것으로는 충분하지 않을 것이다. 우리는 정부와 기업의 협력 그리고 금융과 기업 관계에 관한 실천적이고 생산주의적인 관념을 가져야 하고, 이러한 협력 및 관계를 발전시킬 제도적 혁신을 실천할 의지를 다져야 한다.

이 같은 제도적 혁신을 생각할 때 반드시 논의해야 할 주제가, 저축을 가장 효율적으로 생산에 활용하는 방법일 것이다. 그리고 이때 공급이 수요를 확보하지 못한다는 점과 수요가 공급을 확보하지 못한다는 점을 분리해서 논의해야만 저축을 문제의 일부가 아니라 해법의 일부로 바라볼 수 있게 된다.

반反저축 테제의 두 번째 결함은, 한 나라의 경제적 자립성이 갖는 정치적·경제적인 가치를 적절하게 평가하지 못하는 점이다. 저축이 별로 없는 경제는 당연히 낮은 이율로 풍부한 자금을 대출해 줄 여력이 없다. 이런 경제는 스스로 적절하게 조달하지 못한 투자자본을 외부에서 차입해야만 한다.

하지만 앞서 언급했다시피 국제 자본시장의 호의에 대한 종속은 값비싼 대가를 치르게 한다. 국가가 이런 호의에 종속될수록 외국인의 눈에는 그 국가가 더 위험해 보이고, 외국 자본은 더 탐욕스럽게 즉각적이며 더 높은 보상을 요구할 것이다. 외국 자본에서 더 많은 이익을 얻으려면 외국 자본에 대한 종속성을 줄여야 한다는 것은 틀림없는 금언이다. 19세기 영국이나 오늘날의 미국처럼 파운드나 달러를 세계 기축통화로 관철시키는 거대한 힘이 있는 나라만이 이 힘에 입각하여 이 철칙을 무시할 수 있다. 역으로 생각하면, 현재 강대국들이 지지하는 이익과 관념에 저항하여 반란을 꿈꾸는 나라일수록 반드시 높은 국민 저축 수준을 확보해야 할 더 강력한 이유를 갖게 될 것이다.

반저축 테제를 기각할 세 번째 이유는, 가장 교묘하면서 가장 중요하다. 이 이유는 우리가 왜 저축과 투자의 인과적 우선순위 및 정치경제적 우위에 대한 '고전적' 접근과 케인스적인 접근 중 양자택일을 거부해야만 하는지를 가장 명료하게 보여 준다. 두 가지 접근법은 공히 저축이 이루어지고 다양한 기업 유형과 투자 전략에 그 저축이 활용되는 특징적이고 우연적인 제도들의 결과에 무관심하다. 경제성장이 경제성장을 지속시키는 데 필요한 저축을 창출할 것이라는 희망 속에서 낮은 저축률을 수용하는 것은, 생산에 저축을 동원하는 기성 제도를 반복하는 것과 개혁하는 것의 차이를 무시하는 것이다.

현대 시장경제에서 기업의 이익잉여금은 투자자금의 주된 원천이다. 해외저축의 이용을 포함해 기업 외부의 금융 시스템은 오늘날까지 이익잉여금에 대한 상대적으로 많지 않은 보충물에 그치고 있다. 기업 외부의 금융 시스템은 생산자금 조달에서 이익잉여금이 수행하는 역할과 비교할 때 크지 않다. 세계 금융에 참여하는 자원의 규모는 외부 금융의 생산잠재력과 생산적 효과 간의 이러한 불균형을 더 두드러지게 만드는 데에 기여할 뿐이다.

성장을 저축으로 전환하고 생산에 저축을 동원하는 이 두 가지 장치, 즉 이익잉여금과 외부 금융은 통상 기존 경제의 위계질서와 분할을 보강한다. 이 장치들은 가진 이들에겐 주고, 갖지 못한 이들에겐 거부한다. 달리 말하면, 현재와 과거를 가진 이에게는 주고 희망과 미래를 가진 이에게는 주지 않는 것이다.

문제의 핵심은, 수요가 공급을 확보하지 못한다는 사실을 뒷받침하는 것과 똑같은 어려움이다. 번영과 민주주의의 관점에서 외부 금융이 갖는 사회적 가치는, 생산자원에 대한 접근의 현재적 분배를 재생산하려는 이익잉여금의 경향을 교정하는 데 있다. 그러나 소유자와 경영자의 목적이 소비자 욕망의 충족이 아니라 돈을 버는(또는 권력을 지키는) 데 있듯이, 자본가의 목적도 개혁가에 대한 투자나 격려가 아니라 돈을 버는(또는 권력을 지키는) 데 있다.

자본가는 어떠한 위험도 인수하지 않거나, 적어도 그들이 인식할 수 있는 어떠한 위험도 인수하고 싶어하지 않는다. 실제로 종종 달성되는 자본가의 꿈은 은행가를 가장한 불로소득 생활자가 되는 것이다. 이것이 바로 필요하다면 돈을 거두거나 지급할 돈을 찍어 낼 수 있는 정부에게 자본가들이 직간접적으로 기꺼이 돈을 빌려 주는 이유이다. 위험을 관리해야만 한다면, 그 위험이 크다면, 자본가들은 신용위험보다는 시장위험을 선호한다. 자본가들은 특수한 사업이 아니라 일반적인 시장 조건에 대해서 정보와 아이디어를 보유할 가능성이 가장 높기 때문이다. 더욱이, 이 일반적 조건에 관한 추측에 기초한 거래를 통해 자본가들은 매위 손쉽게 그리고 매우 경제적으로 거대한 공동 자금을 모으고 그 투입 여부를 결정할 수 있다.

현대 경제에서 생산자원 및 생산 기회에 대한 상대적 소수의 이해관계와 관념의 족쇄를 깨뜨리는 것보다 민주주의와 경제성장의 공통대의에 더 중요한 것은 없다. 규모를 불문한 새로운 사업뿐 아니라 중소 규모의 잘나가는 회사의 금융 조달은 이 목적의 완수에 중요한 역할을 수행하지 않으면 안 된다.

그러나 금융 전문가들에게 이 개방적인 지향성을 강제하려는 시도는 대개 헛되고 자멸적인 것으로 끝난다. 그들은 금융완화(저금리)와 공적으로 밑받침되는 신용 향상 조치들로 우대받으면서도 소규모 신생 기업에게 양질의 대출을 해 주기보다는 크고 오래된 기업에게 악성 대출을 해 줄 개연성이 더 높다.

초점을 흐려서는 문제를 풀 수 없다. 개혁가들이 투자 결정에 대한 사회적 통제를 획득하려는 노력을 주장해도, 제도적 모호성과 정치적 애매성은 좋은 의도를 압도한다. 만일 우리가 실물시장의 분산적인 활력을 유지하면서 이 목적을 달성하는 방법을 안다면, 우리는 민주화된 시장경제 관념에 실천적인 제도적 내용을 결합시킬 방법도 알아 낼 수 있을 것이다. 그리고 이런 프로그램을 시행하려는 정치적 힘 또는 지적인 명석함이 있는 사람이면, 투자 결정에 관한 사회적 통제의 요청이라는 공허한 악수握手에 만족하지 않을 것이다.

만일 우리가 작고 새로운 기업에 투자하고자 한다면, 현재 저축을 전용하거나 전환하기보다는 또는 미래의 성장이 만들어 낼 미래의 저축을 기다리기보다는 추가적인 저축을 조직하는 것이 더 쉽다는 것을 알게 될 것이다. 이 미래의 저축은 우리가 확장하려 한 것과 동일한 통제적 연결 통로들을 통해 생산으로 흘러 들어올 것이다. 예를 들어 앞서 설명한 재분배적 연금기금 형태로 증대된, 심지어 강제적인 민간 저축의 공적 조직은 저축과 생산을 잇는 추가적인 연결 통로들을 열 기회와 수단을 동시에 창조하는 데에 일조할 것이다. 이 통로가 일단 열리고 나면, 순차적으로 투자 기회가 확대되고 투자 유인책이 강화될 것이다. 그렇게 되면 우리는 은행과 주식시장이라는 기성 체제를 기업과 기업가들에게 자본을 이용할 수 있게 해주는 시장경제의 자연적이고 필수적이며 유일한 장치로 간주하지 않을 것이다.

'누가 그것을 가져가는가'라는 질문이 생산금융 조달 문제의 중심적 사고가 되면, 우리에게 얼마나 많은 저축이 필요한가 하는 문제와 저축-생산 관계를 어떻게 조직할 것인가 하는 문제를 깨끗하게 분리해서 다루지 못할 것이다. 저축과 생산의 연계를 강화하는 대안적이고 더 포용적이고 실험주의적인 조직은 저축 수준의 제고를 요구하고 동시에 유발할 것이다. 더 많은 저축을 공적으로 조직하는 작업은 금융의 민주화와 쌍을 이루는 불가피한 대응물로 기여할 것이다.

이는 간단하고도 분명한 관념이다. 그러나 이를 실현하려면 저축을 조직하고 저축을 생산에 활용할 수 있게 하는 제도적 장치의 특수성과 의미를 의식하는 경제이론 전통에서 영감을 찾지 않으면 안 된다. '고전적' 관점과 케인스적 관점은 공히 이 이해를 억압하는 데 관여했다. 마르크스주의 경제학이나 '오스트리아' 경제학(하이예크, 미제스 등—옮긴이)은 이런 통찰을 보여 주었지만 그 통찰도 민주주의와 과학에 대한 통찰의 가치를 갉아먹는 구조적이고 진화론적인 결정론과 제도적 보수주의와 독단론으로 오염되었다.

우리는 민간 저축에 면세 조치를 취하고 정부 저축을 증대시키는 조세 개혁을 단행하고, 그리고 강제적인 민간 저축을 공적으로 조직함으로써 국민 저축 수준을 제고할 수 있다. 이 강제적인 민간 저축을 수용하기 위해 설립된 독자적 관리 시스템을 갖춘 분산적이고 경쟁적인 준비기금 provident funds은 이제 저축을 생산 자금으로 활용하면서 사회적 벤처캐피털에 자원을 제공하게 될 것이다.

우리는 기성의 은행 및 주식시장 체제를 개혁하거나 이 기성 체제에 따라 저축 조직과 생산 금융 조달 사이에 또 다른 교량을 건설함으로써 저축과 생산의 연계를 강화할 수 있다. 현존하는 경제제도들은 단일하고 불가분의 형태를 갖고 있지 않기 때문에, 이 두 가지 접근법은 양립 불가능한 것도 아니고 전적으로 이질적인 것도 아니다. 두 접근법의 경계를 넘나드는 하나의 사례는, 강제적인 민간 저축 자금을 인수하여 이를 주식 지분equity stakes과 대출을 통해 신생 사업에 투자하는 사회투자기금 제도의 발전이다.

이 지점에서 이러한 투자가 보조금인지, 즉 시장의 판단을 예상한 신용의 보조적인 배정인지 하는 문제가 부상한다. 이런 장치들은 사실 현재 조직되어 있는 시장을 능가한다. 그러나 이 장치들도 시장경제를 규정하는 제도들을 재편하려는 노력, 즉 하나의 시장경제 형태를 다른 형태로 대체하려는 노력을 표현할 뿐이다. 이러한 노력의 성공 여부는 오로지 사후에만 말할 수 있다.

시장경제를 제도적으로 재편하는 실험은 하나의 도박이다. 우리는 보조금이 아니라 개혁으로서 투자와 생산의 새로운 연계를 설명하기 위해 구태여 도박이 성공할 때까지 기다릴 필요가 없다. 그저 경험과 유추로 미루어 도박이 합리적인지 아닌지만 알아내면 된다. 제도적으로 빈곤한 경제학의 확실성과 동어반복은 이제 경험의 교훈과 실험주의의 심판에 양보해야 한다.

재분배 사회정책과 제도 쇄신

진보 프로그램들은 전통적으로 평등주의와 동일시되어 왔다. 비록 자원의 엄격한 평등[94]을 약속하지는 못했다고 할지라도, 진보 프로그램들은 기회의 평등[95] 사상을 구현하는 실천적 내용을 제공하려 노력해 왔다. 결과적으로 진보 프로그램들은 재분배 사회정책에 커다란 강조점을 두었다. 20세기 초 급진운동이 좌절되고, 20세기 중반에는 사민주의라는 타협이 받아들여지고, 20세기 후반에는 공산주의가 붕괴하면서 거대한 제도 개혁의 희망이 희미해짐에 따라 조세-이전 방식을 통한 평등주의적인 재분배가 점차 진보의 대의를 감당하게 되었다.

경제생활과 정치생활 조직을 급진적으로 재편하려는 온갖 시도를 포기하게 된 것은 확신의 변화라는 불가피한 과정이었다. 그런데 불가피함에 대한 굴종으로 시작된 일이 이제 신념이 되었다. 조세-이전을 통한 보상적 재분배 활동의 실천적 강조는 평등주의를 진보적 대의에서 더

---

94 자원의 엄격한 평등을 생산자원에 대한 동일한 지분권을 배정하는 것으로 간단히 생각할 수 있다. 이에 대해 법철학자 드워킨은 흥미로운 논의를 전개하였다. 그에 따르면, 자원의 평등은 사람들 사이에 자원을 분배하거나 이전하여 추가적인 이전이 총 자원에서 차지하는 각자의 몫을 완전히 평등하게 만들 때 분배 장치가 비로소 사람을 평등한 존재로 처우한다는 생각이다. Ronald Dworkin, What is Equality? Part 2: Equality of Resources, *Philosophy & Public Affairs* Vol. 10(1981), pp. 283-345.

95 기회의 평등은, 사회 위계제 일반을 반대하는 것이 아니라 고정된 신분 위계제를 반대하고 사회 구성원에게 모든 지위에 오를 기회를 평등하게 부여하자는 관점이다. 기회의 평등은 다시 형식적 기회의 평등론과 실질적 기회의 평등론으로 나누어진다. 적극적 우대 조치는 실질적 기회의 평등 관념에 해당한다고 볼 수 있다. 롤스는 이를 정의의 제2원칙에 반영했다.

욱더 중심적인 것으로 만드는 데에 일조하였다. 새로운 평등주의는 효과와 의도 면에서 과거의 평등주의보다 덜 급진적이었는지 몰라도, 그것들과 마찬가지로 비타협적이었다. 19세기의 급진적 자유주의나 사회주의, 공산주의는 권리의 평등이든, 자원의 평등이든, 기회의 평등이든 평등을 다른 모든 관심사를 희생해서라도 달성해야 하는 궁극의 목표로 결코 상정하지 않았다. 19세기의 원리들은 더 개방적이고 다원주의적인 비전 속에서 인간의 생활─개인의 생활과 국민 생활 그리고 인류의 생활─에 활력을 부여하는 방법에 대한 영감을 발견했다. 이 원리들은 이미 구축된 사회적 분할과 위계제에서 개인적 해방의 조건과 물질적 진보의 조건이 교차하는 영역을 통해서 전진을 시도해 왔다.

그러나 진보파들은 쌍둥이 환상, 즉 역사는 물질적 진보의 요청과 개인적 해방 수단의 일치를 보증한다는 환상과 이 같은 자유와 번영의 수렴이 의문의 여지없는 일련의 특수한 제도적 장치들을 통해 작동한다는 환상의 그림자 아래서 전진하였다. 그러나 현재 과제는 이러한 환상에서 우리 자신을 구하고, 환상들이 어지럽혀 놓은 탐색을 지속하는 것이다.

낡은 탐색에서도 그렇듯 새로운 탐색에서도 평등주의는 제자리를 찾아야 한다. 우리는 평등주의를 다른 관심사들을 호령하는 가치로서가 아니라 인간의 역량 강화라는 더 큰 비전 안에서 보조적 요소로 파악하고 발전시켜야 한다. 이익·이상에 관한 관념과 실천·제도에 관한 관념을 잇는 내적 연결의 원칙은 이와 같은 가장 일반적인 논의 수준에도 마찬가지로 적용된다. 제도 개혁 및 사회 창조의 가능성과 중요성에 대한 믿음을 복원하는 경우에만 실천적 패배와 믿음의 위기가 우리에게 강요했던 협애한 시각에서 탈출할 수 있다.

  그렇게 되면 자유주의 정치철학과 사민주의 정치철학 안에 존재하는 평등주의적 비타협과 제도적 보수주의의 역설적인 관계를 이해하는 열쇠가 우리 손에 들어온다. 오늘날 가장 영향력 있는 일부 정치철학자들은 철저한 평등주의를 전파했다. 그들은 특수한 역사적 맥락의 교착과 타협을 주도면밀하게 제거한 추상적인 논의 방법을 제공했다. 그럼에도 불구하고 그들이 생산한 것의 많은 부분은 돌이켜 보면 제도적으로 보수적인 사민주의의 조세—이전 관행에 대한 형이상학적 주석처럼 보인다. 이러한 사고방식은 스스로 특정한 역사적 상황을 극복했다고 상상하면 할수록 더욱더 겁쟁이처럼 역사적 상황을 반영할 뿐이다.

  이 사상가들은 원대한 재구성적인 야망을 포기했기 때문에 기성의 시장경제와 대의민주제가 비록 하자는 있지만 교정 가능하고 고려할 만한 유일한 시장과 민주주의의 형태라고 간주하기 시작하였다. 이제 사상가들에게 중요하고 유용한 일은, 다시 상상하거나 재구성하려는 희망을 이미 잃어버린 기성의 제도적 틀 안에서 불가피한 것을 인간화[96]하며 권리와 자원을 더 평등주의적으로 분배하는 것을 정당화하는 것이다. 편협한 평등주의는 제도적 대안이 없다는 회의론과 합세하고, 역사적 여건에 대한 관계에서 굴종하면서 스스로 평등에 대한 헌신의 진정성과 충만함을 멋대로 자부하였다. 그리하여 이 평등주의는 무책임한 유토피아주의를

---

96 웅거는 기성 구조를 방치하고 구조의 희생자를 지원하는 정책 방향이나 그 성격을 '인간화'라고 부른다.

버리고 인도주의적 관심을 취했다고 주장하였다.

반면에 민주적 실험주의 주장에 생기를 불어넣는 민주적 약속의 원대한 비전은 경제적·기술적 진보의 조건과 개인적 해방의 요구 사항들 간의 중첩 가능성을 대차게 물고 늘어진다. 민주적 실험주의는 사회생활을 재편할 수 있는 자유의 확장과 역량의 강화를 진보와 해방이라는 두 가지 선^善의 촉진제로 인정한다. 민주적 실험주의는 이러한 확장된 자유와 강화된 역량을 바탕으로 삼겠다고 약속한 관행과 제도를 계속해서 탐색한다.

민주적 실험주의는 인간의 활력과 위대함에 대한 두 가지 거대한 경쟁적 요구 간의 긴장 완화에서 인간 해방이라는 선의 핵심을 찾는다. 두 가지 경쟁적 요구란, 집단생활에 참여할 필요와, 그러한 참여를 통해 인간이 통상적으로 치러야 하는 굴종과 정체성 상실이라는 대가를 감소시킬 필요를 말한다. 민주적 실험주의는 타자와의 관계를 짓누르는 고착된 분할과 위계제의 짐을 완전히 폐지할 수는 없다고 할지라도 적어도 완화시킴으로써 이 대가를 감소시키기를 희망한다. 민주적 실험주의의 요점은 타자와의 실천적이고 상상적인 결속보다 개인의 자기주장과 자기계발의 우월성을 인정하려는 것이 아니다. 민주적 실험주의의 요체는, 이러한 결속을 배반하지 않고서는 자기계발을 불가능하게 하고 나아가 공동체적 연대를 개별 자아의 강렬함과 그 야망의 원대함에 대한 제약으로 전환시키는 힘들을 약화시키는 것이다.

민주적 실험주의의 최고 수단은 제도적 혁신이다. 이 혁신은 하늘에서 뚝 떨어진 멋진 청사진과 완벽한 설계도가 아니라 바로 지금 우리 수중에 있는 것을 가지고 실천하는 것이다. 여기에서도 보상적 재분배가, 특히 보건과 교육에 대한 투자 의향에서 가장 극적으로 작동한다. 어쨌든 민주적 실험주의의 목적이 옹골차게 평등주의적이라고 하더라도, 조세-이전 방법이 주요 수단이 되는 것을 허용할 수 없다.

누진세와 사회지출로 이루어진 정부의 보상적 재분배는 포괄적이고 평등지향적인 정치·경제개혁, 심지어 참정권의 확장과 보호, 노동권의 강화, 토지 보유권 및 농업 기술과 시장에 대한 접근 기회의 광범위한 배분과 같은 기본적이고 명료한 개혁들을 기반으로 삼을 때 제대로 작동할 개연성이 매우 높다. 불평등의 가혹성이 줄어들수록 필수적인 개혁 조치들의 친숙성도 그만큼 줄어든다.

경제활동과 정치생활에서 이 같은 제도적 변화가 없다면 주요한 재분배적 변화는 일어나지 않을 것이다. 설사 중요한 재분배적인 변화가 발생하더라도 그 효과는 크게 위축될 것이다.

보상적 재분배를 좌절시킬 개연성이 가장 높은 현대 경제생활의 특성 중 가장 중요한 것은, 세계경제의 전위 부문과 후위 부문 사이의 엄격한 분할이다. 대중의 일부는 높은 수입을 얻고 지식에 기반한 지식 전파적인 직업을 갖고, 다른 일부 사람들은 무직이거나 재량도 없고 지식이나 기술이 전혀 필요하지 않은 불안정한 저임금 직업에 종사하는 세상을 상상해 보라.

최선의 상황, 즉 사회가 부유하고 전위 부문의 비중이 큰 경우, 보상적 재분배는 일자리보다는 가짜 일자리를, 역량 계발보다는 위로 수단을 제공하면서 보상적 재분배가 바꿀 수 없는 상황을 단지 완화시키는 데 그칠 것이다. 경제성장의 불균등화 논리를 돌이키려는 것은, 그 선한 의도에도 불구하고 값비싼 시도이기 때문에 보상적 재분배는 공공재정과 경제성장에 짐이 될 것이다.

　최악의 상황, 즉 나라는 가난한 데다 전위 부문의 비중이 작은 경우에도 보상적 재분배는 무익한 것으로 판명날 것이다. 전위 부문을 지배하는 이익(집단)들은 재분배가 차이를 만들 만큼 큰 규모에 이르는 상황을 허용하지 않을 것이다. 만일 이 이익들이 그 정도의 재분배를 허용한다면, 그 결과는 개혁이라기보다는 재난이 될 것이다. 그처럼 엄청난 불평등을 보상하는 데 필요한 이전지출의 규모는 너무 커서 경제성장의 엔진을 파괴할 수도 있다. 이런 상황을 돌파할 해법은, 보상적 재분배를 중단하는 것이 아니라 제도적 발명에 입각한 구조적 변화로 보상적 재분배를 밑받침하는 것이다.

　재충전된 민주적인 비전 안에서 평등주의는 중요하나 보충적인 지위를 점한다. 사회가 가능하게 만드는 삶의 범위와 질이 가장 중요한 것이다. 민주적 실험주의의 신봉자들은 역량 강화를 통해 보통 사람들의 천재성(재능)이 반드시 표현되어야 한다고 생각한다. 우리는 반드시 사람들을 일상적인 고역에서 해방시키고, 더 나아가 자기주장과 공동체 간의 화해를 불가능하게 만드는 종속과 지배 형식들에서 이들을 해방시켜야 한다. 권리와 자원의 절대적 평등은 민주적 실험주의의 비전으로 삼기에는 너무나 경직된 혁수정革手鋌[97]이다. 다른 한편, 단순한 기회의 평등은

97　사람들의 폭력 행위나 자해 행위를 제압하기 위해 제작된 특수한 복식. 감옥에서 징계 도구로 사

민주주의의 목적을 달성하기에는 너무나 공허한 약속이다. 우리는 그러한 기회가 접근을 허락하는 물질적이고 도덕적인 선들이 무엇인지 반드시 정의해야만 한다.

누구나 삶의 경로를 시작하고 극단적인 불행과 불안정에 맞서 삶의 경로를 지속시키는 데에 필요한 일련의 기본적 권리와 자원을 가족이 아니라 사회로부터 상속받아야 한다. 그리하여 누구든지 효과적인 경제적 활동과 시민적 활동에 필요한 수단들을 수중에 보유해야 한다. 민주적 실험주의의 요점은, 적절한 독립의 이상—"40 에이커 땅과 노새 한 마리"[98]—을 현대의 여건에 부합하게 형태화하는 것이다.

인간은 공공정책과 제도들이 특정 부류의 사람들에 대항하는 다른 특정 부류 사람들의 전망을 표현하는 사회에 살아서는 안 된다. 다수가 역사를 만들고 삶을 재발명하는 것을 막는 모든 제도들, 예컨대 상당한 사유재산의 세습, 교육에서 조기에 재능 있는 아이와 보통 아이의 강력한 구분, 또는 소수의 개인들에게 최고 정치권력의 집중과 영속 등에 강력하게 반대해야 한다. 개인의 역량을 계발하고 확보하게 해주는 일련의 권리와 자원은 사회를 대안적 미래에 개방하고 정치와 문화에서 비전들의 경쟁을 고취하는 관행과 제도 속에서 그 짝을 발견하지 않으면 안 된

용하기도 한다.

98 미국 남북전쟁 때인 1865년 셔먼 장군이 북군에 속한 흑인 병사를 위해 발표한 특별명령 15호가 담고 있는 흑인의 해방과 경제권 보장 방침이 바로 "40에이커의 땅과 노새 한 마리"다. 그러나 전쟁 후 백인들은 이 약속을 뒤집었다. 오늘날 흑백 문제의 뿌리가 빈곤 문제이고, 이는 북군에 의한 노예해방이 결함 있는 반쪽짜리 해방이었음을 시사한다. 흑인 저항운동의 지도자인 스파이크 리의 영화제작사 명칭도 '40에이커의 땅과 노새 한 마리'다.

다. 그런 관행과 제도를 설명하는 것이 이 책의 주요 관심사이다.

민주적 실험주의는 선의 관념들 사이에서 중립성을 표방할 수 없다. 어떠한 제도든지 일련의 경험은 격려하고 다른 경험은 좌절시킨다. 중립성이라는 환상 대신에 우리는 상위相違하고 새롭고 다양한 경험에 대한 개방성이라는 진정한 목표를 수립해야 한다. 더욱이 중립성이라는 환상적인 목표와 달리 개방성이라는 진정한 목표는 민주적 실험주의의 중요한 가치들과 인과적으로 연결된다. 광범위한 도전과 변화에 개방적인 제도만이 물질적 발전의 조건과 개인적 해방의 조건의 중첩지대에서 만개할 수 있다.

이 책에서 연구한 진보적 대안은 특정한 시대의 여건에 응답하고 특별한 방향으로 전진하기로 결단한 민주적 비전의 하나이다. 이 비전은 다른 개혁안들을 배제하고 일련의 제도적 변화들을 포함한 것이어서, 마찬가지로 다른 경험의 가능성보다 특정한 경험의 가능성을 우대한다. '법분석의 사명What Should Legal Analysis Become?(London, Verso, 1996)이라는 책에서 나는 이 민주주의의 발전을 다른 발전의 가능성 및 정당성과 비교하고, 이들 각각의 경로가 내포한 도덕적 선호와 배제를 논하였다. 각 경로들은 실천적 위험뿐만 아니라 도덕적 위험을 안고 있다. 각 경로들은 경험의 다른 다양성에 앞서 경험의 특정한 다양성에 입각해 삶을 용이하게 만든다. 그럼에도 불구하고 각 경로들은 실험적인 개방성과 교정 가능성의 가치에 대해 실천적인 내용을 제공한다.

진보적 대안의 시각에서는 평등이라는 목적이 역량 강화의 목표에 보충적이듯이, 평등적이고 보상적인 재분배는 구조적인 변화에 보충적이다. 실천적인 문제는 이러한 선호에서 발생한다. 사람들은 건강, 교육, 안전, 주택, 교통과 같은 일상적 문제들을 해결하기를 원한다. 그들은 직업과 임금을 걱정한다. 제도적 대안에 대한 논의가 이 평범한 걱정거리들과 연결될 수 없다면 그 논의는 보통 사람들에게 그리스어처럼 어렵게 들릴 것이다.

진보파는 반드시 그 연계성을 찾아야만 하고, 이러한 연계성을 말과 행동에서 투명하게 보여 주어야 한다. 진보파들은 사회정책의 성취의 첫 번째 물결이 어떻게 대중들에게 더욱 원대한 변화들을 고려할 수 있는 권능과 독립성을 제공하는지를 반드시 증명해야 한다. 동시에 자신들이 제안한 개혁의 경로를 밟지 않으면 그러한 성취를 확장할 수도 지속할 수도 없다는 점을 대중들에게 설득해야 한다. 대중들도 이 문제들에 대한 실천적인 해법에서 진보적 프로그램의 단편들과 요소들을 기대할 기회를 찾아야만 한다.

국민소득에서 임금 몫

평등을 강화하는 보상적 재분배는 민주적 제도 혁신에 비해 부차적인 역할을 수행한다. 전기 프로그램(진보적 대안의 첫 번째 물결)에서 보상적 재분배의 주요 장치는 국민소득에서 임금 몫의 증가와 정부의 높은 사회지출을 지속하기 위한 높은 세율의 활용이다. 세금의 누진성은 사회적 지출의 재분배적 사용에 비하면 덜 중요하다.

진보적 대안의 두 번째 후기의 물결에서는 사람에 대한 정부 투자가 여전히 우선적 지위를 점한다. 그러나 거대한 평등의 주요 동력은 생산의 전위 부문과 후위 부문의 격차를 가교하는 반이중구조적 정치경제의 발전이다. 높은 사회지출을 유지하는 데 필요한 국가재정을 확보하고 전위와 후위의 분할을 타파하기 시작한다면, 조세 체제 안에서 직접적으로 재분배적인 조세, 즉 생활수준의 위계질서를 겨냥한 누진적 개인소비세(칼도어세)와, 비록 불충분할지라도 특히 상속과 증여를 통한 부의 이전과 같은 경제력 축적에 대응하는 누진적 부유세의 상대적 중요성을 증대시킬 수 있다.

현대의 실천적 경제학의 어떤 도그마도 정치적 결정에 의해 국민소득에서 임금의 몫을 높이려는 시도는 자멸적임을 스스로 입증한다는 관념보다 더 커다란 권위를 누리지 못했다. 이 도그마에 따르면, 임금은 생산성 증가에 비례해서만 상승할 수 있다. 생산성 증가보다 빠르게 임금을 인상하려는 모든 시도는 실질적 증가를 명목상 증가로 전환시키는 물가상승을 유발하기 때문에 헛된 시도라는 것이다. 1870년부터 1914년 사이에 건전재정주의[99]와 금본위제[100]만큼 큰 영향력을 발휘한 관념이 하나 있다. 그 기간 동안, 사람들은 대개 건전재정주의와 금본위제가 원인이었던 높은 실업률을 냉혹한 권력과 게으른 노동자 탓으로 돌렸다. 그러나 앞선 관념들이 주장하듯이, 실질임금이 생산성 증가를 따라잡게 하려는 시도가 무익하다는 관념은 거짓이다. 이는 과학의 가면을 쓴 허위적

---

99 국가재정 운용에서 세출이 세입을 초과하지 않아 공채 발행이나 차입이 없는 상태를 '건전재정'이라 한다. 건전재정에는 세출과 세입이 일치하는 균형재정과 세출이 세입보다 적은 흑자재정이 있다.

100 금본위제도는 화폐 단위의 가치와 일정량의 금의 가치가 등가 관계를 유지하는 제도이다. 브레튼 우즈 체제의 등장으로 종말을 고했다.

필연성의 한 단면이다. 이 관념의 허위성은 이 관념이 포함한 부분적 진실로 은폐된다.

하나의 통계상의 비교, 즉 국민경제의 산업 부문에서 부가가치 대비 임금 비율의 비교는 특히 흥미로운 사실을 보여 준다. 우리가 발견하고자 했던 마르크스주의적 잉여가치[101] 개념의 대체물에 흡사한 이 통계적 비교는, 전체 국민소득에서 임금이 차지하는 몫을 보여 준다. 주류 경제학이 경제 전반에 걸쳐 임금 상승은 생산성 증대의 성과 안에서 다루기 힘든 한계에 부딪힌다는 믿음을 고수하듯이, 마르크스주의 경제이론은 '자본주의' 경제에서 잉여가치율은 일정하게 수렴한다고 주장한다. 하지만 경제적·기술적 발전에서 비교할 만한 수준에 이른 국가들은 산업 부문에서 부가가치 대비 임금이 차지하는 몫에서 현저한 격차를 보인다. 잉여가치율은 수렴하지 않으며, 국민소득 중 임금의 상대적 몫도 수렴하지 않는다. 이런 편차가 생기는 원인 중 하나가 정치이다. 경제적 여건과 제약은 중요하지만 전부가 아니다. 정치가 이 차이를 만든다.

예를 들어 최근 몇 년 동안 국민소득 중 임금 비율은 노르웨이에서 71퍼센트, 이탈리아에서 69퍼센트, 남아프리카공화국에서 51퍼센트, 인도에서 38퍼센트, 미국에서 35퍼센트, 그리고 브라질에서 23퍼센트였다. 대체로 부유한 국가에서는 더 높고 가난한 나라에서는 더 낮다(하지만

---

101 노동가치설에 따르면, 자본주의 생산체계에서 잉여가치의 근원은 불불노동不拂勞動에 있다. 보통 노동자는 하루 동안(혹은 시간당, 노동시간의 어떤 단위당) 일정량의 화폐 가치를 생산하지만, 그가 받는 임금은 그 가치의 일부분일 뿐이다. 이렇게 해서 생산된 가치 중 지불되지 않은 부분은 잉여가치가 된다.

미국의 사례가 보여 주듯 언제나 그런 것은 아니다). 그러나 비슷한 경제 수준의 나라 사이에도 엄청난 차이가 발생한다. 물론 이 차이의 일부는 토지·노동·자본의 상이한 상대적 희소성과 자연 자원 및 자원 개발의 상대적 중요성에서 찾을 수 있다. 그에 더해, 상대적으로 독립적인 경제적·인구학적 요소들도 이 격차의 원인이다.

그럼에도 불구하고 이 차이들은 너무나 커서 그 모든 해명이 이루어진 후에도 중요한 것이 남았다. 국민소득 중 임금이 차지하는 몫이 정치적 개입과 상관없는 자연적인 역사를 갖는다면, 어떻게 이와 같이 중요한 차이의 잔여가 우선적으로 나타날 수 있었는가? 정부, 기업, 노동 사이의 상이한 관계들—권리의 형태로 간직된 관계들—의 정치적 형성은 임금의 몫을 강화시키거나 약화시켜 왔다. 그리고 임금 몫이 더 높은 명목임금 수준을 법제화하려는 직접적 노력보다는 정치적 방식으로 증가했을 때 임금 몫의 증가가 지속적일 뿐만 아니라 높은 수준의 지속적인 경제성장률과 양립할 수 있음도 종종 증명되었다.

국민소득 중 임금이 차지하는 몫을 정치를 통해 인상하려는 시도는 무익하다는 도그마에는 진실이 있다. 그 진실이란, 어떤 결단으로 실질임금 상승을 달성하려는 시도가 적절하지 않다는 점이다. 법정 임금 인상은 국민소득 중 임금 몫에 비례해서 작동할 수 있다는 것이다. 어쨌든 이러한 임금 인상도 노동자들에게 권력을 이전시키고 제품·자본·노동시장에서 기업들 간의 경쟁 압력을 유지시키는 권리와 제도들로 지속되는 경우에만 작동할 수 있다.

실제로 의사-케인스적 정부 재정은 자멸적이다. 그러나 정부 재정의 자멸은 경제에 대한 정부 개입의 한계에 관해 거의 말하지 않는다. 이 자멸은 제도 개혁을 통해 성취하겠다는 희망을 버린 것들을 보상적 재분배와 인플레이션 마술로 달성하려는 정책을 시행했을 때 사회가 치를 수밖에 없는 대가에 대해 더 많이 말해 준다.

국민소득 중 임금 몫을 정치적으로 향상시키는 노력이 무익하다는 도그마에 들어 있는 오류는, 부의 분배에서 작동하는 부분을 변화시키는 제도의 힘을 인식하지 못한다는 점이다. 우리는 세 가지 유형의 제도들의 누적적인 효과를 통해 이 부분을 증대시키도록 노력해야 한다. 첫 번째 유형은 더 즉각적인 효과를 발휘하고, 다른 두 가지 유형은 이 효과의 적용 조건들을 창조하는 데에 기여한다. 첫 번째 유형의 제도는 특정한 노동자 집단, 예컨대, 좋은 임금을 받는 안정적인 직업을 보유한 내부자들에게 노동권의 편익이 포획되는 것을 방지하는 장치를 통해 노동권을 일반적으로 강화하는 방식이다. 두 번째 유형은 임금 상승이 물가 상승으로 직접 전환되는 것을 억제하면서 기업에 대한 경쟁 압력을 유지시킨다. 세 번째 유형은 경제에서 혜택받은 선진 부문의 바깥에 있는 기업을 포함한 모든 기업에게 적절한 금융을 제공한다. 이 관행은 앞에서 논의한 두 가지, 즉 현행 은행과 주식시장 체제의 개혁 또는 이 체제와 나란히 저축과 생산 간의 두 번째 가교 구축 중 하나의 방식으로 저축과 생산의 연계를 강화한다.

이제 노동권의 내용을 더 면밀히 숙고해 보자. 어떤 노동권이 고용 수준에 임금 인상이 미치는 부정적 효과를 최소화하면서 국민소득 중 임금 몫을 높이는 데 가장 효과적인가? 이에 대한 일반적인 답변은 노동권이 다음 두 가지 특징을 조합해야 한다는 것이다.

첫 번째 특징은, 정년을 보장받은 내부자 집단이 아니라 노동자 전체가 노동권을 효과적으로 활용할 수 있어야 한다는 것이다. 정책과 제도가 경제의 후진 부문에 있는 구직자와 노동자들보다는 좋은 일자리를 가진 내부자들을 우대할 때, 그 결과는 고임금과 저임금의 격차를 더 벌리는 동시에 임금 인상과 일자리 만들기 간의 갈등이 격화되는 것으로 나타난다.

그러므로 현대 산업민주국가 중 가장 낮은 실업률을 유지해 온 국가는 미국과 같이 노동권이 매우 허약한 경제체제와 스칸디나비아 사민주의 국가와 같이 포용적이고 집단적인 임금협상권이 살아 있는 경제체제이다. 미국 경제는 숙련노동자의 직무 훈련에 대한 부실한 투자를 해결해야 하고, 스칸디나비아 경제는 변화하는 시장 환경에 대한 임금협상제도의 상대적 둔감성을 해결해야 한다. 상대적으로 특권적이고 조직되고 안정적인 노동자 계급이 정부와 민간기업의 임금 및 고용 정책에 결정적인 영향력을 행사한 프랑스와 같은 나라에서는 매우 높은 실업률이 지속되었다. 고용을 저해하는 근로소득세payroll tax를 억제하는 방안은 어느 정도 유용하다. 그러나 더욱 중요한 것은, 일시적인 편익을 기득권으로 전환하면서 특권적인 노동 집단에게 자본집약적인 생산 부문의 목을 움켜쥐게 하는 제도를 회피해야 한다는 점이다.[102]

---

102 웅거는 스웨덴의 연대임금제도를 염두에 둔 것 같다. 연대임금은 동일 직종의 임금 편차를 줄이는 제도이다. 이는 단체임금협상제도를 통해 실현될 수 있다. 이러한 방식으로 임금을 절약한 사업체는 임노동자기금에 출연하여 노동자 전체의 복지에 기여하도록 한다. 노동하는 사람들의 원

모든 노동자, 구직자, 소규모 자영업자들을 자동적으로 조합에 가입시키는 공법公法 체제는 근로 대중 전체를 대표하는 노동조합들을 통해 전 사회적인 협상을 보장하는 데 기여한다. 전국적으로 대표적인 조합들이 참여하는 전사회적인 협상은 양질의 직업을 갖지 못하거나 아예 직업이 없는 외부자들의 이익과 좋은 직업을 가진 상대적 내부자들의 이익 사이에서 균형을 잡도록 도와준다. 이 균형에 우호적인 제도적 경향은 오로지 관대하고 계몽된 사람들의 양심에만 의존하는 노동연대의 일시적이고 불균등한 힘을 보완한다.

노동조합 대표라는 도구는 주변적이다. 앞서 시장경제 민주화 프로젝트에서 주장했듯이, 노동조합은 내부자와 외부자의 완전한 분할을 방지하는 두 가지 장치, 즉 지속적인 교육과 기술전환교육에 대한 요구를 포함한 사회상속의 발전과 생산적 자원 및 기회에 대한 다양한 형태의 분산적인 접근의 확대를 결합하는 방향으로 점진적으로 나아가야 한다. 두 장치의 결합은 진보적 대안의 후기 단계에서 중요하다. 앞으로 주장하겠지만, 이 결합은 동일한 경제체제 안에서 실험적으로 공존하는 대안적인 재산 체제의 창조를 목표로 삼는다.

고용 수준에 임금 인상이 미칠 부정적 효과를 최소화하면서 국민소득 중 임금 몫을 높일 노동권의 두 번째 특징은 성장친화성이다. 노동권은 사회의 물질적 발전을 둘러싼 두 가지 커다란 사회적 요구, 즉 혁신의 수용과 협력 경향 간의 갈등을 조절하는 데 기여한다. 경제성장을 이루

대한 연대가 구축되지 않으면 달성될 수 없는 제도이다.

려면 협력이 필수적이다. 더 분명하게 말하자면, 노동자와 노동자, 노동자와 경영자, 나아가 기업과 기업, 산업과 정부가 협력해야 한다. 어쨌든 사람들은 혁신을 하고 혁신을 수용하지 않으면 안 된다. 문제는 모든 혁신이 협력 관계가 토대로 삼는 관행, 기대, 권리의 맥락을 교체함으로써 협력자들의 상대적 지위와 이익을 변화시킬 우려가 있다는 점이다. 따라서 우리는 협력의 요청과 혁신의 요청 간의 갈등을 최소화하는 협력의 조직 방식을 선호해야만 한다. 동업자 원칙, 즉 '노동자와 함께 이윤과 소유권을 공유하려는 제도'[103]는 바로 이러한 속성을 가진다. 이러한 제도들도 진보적 대안의 후기 프로그램의 관심사인 시장경제의 기성 제도에서 더 철저한 이탈을 촉진할 수 있다.

(개별 기업과 산업 수준의 교섭이 아니라 총노동과 총자본이 협상 테이블에 앉는—옮긴이) 전국적인 임금협상과 노동자의 이윤 및 소유권 공유에 대한 선호는 임금 몫의 지속적인 증대에 필요한 두 가지 중요 조건, 즉 노동시장에서 내부자와 외부자 간의 강고한 분할의 회피 및 성장친화적 제도의 선택과 각각 다른 관계를 맺는다. 전국적인 협상은 후자보다 전자의 조건을 더 훌륭하게 만족할 수 있다. 이윤 및 소유권의 공유는 전자보다는 후자의 조건을 더 훌륭하게 만족시킬 수 있다. 어떠한 공식도 이 경쟁적 목표들을 화해시키는 유일 최상의 방법을 처방하지 못한다.

---

103 여기에서 웅거는 노동자를 오로지 임금노동자로 두려는 신자유주의나 사민주의 대안을 능가하기 시작한다. 종업원지주제, 노동자–자본가 공유기업, 노동자–국가(지자체) 공유기업, 노동자 자주관리기업 등을 상상해 볼 수 있다. 웅거를 '프티부르주아 사회주의자'로 부르는 배경이다. 웅거는 사회 전체 수준에서 사회적 소유가 아니라 작업장별, 기업별 사회적 소유 또는 다양한 소유제도의 공존과 경쟁 체제를 선호한다.

전위와 후위 간의 근원적인 분할이 전적으로 위력을 발휘하는 한, 이상적인 해법을 발견하는 데에는 긴장과 어려움이 지속될 것이다. 이 분할은 노동시장에 내부자와 외부자 간의 분할을 영구적으로 재발명할 기회를 조장하고, 이윤 공유제를 소수의 특권층을 위한 장치로 전환시키기 때문이다. 전국적인 협상뿐 아니라 이윤과 부를 공유할 권리는 공히 기존 생산적 전위들의 경계선을 넘어 전위주의적인 경제 관행의 확산에 우호적인 관행들로 보완되어야 한다. 그러한 관행들은 분권화되어야만 효과를 거둘 수 있다. 이 관행에는 정부와 기업을 매개하는 기금 및 지원센터의 설치 요구가 포함된다. 이 점에서 실질임금을 인상하려는 노력은 반이중구조적 정치경제 건설 운동으로 통합된다. 이는 앞으로 전개하는 바 이 대안의 주요한 관심사다.

자유로운 자본과 자유롭지 않은 노동 : 국민소득에서 임금 몫을 향상시키겠다는 약속의 국제적 맥락

실질임금 향상이라는 진보적 약속과 초국경적인 노동이동의 관계라는 중대한 요소는 아직 이 분석에서 논의하지 않았다. 상대적으로 부유한 국가에서 이 약속이 갖는 실효성은 국경을 자유로이 넘나들 노동의 권리를 지속적으로 부인하는 것에 의존하는 것처럼 보인다. 자유이동권의 부인은 새로운 경제질서에서 유일하게 가장 수치스러운 부정의不正義를 의미하며, 바로 이 지점에서 사회적 부정의가 가장 직접적으로 경제적 비능률과 일치한다.

새로운 세계 경제질서의 건축가들(워싱턴 컨센서스 설계자들—옮긴이)은

자본과 상품은 세계를 떠돌 수 있는 반면에 노동은 국민국가 또는 상대적으로 동질적인 국민국가들의 권역에 갇혀 있는 체제를 건설하였다. 그들은 물건과 돈을 위한 특권과 노동자를 위한 무능력으로 이루어진 체제를 자유무역이라고 부른다.[104] 이것은 정의롭지도 않고 안정적이지도 않으며, 확실히 자유롭지도 않다. 노동자의 자유이동 금지가 오늘의 부정의와 내일의 불안정성의 유일하고 가장 큰 이유이다.

오늘날 조직되고 있는 세계의 경제구역들은 이와 같은 자본 체제와 노동 체제의 구별에 대해 근본적으로 다른 접근법을 보인다. 유럽연합(EU) 같은 경제구역은 자본에 부여하는 이동권을 노동자에게도 부여한다. 그러나 북미자유무역협정(NAFTA) 같은 다른 경제구역들은 노동의 부동성과 자본의 이동성, 이 둘의 차이에서 돈을 벌려고 한다.

초국경적 자유이동과 관련하여 자본과 노동 간의 권리 차이를 옹호하는 주장들은 세 가지 범주에 속한다. 자본이동이 가져오는 유리한 경제적 결과에 입각한 주장, 노동의 자유이동이 가져올 파국적인 사회적·정치적 영향 관념에 기초한 주장, 상속권과 국민 정체성에 대한 도덕적·정치적 관념에 입각한 주장이 그것이다. 그러나 이 주장들은 매우 제한된 방식으로만 유지되기 때문에 이 주장들이 정당화할 듯이 보이던 사항을 결국 비난하는 것으로 끝난다.

신자유주의 원칙과 이를 지지하는 경제적 정통설은 자본이 먼저 자유

---

104 원래 신자유주의는 기득권자들에게는 사회주의적 보장 방식이고, 무력한 민중들에게는 자유방임 체계이다.

로워야 하고 노동은 나중에야 자유롭게 될 수 있다고 전제한다. 반면에 진보적 대안은 자본과 노동이 작지만 점진적인 조치들을 통해 함께 자유롭게 되어야 한다는 대조적인 테제를 지지한다. 노동이 더 자유로워지려면 자본이 좀 덜 자유로워져야 한다. 그런 연후에야 자본과 노동의 자유에 대해 경제적으로나 정치적으로나 사회적으로도 더욱 안전한 토대를 보장할 수 있을 것이다.

정통 이론에 따르면, 노동이 이동할 필요가 없도록 자본이 자유롭게 이동해야 한다. 자본이 최대의 대가를 얻는 곳으로 자유로이 이동할 수 있다면, 임금과 노동조건도 점차 수렴할 것이다. 더 이상 노동자들이 더 나은 삶을 찾아 조국을 떠날 필요가 없다는 것이다.

그런데 그 사이에 발생하는 문제들이 방치된다. 실제로 지금까지 일어났던 것처럼 자본의 압도적인 부분이 국내에 머물러 있다면 국경을 넘나드는 비교적 소규모의 자본은 노동의 조건과 보상을 근본적으로 변화시키지 않으면서 국가정책을 인질로 잡고 터무니없는 영향력을 행사할 것이다. 국민 저축 수준이 낮으면 낮을수록, 가장 재빠르고 가장 비생산적인 자본에 대한 의존성은 더욱 커지게 될 것이다. 물론 국민소득에서 임금 몫을 향상시키려는 정책과 제도는 더 용이하게 자본 유출과 경제적 불안정으로 상쇄될 수 있고, 경제적 정통설에 맞선 국민적 반란의 대가를 증가시킬지도 모른다. 그러나 치러야 할 대가는 항상 존재한다. 우리는 그 대가를 낮추기를 바랄 뿐이다.

자본의 자유이동과 노동의 이동 금지를 지지하는 두 번째 유형의 주장은, 가난한 나라에서 숙련노동자의 탈출 위험뿐 아니라 부유한 나라의 사회복지와 노동권에 노동이동이 가져올 왜곡 효과를 겨냥한다. 실제로 현대 세계에서 세계혁명을 유발할 수 있는 개혁이 하나 있다면, 그것은 국경을 가로지를 노동의 무조건적인 권리의 완전한 인정이다. 화장품에 국제적인 세금이 매겨지는 것처럼 자유로운 이동을 위해 제공된 교통편에도 쉽게 값을 치를 수 있는 상황을 상상해 보라(왜 안 되겠는가?). 중국, 인도네시아, 나이지리아의 독재자들은 과거에 시무룩했다가 이제 행복해진 국민들에게 떠나지 말아 달라고 간청하며 버려진 현장과 공장들을 배회할 것이다. 노동의 자유이동이 시행되면 부유한 나라에서 정성스럽게 구성된 다양한 노동력 부문에 대한 특혜와 불이익의 피라미드가 쓰러지기 시작할 것이다. 자족적 평온의 불가침적인 피난처인 스위스에서조차 어두운 피부를 가진 수많은 사람들이 나른한 바젤 거리를 채움으로써 문제가 터질 것이다.

그러나 지레 끔찍한 날부터 생각할 필요가 없다. 노동자들은 점진적으로 이동권을 쟁취할 것이다. 진보의 각 단계에서 발생하는 문제에는 저마다 해법이 있고, 이 해법은 그 각각이 민주적 대의의 전진을 위한 기회를 대변할 것이다.

우리는 세 가지 주요 문제들을 구별해야 한다. 첫 번째 문제는, 가난한 나라에서 고등교육을 받은 노동력의 유출이다. 이러한 유출은 가난한 나라의 인적 투자를 좌절시킨다. 두 번째 문제는, 부유한 나라의 사회복지권에 끼치는 침체 효과이다. 가장 관대한 권리들로 구성된 나라들은 최대의 흡인 효과를 발휘할 것이기 때문이다. 그렇게 되면 사회복지에서 바닥을 향한 경주가 이어질지도 모른다. 세 번째 문제는, 무제약적인 노동이동이 번영을 구가하는 국가의 노동자들의 권리와 임금에 미치는 파괴적인 영향이다.

이 모든 문제들은 노동이동이 가져오는 편익 중 상위를 차지하는 평준화 경향에서 유래한다. 이제 과제는 나라 안에서 사회적 갈등이 이처럼 바람직한 평준화 효과를 압도하고 잠식하는 것을 막기 위해 평준화 경향을 취사선택하는 것이다. 어떤 프로그램적 주장에서나 마찬가지로 운동의 방향은 운동의 속도보다 더 중요하다.

숙련노동을 육성하는 데에 최소한의 자원을 투자하고 이 노동력을 수출하는 가난한 국가가 이주노동자의 소득에 대해 노동력 수입국이 시행하는 별도의 부가세surtax를 통해 보상받게 하는 제도를 쉽게 상상할 수 있다. 마찬가지로 우리는 고용과 혁신을 제약하는 요인을 최소화하는 방식으로, 예컨대 일반적인 세수에서 기성 노동자의 연금 계좌에 현금화할 수 있는 추가분을 지원해 줌으로써 그들의 지위를 인정할 수도 있다. 복지 권리에서 바닥을 향한 경주는 이주노동자가 획득하는 특징적인 순차적 권리들로 억제할 수도 있을 것이다. 첫째, 이주노동자와 그 자녀들을 위한 건강과 교육의 권리, 다음으로, 더 포괄적인 사회권들, 마지막으로 시민의 완전한 참여권이 바로 그것이다. 바닥을 향한 경주는 사회권의 최소화에 대한 느슨하지만 강력한 두 가지 통제 수단으로 역시 예방할 수 있다. 사람들은 자기 나라에서의 삶의 성격에 대해 염려한다. 더욱이 정치적 자유처럼 경제적 발전도 사람에 대한 투자를 요구한다.

노동이동을 가로막는 실제적인 장애물을 적절하게 제거하고 나면, 우리는 더 근본적인 반론들과 맞닥뜨리게 된다. 이 반론들은 현행 제도의 바탕을 이루는 어떤 규범적 가정들을 드러낼 것이다. 그중 하나는 사유재산의 상속이라는 관념에 상응하는 집단적 상속 관념이다. 이에 따르면, 우리 조상들은 희생으로 우리 나라를 만들었다. 당신들은 왜 늦게 왔으면서 우리와 같은 자리에 앉으려 하는가? 이 나라는 우리 조상의 나라였으므로 이제는 우리들의 나라이다.

전통적인 자유주의 원리는 현실안주적인 태도에 의해 형성되어 왔으며, 흔히 대의민주제, 시장경제, 자유로운 시민사회의 친숙한 제도적 형태들을 포함하였다. 자유주의 원리는 이러한 제도적 형태들을 정치적·경제적·사회적 다원주의의 자연스럽고 필수적인 얼굴로 취급하였다. 자유주의 원칙은 또한 자유주의 원칙을 활성화하는 비전과 결코 양립하기 어려운 두 가지 타협책, 즉 가족에 의한 재산 상속권과 자기 나라에서 이방인을 배제할 권리에 영향을 받아 왔다.

일반적으로 그렇듯이 재산 상속이 불평등한 교육적 편익의 가족상속과 결합할 때 계급사회가 생성된다. 계급사회의 성격은 민주주의의 많은 약속이 실현되는 것을 저지하고, 자유주의 원칙과 사회적 현실 간의 격차를 넓힌다. 그래서 결국, 상속권의 유인효과들을 옹호하는 실천적 논거들을 그러모아서 재산 상속을 정당화하기에 이른다.

그러나 가족상속제 옹호론이 이런 수준으로 떨어지면 그 논거도 잠정적이고 불안정해질 수밖에 없다. 가족상속제가 보존해 주리라고 여겨지는 유인책들이 다른 기초들에 의지하게 될 수도 있다. 더욱이, 사회는 훨씬 더 많은 평등, 즉 여건의 절대적인 평등이 아니라 기회의 상대적인 평등을 위해서 가족상속제의 유인책을 상당한 정도로 포기하는 것을 선호하게 될 수도 있다.

　소위 배제권을 더 면밀히 고려해 볼 때 이방인을 배제하는 권위가 오랜 시간에 걸쳐 국민에 대한, 또 국민 정체성을 유지하는 데에 필요한 수단에 대한 특별한 견해에 의존하지 않는 한, 우리는 그 권위가 상속 관념에 의존한다는 것을 알게 된다. 권리에 대한 혼동된 논거는 유인책에 대한 불완전하고 상대적인 논거를 다시 한 번 모호하게 만든다. 어쨌든 유인책 논거들이 현재 여기서 갖는 힘은 과거 거기에서 가졌던 힘보다 훨씬 작다. 미래에 거주할 사람들의 더 적은 수가 현재 시민의 생물학적 후손이 될 것이기 때문에 어떤 나라도 노동을 중단하거나 노동을 적게 하지는 않는다. 우리가 가족 내에서의 부모자식 간 구체적인 상속에서 나라 안에서의 세대 간 추상적인 상속으로 이동할 때 '이것은 우리 것인데, 왜 당신이 그 일부를 가져야 하는가?'라는 주장은 더욱 약해진다.

　자유롭게 국경을 가로지를 권리를 부인하는 데에 가장 중요한 논거는, 우리가 지금 중시하고 이해하는 바와 같이 그 권리가 국민적 차이를 위협한다는 점이다. 만일 이방인이 어떤 국가에 자유로이 들어올 수 있다면, 그 나라의 생활 형식은 영구적인 압박을 받게 될 것이다. 이방인들과의 실제적인 문제들이 해결될 수 있을지라도 정신적인 문제들은 미해결로 남게 될 것이다.

　진정한 물음은 '민주주의 세계에서 국민은 무엇인가'이다. 진보파에게 국민의 핵심적 과업은 인류의 힘과 가능성을 서로 다른 방향으로 발전시키는 것이다. 국민적 차이는 인류 안에서 도덕적 분화로서 작동해야 한다. 어떠한 생활 방식도 인류의 최고 형식을 제공하지 못하며 단지 하나의 특수한 형식을 제공할 뿐이다. 모든 민주주의는 개방적이고 다원적이어야 하며, 아무리 민주주의적이라고 하더라도 어떠한 제도도 결코 중립적이거나 전포괄적일 수 없다. 어떤 민주주의이든지 가장 가치 있고 가장 인간적인 경험의 어떤 가능성들을 다른 가능성들보다 우월한 것으로 취급하지 않을 수 없다. 그렇게 할 때 민주주의는 특정한 비전과 기질에 더 적합한 세계를 창조한다. 바로 그래서 문화의 차이를 관행과 제도의 차이로 재점화시키면서 국민이 차이를 보존하는 일이 매우 중요하다. 바로 그래서 사람들이 우연히 태어난 나라를 떠나서 자신의 삶의 기획을 정하고 펼칠 더 좋은 기회를 찾아 다른 나라로 진입할 수 있어야 한다는 점 또한 사활적이다.

국가 간의 엄청난 불평등뿐만 아니라 개별 국가 안에서 여건과 계급의 폭정은 기질의 선택적 친화력elective affinities[105](개인의 고유한 기질이 아니라 국민과 관련된 개인의 친화력)을 부질없는 힘으로 보이게 한다. 하지만 그러한 친화력은 민주주의가 심화됨에 따라 더욱 중요해질 것이다.

도덕적 분화의 사명을 이행하고자 한다면, 각 국민들은 동거하는 가족의 생물학적인 상속에 상대적으로 더 작은 비중을 주는 법을 터득해야 한다. 그리고 자신이 발전시키고 있는 인류의 특징적인 판형들에 상대적으로 더 큰 비중을 주는 것을 배워야 한다. 이런 차이를 이해하는 가운

---

105 스웨덴 화학자 토르베른 베르그만Torbern Bergman이 1775년 〈선택적 친화력De attractionibus electivis〉이라는 논문에서 두 가지 물질을 섞어 놓으면 그 물질들을 구성하는 특정한 원소들끼리 예외없이 서로 이끌려 달라붙는다는 것을 실험으로 확인하고 이를 '선택적 친화력'이라고 불렀다. 베버는 《프로테스탄티즘의 윤리와 자본주의 정신》에서 자본주의와 프로테스탄티즘 어느 하나가 다른 것을 산출한 것이 아니라 선택적 친화력에 의해 서로 결합하였다고 이해하였다.

데 가정생활의 집단적 연장으로 기억되고 해석되던 차이들의 과거보다는 아직 성취되지 않은 차이들의 미래에 더 많은 권위를 허용해야 한다. 민주국가democratic nations, 즉 자유롭고 평등한 인민의 국가는 기억보다는 예언의 힘을 사용해야 한다. 결과적으로, 민주국가는 과거에 익숙하게 감당해 왔던 분열보다 이방인들의 등장으로 야기된 더 높은 수준의 분열을 포용해야만 한다.

이 분열은 그러나 우리가 희망하거나 우려한 것보다 훨씬 작은 분열이다. 사람들은 고국에 애착을 갖고, 낯선 곳에서의 새로운 삶을 걱정한다. 실천적인 쟁점은 따라서 수많은 대중을 (그들이 원하지 않을 것이기 때문에) 세계 전역으로 이동하도록 자극할지 말지가 아니라, 자유무역의 범위를 확장하고 자본과 노동 특권들 간의 부정의하고 불필요한 차이를 없애고 국민적 차이감을 쇄신함으로써 기질적으로나 사회적으로도 소수파인 모험 감행자들에게 나라와 상황을 바꾸도록 허용할지 말지다.

신자유주의는 지금 당장 자본에게 세계를 두루 이동할 무제약적인 자유를 허용하고자 한다. 진보적 대안은 자본과 노동이 동시에, 점진적 단계를 통해 이동의 자유를 획득해야 한다고 주장한다. 노동자의 이동권 획득에서 최초의 주요한 운동은 노동 허가를 영구 체류로 전환할 기준뿐만 아니라 합법적 이민과 일시적 노동 허가의 구체적인 최소 할당량을 다룰 국제적 협상이다. 모든 국가는 이 할당량을 허용하고 그 기준을 존중하지 않으면 안 될 것이다. 지역적 노동시장의 요구에 맞춰진 특정 분야의 노동과 이주 규칙을 설정하려는 시도는 금지해야 할 것이다.

단기자본이동은 차등제로 세금을 부과하고 규제해야 한다.[106] 요동치는 자본의 이동에 대한 재정적·규제적 부담은 노동의 자유이동이 진척되는 정도에 따라 감소할 것이다. 강제적인 민간 저축의 공적 조직과 같은 장치를 통한 국민 저축의 향상은 외국 자본에 대한 무차별적인 의존성, 즉 돈의 인내심이나 사용에 대한 맹목적인 의존성을 회피하는 데 일조할 것이다. 그러면 세계는 자유로운 노동을 위해 점차 안전해질 것이다.

사회적 권리와 사회적 행동

조세-이전 기법을 통한 평등지향적 재분배는 단기적으로(전기 프로그램) 노동권을 강화하는 것뿐만 아니라 국민소득 중 임금 몫을 증가시키는 데에도 부차적이다. 조세-이전 방식의 재분배는 장기적으로(후기 프로그램) 경제의 전위와 후위 부문 간의 격차를 완화하는 데에도 보충적이다. 제도적으로 보수적인 사민주의의 특징적인 과오는, 보상적 재분배가 줄 수 없는 것을 보상적 재분배에 기대해 온 점이다.

어쨌든 조세-이전 방식에 의한 재분배는 제 위치만 잡는다면 진보적 대안에서 중요한 역할을 수행할 수 있다. 후기 프로그램에서 이러한 재분배는 사회상속에 관한 일반 원리로 발전한다. 누구든지 가족이 아니라 사회로부터 역량 계발에 필요한 기본적인 자원을 상속받는다. 이 같은 역량의 보증은 진보적 대안이 제안하는 정치적·경제적·사회적 제도의

---

106 웅거는 토빈세를 지지하는 것 같다. 국제투기자본의 무분별한 자본시장 왜곡을 막기 위해 단기 외환거래에 부과하는 통화거래세Currency Transaction Tax를 제안자인 경제학자의 이름을 따서 '토빈세'라고 부른다. 세계 금융위기 시에 주목을 받았다.

역동적인 재구성에 대한 필수불가결한 짝이다. 사회상속이 보호하는 역량과 안전의 조합 없이는 더 실험적인 경제, 더 대중참여적인 정치, 더 조직된 사회라는 기획을 실현시킬 수 없다. 이 조합 없이는 우리는 그저 붕괴와 타락에 오염되기 쉬운 형태로 개혁의 기획을 추진할 수밖에 없다.

실험주의의 가속화와 역량의 향상 사이의 역동적인 연관성은 진보적 대안의 다른 모든 것과 마찬가지로 가장 초기적 형태로 미리 보여 주지 않으면 안 된다. 전기 제도에서 사회적 권리의 진정한 과업은 다른 과업 수행의 부산물로 나타나는 불평등을 감소시키는 경우를 제외하고는 일반적으로 불평등을 감소시키는 데에 있지 않다. 대중들이 자신을 돌보고 인생 계획을 수립하고 집행하는 한편으로, 나라의 대안적 미래를 둘러싼 경쟁의 참여에서 드러내는 극단적 무능력으로부터 그들을 구출하는 것에 있다. 사회권의 본분은 사람들에게 자기 자신과 사회를 바꿀 실천적인 수단을 주는 것이다. 이 최고 목표에 따르면, 사회정책의 최우선순위는 아동, 즉 아동의 안전과 건강, 교육이다.

사회복지 정책의 실효성은 두 가지 주요 조건에 달렸다. 경제성장에 친화적인 형태로 고안된 높은 조세수입과, 사회권의 형성 및 이행에 대한 지역공동체의 참여가 그것이다. 나는 이미 진보적 대안의 전기 프로그램에서 조세 체제의 설계를 다루었다. 그 설계가 단기적으로는 재분배가 과세의 누진성보다 조세수입의 총량과 사회지출의 누진성에 의존한다는 점을 인식하지 않으면 안 된다.

이러한 인식은 우리에게 종합적인 정률 부가가치세[107]와 같이 경제적으로 중립적인 소비세에 큰 비중을 두는 조세 체제를 택하도록 한다. 기존의 노동·저축·투자 유인책들의 효과를 떨어뜨리는 요인을 최소화하면서 세수를 발생시키는 것이 우선이다. 이 목적을 달성한 이후에 점진적으로 직접적인 재분배적 조세의 역할을 확대할 수 있다. 누진적인 조세 체제의 두 가지 주요 대상, 즉 생활수준의 위계질서(최저소득[108]과 연계하여 각 납세자의 소비지출 명세서에 가파른 누진제를 적용한다) 그리고 부와 경제력의 축적(특히 증여와 상속 재산에 대한 과세를 통해) 문제를 다룰 수 있다.

사회정책에 대한 사회적 참여의 문제가 사회적 불평등, 배제, 해체 같은 매우 극단적 조건에서 발생한다는 점을 고려해 보자. 브라질 같은 거대 빈곤국가나 미국 같은 거대 부국이나 사회 안에서 가장 불우한 처지에 있는 집단들의 상당수가 가족 붕괴와 공동체 조직의 부재로 고통 받고 있다. 가족 붕괴와 공동체 조직의 부재는 가난한 사람들에 대한 효과적인 공적 지원 요청을 침해하면서 폭력을 조장하고 아동을 망가뜨리고 경제적 기회를 억누른다. 사회의 해체는 정부 지원을 필수적으로 만들고, 그 지원의 효과를 반감시키면서 모든 악을 순차적으로 야기한다.

이런 조건에서는 두 가지 역설이 복지정책에 어두운 그림자를 던진다. 동반자 남성이 자주 바뀌는 불안정한 싱글맘 가정을 상상해 보자. 이 가

---

107 소비된 상품에 대해 물건 값에 상관없이 통일된 요율을 적용하는 세제를 말한다. 예컨대, 모든 상품에 10퍼센트의 소비세를 부과하는 방식이다.

108 기본소득basic income을 가리키는 옹거식 개념이다.

족의 결속이 약해지면 조직된 공동체는 공동체가 운영하는 탁아소나 공동체 내 결사체를 통해 이 가족의 책임을 어느 정도 인수해 주지 않으면 안 된다. 이 결사체는 학교와 가족, 사회활동가들을 연결해 줄 것이다. 문제는, 일반적으로 가정이 와해되면 공동체도 해체된다는 점이다.

가정과 공동체가 해체되면 가족과 공동체가 만족스럽게 성취할 수 없는 바를 정부가 대신해 줘야 한다. 그런데 우리가 사회정책을 비교하는 경험에서 배운 바가 하나 있다면, 그것은 정부가 수립한 사회 프로그램도 가정과 공동체의 사회단체를 협력자로 확보할 때 가장 효과적이라는 사실이다. 협력자의 부재는 복지관료제의 필요를 창조한다. 그럼에도 불구하고 협력자의 부재는 관료제를 낯설고 비정상적인 세계에서 억지로 작동시키고, 사회적 비참의 원인보다는 그 증상을 더 많이 다루도록 관료제의 역할을 위축시킨다.

이 문제를 풀 기본적인 해법은 공동체 조직을 촉발하도록 사회적 권리와 공공부조를 형성하는 것이다. 어떤 편익이나 편익 수준에 대한 접근은 공동체 집단의 참여를 전제로 만들어져야 한다. 이 집단들이 지역정책의 형성과 수행에도 참여하면서 정책의 우선운위를 정하고 그 방법을 선택하는 데 힘을 보태야 한다. 이른바 정치꾼 활동가들이 이런 집단의 간부 자리를 꿰차는 폐해는 공동체 참여 규칙에서 그 해독제를 발견해야 한다. 지역공동체가 어떤 자원을 지원 받기 위해 조직되듯이, 이 공동체에 참여하는 개인도 그 자원을 할당 받아 개별적인 편익을 수령할 목적으로 공동체에 참여해야 마땅하다.

이때 두 가지 큰 문제, 즉 시민사회 조직을 장려하는 방법의 문제와 가족과 국가의 관계라는 쟁점이 이러한 원칙과 관심을 어지럽힌다.

시민사회에서 결사체의 밀도는 보상적인 사회정책의 유효성을 얻는 조건 그 이상으로 중요하다. 이는 민주적 실험주의의 주된 목표이자 기본적인 조건이다. 정부 바깥에서도 밀도 있게 조직되는 사회만이 대안적 미래에 대한 이해를 만들어 내고 그 이해에 입각하여 행동할 수 있다.

전통적인 사법私法 장치로는 이런 목적을 달성하기 어렵다. 사법 장치는 돈벌이에 몰두하며 일상생활에서 중요한 사업을 지향하는 조직과, 사회개혁 및 사회악의 퇴치에 헌신하면서 실천적 사안들을 한정적으로 다루는 시민적 결사체들을 다른 종류로 취급할 뿐만 아니라, 시민 조직의 권리를 향유할 능력이 불평등하고 분열된 사회의 온갖 종속성과 취약성에 휘둘리도록 방치한다. 이러한 사회에서 고립은 자주 불이익을 동반한다.

진보적 대안의 후기 형태의 설명에서 주장하게 될 나의 해법은 시민사회의 자체 조직에 두 가지 기회, 즉 사법을 통한 기회와 공법을 통한 기회를 주는 것이다. 어쨌든 사회적 권리와 편익을 집단 조직 및 참여에 의존시키는 것은 이러한 방향에서 하나의 조치에 불과하다.

아무리 많은 사회 조직이 있더라도 가정을 대체할 수 없다. 인간 역량의 강화를 통한 사회적 행복의 약속도 가정생활이 붕괴되거나 약화되는 상황에서는 비현실적이고 신뢰할 수 없는 것이 된다. 정치적으로 역동적인 사회에 살더라도 사람들은 역사적 시간의 안팎으로 하나의 삶을 지속적으로 원한다. 모험과 야망은 친밀성과 사랑 속에서 제짝을 만난다. 진보적 대안의 초기 단계에서 학교, 가족, 지역공동체 간의 결속은 가장 중요한 사회적 지원 형태를 성공시키는 열쇠가 된다.

하지만 우리가 사회적 불이익과 무능력의 비참한 형태들을 교정하고 진보적 대안의 후기 단계로 이행해 감에 따라, 각 가정의 요구들과 민주적 실험주의의 자극이 빚어 내는 비극적인 갈등을 드러내는 대항적인 고려가 작동하기 시작할 것이다. 민주주의는 미래의 가능성을 상상하고 현재의 견해들에 저항하는 개인들을 키워 낼 학교를 필요로 한다. 이 학교는 아동의 예언자적 목소리를 인정하고 발전시키며, 아동에게 자신이 속한 가정과 계급, 가족, 나라, 시대와 다르게 생각할 수 있는 수단을 제공하지 않으면 안 된다. 학교는 가정에 의존한다. 학교가 가정의 가르침에 대해 가상의 전쟁을 선포할 필요는 없다고 하더라도, 학교가 짊어져야 할 해방적 사명의 실현은 그런 가상적인 전쟁을 가능하게 하는 조건의 일부를 창조한다. 가정과 학교가 화해를 이루려면 사랑과 존중은 일치와 동일성에 덜 의존하지 않으면 안 된다. 우리 자신을 바라보는 관념의 점진적인 개혁을 통해 이러한 의존성을 감소시키는 것이 민주적 실험주의의 관행과 문화의 본질적인 부분이다.

전기 프로그램: 분권적인 조정

두 가지 과업 : 저축의 투자 동원과 전위주의 관행의 확산

신자유주의와 전통적 사민주의에 대한 민주적 대안은 사회적 저축을 생산적 투자로 전환시키는 경제제도의 발전을 필요로 한다. 민주적 대안

은 특히 후위 부문에서의 투자 기회를 확대하고, 경제적·사회적 외부자들까지도 포섭하는 저축과 생산의 관계를 조직하는 방식에 관심을 갖게 될 것이다. 여러 해법 중 민주적 대안은 순차적으로 생산체제의 내부뿐 아니라 바깥에서도 민주적 실험주의 확장에 우호적인 조직 방식을 선택할 것이다. 신자유주의에 대한 민주적 대안은 또한 전위주의 관행을 선진적인 통찰과 관습의 섬으로 고립시키는 대신에 경제 전반에 이러한 관행(학습으로서의 생산 관행)의 확장을 촉진하는 데에 기여하는 경제제도들을 반드시 수립해야 한다.

생산을 위한 저축의 포괄적인 활용과 전위주의 관행의 확산이라는 두 가지 과업은 공히 고립된 기업들의 경계를 넘는 주도성, 국가적 및 지역적 수준에서의 기업과 정부 간 주도성뿐만 아니라 협력적으로 행동한 기업 간의 주도성도 요청한다. 그리하여 두 과업은 정부와 기업의 협력 관계라는 중요한 문제를 제기한다. 국가의 규제적인 사회적 책임과 국가의 생산적 수동성 사이에 명확한 경계를 고수하는 것이 신자유주의 프로그램의 본질적인 주장이듯이, 정부와 기업의 협력 관계를 포용하고 이를 분산적인 형태로 혁신하는 것은 진보적 대안의 핵심적인 신조이다. 이 같은 정부–기업 협력 관계의 변형은 이어서 정부와 기업 사이에 경제적 매개조직(사회기금과 지원센터들)의 발전을 요구하게 된다. 그리고 이 새로운 경제적 행위자들의 창설은 후기 프로그램의 특징적인 관심사인 재산 체제 형태를 혁신할 기회를 제공한다. 마침내, 우리는 시장경제가 전통적인 재산권 논리에 따라 조직된 자연적인 법적 형식을 가진다는 물신주의적 관념을 폐기하는 데에 이르게 된다. 우리는 과거의 물신주의적 관념 대신에 시장경제의 다양한 법적·제도적 형태와 다양한 재산 체제가 동일한 경제 안에서 실험적으로 공존하는 것을 허용할 의지를 작동시키게 된다.

반실험주의적 환상들

정부와 기업 사이에 협력 관계의 역할과 형식을 고민할 때, 우리는 다른 문제에서도 그랬듯이 우선적으로 전통적인 경제적 사유가 제도적 상상력에 부과한 족쇄에서 우리 자신을 해방시켜야 한다. 가장 중요한 족쇄는 두 가지 유형의 가정이며, 둘은 서로 연관되어 있다. 이 가정들은 각기 신자유주의적 관념들이 권위를 누릴 수 있는 지적 분위기를 수립하는 데 두드러진 역할을 수행했다. 그 하나는 정책 논의에서 반복되는 논의 패턴을 보여 준다. 반복적인 주제는 어떤 경제적 선택지나 조정 관행이 원리적으로는 매력적이고 심지어 우월한 것으로 인식되지만, 실제로는 열등한 것으로 무시된다는 점이다. 원리적으로 우월한 관행이 경제적 정실주의와 관료적 교조주의라는 쌍둥이 악이 판칠 기회도 증가시키기 때문에 실제로는 열등하다는 것이다. 물론 어리석음과 유착이 동시에 작용하면 아무리 매력적으로 보이던 제도 도 최악의 결과를 낳을 수 있다. 예를 들면, 차등 환율(소비재와 자본재에 각기 다르게 부과된 환율), 차별적 관세와 수입 통제(소비재에는 높게, 자본재와 역량을 창출하는 서비스에는 낮게), 차별적 이자율(기성 제품의 재생산보다 혁신에 대한 투자에, 소비지출보다는 인적·물리적 생산자원에 대한 투자에 더 낮게)은 종종 원리상 최선의 해법으로 보일지도 모른다. 그러나 이론상 최상의 접근법이 실제로는 단일한 요율이라는 추론상 차선의 해법(이 해법의 차별화가 이루어진다면 그것은 자유로이 작동하는 시장의 힘들에 의해 이루어진다)보다 거의 항상 열등한 것으로 드러난다. 그래서 이론상 차선책이 실제에서는 최선책이다. 차선책은 이익집단과 사욕에 부패되지는 않았더라도 교조에 현혹된 관료제에서 권력을 가져오려고 한다. 이 해법은 분권적인 경제 행위자들에게 주도권을 소산消散시킨다.

우리는 차선의 해법이 선호를 얻는 이유에 대한 믿음이 여전히 또 다른 가정들에 의존한다는 것을 곧 보게 된다. 정부와 기업을 연결하는 데에 우리가 활용할 수 있는 제도적 해법의 범위에 관한 일련의 가정이 그것이다. 경제적 분석의 재가를 얻고 신자유주의 이데올로기에서 빼어난 역할을 하는 이러한 가정은 정부의 적극주의와 민간 주도권의 명료한 대비 방식이다. 우리는 마음속에 그 각각을 규정하는 관습과 제도에 관한 구체적인 그림을 가지고 있다. 이 그림에서 전략적 협동에 관한 정부의 적극주의는 중앙정부에 의해 대표되고, 중앙정부 안에서는 무역 및 산업 정책에 특화된 관료들에 의해 대표된다. 이 관료들은 기업 연합체, 특히 가장 크고 가장 잘 정비된 회사들을 다룬다. 이것이 동북아시아 경제의 경험으로 친숙해진 전략적 조정 모델이다.

이 같은 그림의 제도적 가정들을 수정하기 시작하자마자, 우리는 차별화된 환율과 이자율과 같은 정책들을 비현실적이고 위험스럽다며 폐기하도록 유도하는 전제들을 흔들 수 있다. 거대한 잠재적 공간은 고립된 민간 주도권과 일방적인 관료주의적 부과행위의 극단들을 분리한다. 이것이 잠재적 공간이라고 불리는 이유는 자연 대상처럼 객관적으로 존재하는 것이 아니기 때문이다. 우리는 제도의 발명을 통해 잠재적인 공간을 만들 수 있다. 전략적 조정의 형식과 관행을 분권화함으로써 편익과 부담의 분배를 바꿀 뿐만 아니라 분배 비율까지 바꿀 수 있다. 더 자립적인 주도권과 더 공적인 책임을 동시에 갖게 되는 것이다.

부유한 산업민주국가에서 지난 세대에 수행된 정책 논쟁들이 쓸모없어진 근본적인 이유는, 그 논쟁의 명운이 달린 제도적 쟁점들을 탐구하지 않은 채로 방치했다는 점이다. 제2차 세계대전 후 구조적 논쟁 의제의 종식과 전통적 경제학의 반제도주의anti-institutionalism가 결합하여 정책 관료들을 맹목으로 만들었다. 현실정치에서 제2차 세계대전을 전후하여 제도적 재구성의 희망은 재분배적인 조세-이전 정책에 대한 순전한 집착으로 넘어갔다. 조세-이전 정책의 경제적 한계가 더욱 분명해진 때에도 포위된 사민주의자들이 돌아갈 만한 풍부한 구조적 대안들은 존재하지 않았다. 이 전망 상실이 얼마나 컸던지 경제학에 반제도적 제도주의anti-institutional institutionalism[109]라는 상표까지 등장했다. 이제 반제도적 제도주의자

109 제도주의 경제학에 따르면, 경제는 신고전파 경제학의 가정처럼 단순히 가격기구를 통해 작동하는 것이 아니라 법률이나 사회 관습 등을 총칭하는 제도에 의해 규정되며, 경제 분석은 제도 연구와 접맥되어야 한다. 이러한 견해는 자본주의 안에서도 경제 조직에 다양한 선택지가 존재할 수 있다는 점을 시사한다. 역사적으로 베블런, 커먼스, 미첼, 윌리엄슨 등이 구제도주의old institutionalism의 기억할 만한 인물이다. 그러나 주류 경제학은 신고전파적 사유에 입각하여 제도와 관습에서 추상하여 자본주의 시장경제를 경제활동의 최종적 발전태로 이해하므로 제도적 가소성을 부정한다. 그런데 이런 사고방식은 주류 경제학에만 국한되지 않는다. 예컨대 80년대에 대처리즘에 대한 논쟁에서 영국의 마르크스주의자 다수는 대처리즘을 70년대 위기에 대한 자본가들의 유일하고 합리적 대응이라고 판단하였다. 이들은 대처리즘과 자본주의 전복을 양자택일적으로 파악하였다. 제도주의가 정책적 변주와 제도적 가소성을 인정한다면, 반제도주의는 법칙적이고 단선적이며 양자택일적으로 사고한다. 웅거가 말한 반제도적 제도주의는 신고전파의 가정에 충실하면서도 현존하는 사회제도를 사후적으로 합리화하는 데에서 경제학의 소명을

들은 어떻게 제도가 전체적으로 부적절한 것으로 판별되는지 또는 제도가 합리적 경제 행위자들의 시선에서 합리성의 제도적 요구 사항들의 누적적·수렴적 발견물로 해명될 수 있는지를 증명하고자 했다.

사례와 경고: 중앙정부와 가족농장

정부-기업 관계를 다시 상상하고 내가 방금 서술한 독단과 미신에서 벗어나기 위해서는 다음 세 종류의 현대적 경험에 대한 성찰을 통해 우리 자신을 강화시켜야 한다. 그 세 가지 경험이란 중앙정부와 가족 농민들의 협력, 동북아시아 경제가 개척한 정부와 기업 간의 다양한 전략적 조정, 가장 진보적인 서구 산업민주국가 지역에서 발전한 전위주의 생산 관행이다. 각 경험은 교훈적이지만 결함이 있는 출발점을 제공한다. 이를 신자유주의에 대한 민주적 대안의 자료로 전환하려 할 때 이 각각의 경험은 영감을 제공하면서 동시에 교정을 요구한다.

현대 가족농업의 성공이 매우 비중 있게 의존해 온 기업과 정부 간 협력 관계에서 있을 수 있는 협력적이고 변혁적인 노력부터 살펴보자. 많은 상황에서 가족농업은 뛰어난 효율성을 증명할 수 있다. 그러나 가족농업은 경제적·기후적 위험에 취약하다. 이를 상쇄시킬 지원이 없다면 이 위험들은 한바탕 파산과 토지 집중을 야기할 것이다. 지원 구조가 제자리를 잡으면, 지원은 가족농업을 규모의 경제에 접근시키고 그 기술적·공학적 개선을 지원하면서 점진적으로 추가적 기능을 획득할 수 있다. 이 같

발견한 코스나 포스너의 법경제학이나 신제도주의new institutionalism를 지목하는 것 같다.

은 국가와 농업인 간의 결합은 매우 빈번히 농민들 간의 협력적 경쟁을 배경으로 번창해 왔다. 미국 역사의 오랜 시기 동안 경제 분야에서 영웅적인 성과를 수행해 온 농업은, 19세기 자작농육성법Homestead Acts[110]에 따른 농지분배부터 농촌지도사업의 기술적인 작업에 이르는 제도들의 혜택을 보았다. 그러나 동북아시아 경제가 활용한 상대적으로 집중적이고 유착적이며 독보적인 무역 및 산업정책 말고는, 경제 전체에 대해 이처럼 제도적으로 선진적인 일반 농업개혁 사례를 찾아보기 힘들다.

사례와 경고: 전략적 조정과 동북아시아의 경성국가들

동북아시아 경제체제에서 전략적 조정 관행(처음에는 일본 그리고 다음으로 한국, 대만, 싱가포르)은 우리가 정부와 기업 간 협력 관계의 대안을 상상할 때 이용할 수 있는 두 번째 현대적 경험이다. 동북아시아 국가들의 경제적 성공을 설명하는 전통적인 방식은, 혁신적인 수출지향적 기업들에 대한 성과에 기초한 신용 배정이나 유망한 산업 분야에 대한 공학기술과 기법, 재능의 조직적인 전수와 같은 특별한 영역에서 정부의 적극주의를 성공의 상당한 원인으로 꼽는다. 그러나 전통적인 분석은 즉각적으로 여기에 두 가지 조건을 추가한다. 첫 번째 조건은, 건전한 공공재

---

110 본래 미국에 이주한 사람들은 정착 시 농장에서 일정 기간 고용노동자로 일한 후 일정 규모의 미개척 공유지를 분배 받아 독립한 자영농이 될 수 있었다. 미국 독립 이후에도 자작농 육성제도는 지속되었다. 미국 정부는 공유지법(Public Land Act of 1796), 해리슨토지법(Harrison Land Act of 1800), 자작농육성법(Homestead Act of 1862) 등을 통해 공유지를 저렴한 가격으로 분배하였다. 링컨 시대의 자작농육성법은 모든 농업이민자들에게 160에이커의 공유지를 무상으로 공급하였고, 이에 따라 수백만 명의 미국인들이 5년 이내에 개척지에 정주하여 농사를 시작한다는 조건 하에 대규모의 토지를 소유하게 되었다.

정(균형예산)과 같은 다른 정통 경제정책과 공교육에 대한 지속적인 대규모 투자와 같은 합리적인 사회적 약속이 시장에 대한 정부 차원의 규제 노력보다 더 중요했다는 점이다. 물론 이 노력들은 다 성공하지 못했고, 더 큰 자제력을 발휘했다면 피했을 법한 값비싼 과오들을 저지르면서 딱 성공한 만큼 실패했다. 두 번째 조건은, 이 개입들이 보유한 실효성은 어쨌든 강력하고 능력 있고 자립적인 관료제의 형성을 야기한 특수한 역사와 여건에 의존했다는 점이다. 이 같은 관료제가 존재하지 않는 조건에서 섣불리 개입주의적 관행을 모방하는 것은 일방적인 후견주의라는 재앙을 불러들인다는 것이다.

안도감을 주는 이러한 설명은 절반의 진실만을 결합시켰을 뿐이다. 엄밀히 말하면, 이런 통찰을 고무하는 제도적인 상상력, 즉 과거의 제도적 발명과 미래의 제도적 가능성에 관한 상상력의 빈곤은 통찰을 반감시키고 지침으로서 통찰이 갖는 가치를 훼손시킨다. 이처럼 부족한 요소를 덧붙여 생각하면, 우리는 동북아시아 경제체제의 성취와 한계들이 서로 결부되어 있으며 특징적인 제도적 타협에 의존했음을 깨닫게 된다. 그리고 그 타협들은 과거에도 그랬듯이 현재에도 민주적 실험주의에 제약을 부과한다. 우리의 과업은 이 사례들을 모방하지 않고 다시 상상하고 재구성하여 이 사례들이 민주적 실험주의의 발전이라는 원대한 목적에 기여하도록 만드는 것이다.

여기서 우리가 이해해야 할 가장 중요한 요소는, 동북아시아 경제체제의 정통적인 성취와 이단적인 발명들이 공히 권위주의적 또는 반民민주적 경성국가의 특별한 성격에 의존했다는 점이다. 그 포괄성에서 전략적 조정 형식은 나라마다 차이가 난다. 예를 들면, 많은 중소기업들이 협회를 통해 정부 지원의 수혜자가 된 타이완에서는 전략적 조정 형식들이 더 포괄적이었다. 그럼에도 불구하고 동북아 모델의 원형인 일본을 비롯하여 모든 동북아시아 경제체제에서 무역정책과 산업정책의 형성 과업은 대체로 국가 관료들에게 집중되었다. 이러한 경제체제에서 협상 테이블에 앉는 자의 범위는 나라마다 차이가 있지만, 협상 해결사 테이블에 앉은 자들과 그렇지 못한 자들 간의 차이는 지속되었다. 거래 내용은 일련의 선별적 우대 조치들이었다. 이 조치들을 설계하면서 관료제는 정치 및 기업 분야 지배 엘리트 집단 내부의 이익과 전망에 대한 포괄적인 합의를 통해 견제를 받았다.

이 같은 정부–기업 협력 형식은 관료들의 전문성과 독립성을 통해서 관료와 기업가 간의 파렴치한 유착 형식들을 저지할지도 모른다. 결국 이 협력 형식은 정부의 신중한 자율성에서 특정 기업 이익에 영합할 위험을 차단할 수단을 반드시 찾아야 한다. 그럼에도 불구하고 이 협력 형식이 위로부터 만들어져 부과된 선별적 협상이라는 점에는 변함이 없다. 따라서 이 협력 형태가 유착을 피하고자 한다면, 권위주의라는 정치적 무기에 의존할 수밖에 없다.

이제 동북아시아 경제가 신자유주의가 권고하는 바와 결국 그리 멀지 않은 경제적 정통설의 직접적이고 협소한 경로를 걸어왔다는 주장에 대해 살펴보자. 농지개혁과 마찬가지로 교육에 대한 투자는 기술적인 정책 결정이 아니었다. 교육에 대한 투자는 평등지향적인 구조 개혁 역량의 표현으로, 문화적 전통(배움에 대한 숭상)으로 지속되었고, 역사적 비상사태(19세기 동안 서구 제국의 정복 위험에서 일본의 구제, 제2차 세계대전 이후에는 사회를 공산주의로부터 수호하고 새로운 삶을 준비해야 한다는 데에 대한 미점령군 사령관들과 국가 엘리트들의 공통된 관심)로 고무되었다. 물가 상승이 아니라 세금을 통해 정부 수입을 확보하는 단순한 성과조차도 유산자와 특권층을 수용하고 동시에 그들에게 저항할 수 있는 국가에 의해 취해진 독립적인 공적인 행동의 역량을 요구한다. 따라서 동북아시아 경제체제들은 자유주의적 또는 신자유주의적 경제적 정통설을 도매금으로 수용할 필요가 없었다. 예컨대 그들은 교조적인 자유무역을 거부하면서 건전재정 원칙에 따라 작동할 수 있었다. 그들은 투기적 금융자본에 대한 완고한 적개심을 유지하면서도 해외 차관을 환영할 수 있었다. 국내 산업의 학습 능력과 시장 필요를 맞추기 위해 외국의 직접투자를 선별할 수 있었다. 동북아시아 경제체제들은 라틴 아메리카 경제체제들과 달리 그런 일을 수행할 능력을 갖춘 국가가 있었기 때문에 취사선택할 수 있었다.

따라서 우리는 동북아시아 경제체제들이 정통 교리의 측면에서 거둔 상대적 성공—정부에 적절하고 투명하게 금융을 제공하는 체제의 역량에서—과 이단의 측면에서의 상대적 성공—관리된 무역과 산업정책에 대한 지속적인 실험에서—이 모두 권위주의적(반半민주적) 경성국가의 존재라는 동일한 조건에서 나왔음을 알게 된다. 이러한 국가는 기업가적 엘리트 및 자산계급과의 관계에서 과거에 토지부호들을 상대한 농업관료제적인 제국의 중요 개혁가들이 점했던 지위와 유사한 지위에 있다.[111] 당시에 국가는 독립적이었으나 아주 독립적이지는 않았고, 토지귀족에 대한 평형추로서 그리고 번영과 힘의 요청으로서 자유로운 소규모 자작농 계급을 보호하려고 하면서도 토지귀족에 대한 통제를 반귀족적인 혁명적 독재로 전환하는 것에 단호히 반대했다. 국가는 운영의 대가를 선불로 요구하고, 극단적 불평등을 효과적으로 통제하고, (일부) 기업들과 적극적 협력 관계를 시작할 정도로 강력했다. 하지만 국가의 성격과 국민대중과의 관계를 변화시키지 않고서는 국가의 업무를 참여자의 측면에서 더는 포괄적으로 만들 수 없고, 그 형식의 측면에서 더는 분권적이며 실험주의적으로 만들 수 없다. 정부 주도의 전략적 조정이 이런 제약조건 아래서 작동하는 사이, 정부의 조정은 그 전문성에도 불구하고 독단과 유착이라는 쌍둥이 악에 취약성을 드러냈다. 국가주도적인 조정은 유착의 기회를 증가시킴으로써 독단의 기회를 감소시킬 뿐이었다.

권위주의가 경성국가의 경성성을 향한 지름길이라는 앞선 지적은 이제 그 완전한 의미를 가질 수 있다. 권위주의 정부는 더욱 쉽게 영향 요소를 저지하고 결정을 관철시킬 수 있다. 그러나 권위주의 정부는 자신을 존속하도록 허용하는 사회적 타협의 좁은 구조틀 안에서만 그렇게 할 수 있다. 권위주의 정부는 이 타협에서 가장 중요한 이익(집단)들에 감히 맞서지 못한다. 무역과 산업정책을 포함한 모든 시도에서 권위주의 정부

---

111 송나라에서 균수법, 모역법, 방전균세법, 시역법 등 새로운 법제를 통해서 왕안석王安石이 대상인, 부호, 토지귀족들의 경제적 권력을 통제하려 한 역사적 사례를 고려한 진술 같다.

는 다른 눈으로는 권력의 안위를 살핀다. 더욱이, 권위주의 정부가 민주
화를 시작하게 되면 정부의 권력은 더 다공질적이고[112] 더 유연해진다.
결국 경성성과 권위주의는 불가분적인 것으로 보이기 시작한다. 사태는
개선되기 전에 악화될 것이다. 불평등한 사회와 불평등하게 조직된 사회
에서 상대적 또는 부분적 민주주의는 전략적 조정을 편견과 정실주의로
타락시킬 개연성이 매우 높은 민주주의이기 때문에 그렇다. 이에 반해
누적적인 제도 변화를 통해 심화된 민주주의는 경제정책의 행위자와 수
혜자로 행동할 수 있는 조직과 조직화된 이해집단의 범위를 확장시킬 것
이다. 심화된 민주주의는 또한 정책 수립과 이행에서 더욱 실험적인 분
권화를 허용하면서 정책의 성질과 방법에서 변화를 유발할 것이다.

 진보적 대안은 동북아시아 경제체제들이 실행해 온 정부-기업 협력
관계의 재구성 시도에서 도움과 영감을 얻을 수 있다. 협력 관계는 중앙
집권적인 관료층, 무역 및 산업 담당 부처들의 몫으로 돌아가서는 안 되
고, 정부 안팎에서 대안적 단체들이 협력 관계의 창설자이자 행위자가
되는 지점까지 점진적으로 분권화되어야 한다. 협력 관계는 단일화가 아
니라 다원화되어야 한다. 책임 있는 기관들이 상이한 전략들을 시험할
수 있어야 한다. 협력 관계는 행정법 및 행정 재량의 혼합 체제 아래서
양식상 관료주의적이기보다는 대화적이고 개방적이어야 하며, 생산적
전위주의 조건의 단계적 이행을 협력 관계의 내용으로 수용해야 한다.

---

112 '다공질적porous'이라는 말은 화학 용어로, 어떤 물질이나 결정체가 여러 구멍을 가지고 있는 상
  태를 의미한다. 체제나 권력이 다공질적이라는 말은 외부의 상황 변화를 수용할 수 있는 틈입구
  를 가지고 있는 것으로 해석할 수 있다.

협력 관계는 행위자와 수혜자의 범위에서 선별적이기보다는 포괄적이어야 하고, 전위 부분뿐만 아니라 후위 부문까지도 포괄해야 한다.

이러한 동북아시아 경제체제들의 제도적 전통을 가진 나라에서의 정부-기업 협력 관계의 재구성은 무역과 산업정책의 세분화로 시작될 수 있다. 다양한 관료 팀과 국책은행들은 다양한 기업 집단과 협력하면서 대안적 전략을 시험하도록 장려받을 수도 있다. 협력 관계는 정부와 기업 중간에 서서 정부와 기업 양측에서 상당한 독립성을 갖고 전위주의 관행을 후위경제로 확장시키는 사명을 띤 기구들(자금 및 기술지원센터)을 계속 창조할 것이다. 이 기구들이 고객기업과 접촉할 때, 이 같은 협력 관계는 대안적인 규칙과 관행의 발전을 만들어 내어 마침내 재산 체제의 누적적인 실험까지 낳을 수 있다. 이로써 팔길이 규제[113]와 자발적인 시장 주도성 사이의 빈 공간이 점진적으로 채워질 것이다.

이런 변화를 전략적 조정의 차원에서 기술하는 것은 이 변화가 기술적 해법보다는 정치적 비전을 구현한다는 점을 통찰하는 것이다. 현대적인 여건에서 이 변화는 사소한 제도적 쇄신에서 시작될 수 있다. 그러나 정부와 정치 조직 안에서 일련의 지속적인 개혁과 발명이 없다면 변화는 전진할 수 없을 것이다. 권위주의적 경성국가도 민주적 연성국가도 마찬가지로 전진하지 못할 것이다. 우리에게는 민주적 경성국가가 필요하다. 민주적 경성국가 관념은 나중에 설명할 심화된 민주주의 관념과 합류한다.

---

113 지원은 하되 간섭하지 않는다는 규제 원칙.

사례와 경고: 부국에서의 산업 재조직

세 번째 유용한 현대의 경험은, 가장 선진적인 경제체제의 가장 선진적인 지역과 부문, 즉 전위적인 방법에 가장 능숙한 생산체제 부문에서 이루어진 산업개혁의 최근 역사이다. 북부 이탈리아의 에밀리아 로마냐 Emilia Romagna와 여타 지역에서 개척자 기업으로 유명한 '제3의 이탈리아third Italy'[114] 사례는 약간씩 변주되면서 유럽과 미국의 도처에서 반복되고 있다. 현재까지 반복되고 있는 이 사례의 주요한 요소들을 살펴보자.

첫째, 전위주의의 다음과 같은 표층적 현상들이 존재한다. 생산의 탈규격화, 첨단기술, 자본집약형 근로 환경, 고도숙련노동에 대한 의존성, 나아가 세계시장 지향성뿐만 아니라 전세계의 다른 선진적인 경쟁자·공급자·소비자 표준 지향성 등이 그것이다. 이 현상들은 현실적인 후위 부문과 대조되는 현실적인 전위 부문의 두드러진 특성으로서 현대 세계의 선진적인 경제체제들을 구성한다. 물론 빈곤하고 기술적으로 더 원시적인 기업들이 다음에 서술할 방법의 전위주의를 성취한다고 해서 반드시 이러한 현상들이 나타나는 것은 아니다. 그러나 전위와 후위 부문이 분리되고 대립하는 세계에서는 이 현상들이 보통 가까이 존재한다.

둘째, 실천적 실험주의에는 더 심오하고 추상적인 특성이 존재한다. 그것은 첫째로 과업 설정 역할 및 활동과 과업 수행 역할 및 활동 간 차이

---

114 '제3의 이탈리아'는 1970년대와 80년대에 직물, 견직물, 모직물, 의류, 금속 제품, 스키복, 가죽의류 산업이 집중적으로 발전한 이탈리아 북동부 및 중부 지역을 가리킨다. 경제학에서 '제3의 이탈리아'는 일반적으로 생산 방식과 관련해 새롭게 등장한 이른바 유연전문화를 상징적으로 일컫는 말이다. 기존의 포드주의적 대량생산 방식에서 탈피해 다품종 소량 생산이 유연전문화의 특징이며, 경제학자 피오레와 세이블이 주창하였다.

의 완화, 노동의 수직분할과 수평분할이 약화됨에 따라 과업 수행 역할들 간 장벽의 해체, 둘째로 기업 내부에서와 마찬가지로 기업 간 협력적 경쟁 체제에서 경쟁과 협력의 혼합, 셋째로 협력적 경쟁과 유연한 노동분할이 장려하는바 조직·거래·도구에 대한 영구적인 시행착오 관행 등이다.[115] 이러한 전위주의는 재정적으로나 기술적으로 경제적 후위 부문에서도 번창할 수 있다. 하지만 지금 조직된 세계에서는 좀체 번창하지 못한다. 전위주의가 후위 부문에서 지속적으로 그리고 더 넓은 규모로 번창하는 경우, 우리는 어김없이 전위주의를 촉진하는 지방정부나 중앙정부의 손길을 발견한다.

셋째, 전통적인 전위 부문에는 통상 실천적 실험주의가 살아갈 수 있는 친숙한 사회적·문화적 조건들이 존재한다. 이 조건 중 하나는 장인작업의 전통 또는 대학에 기반을 둔 기술엘리트 훈련, 아주 흔하게는 이두 가지의 결합으로 제공되는 이미 확립된 공동의 고도지식과 첨단기술유산의 존재이다. 다른 조건은, 높은 수준의 자발적 결사체와 공동체 생활이다. 이런 사회단체가 효율적인 지방정부를 지지한다. 사회단체는 자신의 부담으로 사람에 대한 투자를 제공함과 동시에 정부에게 사람에 대한 투자를 요구한다. 협력적 경쟁과 유연한 전문화가 의존하는 신뢰와 신용의 분위기를 사회단체가 조성한다.

넷째, 발전의 전형적인 경로가 존재한다. 기업은 내부 문제를 통해 생

---

115 실험주의자들은 토요타 자동차공장의 생산라인을 이러한 예로 꼽는다. Simon, William, "Toyota Jurisprudence: Legal Theory and Rolling Rule Regimes", http:// papers.ssrn.com/sol3/papers. cfm?abstract_id=602626.

산적 전위주의의 심층적 측면과 표층적 측면을 시험함으로써 그 편력을 시작한다. 곧이어 기업들은 자신들끼리 협력적 경쟁 관행을 발전시키고, 협회를 형성하고, 지역공동체 및 정부와의 연계를 강화한다. 마침내 기업들은 중앙정부 및 지방정부와의 결사를 더 효과적으로 이용하는 법을 터득한다. 예컨대, 기업 자체의 진보가 매우 비중 있게 의존하고 있는바 사적인 것을 초과하나 공적인 것에 미달하는 가치들, 가령 적절하게 교육받은 노동자 또는 생산 표준과 방법에 대한 최신 정보와 조언에 대한 접근을 제공하는 데 이 결사를 이용한다. 미국에서 주요한 양대 정당으로 구성된 주정부들은 신자유주의 교리를 이탈하면서 이러한 정부-기업 협력 형식을 발전시켜 왔다. 그 밖에도 지방정부와 기업 협회들은 연방 부처와 기관의 지원을 확보해 왔다.

바로 이 네 가지 특성의 꾸러미가 부국에서나 빈국에서나 생산적 전위들을 확립하면서 세계적으로 반복되어 왔다. 전위들의 연결망이 세계경제 발전의 추동력이 되었다고 말할 때 이런 특성을 가진 기업들의 연결망을 가리키는 것이다. 빼어난 전위주의 생산자들은 많은 경우에 그들이 위치한 국민경제의 나머지 부문보다 전세계에 걸쳐 있는 다른 전위주의 생산자들과 더 긴밀한 관계를 유지하고 있다.

경제적 전위주의의 방향 재정립

신자유주의 프로그램도 거부하고, 보상적인 사회적 이전지출을 변혁적 야망의 제약으로 인정하기를 거부하는 민주적 대안을 발전시키려면 이 특성들의 꾸러미를 반드시 해체해야 한다. 특히 두 번째 특성(실천적 실험주의 심층적이고 추상적인 특성)을 다른 세 가지 특성에서 단계적으로 풀어 내야 한다. 세 가지 특성들은 모두 전위와 후위 부문이 분리되어 있는 정황과 관련되어 있기 때문이다. 더 완전한 해결은 이 진보적 대안의 반이중구조적인 후기 단계가 실현되는 것을 기다려야만 한다.

그러나 프로그램은 그 가장 이른 순간에도 전위주의 관행의 확산을 추구해야 한다. 프로그램이 경제성장 제고라는 목표에 더 훌륭하게 기여하고, 전위 부문과 후위 부문 간의 분리를 극복하기 위해서는 반드시 전위주의 관행을 확산시켜야 한다. 더 좋은 관행의 확산 주장과 더 전투적인 반이중구조론 간의 차이는 오직 정도 차이일 뿐이다.

기업과 정부 간 분권적 연합과 기업 간 협력적 경쟁은 서로를 지지해 줄 수 있다. 둘 다 전위주의 관행(과업 수행 역할과 과업 설정 역할 간 구분의 완화뿐 아니라 과업 수행 역할들 간 구분의 완화)의 촉진을 주요 목표로 삼고, 과업에서 협력과 경쟁 사이의 강박증적인 차이의 극복을 지지한다. 두 가지 전위주의 관행은 계획·절차·협상에 관해 전진하는 수정주의, 즉 신뢰의 제공과 공유로 지속되는 수정주의를 발전시킨다. 이 근본적인 특징들은 자본·기술·기술적 지원의 주요한 집중 없이도 가능하지만 오래 버티지 못하고, 정부 책임을 인수할 정부 및 민간 기구나 정부의 적극적인 지지 없이는 불가능하다. 리우데자네이루의 삼바학교조차도 조직과 방법상 실천적 실험주의의 수많은 특징을 범례적으로 보여 줄 수 있다. 그러나 어떤 유형의 지식빈곤형 기업도 자본과 기술이라는 아쉬운 자원들에 대한 접근로를 확보하지 못한다면 전위 부문들을 잇는 세계적인 연결망으로 진입하려는 운동은 시작조차 할 수 없다. 바로 그래서 이

자원들의 공급 확대를 위한 공적 제도가 필요하다.

그래서 가장 부유한 나라의 가장 선진적인 경제 부문의 경계를 넘어 수행되는 실험주의 관행을 상상하면, 우리는 통상적인 지지 조건들, 신뢰를 창조하는 고도의 시민적 공동체 조직, 장인과 대학이 공동으로 생산하는 실천적 지식의 풍부한 유산을 더 이상 당연시할 수만은 없다. 앞으로 전진하면서 이러한 조건이나 그 기능적인 등가물을 창조하는 것이 우리의 할 일이다. 경제적인 자기 발전 과정이 만족스럽게 확보할 수 없는 바를 계획적인 공적 행위가 성취해야 한다.

마지막으로, 전위주의를 습관적인 영역 너머로 확산시키려는 노력에서 전형적인 발전 순서, 최초에는 기업 내부의 개혁, 이어서 기업들 간의 연합, 마지막으로는 정부와의 연합이라는 다양한 단계들이 버무려지는 것이 필요할지도 모른다. 실제로 다른 단계들이 점진적일지라도 동시에 작동되는 것이 필요할 수도 있다.

이 일을 누가 할 것인가? 초기 단계에서 우리는 이 일을 기업 집단과 연계된 분권적인 정부 기구가 착수하는 것을 상상할 수 있다. 동북아시아 경제체제들이 개척한 전략적 조정 양식의 개혁에 관해 앞에서 진행한 논의는 이런 협력이 어떻게 전진할 수 있는지를 시사한다. 중앙집권적인 무역 및 산업 담당 부처 대신에 다양한 팀들이 대안적 정책들을 시험할 것이다. 이 팀들이 주도성에서 갖는 중요한 자유는 선출된 정부, 지역공동체, 기업 협회의 최종적인 감독과 결합한다.

후기에는 이 같은 분권적인 공공기관과 기업 집단들 간의 협력이 정부와 기업 중간에서 작동하면서 일종의 사회기금이나 지원센터로 전환되기 시작할 것이다. 이 민관 혼합적인 사회기금이 기금을 설치한 정부와 기금을 지원받는 기업들에게 모두 책임을 지우고, 그럼에도 광범위한 의사결정권을 보유한 채로 경제의 다양한 영역에 대한 다양한 유형의 투자 다각화에 활용되는 상황을 상상해 보자. 이 기금과 센터의 일부는 후위 기업들의 변화를 이끄는 작업과 함께 후위 기업들에 대한 투자를 담당하게 될 것이다. 정부 저축과 민간 연금저축의 일부는 의무적으로 기금에 위탁되고, 그 일정 비율이 후위 부문의 개선 과업 기금으로 들어간다.

후위 부문에 대한 이 같은 관여가 명백한 보조금에 해당하는지, 아니면 단순히 투자의 시계를 제도상 우호적으로 확장하는 것인지는 공식처럼 예단해서 말하기 어렵다. 명료한 구분 자체가 존재하지 않기 때문이다. 기금의 성공은 첫째로 실물경제에서 주변화되고 자본이 부족한 부문의 혁신과 성장의 연쇄를 촉발시키는 기금의 능력에 달렸고, 둘째로 이러한 생산적 기여를 재정적 이득의 발생으로 연결시키는 법제도적 틀의 존재 여부에 달려 있다. 전통 경제학의 많은 가정들과는 반대로 이 조건들은 서로 다르다. 거래 비용과 정보 불균형 이상의 요인들이 첫 번째 조건과 두 번째 조건을 분리한다.

경제적 전위의 세계에서 이런 기금과 센터가 더 멀리 움직일수록, 기금과 센터의 책임은 팔길이 투자를 넘어 기업의 재편 과정에 대한 협력적 참여로 확대된다. 협동적 생산활동이라는 넓은 중간지대는 자본의 소극적인 지원과 정책의 일방적 부과라는 익숙한 극단들 사이에 존재한다. 우리는 이미 부유한 국가의 가장 번창한 산업 부문에서 전위주의 생산의 발전을 통해 전위주의의 실험주의 관행이 특정한 재화의 공급에 의존한다는 사실을 보았다. 고립된 기업들이나 그 외부에 있는 기구들은 스스로 그러한 재화를 공급할 수 없다. 그들에게는 결사체적인 생활에 우호적인 지역사회를 배경으로 한, 기업과 지방정부 간 혹은 기업과 중앙정부 간 그리고 기업들 간에 조정된 공동규정, 공동창조, 공동공급이 필요하다. 더 나아가, 유동적이고 지구적이며 동시에 표준에서 이탈하는 시장에서 이들 기업과 기구는 지속적인 재정식화를 요청한다.

여기에 필요한 재화에는 공적 재화와 사적 재화 간의 전통적인 구분을 피하고 공동으로 관리되는 기술 및 재정 자원, 정보의 공유, 생산 및 무역전략의 공동개발, 노동자의 기술전환교육, 나아가 생산활동이 수행되는 지역공동체의 사회적 조건 개선까지도 포함될 수 있다. 필요한 것은 조직적 기법이나 제도적 고착 그 이상이다. 우리에게는 기업 안에서, 부문 안에서, 그리고 전체 경제 안에서 제도로써 밑받침되는 일련의 대화적 실천과 발견의 관행이 필요하다. 이 관습과 관행의 핵심은, 협력과 혁신 간의 갈등을 완화하는 것이다.

다양한 생산 영역과 전위주의 전문성의 다양한 수준에서 기금과 기업의 관계에 존재하는 매우 상이한 여건은 지속적인 재구성적 운동의 필요성을 시사한다. 이 운동은 진보적 대안의 반이중구조적 후기 단계에서 절정에 이를 것이다. 운동은 생산적 전위주의에 부합하는 제도적 틀을 확립하려는 노력에서 초기 자극을 발견할 수도 있고, 민주화의 잠재력을 보유한 경제조직 형태들을 선택하는 결단에서 심오한 영감을 발견할 수도 있다.

우리가 재산과 민주주의의 제도적 형식에서 혁신을 이루면서 전기 프로그램에서 후기 프로그램으로 전진해 가면, 기금과 기업 간의 관계는 그들이 선호하던 부문과 전략에서뿐만 아니라 그들이 입각해 있던 재산 체제에서도 차이를 보이기 시작할 것이다. 일부 기금은 기금과 관련된 기업에 팔길이 투자 관계를 지키며, 전통적인 재산에 가까운 것을 권한, 위험, 책임의 명확한 영역으로 유지할 것이다. 다른 기금은 재정적·영리적·기술적 자원의 더 포괄적인 공동관리 체제의 일부로서 일단의 기업들과 친밀한 관계를 발전시킬 것이다. 이 관행들로부터 단편적이고 조건적이며 임시적인 재산 형태들이 부상할 것이다. 결국 재산과 계약에 관한 권리의 대안적 체제들이 경제의 차이를 만드는 부분이 될 것이다.

재산의 이러한 재구성은 경영상 산업 혁신 프로그램에 대한 전통적인 사민주의적 대응이 선호하는 기업가적 결정에 대한 거부권의 고통스러운 확대를 모방할 필요가 없다. 정부뿐 아니라 기업에서도 핵심은 결정 권한의 영역을 구별하거나 이해관계자 간 불일치에 직면하여 결정 절차를 제시함으로써 교착 상태를 빠르게 해소하는 방식이 존재한다는 점이다. 결국, 다양한 사법 시스템으로 분권적인 경제적 기회와 주도권 관념에 대안적 내용을 제공해야 한다. 그 다음에야 새로운 시스템의 비용과 편익을 실험적으로 평가할 수 있고, 시장의 제도적 불확실성이라는 관념도 사변적인 가정이기를 그치고 실제적인 중요성을 획득할 수 있다.

생산과 교환을 위한 제도적 틀은 사회생활의 다른 부분과 마찬가지로 실험적 변형의 대상이어야 한다. 이 전환의 바탕을 이루는 재산 관념은 여전히 많은 경제학의 바탕을 이루는 견해, 즉 시장경제가 고전적인 19세기식의 통일적이고 명료한 재산권 법체계로 표현된 유일하고 자연적이고 필연적인 기본 형식을 가지고 있다는 관념과 대조를 이룬다. 20세기 법사상의 발전에서 형성적인 계기는 법적 관계의 묶음으로서 재산[116]의 재규정과 재산권의 불가피한 충돌에 대한 인식의 동시적 발전이었다. 재산권 체제의 어떠한 단일한 논리도 이 충돌을 해결할 수 없다. 이 충돌을 해결하려면 정책적인 결정이 요구된다. 그러나 이 같은 법적 테제는 시장경제가 대의민주제와 자유 시민사회처럼 철저하게 다른 제도적 형태를 취할 수 있다는 재구성 논리의 중심 관념으로 발전하지 못했다. 법사상은 제도적 물신숭배에 대한 반란을 아직 완수하지 못했다. 민주적 실험주의의 지지자들은 이런 법사상이 반란을 완수할 때까지 기다리기만 해서는 안 된다.

전기 프로그램: 민주적 교육에서 사회상속제로

신자유주의에 대한 진보적 대안은 전반부에서 내가 기업, 노동자, 정부 관계의 재조정에서 전통적인 사민주의에 대한 급진민주적 대안으로 기술한 것에 명백히 부응한다. 급진민주적 강령의 첫 번째 정책이 생산적 자원에 대한 접근 및 접근 유형의 확장이라면, 두 번째 정책은 개인적

---

116 관계의 묶음으로서 재산property as bundles of relations은 프루동에서 연유한 것이다. 웅거는 통일적이고 획일적인 소유자의 절대적 처분권에 맡겨진 소유권으로서의 재산 관념에 '관계의 묶음'으로서의 재산 관념을 맞세운다. 관계의 묶음으로서 재산은 재산이 다양한 이해관계자들이 연루되어 있음을 전제한다.

인 역량의 향상이다. 거기서 요체는 혁신의 과정에서 번영하고 변화하는 증대된 힘을 통해서 안전성을 확립하는 것이다. 그 결과는 혁신에 대한 제약 요소로 부과된 직업 보장을 거부하는 것이다. 역량의 향상은 본래의 교육과 계속교육, 즉 지속적인 보수 과정에 대한 권리의 엄청난 확장을 요구한다. 이 프로그램은 전문적인 기술의 습득뿐만 아니라 포괄적인 개념적·실천적 능력의 지속적인 계발을 포함한다. 생산적 전위주의의 요구 사항과 민주적 실험주의의 필요가 중첩되는 가장 중요한 영역의 하나로서 교육은 두 가지 관점에서, 첫째로, 민주적 관행과 이상에 핵심적인 긴장이 가장 분명하게 드러나는 영역으로, 둘째로, 민주적 실험주의에 치명적인 원칙, 즉 사회상속 원칙의 제도적·이데올로기적 구조의 개발에 우리가 매우 용이하게 착수할 수 있는 영역으로 고려되어야 한다.

재산 및 차별적인 교육 기회의 가족상속은 현대사회의 구조를 유지시키는 두 가지 큰 기제이다. 교육에 대한 권리의 강화는 더 야심적인 사회상속 관념의 싹으로 간주해야 한다. 사회상속 관념에 따르면, 사람은 자신의 부모가 아니라 사회로부터 주로 상속을 받게 된다. 사회상속의 기본적인 도구는 사회상속계좌이다.

본래교육과 계속교육에 대한 권리는 점차 사회상속의 일반화된 형태로 변하게 될 것이다. 개인은 누구나 사회상속계좌를 가지게 될 것이며, 이 계좌는 개인이 인생의 전환점에서 자유로이 현금화할 수 있는 기금, 가족이나 공동체 관리자의 동의를 조건으로 사용하게 될 기금 그리고 공적 서비스의 제공에 대한 청구권으로 구성된다. 이 계좌는 특수한 취약성이나 장애에 대한 보상, 그리고 경쟁을 통해 증명된 역량에 대한 보수라는 두 가지 보완적 기준에 따라 증액될 수 있다.

개별적으로는 사회상속계좌를, 일반적으로는 사회상속을 활성화할 자극은 가속화된 제도적 실험주의와 고양된 개인적 능력 사이에 존재하는 상호 관계이다. 민주적 실험주의의 제도들이 확고해지기 위해서는 개인들이 반드시 안전해지고 그 역량이 강화되어야 하며 동시에 개인들이 그와 같이 느껴야 한다. 실험주의는 실험주의를 능가하는 관심사에 대한 존중으로 인해 제약되지 않을 수 없다. 우리는 민주적 실험주의 프로그램의 각 부분을 개인적 안전과 역량에 대한 요구의 관점에서 다시 사고하지 않으면 안 된다. 이 프로그램을 고무하는 관념과 이상의 관점에서 개인적 요구를 일상적으로 표현하는 권리의 언어도 반드시 다시 사고해야 한다. 사람들은 생존을 위해 외부자를 배제하고 도전에 반발하는 삶의 방식으로부터 주체감 및 개인적 역량감뿐만 아니라 연대와 공동체의 경험까지도 분리시키는 방법을 터득하게 된다. 이것은 사회의 재구성에서 운동인 것과 마찬가지로 인성의 형성에서도 운동이다. 사회상속의 발전 및 실험주의와 개인적 역량 사이에 사회상속이 보여 주는 연결 고리의 발전은 진보적 대안의 전개에서 제도적으로 더 혁신적인 후기 단계로 우리를 인도한다.

후기 프로그램: 재분배와 반反이중구조

전기 프로그램과 후기 프로그램의 재정의

앞에서 기술한 제도와 정책들은 신자유주의에 대한 분명한 대안을 제공한다. 제도와 정책의 효과가 결합되고 누적되면서 그 효과는 광범위하게 확산된다. 그러나 개별적으로 살펴보면 이 제도와 정책들은 우리가 물려받은 기존 제도적 구조와 가깝다. 바로 그러한 이유로 전기 프로그램은 포용적 연합에 대한 제안으로 기여할 수 있다. 나아가, 전기 프로그램은 역사적으로 좌파와 관계를 가지고 있지 않는 집단들의 지지를 얻는 데에 희망을 가질 수 있다.

이런 관념들을 일깨우는 반필연주의[117] 정신 속에서 우리는 전기 프로그램이 복수의 미래를 가지고 있다는 점을 깨달아야 한다. 전기 프로그램은 제도적 변화로 가는 여정에서 일종의 쉼터가 될 수 있다. 이제 실험적 혁신의 초점은 대규모 사회제도에서 개인과 소집단의 활동으로 이행하게 된다.(그 결과는 〈법분석의 사명〉에서 내가 자유사회의 몇 가지 대안적 미래의 하나로 제시한 '확장된 사민주의'[118]라고 부른 것과 유사할 것이다.) 전

---

117 웅거는 진화론이나 마르크스주의와 같은 역사의 단계적, 법칙적 이해를 필연주의neccessitarian-
ism나 운명론fatalism이라고 규정하고, 역사의 개방성과 사회제도의 우연성, 가변성, 가소성을 인
정하는 사고방식을 반필연주의anti-neccessitarianism라고 대비한다. 반필연주의적 사고는 실험주
의적 사고를 의미한다. 웅거는 인성, 정치, 사회, 경제를 중첩적으로 실험하고 변형함으로써 대안
적 세계를 형성할 수 있다고 주장한다.

118 확장된 사민주의extended social democracy는 이 책에서 지금까지 주장하는 심화된 민주주의
와 같다고 볼 수 있으며, 이보다 심화된 결사 형태가 급진적 다두제radical polyarchy이다. 웅거
는 이를 '자유주의적 공동체주의'로 개념화한다. Roberto Unger, *What Should Legal Analysis*

기 프로그램에 대한 비교적 보수적인 후속편의 특징을 이루는 실천적·정신적인 문제들은 여러 가지 면에서 현대 산업민주주의 국가들이 직면한 문제들을 방불케 한다.

민주적 실험주의를 심화하는 노력을 중단하면 언제든지 새로운 사회적·경제적 분열이 출현할 수 있다. 뛰어난 개념 조작자들인 엘리트 집단은 효과적인 통치와 생산 작업을 자신들의 손아귀에 집중시킬 수 있지만, 다수의 보통 사람들은 그럭저럭 괜찮고 안전하며 소소한 일에 매여 산다. 가족은 엘리트 집단이 보유한 다수의 문화적·물질적 특권을 대를 이어 상속시키는 도구로 계속 기여할 것이다. 생생한 충동과 욕구를 가진 뛰어난 개인도 이를 공적으로 표현할 길을 찾지 못한 채, 그들의 충동과 욕구는 일상의 사사로운 만족에 일희일비하면서 주관성의 미로에서 길을 잃고 말 것이다.

이제부터 서술할 후기 프로그램은 다른 후속편을 제시한다. 이 후속편은 제도적 혁신의 압력을 유지하고 물질적 진보와 개인적 해방의 조건을 더욱 긴밀하게 결부시킨다. 그 결과는 전기 프로그램보다 더 논쟁적이고 분열적인 제안으로 나타난다. 어쨌든 이 후기 프로그램상의 모든 것은 전기 프로그램에서 미리 예시된 것이다. 기본적인 방법은 여전히 앞에서 이루어진 것의 유비적 확장이고 재해석이다. 그 실현 조건도 마찬가지다. 프로그램은 기성 질서에서 가장 우대받은 특권층을 제외한 모든 이들의 이익과 열망에 부응하는 제도들을 제안해야 한다. 그리고 반드시

Become?, Verso, 1996, 135쪽 및 149쪽 이하.

좌파 및 중도파 제 정당과 세력의 결집을 통해 수립된 포용적 민중연합은 프로그램의 기본적인 행위주체임을 견지해야 한다.

재분배적 측면

민주적 실험주의 아래서 우리는 권리, 자원, 기회를 더욱 평등주의적으로 분배해야 한다는 대의를 보상적 조세-이전 방식에 떠넘기지 않는다. 우리는 효율과 공평이라는 양쪽의 요구가 맞서는 엄격한 긴장 속에 우리를 묶어 버리는 제도적 틀에 기꺼이 도전한다. 그 방법은 경제와 정치제도를 재구성하여, 개별적으로든 복합적으로든 이 제도들을 작동시켜 더 많은 평등을 산출하게 하는 것이다. 이 과정에서 보상적인 조세-이전을 통한 재분배는 보충적이지만 중요한 역할을 계속 맡아야 하는데, 그 역할이란 제도의 재분배적 작업을 뒤엎는 것이 아니라 이 작업을 확장하는 것이다. 이때 전기 프로그램처럼 후기 프로그램에서도 개인에 대한 직접적인 부담(누진세 부과)이나 직접적인 이전(사회복지)보다는 강력하고 유능한 정부의 재원 조달이 중요하다.

이 단계로 접어들면 조세 체제에서 직접누진세(개인적 소비에 대한 누진세[119], 그리고 부에 대한 누진세, 특히 증여세와 상속세)라는 두 가지 주요한 장치가 우위를 점해야 한다. 그리하여 조세 체제는 정면으로 직접세의 두 주요 대상을 겨냥하게 된다. 조세가 저축과 투자에 미치는 부담을

---

119 직접 누진소비세는 정률 소비세와 달리 개인이 소득에서 저축하지 않고 소비한 부분에 대하여 그 규모나 비율에 따라 누진적으로 과세하는 방식이다.

줄이는 방식으로 조세를 조합함으로써 두 가지 과세 대상을 규율하게 된다. 능력 있는 사람들의 학습 및 노동 의지를 전제로 모든 사람에게 최저소득의 보장은 사회상속계좌[120]의 설치로 이어질 수 있다.

혼히 종합적인 정률 부가가치세 방식을 취하는 간접소비세는 정부 활동에 필요한 재원의 확보 수단으로서 잔여 역할을 계속 담당할 수 있다. 그러나 간접소비세는 다양한 대안적 재산권 체제 아래서 자본을 관리하고 대여하는 독립적인 기금에 대해 정부가 부과하는 기본 이자율로 서서히 대체될 수도 있다.(재산 체제의 증식과 이것이 정부 재정에 미치는 결과는 아래에서 상세하게 논의할 것이다.) 사실상 간접소비세와 기본 이자라는 두 가지 장치 사이에는 느슨한 기능적 등가성이 존재할지도 모른다. 그 차이는 기본 이자가 저축과 투자에 대한 더 직접적인 사회적 보증을 허용한다는 점, 그리고 그 과정에서 기본 이자는 시장경제의 심장을 표상하는 경제적 기업심의 분권화를 희생시키지 않으면서 그렇게 한다는 점이다. 기본 이자는 최종적인 자본 수요자가 아니라 기금들에 부과된다는 점도 다르다.[121] 서로 다른 기금들은 동일한 경제 안에 공존하는 다른 유형의 재산권 규칙의 옹호자로 각기 역할할 수 있기 때문에, 우리는 이를 통해 시장경제의 법적·제도적 형식에 실험적 다양성을 증가시키는 수단을 확보할 수 있다. 공법公法과 사법私法 구별의 상대성 관념을 실제로 관

---

120 사회상속계좌Social-endowment Account는 가족상속 대신에 모든 사회 진입자에게 생애 전환기(대학 입학, 직업 훈련, 창업 등)에 국가가 공적으로 일정 재산을 제공하는 제도를 말한다. 사회상속은 자유사회주의자들이 주창한, 개인에게 기본 재산을 확보하게 해 주는 기초 시스템이다.

121 이 설명만으로 만족스러운 것은 아니다. 자본관리자capital-giver가 정부에 기본 이자를 납부하지만 자본이용자capital-taker도 기금에 이용 수수료를 일정하게 지불하기 때문이다.

철시킬 수 있는 것이다.

사회상속계좌의 완전한 발현은 후기 프로그램의 재분배 전략을 완성한다. 더 풍요로운 사회상속의 재정적 기초는 가족상속에 대한 더 공세적인 과세를 통해 마련된다. 자본을 분산하는 할당제도를 다각화하면 기업가적 창의와 개인적 발전도 가족의 지원에 덜 의존하게 될 것이다. 반복적인 구조 개혁 실천에 우호적인 입헌주의 방식, 시민 참여를 독려하도록 정치를 조직하는 방식, 나아가 결사체적 삶을 심화하는 방식은 사회상속을 이용할 개인들을 만들어 내고 활성화하는 데 도움을 줄 것이다.

재분배적 조세가 전기 프로그램의 조세 체계보다 후기 프로그램의 조세 체계에서 더 큰 비중을 차지하듯이, 사회상속계좌는 개인에 대한 권리와 자원의 최저치 보장을 넘어가는 방향으로 움직일 수 있다. 사회상속계좌는 본래의 사회상속분에다 각 개인의 특수한 필요나 역량을 감안한 추가분을 제공해 주는 보상적 장치에 더 큰 비중을 부여할 수 있다. 신체적 또는 정신적 장애가 있는 사람들에게는 그의 사회상속분에 추가분을 더해 준다. 경쟁을 통해서 본인의 특별한 능력을 증명하는 사람들도 추가분을 획득하게 된다.

무엇보다, 민주적 실험주의 아래서 가장 중요한 사회상속 대상은 아동기에서 시작되어 경제활동 기간 동안 계속되는 교육이다. 곧 논의하겠지만, 민주적 실험주의의 정치·사회제도들은 해방적인 학교 안에서 독립적이면서 문제적인 연합을 발견한다. 해방적인 학교는 실험주의보다 더 많은 것을 가르쳐야 한다. 그 학교는 보통 사람들의 예언자적 권능을 반드시 함양해 주어야 한다.

반이중구조적 측면

진보적 대안의 핵심은, 생산적 전위 부문과 후위 부문 간의 엄격한 구분을 극복하려는 정치경제와 심화된 고에너지 민주주의[122]의 결합이다. 이 조합은 실천적이고 생산적인 진보의 조건과, 견고하게 구축된 사회적 구분 및 위계제에서 개인들의 누적적 해방의 조건이 만나는 잠재적 중첩 지대에서 성공을 약속한다.

대안의 전기 단계는 정부–민간기업 간의 분산적이고 참여적인 전략적 조정 형태를 촉진할 제도적 도구를 마련하는, 반이중구조적 정치경제의 준비기에 해당한다. 이 작업은 대안의 후기 단계에서도 지속된다. 이를 통해 후기 단계는 시장경제를 규제하는 차원을 넘어 시장경제 민주화 관념에 제도적 내용을 부여한다.

전기 단계에서 우리는 정부와 사적 생산자들 사이에 존재하는 독립적인 경제기구들(기금과 지원센터들)의 발전에 방점을 찍는다. 이 경제기구들이 이용할 자원 가운데에는 연금 체제가 보유한 강제적인 민간 저축도 있다. 이 매개조직들은 더 나은 노동 및 생산 관행의 개발과 전파를 뒷받

---

122 고에너지 민주주의high-energy democracy는 웅거식 급진민주주의를 표현한다. 사회제도가 도전받지 않고 그에 안주하는 과두정치가 계속되면 사회제도나 구조는 바위덩어리로 굳어지고 만다. 이러한 바위 같은 구조를 용융시키기 위해서는 뜨거운 민주주의가 필요하다. 그 참여의 폭과 결정 범위가 확장된 민주주의가 고에너지 민주주의이다. 상온에서 변하지 않다가 열을 가하면 변형되는 물질의 성질을 가소성可塑性이라고 하는데, 사회제도도 그와 같으므로 고에너지를 가해서 바꾸어야 한다는 취지다.

침할 것이다. 이 조직들은 일군의 기업들을 자주 협력적 경쟁 구도에 위치시켜 기업들이 서로 협력하면서 동시에 경쟁할 수 있도록 돕는다. 이 조직들은 때로 현재 세계의 일부 지역 바깥에 존재하는 일반적인 벤처캐피털 금융(신규 사업에 대한 투자) 형태를 취할 수도 있다.

생산적 자원과 기회를 더 폭넓게 활용하도록 만드는 것이 매개조직의 주요한 사명이다. 매개조직은 지속적인 학습과 혁신의 전위주의 관행을 제대로 확립된 경제적 전위 부문의 경계선 너머로까지 확장시켜야 한다. 노동자-시민 개인의 강화된 사회상속과 함께, 이 조직들은 빈번히 포스트포드주의 생산 형식을 우대하는 전前포드주의 단계의 조건을 대체할 기능적 등가물을 창조하는 데 기여한다. 상호협력을 장려하고 신뢰를 배양할 이 새로운 조건들에는, 제대로 확립된 장인노동 전통과 촘촘한 공동체 생활이 포함된다.

시간이 지나면 매개조직들이 접촉 기업들과 함께 수립한 다른 결사 양식에서 다양한 사적·사회적 재산 체제들이 발전하는 것을 기대할 수 있게 될 것이다. 그리하여 한쪽 기금은 기업과 공정한(팔길이) 관계를 유지하면서 위험에 잘 대처하여 최상의 결과를 확보할 수 있는 사업체에 자원을 처분하고, 다른 쪽 기금은 관련 기업의 소유와 경영에 적극 참여하면서 협력-경쟁 관계의 기업들로 구성된 작은 연맹의 재정적·기술적·전략적 센터로 봉사할 것이다.[123]

---

123 이러한 사유재산 또는 사회적 재산 형태에 대한 분석으로는 Roberto Mangabeira Unger, *Politics: The Central Texts*, edited by Zhiyuan Cui, Verso, London, 1997, pp.340-66.

전통적인 재산권 구성 요소들의 분해와 재조합은 동일한 경제 안에서 이 같은 대안적인 재산 체제가 등장하고 실험적으로 공존하는 것을 허용한다. 이 대안들 중 일부는 전통적인 재산 소유자가 처분 가능한 자원에 대해 갖는 재량의 절대성을 제한할 것이다. 어쨌든 그렇게 함으로써 대안들은 생산적 자원 및 기회에 접근할 수 있는 사람들의 범위를 동시에 확대시키게 된다.

이해관계자참여형stakeholding 해법은 노동자와 소비자 단체, 지역공동체 등으로 조직된 구성원들에게 기업의 경영상 결정에 대한 발언권과 거부권을 부여함으로써 시장에 대한 사회적 통제를 부과하는 방법이다. 그 결과는 경제적 내부자와 외부자 사이의 존재하는 분할 체제를 더욱 강화시킬 우려도 있지만, 아예 현존 체제를 마비시킬 위험도 안고 있다. 이에 대한 대안은 시장경제를 그 제도적 형태에서는 더 다원주의적으로, 그 사회적 수혜자에서는 더 포괄적으로 만드는 것이다. 이때 우리가 추구할 대안은 시장에 대해 유일한 제도적 형태의 혁수정을 강요하거나, 단호한 행동과 역방향의 위험인수 기회를 억누르지 않으면서 이 목표를 성취하고자 한다. "당신이 뭐라고 하든 나는 내 방식대로 한다"고 말하는 개인 사업가나 집단적 사업가에게 어떤 재량도 주지 않는다면, 어떠한 시장경제 형식도 성장이나 민주주의에 이로울 게 없을 것이다.

왜 우리는 사유재산이라는 독단적인 이름 아래서 경제적 분권의 유일한 법적·제도적 형태를 고집해야 하는가? 왜 우리는 시장 관념의 제도적 불확정성에 실천적 의미를 부여하지 않는가? 왜 우리는 더 전망 있는 대안을 시험하고 그 결과를 보려고 하지 않는가? 생산적 전위주의의 핵심은 물질적이기 전에 정신적이다. 과업을 집행하는 과정에서 과업을 새로이 정의하는 관행이 바로 그것이다. 따라서 더욱 실험적인 시장경제는 동일한 원리를 시장경제 제도 자체에 적용하지 않으면 안 된다. 그래서 심화된 민주주의는 사람들이 일상의 삶을 헤쳐 나가는 과정에서 제도적 맥락의 특성들에 도전하고 변화시킬 기회를 확장시킨다. 반이중구조적 정치경제 기획은 실험적인 시장경제 관념에 경제적 무기를 제공하고 동시에 날개를 달아 준다.

후기 프로그램: 심화된 민주주의와 해방적 학교

앞에서 서술한 경제제도들은 적극적이고 책임감 있는 정부, 지속적으로 강화된 대중의 정치참여, 더 균등하고 일반적인 시민사회 조직, 개인의 역량 강화를 요구한다. 심화된 민주주의와 해방적 학교는 이러한 사회의 두 가지 주요한 행위주체이다. 양자의 관계는 신자유주의에 대한 민주적인 대안의 가장 미묘한 문제들을 일부 보여 준다.

어쨌든 정치와 사회에서 이런 변화들을 경제적 재구성의 수단쯤으로만 취급하는 것은 오류이다. 평화 시[124]에 실천적 문제들이 주는 압력 그

---

124 '평화 시'라는 말이 뜬금없어 보이지만, 웅거는 전통적으로 개혁파들이 전쟁이나 위기, 재앙이 초래된 경우에 개혁을 시도한다는 점을 주목한다. 그에 비해 웅거는 위기가 없는 때에도 지속적인 개혁을 강조한다. 평화 시라는 말은 위기가 없는 때를 가리킨다. 영구혁신의 논리를 포함하고 있다.

리고 구조적 변화와 재분배를 연결하고 경제적 재분배와 경제적 성장을 연결하는 고리는, 생산의 재구성과 생산-정치 관계의 재형성을 당연한 출발점으로 삼는다. 어쨌든 우리는 당연히 경제개혁을 민주적 실험주의의 정치적·사회적 프로그램을 진전시킬 기회로 볼 수 있다. 경제개혁이 심화된 민주주의와 해방적 학교라는 변화보다 시간상 먼저 이루어져야 한다고 생각할 이유는 없다. 당연한 시작점도 당연한 순서도 없다. 운동은 동시에 그리고 수많은 전선에서 발발해야 한다. 경제적·정치적·사회적·교육적 전선 그 어느 하나에서의 진보가 다른 전선에서의 진보보다 먼저 이루어질 수도 있다. 이어서 다른 전선에서 일어날 변화를 보강하지 않고서는 당면한 전선에서 다음 단계의 운동을 전개할 수 없게 되는 난관도 존재할 것이다. 여기서 결합적이며 불균등적인 발전 관념이 매우 현실적인 사회적 의미를 갖게 된다.

속도가 붙은 정치의 입헌주의

두 가지 특성이 현대 서구 헌법 전통을 지배해 왔다. 사유재산과 연결된 자유를 옹호하기 위해 정치의 속도를 늦추는 정부의 헌법적 조직 방식이 그 하나요, 상대적으로 낮은 정치적 동원 수준에 사회를 묶어 두는 데 기여하는 일군의 관행과 제도가 다른 하나이다. 민주적 실험주의는 우리에게 이 일군의 정치적·헌법적 관행을 바꾸라고 요구한다.

전통적 입헌주의는 온갖 주요한 개혁 제안을 물리칠 효과적인 거부권을 정부 내 많은 독립적인 권력들에 부여한다. 국가 장치 내부에서의 합의 요구는 정치의 속도를 늦추고, 개혁 프로젝트에 적대적인 사회 세력들에게 반대 진영으로 결집할 시간과 기회를 부여한다. 그리하여 이 사회적 거부권이 정치적 거부권 위에 더해진다. 그 총체적인 결과는, 변혁적 기획들이 정상적인 시대에 완화된 방식으로 수용되는 선에서 개혁을 마무리하려 해도 반드시 수많은 장애물을 감수해야만 하는 정치 방식을 장려한다. 이런 상황에서 정치는 각 정당이 제시하는 차선책의 연속체로 나타난다. 극단적인 경제적·군사적 위기가 벌어져야만 주요한 제도적 혁신들이 실현 가능할 것처럼 보일 수 있다. 혁신의 산파로서 재난의 역할이 역사의 법칙처럼 보이기 시작할 수 있다. 그러나 실제로 재난은 제도적 사실과 제도적 부작위不作爲에서 비롯된 것이다.

미국식 견제와 균형 체제, 그 바탕을 이루는 매디슨식 입헌주의[125]는 이러한 경향의 가장 비근한 사례이지만 유일한 것은 아니다. 낮은 정치 참여의 맥락에서 작동하는 의회주의 체제는 연장된 과도기에 선거를 통해 허약한 다수파를 유지할 필요와 정당정치적 통합을 유지할 필요 간의 상호작용 때문에 유사한 효과를 산출할 수 있다.

낮은 시민 참여와 저속도의 정치가 낳는 주요한 결과는 집단 이익과 정체성의 기존 논리를 고스란히 방치하는 것이다. 집단 이익과 정체성 체제의 강고함과 확연함은 사회의 배후 제도와 관행의 견고함에 의존하기 때문이다. 이러한 제도적 형태가 도전받지 않은 채로 남는다면 각 집

---

125 미국 헌법의 제정 과정에서 연방파들은 민중정치에 대해 두려움이 있었기 때문에 상층부와 연방의 권한을 강화하고, 연방정부 안에서도 권력을 상호제약하는 틀을 마련하는 데 골몰하였다. 초기 헌법 설계에서 매디슨이 중요한 역할을 했기 때문에 이를 '매디슨식 입헌주의'라고 한다. 반면, 반反연방파들은 주 및 하층부의 권한을 강화시키는 민주주의 정부 형태를 추구하였다. 나중에 매디슨은 연방파에서 이탈하여 반연방파의 대표자인 제퍼슨과 정치를 같이한다.

단 또는 계급 이익은 자연적인 것으로 보이게 된다. 그리고 이 이익은 바로 노동의 사회적 분업 안에서, 그리고 정부와 사회 관계의 기성 체제 안에서 자신들의 확고한 자리를 방어하려 한다. 이 경우 집단 이익을 배타적으로 정의하고 옹호하는 방식(기성 제도를 당연한 것으로 간주하면서 노동의 사회적 분업 속에서 각 집단을 그 직접적인 이웃의 적으로 돌리는 방식)이 연대주의적 방식(누적적인 제도 변화에 기초하여 이익의 수렴을 추구하는 방식)에 승리를 거두게 된다. 정치는 이제 조직된 이익들 간의 협상 문제(각 이익이 그 현재 권력에 따라 계산하는 조화의 관행)가 되어 버린다. 다양한 이익들이 존재할 뿐만 아니라 효과적인 권력의 기준들도 다수 존재하기 때문에(예컨대, 생산과 투자를 교란시키는 권력, 이와 대조적으로 정치인을 선출하는 권력) 가장 협소하게 범위를 제한한 협상조차도 너무 타결하기 어려워 보이고, 타결된 다음에도 유지하기 어렵다. 그 결과, 제도 혁신과 구조 변화는 거의 불가능해 보이기 시작한다. 다시 한 번 위기는 창조의 불가피한 요람이 되는 것처럼 보인다. 이런 구도에서 광범위한 정당정치적 지지를 받는 정부에 대한 의회주의적 요구(물론 그렇지 않았다면 결정적 실험에 기여할 수도 있었을)는 정치의 속도를 늦추는 도구로 변질된다.

두 가지 거대한 충동이 민주적인 대안 헌법을 자극한다. 그 하나는 대의민주제 관행 속에 직접민주제 요소들을 도입하고자 하는 충동이다. 정부 권력의 장악과 이용을 두고 벌이는 갈등은, 정치적 국민의 상상적 삶에 영향을 미치는 협소한 분파적 관심의 지배를 완화시키는 방향으로 형성되어야 한다. 이 과업은 대중영합적인 신임투표주의자들의 전통적 방식과 달리, 시민사회의 자립적 조직화를 독려하는 방식으로 대의를 성취하는 것이다.

또 다른 충동은, 교착 상태의 신속한 해결을 제시함으로써 정치의 속도를 높이고 각 정당의 차선책들보다 단호한 프로그램들을 우대하려는 노력이다. 교착 상태는 정부의 독립적인 부문이 서로 부과할 수 있는 형식적 거부뿐 아니라, 사회의 독립적인 권력들이 정치에서의 변혁적인 야망에 부과하기도 하는 비형식적인 거부에서도 기인한다. 따라서 일반 유권자의 참여로 교착 상태를 해소하고, 직접민주주의와 대의민주주의를 결합하는 노력과 정치의 속도를 올리려는 노력을 결부시켜야 한다. 결국, 우리는 정당정치적 다원주의와 정치적 자유를 유지하고 심화시키는 방식으로 이 목표를 달성해야 한다.

상황에 따라 우리는 다양한 헌법적 제도들의 조합을 통해서 이 목표들을 진전시킬 수도 있을 것이다. 사회적 불평등이 이미 완화되고 강력한 정당들이 존재하며 박력 있는 의회민주주의가 살아 있는 나라라면, 지속적인 정치동원을 강화시키는 관행들을 통해 의회주의 체제를 활성화하는 것으로 충분할지도 모른다. 그러나 이런 조건들이 충족되지 않은 곳에서는 당연히 대통령제와 의원내각제의 특징을 일정하게 조합하는 것을 선호할 수 있다. 이런 상황에서 강력한 대통령의 직접선거는 분권적인 의원내각제적 경쟁보다 금권정치적 관리에는 덜 취약하고 국가적·구조적 관심사에는 더 개방적인 권력으로 가는 길을 제시한다. 이렇게 선출된 대통령은 재직 중에 대중적 지지를 확보하는 직접적이고 신임투표적인 수단을 발전시키는 데에 사활적 관심을 보일 수도 있다. 그리하여 대통령 선거와 대통령의 권력은 사회 내에 조직적이고 특권적인 이해관계에 대해 정치권력의 저항을 자극하고, 그렇지 않으면 기득권을 깨알같이 수호하는 정치사회에서 불안정화[126]의 지렛대로 역할할 수도 있다.

다른 헌법적 관념들과 마찬가지로 대통령제와 의원내각제 관념은 제도적으로 불확정적이기 때문에 헌법제도를 조합하는 정확한 성격이 중요하다. 헌법적 제도들은 본질적으로 제도적인 논리를 갖지 않으며, 단지 역사가 우연히 제시한 조직적 특성들의 임시변통적 집합에 불과하다. 프랑스 제5공화국(1958~현재) 헌법은 예컨대 정치적 속도전fast time(대통령과 의회 다수파가 일치하는 경우)과 정치적 지연전slow time(대통령과 의회 다수파가 일치하지 않는 경우)을 동시에 대비하는 방식으로 전통적인 대통령제와 의원내각제의 측면들을 결합했다. 어쨌든 우리는 정치적 지연전이 없는 체제를 쉽게 상상할 수 있다. 지연전 없는 체제가 등장한다면 헌법적 제도는 교착 상태의 신속한 해결을 장려한다. 헌법적 제도는 또한 직접민주주의의 요소를 대의제민주주의에 도입한다. 그러한 체제 아래서 직접선거로 선출된 강력한 대통령은 대통령과 협력하면서 동시에 저항할 채비가 된 의회와 공존하게 될 것이다.

다음의 세 가지 헌법적 기제들을 순차적으로 제도화하면 속도전의 우위를 확보할 수 있다. 그 첫 번째 기제는 대통령과 의회의 관계에서 에피소드식 입법보다 선거 강령의 수용, 거부 또는 재협상에 우선성을 부여하는 것이다. 의회는 반드시 선거 강령을 인정하거나 거부하거나 아니면

---

126 불안정화는 고착된 기성 질서를 흔들어서 배제된 집단에게 진입기회를 제공한다는 것을 의미한다.

다시 협상해야 한다. 강령에 대해 이견이 존재한다면 제2의 헌법적 기제가 작동하기 시작한다. 대통령과 의회는 강령 전체나 논쟁적인 일부분에 대해 신임투표(플레비스키트plebiscite)나 의안투표(레퍼렌덤referendum)[127]의 시행과 조건에 합의할 수도 있다. 이 합의는 종종 그래 왔듯이 신임투표가 의회제도와 정치적 국민을 대립시키는 제왕적인 장치로 타락하는 것을 방지한다. 국민투표popular consultation[128]의 광범위한 프로그램적 특성으로 인해 국민투표가 다른 상황에서 보듯이 포괄적인 대안들을 협애한 쟁점들로 해체하는 데에 이용되는 것이 방지된다. 대통령과 의회가 신임투표의 시행과 조건에 합의하지 못하거나 그 결과가 결정적이지 않은 경우에는, 대안적인 혼합 체제는 교착 상태를 해소하고 정치 속도를 높일 제3의 헌법적 기제에 호소한다. 대통령과 의회가 서로 간에 동의를 구하지 않고서도 조기 선거를 요구할 수도 있다. 이 경우 두 정치 부문은 반드시 다시 공직에 입후보해야 한다. 이 같은 선거 상황에 직면할 위험은 통상 조기 선거를 시행할 권리의 경솔한 남용을 억제한다.

---

127 플레비스키트는 로마의 평민회 의결을 가르키는 plebiscita에서 유래한 말이다. 플레비스키타는 로마 공화정 말기에 최고 규범으로서 효력을 보유하게 되었다. 레퍼렌덤은 '되돌아 와야 할 것'이라는 의미를 갖는 라틴어 동명사이다. 레퍼렌덤은 제도적으로 16세기 스위스 캉통에서 시행된 주민투표를 의미한다. 플레비스키트를 신임투표로, 레퍼렌덤을 의안투표로 옮기지만, 이 말들이 정형화된 의미를 갖는다고 보기 어렵다. 각국의 용례를 보면 서로 교차해서 쓰는 경우가 많고, 제도적 형태도 발의 주체, 안건의 규범적 서열, 구속성의 유무 등에서 다양다기하다. 우리 헌법에서는 대통령에게만 국민투표회부권(개헌과 중요정책)이 존재한다. 2017년 고리원자력발전소의 개폐 여부를 판단한 공론화위원회는 국민투표의 일환으로 정책배심제라고 할 수 있다.

128 여기서는 '국민투표'라고 번역했으나 국민참여, 직접민주제와 그 여러 수단을 의미한다. 고대 그리스나 로마의 민회정치, 신임투표, 의안투표, 국민발안, 국민소환 등을 총괄한다.

정치참여의 강화

지배적인 헌법 전통의 역사를 보면 정치적 동원을 억제하려는 의도가 가미된 장치들이 원原민주주의적[129] 자유주의의 초기 여과 장치를 계승하였다. 대표제의 매개 수준들의 확대[130]와 선거권에 대한 재산 자격 같은 기제들은 대중 선동적 영향력을 여과하고 민중적 열광을 이완하는 데 일조했다. 19세기 중반에 보수파와 급진파 모두 보통선거제가 전복적인 결과를 낳을 것이라고 예상했으나 그것은 오해였다. 효과적인 사회적 타협과 냉혹한 경제적 압력이 새로운 대중정당정치의 조직 방식이 안고 있는 정치적 동원을 제약하는 작용과 더불어 보통선거권의 급진성을 충분히 순치시킬 수 있다는 점을 대체로 입증했다.

여기서 두 가지 일반적 관념이 정치적 동원의 제도적 조건과 사회적 결과를 설명해 준다. 첫 번째 관념은 정치제도들이 정치적 동원에 대한 호불호에서 현저하게 다르다는 것이다. 보수 정치학은 제도와 동원 사이에는 비타협적인 역遊관계가 존재한다고 주장한다. 이 견해에 따르면 동원은 본질적으로 반제도적이다. 이는 철학사나 사회사상사에 자주 나타나는 구조물신숭배의 특수한 우파적 사고 형태이다. 신학적 부정의 길via negativa의 사회적 관념 형태에 따르면, 문화적 전통과 마찬가지로 제도적 틀 역시 그것을 창조하는 데 일조한 구조 초월적인 자유와 경직되고 적

---

129 원민주주의proto-democracy는 1700년에서 1850년까지 유럽에서 시행된 제한선거에 기초한 민주정치를 의미한다. 원민주주의는 보통선거권에 기반한 대중민주주의mass democracy와 대비된다.

130 최종적인 대표를 뽑는 절차가 여러 단계로 구성되는 경우를 의미한다. 이를 '간접선거'라고 한다.

대적인 관계를 가진다.[131] 구조는 일상적인 사회적·문화적 삶의 필수 형식이지만, 동시에 개인적 또는 집단적 창조성이나 진정성의 피할 수 없는 적이 될 수 있다. 재정립의 순간은 우리가 이 제도들의 족쇄를 이완시키는 막간의 시간이다. 그러나 일시적으로 제도들을 전복하고 다른 것으로 교체하더라도, 우리는 구조의 성격 그리고 구조와 자유의 관계를 변화시키지 못한다.

그러나 진실은 제도적이고 담론적인 구조들은 그 내용과 성질이 다르다는 것이다. 구조들은 도전과 재구성에 열려 있기보다는 타협 불가능한 형태로 존재한다는 측면에서도 다르다. 따라서 구조의 탈구축을 그 자체로 자유의 한 측면으로 평가하는 것은 물론이고, 동시에 통찰, 해방, 평등, 물질적 진보와 같은 여타 실체적인 목표들의 성취 조건으로도 평가해야 한다.

제도적 장치의 구축에서 이러한 변주 가능성은 정치적 에너지를 이해하는 데에 중요한 두 번째 관념으로 우리를 인도한다. 정치에서 에너지 수준(대중적 정치참여 수준)과 정치의 구조적 내용 사이에는 인과적 관계가 존재한다. 민주적 실험주의의 방향에서 빈번히 구조 개혁을 산출할 수 있는 정치는 필연적으로 고에너지 정치다. 대중적인 무관심 속에서 일부 지배층이 다른 부분에 대한 승리를 배경으로 단일한 프로그램을

---

131 실존주의적 영구반란이 신학적 부정의 길의 사회적 버전이다. 제도와 자유는 결코 양립할 수 없기에 영원한 전복만이 자유에 값한다고 사고한다. 웅거는 이것도 구조물신주의의 한 형태라고 이해한다. 웅거는 이러한 양자택일적 사고를 거부하고, 구조를 비판하고 재구성하고 변주하는 인간의 역량을 주목한다.

위에서 아래로 부과할지도 모른다. 그러나 위기의 발생 없이도 반복적인 개혁의 역량은 지속적인 대중의 정치참여를 요구한다. 이러한 참여도 제도화되지 않는다면 지속 가능성이 없다.

대중의 정치참여 수준은 교묘하고 완고한 문화적 운명이 아니라 대체로 대중의 역사를 반영한다. 사회의 다른 부분처럼 정치참여 수준도 그것이 일단 수립되면 계속 제도에 의존해야 하는, 현저한 정도로 특수한 제도의 산물이다. 대안적 제도들을 발명하지 못하고 심지어 상상하지도 못하기 때문에 정치에 대한 기존의 접근 방식은 자연스러운 것으로 보인다. 그러나 비교적 적절한 제도적 변화를 일부라도 시도해 보면 아무리 맥 빠져 보이는 민주국가라도 대중의 참여가 강화될 것이다. 변화들은 그 각각으로는 큰 효과를 거두지 못하겠지만, 결과를 내고자 그 모든 것을 동시에 작동시킬 필요는 없다. 대중의 정치참여를 높일 개혁 방안으로는 의무투표제, 정당과 사회운동의 공론 자유 확대, 구속명부제(유권자가 후보 개인이 아니라 정당을 선택하는)처럼 정당을 강화하는 제도, 선거비용 공영제 등이 있다.

선거제도는 이런 사안과 부수적 연결 관계만 있는지도 모른다. 예컨대, 비례대표제가 정당의 수를 제한하는 규칙 및 바로 앞서 열거한 동원을 우대하는 제도와 연관되는 경우에는 정치 강화에 기여할 수 있다. 상황에 따라 다수파의 승자독식 체제는 경직된 정당 체제가 억압하는 대연합의 길을 열어 주고 그 방향으로 힘을 실어 주기 때문에 기존의 정당 체제를 균열시키면서 더 큰 동원 효과를 발휘할 수도 있다. 마키아벨리는 상황에 더 이상 부합하지 않는 인물을 교체하는 일의 어려움을 언급했다. 정치체는 선거제도로 선출된 인물을 쉽게 제거할 수 없다. 정치체는 이 문제를 해결하는 법을 배워야 하고, 정치체의 신속한 학습을 도와줄 제도들을 수립해야 한다.

고도의 정치참여를 지속시키는 역량은 당파적 선거운동의 협애한 조직화 그 이상에 의존한다. 이 역량은 더 나아가 민주적 실험주의의 수많은 다른 자원들, 예컨대 반란을 꿈꾸는 마음의 제조자로서 민주적 학교와 일상생활에서의 역량 강화 경험을 경제의 생산적 전위주의로 확산시키는 관행에 의존한다. 정치적 동원의 약속이 학교와 작업장에서의 배움들로 확인받지 못한다면 그 약속은 곧 불신당하게 될 것이다.

시민사회의 독립적 조직

해체된 사회는 대안적인 미래를 촉발할 수도, 실현시킬 수도 없다. 그런 사회는 고작해야 자기 사회에 대안을 부과하고, 오해한 선택과 의도하지 않는 결과의 안개 속에서 대안을 생산할 뿐이다. 불평등하게 조직된 사회에서는 분권화와 권한 이양을 위한 모든 시도가 특권층에게 권력을 넘겨 줄 우려가 높으며, 결과적으로 사람들은 공적 권위주의와 사적 권위주의 가운데 양자택일하게 만든다.

현대 정치와 정치사상에서 영향력 있는 한 갈래는 시민사회의 자발적인 자체 조직의 수권적授權的 역할을 강조한다. 그리하여 어느 측면에서는 풀뿌리 시민단체들의 정치가 시민사회를 점진적으로 변화시키면서 정부 권력의 획득과 행사를 불필요하게 만들 수 있다. 다른 측면에서는 국가를 가만히 내버려 두면 국가는 조직된 시민사회가 경멸할 미래로 돌진하고, 시민단체의 과업이 펼쳐질 수 있는 지반을 협착시키면서 반작용을 한다. 따라서 모든 변혁적 정치는 반드시 위에서 아래로의 운동과 아래에서 위로의 운동의 조합을 추구해야 한다.

현대 사회사상의 역사에서 하나의 친숙한 전통은 사회자본social capital[132]으로서 자발적 결사의 역할을 강조한다. 사회자본은 학습, 생산 및 정부에서 혁신에 우호적인 협력 양식을 개발할 수 있게 하는 신뢰 창조의 기제를 의미한다. 일련의 현실적인 사회적 관계 속에 묻혀 있는 온갖 협력 형태가 혁신에 우호적인 기대와 권리를 발생시킨다. 자발적인 결사체처럼 신뢰를 활용하고 생산하는 관행은 이를 저해할 요인을 감소시키는 힘이 있다. 신뢰는 불완전한 계약의 불완전성을 수용하고, 편익과 부담의 분배에서 단기적 상호성을 포기하고, 동료노동자들이 그 결과를 기꺼이 공유할 것이라는 확신 속에서 위험을 감수하려는 대범한 의향을 함축하기 때문이다.

하지만 자발적인 결사체를 통해 축적된 사회자본을 옹호하는 전통적 주장은 두 가지 맹점을 안고 있다. 이 두 가지는 서로 연결되어 있으며, 정치적 관행과 시민사회의 제도적 장치에 변화가 일어나지 않으면 그 어느 것도 치유될 수 없다.

---

132 사회자본은 부르디외, 콜만, 퍼트남이 일반화시킨 개념이다. 경제적 자본과 대비되는 의미에서 사회자본은 사회 연결망이나 여타 사회 구조에 가입함으로써 이득을 얻는 행위자의 능력으로 정의된다. 콜만은 경제적 기능과 관련하여 사회자본을 거래 비용의 감소를 가져오는 신뢰, 정보 교환의 통로로서의 연결망, 개인의 기회주의적 속성을 제어하는 도덕과 규범으로 개념화한다. 웅거는 이러한 방식의 사회자본 개념 이외에 사회기금, 사회투자기금 등의 맥락에서 '사회자본'이라는 용어를 쓰기도 한다.

첫 번째 맹점은, 자발적인 결사체가 신뢰를 낳고 이를 바탕으로 행위 능력을 낳더라도 결사체는 또한 행위의 실현 가능성과 유효성에 대한 신뢰와 믿음에 의존한다는 점이다. 변혁적 희망이 불평등한 현실을 보상하는 상황이 아니라면, 권력과 편익의 극단적 불평등이 자발적 결사체의 확산을 저해하는 것은 바로 그 때문이다. 효과를 거두려면 제도 변화가 있어야 한다. 결과적으로 자발적인 결사체는 제도적 비전을 획득하지 못하거나 여러 수단을 다른 정치 양식들과 공유하지 않는 한 그 자신의 조건을 창조하는 데 무력하다. 비록 희망이 행동에서 나오더라도 희망은 성과 없이는 연명할 수 없으므로 자발적 결사체의 일시적인 성과도 곧 전복되고 말 것이다.

또 다른 맹점은, 시장지향적인 교환이나 민주정치처럼 자발적인 결사체는 자연적인 제도적 구도가 없다는 점이다. 결사의 현실적 구도는 자발적 결사의 양과 종류에 영향을 미친다. 현대 정치경제학과 정치학에서 이뤄지는 사회자본 논의는 역설적인 성격을 띤다. 때때로 정치경제학에서 결사체는 소위 '공익 단체'로, 즉 약화된 국가로부터 경제적 지대地代를 획득하려는 도구이자 경제생활에서 경직성의 원천으로 악마화되었다. 그리하여 예컨대, 일부 학자들은 제2차 세계대전 이후 경제와 민주주의에서 독일과 일본이 거둔 성공의 원인으로 공익 단체의 파괴[133]를 지목하

---

133 맥락상 모호하지만, 제2차 세계대전 후 독일과 일본에서 전쟁 체제를 지지하였던 노동사회단체들을 연합국이 전쟁 책임을 물어 금지한 사례를 지적하려는 것 같다. 미군정의 〈나치즘 및 군국주의으로부터 해방을 위한 법률〉(1946)의 부록에는 금지된 나치당 부속단체로서 노동단체 및 사회단체들이 상세히 열거되어 있다. 일본의 전후 청산에서도 유사한 조치가 취해졌다. .

였다. 반면에 정치학·사회학·비교역사학에서 결사체는 경제 발전과 좋은 정부의 주요 조건으로 환호를 받았다. 그래서 중북부 이탈리아 경제 및 지역정부의 성공과 유럽의 다른 지역에서 많은 도시들의 성공 원인을 공동체 조직의 조밀한 규범과 연결망, 즉 수직적 조직에 대한 수평적 조직의 역사적인 융성에서 찾았다.

이 외견상 대조적인 접근들은 각기 명백한 진리의 한 요소를 보유하고 있는데, 어떻게 그럴 수 있는가? 그 답변은 집단 이익을 정의하고 옹호하려는 방식들의 이중성(연대주의적이고 변혁지향적인 방식과 배타적이고 보수적인 방식)과 밀접하게 연관된 사회생활의 미래에 있다. 효과적인 결사를 위해 기회와 자원을 불균등하게 배분하는 더 큰 구조 안에서 조직이 집단 이익의 배타적 옹호를 대변한다면, 조직은 지대와 특권을 찾고, 인접한 조직을 자신의 주된 적으로 규정하고, 혁신에 맞서 전쟁을 호소할 개연성이 높다. 그 결과는 '나쁜' 결사체가 될 것이다. 그러나 조직(단체)이 더 포용적이고 연대주의적이고 변혁지향적인 시각을 갖고 구성원의 집단 이익과 정체성을 발전시키려는 과정에서 그 집단 이익과 정체성의 규정을 변화시킨다면, 그 조직은 아마도 좋은, 즉 수권적 결사체가 될 것이다. 결사체를 조직하는 역량이 균등하고 폭넓게 분배된 구도 안에 존재하는 것이 아니라면, 이러한 조직은 이 역량의 확산을 조직 과업의 일부로 다뤄야 할 것이다. 결사체의 제도적 맥락은 이 같은 접근 중 한 가지 방식을 용이하게 하고, 다른 방식을 채택하고 지속시키는 것은 더 어렵게 만든다.

이제 신뢰와 사회자본에 대한 관행적인 강조가 지닌 이중적인 맹점을 치료하는 데 필요한 결사체의 제도적 구도를 논의해 보자. 나아가 결사체의 문제를 통상적으로 생산의 책무에서 유리된 결사체적 생활의 측면에서만 협소하게 파악하는 자유주의 전통과 달리, 시민사회의 전체 구조를 폭넓게 포괄하는 쪽으로 정의해 보자. 우리는 난제에 직면해 있다. 계약법이나 회사법 같은 자발적인 사법 장치에 의존하는 것은 너무 미흡하고, 시민사회의 자체 조직에 공법적 구조틀을 원용하는 것은 너무 과도하다.

대안적 노동법 체제는 이 미흡함과 과도함을 가장 잘 해명해 줄 사례이다. 한 체제는 계약주의적이다. 계약주의 체제는 고용 관계의 불평등 가운데 계약의 현실성을 재확립하려고 노력한다. 여기에서 선호되는 수단은 조합 가입 여부를 자유로이 선택하는 노동자와 사용자 간에 자유롭게 체결된 집단적 계약 관행이다. 단체협상법은 단체협상제도가 고용 관계의 냉엄한 불평등 속에서 계약의 현실성을 재확립하려는 본질적인 목표를 확고하게 구현하도록 노력하면서 자발적인 노조 가입 관행을 규율한다. 사용자에 대한 노조의 대항 권력은 사용자와의 협상을 가능하게 할 정도의 평등을 노동자에게 제공한다. 이 권력은 동시에 계약의 이름 아래 임금계약이 일방적인 사용자 권력의 실상을 은폐할 정도로 불평등해지는 것을 막는다. 이 노동법 체제를 규정하는 제도적 기제는 두 가지다. 첫째, 노동조합은 정부로부터 완전히 독립적이다. 둘째로, 노동조합은 상이한 노동자 집단의 독립적 주도권의 창조물이다. 노동조합은 어떤 포괄적인 구도에도 딱 들어맞지 않는다.

이러한 체제는 통상 노동자뿐만 아니라 민주주의에도 대가를 요구했는데, 이 대가들은 제각기 결사체에 대한 사법적 접근 방식이 야기하는 일련의 효과들의 특수 사례를 대표한다.

첫째로, 노조를 결성하고 유지하려는 노력은 기본적으로 노동운동의 많은 에너지를 소모한다. 시시포스처럼 행동하고 페넬로페처럼 기다려야 한다. 이에 따른 일반적 문제는, 결사체라는 수단의 자발적이고 효과적인 사용이 많은 집단들이 대체로 갖추지 못한 실천적 조건을 전제한다는 점이다. 결과적으로 시민사회 조직의 정치는 조직을 가지고 무엇을 할 것인가가 아니라 시민사회를 어떻게 조직할 것인가에 대한 정치로 변질될 우려가 높다.

둘째로, 통상 그렇듯이 냉혹하게 위계적인 노동의 사회분업 구도 안에서 노동조합이 결성되는 때에는 에피소드식 노조 결성이 도리어 노동계급의 기존의 파편화 경향을 강화시킬 우려가 높다. 자본집약적인 산업 부문의 숙련노동자들은 통상 더 큰 협상력을 보유하게 될 것이다. 그들은 노동조합을 결성하고 조합을 유지하는 것이 비교적 용이하다는 점을 알게 된다. 그러나 역설적으로 이 노동자들에게는 조합이 절실히 필요하다고 보기 어렵고, 이들은 기업의 운영 및 생산 계획에 노동자의 적극적인 참여로 혜택을 누릴 개연성이 가장 높다. 이 길의 끝에 실리추구형 '기업별 노동조합주의'[134]가 있으니, 여기서 노조는 고용주와의 협력 관계를

---

[134] 기업별 노동조합주의business unionism는 노동조합이 자본주의 경제의 변혁을 꾀하기보다는 자본주의 내부에서 더 많은 분배를 주장해야 한다는 경제 요구를 중심으로 하는 노조운동을 지칭한다. 사회조합주의social unionism나 혁명적 조합주의revolutionary unionism의 대개념으로 사용되며, 주로 미국의 노조 행태를 비꼬는 말로 쓰인다.

이루는 도구가 된다. 이제 노조를 갖는 것과 노조를 갖지 않는 것 사이의 차이는 사소해 보이기 시작한다.

이에 따른 일반적 문제는, 결사체에 대한 사법적 접근법은 시민사회의 구분과 위계제를 완화시키기보다는 강화할 개연성이 높다는 점이다. 이중구조의 여건 아래서 관행화된 자발적 결사체는 혜택을 누리는 자본집약적인 제1경제 부문에서 번창할 개연성이 높고, 거기서 연대주의적 지향을 배양할 개연성은 매우 낮다. 후위 부문에서의 정치적 기획은 조직 작업에 생동감을 부여할 수 있고, 전위 부문에서의 연대주의적 지향은 파편화 경향을 감소시킬 수 있다. 어쨌든 연대주의적 지향과 정치적 기획은 마찬가지로 제도적 틀의 보호막을 반드시 타파하는 역할을 수행하게 될 것이다. 제도가 정신을 지속시키지 못하면 정신은 지쳐 가기 마련이다.

셋째로, 계약주의 노동법 체계는 노동 투쟁에서 중간 수준의 경제주의 방식을 선호한다. 기업과 경제 조직보다는 임금, 편익, 직업 안정성에 초점을 맞추는 것이다. 노조 조직을 지속적으로 옹호하려는 필요성의 한가운데에 경제주의적 관심이 자리하고 있기 때문이다. 노동관계를 사적인 계약으로 흡수하려는 것은 노동의 정치적 구성을 은폐하고, 그럼으로써 노동의 정치경제학을 노동자의 적극적이고 의식적인 대응 너머로 밀쳐 버리는 데에 일조한다.

이에 따른 일반적인 문제는 현존하는 대의민주제와 시장경제에서 이루어지는 결사체적 생활의 두드러진 특성들 안에서 나타난다. 사회 전체에 대한 메시지를 가진 결사체들, 정당뿐만 아니라 클럽과 교회 등은 노동과 생산의 일상 세계에서 유리되어 있다. 반면에 일상 세계와 관련된 기업이나 노동조합 같은 단체들은 돈을 벌고 구성원들의 이익을 옹호하는 것을 목적으로 하기 때문에 사회 전체에 대한 메시지를 갖지 못한다. 결사체의 사법적 체제의 옹호자들이 선호하는 비유처럼 계약법과 회사법이 무슨 생각이든지 표현할 수 있는 자연적 언어natural language와 같다면, 문제는 이러한 언어를 구사할 수 있는 사람들은 할 말이 없는 반면에 할 말이 있는 사람들은 이 언어를 구사할 수 없다는 점이다.

이와 같은 태도상의 차이는 그에 대해 문제를 제기할 수 없을 정도로 너무나 자연스러운 것으로 보일지도 모른다. 그러나 이 차이는 부분적으로는 생산체제의 내적인 문제들과 사회에 대한 더 큰 갈등 및 논쟁을 분리시키는 제도의 결과물이다. 이 차이가 보기보다 자연스럽지 않다는 증거는 이것이 실제로는 현대 산업적 혁신의 성공적인 경험으로 완화되어 왔다는 점이다. 성공적인 경험이란, 협력적이고 경쟁적인 기업 집단들이 경제적 전위주의 관행을 전파하고 동시에 전위주의 관행의 사회적·교육적 요건들을 확보하기 위해 지역정부와 협력한 경험을 말한다.

자발적 결사체에 대한 기존의 사법적 접근법을 바꿀 대안은 시민사회의 조직에 대한 공법적 구조틀의 확립이다. 여기서 공법적 구조틀이란 통제된 대중 동원의 조합주의 체제, 즉 정부의 보호 아래서 이뤄진 시민사회의 조직 상태를 가리키는 것이 아니다. 공법적 구조틀은 거주 여건, 일, 공유된 관심에 따라 시민사회의 포괄적인 자체 조직에 대한 규정을 수립할 수 있다. 그럼에도 불구하고 이로부터 나오는 결사체는 정부로부터 전적으로 독립적이어야 한다. 결사체들의 독립성에도 불구하고, 민주적 실험주의의 시각에서 보면 사법적 전통이 구조에 너무 사소한 부담을 지우듯이, 공법적 대안은 구조에 너무 과도한 부담을 지운다. 다시 말해, 노동법적 실례는 그 대안과 한계점을 분명하게 보여 준다.

노동조합의 정부로부터의 완전한 독립성이라는 계약주의 원칙과, 산업별 노동자 전체의 자동적인 노조 가입이라는 조합주의 원칙을 혼합한 노동법 체제를 생각해 보자. 전문적인 노동법원을 포함해서 법원은 법적 구조들의 통일성을 감독하지만 정부는 보호적 권력을 보유하지 않는다. 노조의 수준별 선거들은 이와 같은 포괄적이지만 초정부적인extra-governmental 노동조합 체제 안에서 자리 배정을 결정한다. 마치 정당이 민주 정부 안에서 자리를 놓고 경합하듯이, 노동운동도 정당과의 관련성을 떠나 이 체제 안에서 자리를 놓고 경합한다. 최소한 한 나라, 브라질에서는 이러한 혼성 체제가 이제 단순한 가정이 아니라 법이 되었다.[135]

이 접근법의 장점은 곧 계약주의적 단체협상 체제가 안고 있는 약점의 이면이다. 직업 있는 사람은 누구나 자동적으로 노조에 가입되기 때문에 노동운동의 에너지는 생존의 기초적 요구 사항보다는 조합권력의 사용과 발전에 집중될 수 있다. 모든 노동자 계층이 동일한 구조 안에서 만나고 노동운동의 모든 파벌이 그 구조 안에서 자리를 놓고 경합하기 때문에, 비록 노동자의 이익에 대한 포괄적이고 연대주의적인 규정과 방어를

---

135 브라질의 노사 관계는 1930년대 파시즘 이래로 노동조합과 사용자가 자율적 및 자치적으로 교섭하는 것이 아니라 국가 주도로 노동조합단체와 사용자단체를 규율하는 '국가코퍼라티즘'이 지배하였고, 80년대 군사정부의 퇴진과 노동법의 개혁을 통해 노조 설립이 허용되었다. 그러나 독특하게 '지역별 1업종 1노조 원칙'(서울은행노조, 울산금속노조, 부산해운노조 등)이 채택되었다. 웅거는 1988년 브라질 헌법상의 노동자의 권리를 염두에 두고 말한다.

지향하는 단일한 흐름은 존재하지 않더라도 최소한 그 반대 방향의 흐름은 있을 수 없다. 이러한 전국적 노조 체제의 성공과 실패가 경제 전반에 걸쳐 노동자의 지위에 직접 영향을 미치기 때문에, 그 체제가 권력의 주요한 소재지이기 때문에, 산업 관계가 경제적 운명이 아니라 정치로 형성된다는 점은 더 분명해진다. 노동관계의 정치적 형성에서 이와 같은 더 큰 투명성과 연대주의 전략을 향한 개방성은 노동운동의 의제를 경제주의를 넘어 사회 조직 전반에 관한 더 포괄적인 관심사로 이동시키는 데 한몫할 것이다.

여러 한계에도 불구하고 이 혼성 체제가 유용한 것은, 사회 전반에 사회적 불평등이 만연하고 노동자들이 경영자뿐만 아니라 동료 노동자들에게서 심각하게 분리되어 있기 때문이다. 혼성 체제는 경제적 전위주의의 민주적 양식, 즉 산업적 쇄신의 보수적 경영 프로그램에 대한 급진민주적 대안의 전기 단계를 장려할 수 있다. 그러나 일단 이 프로그램이 실현되기 시작하면 혼성 체제는 그 핵심의 많은 부분을 상실하게 된다.

민주적 실험주의 방향으로의 진보가 아무리 멈칫거린다고 하더라도 시민사회의 일반적 조직 모델로서 혼성 노동법 체제가 지닌 한계는 더 분명해진다. 혼성 노동법 체제에서처럼 일자리에 따라, 지역정부와 평행적인 소규모 지역 결사체의 구도 안에서처럼 거주지에 따라, 생애 주기의 상이한 단계에서 학령 아동의 부모들이나 건강 및 사회적 서비스의 이용자들의 포괄적 조직에서처럼 공유하는 관심에 따라, 시민사회의 공법적 조직에 필요한 다층적인 구조들을 상상해 보자. 이 구도는 너무나 경직되어서 시민사회의 자체적인 재구성적 힘을 올바르게 파악하기 어렵다. 더구나 그 구도는 동료 시민을 따분하게 하고 공격하고 참견하기 좋아하며 위세와 허세에 찌든 인간들의 수중에 떨어지기 십상이다.

공법적 해법의 과도함과 사법적 해법의 빈약함이라는 난점을 동시에 해소할 방법은 민주적 실험주의에 대한 충실성이다. 이 해법은 사법적·공법적 접근 방식 및 그 특별한 약점들에 부합하는 교정 기제를 조합하고, 자유로운 시민사회가 '자연적인' 법 형식을 갖지 않는다는 관념을 관철하면서 각 접근법을 공존시킬 것이다.

공법적 제도를 교정할 기제는, 공법으로 확립된 제도에서 이탈할 수단으로 이용할 수 있는 사법적 장치다. 확립된 제도에서 이탈하고 시민사회의 일부를 개혁할 이 권리의 행사는 두 가지 조건에 의존한다. 첫 번째 조건은, 이탈하는 사람들이 종속과 지배의 관계보다는 상대적 평등의 여건에서 상호적으로 대면해야 한다는 점이다. 두 번째 조건은, 이탈권이 효과적인 도전과 수정에 무감각한 독재의 작은 요새를 구축하고자 행사되어서는 안 된다는 점이다.

계약법과 회사법이라는 사법적 체제를 교정할 기제는, 특수한 조직들과 사회적 실천 영역에서 현지화된 재구성적인 개입 과제를 담당하는 정부 부서(우리가 지금까지 알고 있는 정부 부서와는 다른)의 기반이다. 이 교정 기제는 구조적 금지 명령들을 통해 '복합적 집행'이라는 미국식 사법司法 관행을 일반화하고 확장시킴으로써 정상적인 형태의 경제적·정치적 행동과 방어들이 효과를 거두지도 못하고 굴종과 배제의 미시 세계들을 방치해 버리는 특수한 사회 조직과 사회생활 영역에 개입할 것이다. 교정 기제가 할 작업은 구제적이면서 동시에 재구성적이고, 구조적이면서 동시에 에피소드적이다. 해체된 부분이 조직의 법적 장치를 사용하는 것을 저지하는 데 일조하는 관행에 직접적으로 반대 조치를 취하는 것이 교정 기제의 책무이다. 따라서 이 교정 기제에는 전통적 사법부가 갖지 못한 자원, 역량, 권능이 필요하다.

학교

민주적 실험주의의 전진에서 학교보다 중요한 조직은 없다. 사회적·문화적 체제가 아무리 포용적이고 관용적으로 변한다고 하더라도 정신은 체제의 충실한 표현으로 머물지 않듯이, 특수한 제도적 프로그램의 기질이 아무리 실험주의적이라 하더라도 학교는 어떤 프로그램의 도구가 아니다. 학교는 정치 및 생산의 제도들과 유사한 수준에서 존재한다. 학교, 정치적 질서, 경제적 질서는 서로에 대한 제약 조건을 설정한다. 학교와 질서에 대한 사고는 인성과 사회에 대한 동일한 관념에 의존할 수 있다. 어떠한 형태의 교육이 민주적 실험주의 프로그램을 자극하는 주체(자아)와 사회에 관한 관심사에 적절히 부응하는가? 이 의문에 답하는 좋은 출발점은, 현재 있는 전통적인 '진보적 교육' 관념을 반복적으로 희석시키면서 수정하는 것이다.

첫째로, 사회상속이라는 중요한 수단 없이 진보적인 교육은 존재할 수 없다. 아동들이 학교에 접근할 수 있다는 것만으로는 충분하지 않다. 학교가 동시에 아동에게 접근할 수 있어야만 한다. 아동들은 가능한 한 언제나 자신의 가족 안에 머물 수 있도록 경제적·의료적 지원을 누리지 않으면 안 된다. 이 지원이 학교를 통해서 근무일 전체에 걸쳐 관리된다면,

이 방법이야말로 학교와 가정을 결속시키는 매우 효과적이고 성공 가능성이 높은 방법임이 입증될 것이다. 여기에 더해서, 공동체 조직들이 위에서 아래로뿐만 아니라 아래에서 위로도 아동 지원책을 형성하고 관리할 때 이 지원은 최상으로 작동할 것이다. 이러한 결사체적인 삶의 굳건한 풍토에서 가족 역시 학교와의 협력을 조직화할 수 있다. 우리가 진보적 교육에서 세 번째 예언적 요소를 고려하고 이 요소가 사회상속과 역량 계발에 가하는 압력을 고려할 때 복잡한 문제가 나중에 나타난다.

둘째로, 학교는 성인교육 분야의 후속 기구와 마찬가지로 단순히 전문기술 훈련이나 정보 지식의 소극적인 전수가 아니라 일반적인 역량 계발에 관심을 집중해야 한다. 이 역량은 실천적일 뿐만 아니라 개념적일 수 있으며, 그것은 학습에 실질적인 핵심 도구를 포함할 것이다. 역량 교육의 핵심은 가능한 것을 상상함으로써 현실적인 것을 변형하는 것이다. 그리하여 자연과학뿐 아니라 사회와 역사 연구에서도 어떤 조건 아래서 어떤 사물이 다른 사물로 변모할 수 있는지를 발견하고, 그럼으로써 사물이 어떻게 왜 작동하는지를 이해하기에 이른다. 우리가 사물을 더 잘 이해하려면 현존재에서 자연성을 제거해야 한다. 예술 분야에서는 우리가 살고 있는 사회체제를 우매한 사실성과 칙칙한 권위에서 해방시킴으로써 다른 세계를 창조하고, 육체노동과 공학기술에서는 실천이성과 협동 작업 사이에 생생하고 유연한 방법과 의도 간의 연관성을 수립함으로써 실천적 과업 개념과 그 수행의 차이를 비본질적인 것으로 만든다. 이 모든 방식을 통해 우리는 민주주의와 실험주의를 위해서, 아울러 민주주의와 실험주의의 실행 주체가 되어야 하는 맥락 초월적인 존재를 위해서 세계, 사회라는 실천적 세계와 문화라는 상상적 세계를 더 안전하게 만든다. 그러므로 실천적 역량 계발을 교육의 중심에 둠으로써 우리는 과학과 지식에서 실험주의에 근본적인 관념, 즉 우리가 이미 확립한 사회적·문화적 질서, 어떠한 과학과 예술의 기존 목록 안에서보다 우리 자신 안에, 우리의 통찰, 발명과 연합의 역량 안에 더욱 많은 것이 존재한다는 관념을 구체적으로 표현하게 된다.

그러나 실험주의적 공약이 심화되고 일반화되는 경우에는 도덕적이고 심리적으로 복잡한 문제를 일으킨다. 맥락으로부터의 초탈이 몰입적인 참여와 행동에 대해 갖는 함축이 문제이다. 탈맥락이 우리가 시도하는 각 부분에서 마음의 분열을 확대시킨다면, 탈맥락의 대가는 너무 클 것이다. 나중에 이 문제를 민주적 실험주의 공약이 요구하는 도박의 일부로서 논의하겠다.

진보적인 교육이 이 두 가지 공약, 아동이 학교를 활용하게 하는 공약과 암기보다 역량을 중시하는 공약에 국한된다면 진보적 교육은 내적 갈등을 겪지 않을 것이다. 그러한 교육은 학교에 대한 가족 및 공동체의 통제를 무제약적으로 수용하는 것을 의미하고, 마찬가지로 '고전적 정전 classical cannon'[136]을 단호하게 거부하는 것을 의미할 것이다. 그러나 진보적 교육 관념에서 통상 억압되는 제3의 요소가 존재한다. 이 제3의 요소는 다른 두 요소의 성격과 지위를 극적으로 연관시키고, 두 요소가 공동체와 정전에 미치는 영향을 변화시킨다.

---

136   맥락상 '엘리트 육성 교육'을 의미한다.

진보적 교육 프로그램의 제3의 요소란, 아동을 그의 가족, 그의 계급, 그의 국가, 나아가 그 역사적 시대에서 구출하겠다는 공약이다. 그것은 아동들에게 통찰과 행동의 권능을 부여하고, 작은 예언자가 될 수 있게끔 낯선 경험의 기회를 부여하는 것이다. 가능한 것을 상상함으로써 현실적인 것의 이해를 변화시키는 것은 현재 지배적인 문화에서 고도의 초탈을 요구한다.

작은 예언자들은 성장하면서 그들의 배교자적인 역량을 향상시켜 준 민주적 실험주의를 배반할지도 모른다. 그러나 민주주의자와 실험주의자로서 우리는 어쨌든 더 많은 작은 예언자들이 민주적 실험주의를 간단히 배격하지 않고, 민주적 실험주의가 일견 배제하는 것 같은 관심사와 민주적 실험주의를 연계함으로써 민주적 실험주의를 재발명하고 개혁하고 심화할 것이라고 믿는다. 이는 이 책이 발전시킬, 전체 제도적 프로그램으로 만들어질 도박과 그 성격상 다르지 않은 도박이다. 이 도박을 합당하게 만드는 것은, 다른 사례와 마찬가지로 심리적 위력과 정신적 권위 그리고 주체에 가해지는 상황의 구속성을 완화하는 데에 따르는 실제적 편익에 대한 하나의 관점이다. 인간 삶의 제도적이고 담론적인 맥락과의 관계에서 이와 같은 국면 전환은 과학에서는 오류의 교정과 연결되고, 생산에서는 협력과 혁신 요구 간의 성공적인 화해와 연결되고, 정치에서는 인간의 상호 관계에 드리워진 견고한 분열과 위계제라는 격자의 제거와 연결되고, 도덕적 경험에서는 (제도적 질서가 사회의 경화된 형태이듯이, 개인의 성격은 주체의 경화된 형태이기 때문에) 성격이 지닌 숙명론적 힘을 억제하는 수단의 발전과 연결되어 있다. 우리는 작은 예언자들의 권능이 인간 본성에 대해 보여 주는 직접적인 증거뿐만 아니라 권능들의 인과관계에 비추어 볼 때 그 권능을 맥락에 위치한 정신으로, 유한자에 붙잡힌 무한자로 평가하게 된다.

진보적 교육의 이념에서 예언적 요소는 공동체 및 가족 통제의 무제약적 수용과 '고전적' 교육의 직접적인 거부도 수정한다. 아동을 공동체와 가족으로부터 구출하는 것이 학교의 과업이라면 우리는 학교를 가족과 공동체에 넘겨 줄 수 없다. 대안은 무엇인가? 전통적인 유럽식 엘리트 교육 모델은 중앙 교육관료 조직에 주도적인 역할을 부여한다. 이 모델은 교육관료 조직이 아동과 학교의 지역적 주변 환경에 대해 어떤 역할, 사회적 다양성보다는 엘리트 역량 육성을 위한 균형추 역할을 해 주기를 기대한다. 프로이센의 교육장관과 그의 전문직 참모들은 능력 있는 폼메른 지역[137] 아동들로 하여금 고향 마을의 지평 너머를 보고 국가를 위한 봉사를 준비하게 하는 교육체제를 확립했다고 주장했다. 진보적인 교육 프로그램에서는 이런 권위주의적 해법이 있을 수 없다. 프로그램의 중심이 될 개혁적 교육관료 조직은 기껏해야 학교에 대한 가족 및 공동체의 통제에서 균형추 역할을 수행할 장치 중 하나에 불과하다. 가장 중요한 행위자는 교사들이 스스로 벌일 운동이다. 교사들은 가족, 지역 권력, 중앙 권위가 병렬적 또는 상충적 개입을 통해 교육자의 공간을 창조하고, 사회가 민주적 실험주의의 변형 작업을 통해 사회 자체를 재생산하는 데에 덜 안달하는 배경에서 행동해야 한다. 가능한 새로운 인간을 향한 상

---

137 폴란드와 독일의 영향을 받는 발트해 남부 지대.

상적 감정이입이 많은 사람들의 마음을 지배하지 않으면 안 된다.

이와 유사하게 그동안 억압되어 온 비판적이고 예언적인 능력의 계발을 진보적 교육 관념 속에 다시 도입할 때, 우리는 이미 폐기된 고전적 교육 이상에도 어느 정도 누그러진 태도를 취해야 한다. 이 이상은 두 가지 야심의 결합, 즉 (a) 현재 지배적인 신념과 상당한 거리를 두고 있지만 (b) 현재 문화와 계보학적인 관계를 갖고 이 문화 안에서 정전의 지위에 있는 문화를 집중적으로 연구함으로써 규정된다. 유럽 문명에는 항상 이 프로그램을 뒷받침하는 이중적인 기초, 즉 그리스-로마 고전과 기독교 교리에 대한 연구가 있었다. 정전의 이중성은 우연한 이익 그 이상의 것으로 드러난다. 진보적 정신 속에서 고전적인 교육 관념을 재발명하고자 한다면, 정전의 이중성은 급진화하지 않으면 안 될 원칙이다.

고전적인 요청을 만족시키는 교육이 가져다줄 편익은, 현재 및 현재의 믿음으로부터 어느 정도 떨어진 불온하고 도발적인 중경中景에 위치한 판단 양식에 대한 통달이다. 막스 베버는 가장 위대한 문화적 성취물에 대한 영감은 종종 문명의 주변부에 위치한 것에서 유래했다고 언급하였다. 이와 관련해 고전적인 교육은 인간으로 하여금 기껏해야 인간이 태어난 문화와 관련해 그 자리를 고수할 수 있게 한다. 고전적 교육은 인간에게 이른바 초탈과 높은 자부심을 부여하면서 인간으로 하여금 친숙한 것을 낯선 것으로 볼 수 있게 한다. 고전적 교육은 처음에는 난공불락으로 보이는 행위와 감성 양식을 판단할 수 있는 역량과 의지를 강화한다. 고전적 교육은 내부자이면서 동시에 외부자인 상황에서 유래할 수 있는 상상적 영양분을 인간에게 제공한다.

그러나 전통적·고전적 교육 형태가 이러한 역할을 강력하게 수행하는 것을 방해하는 두 가지 오점이 있다. 하나는 엘리트 지위의 장식품과 사회적 구별의 표시로서 교육을 사용하는 사회적 오점이다. 다른 하나는 살아 있는 정전보다 닫힌 정전에 대한 헌신에서 비롯되는 재구성적인 권력과 믿음을 약화시키는 문화적 오점이다. 서구적인 고전적 교육의 관행과 이해에서 이 두 가지 부담을 제한한 것은 이교적 계보학과 기독교 계보학의 이중성이다. 둘의 지속적인 공존은 화해를 향한 온갖 노력에도 불구하고 상상적 곤경과 기회를 발생시켰다. 더구나 기독교 신앙의 내용은 세속적인 지혜에 대한 치유할 수 없는 모호성을 자극하고, 인격적 사랑과 초월의 중요성뿐 아니라 이 사랑(초월)과 사회(제도) 간 갈등의 불가피성이 지닌 중요성에 대한 믿음을 불러일으키고, 역사적 경험의 결정적이고 극적이며 비순환적인 성격에 대한 통찰을 불러일으켜 상상적 곤경을 통제하기 어렵게 만들었다. 기독교도의 상상적 사후 세계로부터 그 힘을 얻는 전형적 장르인 19세기와 20세기 초반의 유럽소설만 읽어 보아도 두 가지 정전 중 기독교 정전의 집요하고 폭발적인 잠재력을 인식할 수 있다.

　정전의 유용성에도 불구하고 이중적 정전, 즉 고전적 정전과 기독교적 정전은 민주적 실험주의 아래서 교육 문제와 관련하여 수용할 해법을 제시할 수 없다. 첫째로, 이 정전들은 역사적으로 기독교 사회를 포함해 다수 인류의 믿음으로 적용할 수 없는 국지적인 해법이다. 둘째로, 공적 교육의 세속적 성격은 민주주의 사회에서 학교 체제의 우연적 특성이 아니라 본질적인 특성이다. 셋째로, 진보적 교육 관념에서 억압당한 예언적 요소의 계발은 정전들의 숫자에서 상상적 확대뿐 아니라 그 정전들과 인간의 창조적인 자유 관계에도 성격의 변화를 요구하기 때문이다.

민주주의는 지금 그리고 여기에서 어느 정도 비판적 거리를 유지한 채 다양한 비전과 판단 속에서 젊은이들을 교육할 필요가 있다. 민주주의는 문화적 다양성을 겉으로 드러내는 축하 행사나 문화들 간의 평등이라는 겉치레로 만족할 수 없다. 우리는 실제로 젊은이들이 살아가는 곳에서 통찰과 영감의 힘을 발견하지 않으면 안 된다. 그러나 그들이 개인으로서, 사회로서, 문화로서 계보학적 관계를 맺고 있다고 인정하는 전통들 속에만 거주한다고 상정할 이유는 없다. 민주적 실험주의자에게는 과거로부터 상속받은 다양성보다 미래에 구성할 수 있는 다양성이 더 중요하듯이, 우리는 계보 또한 단순히 상속받는 것이 아니라 새로이 발견할 수 있다. 중앙교육 관료제를 학교에 대한 공동체의 영향력을 제약하는 다양한 방법 중 하나의 특수 사례로 재정의하듯이, 고전적 정전 관념 역시 기존의 문화로부터 비판적 거리를 유지하는 일군의 방식 중 특수 사례로 다시 정의할 수 있다.

민주적 실험주의가 벌이는 삼중도박

프로그램과 리스크

이 책에 기술한 신자유주의에 대한 민주적 대안이 민주적이고 실험주의적인 이상을 발전시킬 유일한 방법은 결코 아니다. 이 대안은 현재의 제도적 틀에서 벗어나는 몇 가지 방향 중 하나에 불과하다.(나는 다른 책 《법분석의 사명What Should Legal Analysis Become?》에서 대안의 폭넓은 가능성을 탐색했다.) 우리는 부국이든 빈국이든 현대 국가들이 처한 특수한 여건 속에서 이 대안들을 발전시키고 재구성할 수 있다. 실질적 여건이나 역사적 경험에서 생기는 차이들은 사회가 가야 할 방향을 미리 결정하지는 못하기 때문이다. 민주적 실험주의를 향한 진보가 대담해질수록, 온갖 형태의 사회예정설은 그만큼 약화될 것이다. 민주주의 발전을 향한 각 행로는 더욱 폭넓게 인정된 집단 이익과 공언된 사회적 이상의 실현이라는 희망 속에 포용된 일련의 소소한 혁신으로 시작될 수도 있다. 그러나 우리가 충분히 멀리 밀치고 나간다면 각 행로는 집단 이익과 현재의 정체성 논리가 의존하고 있는 사회적 상황을 변화시킬 것이고, 그러면 기존의 집단 이익과 정체성에 대한 정의 자체가 바뀔 것이다. 각각의 행로는 시간이 지나면서 일정한 유형의 인격적·사회적 경험에 대한 선호를 내비칠 수밖에 없다.

다양한 유형의 사람과 삶에 개방적인 것이 제도적 질서의 미덕이지만, 어떠한 질서도 다양한 경험들 사이에서 중립적일 수 없다. 질서는 어떤 것을 장려하고, 다른 어떤 것을 억제하기 마련이다. 중립성이라는 가식은 비인격적인 옳음과 파당적 좋음을 구별하는 확정적인 제도적 고형이라는 환상을 지지함으로써 개방성의 현실주의적 대의를 방해한다. 각각의 궤도는 무수한 이행 단계를 통해 현재의 제도로 돌아가 연결된다. 각 궤도는 특징적인 문제들을 안고 있으며, 각 궤도가 이러한 문제를 다루는 방식을 통해서 그 궤도의 성격을 규정하고 발전시킨다. 각 궤도는 우리에게 우리 자신과 사회에 대해 특정한 위험을 인수할 것을 요구한다. 각 궤도는 눈을 크게 뜨고 감수해야 할 계산된 위험이 된다.

이제 이 책에서 탐구한 민주적인 대안을 괴롭히는 세 가지 위험을 검토한다. 첫 번째 위험은, 민주적 제안이 고착된 사회적 위계제와 역할을 가일층 약화시킨다는 대의를 성공시키고 난 다음에 부딪힐 정치적·사회적 안정성이라는 요구 사항을 만족시키는 능력과 관련되어 있다. 경직된 계급과 공동체의 힘이 줄어듦에 따라 그 일부 빈자리를 의견과 기질의 분열이 점령할지도 모른다. 분열이 만족스럽게 공적인 대화를 조직하고 공적인 제도를 안정적으로 만들 수 있을까? 두 번째 위험은, 민주적 실험주의의 발전 형태가 의존해야만 하는 정치적 실천에 참여할 행위주체들의 존재 여부이다. 제도의 거시정치와 개인적인 관계의 미시정치를 조정할 수 있고 동시에 정당들이 전통적인 정권의 정치를 위해 수행했던 바를 대문자 정치for politics writ large로 실행할 수 있는 행위주체들이 없다면 민주적 실험주의는 어떻게 될 것인가? 세 번째 위험은 인성人性이라는 이상을 계발하는 프로그램의 영향에서 발생한다. 민주적 실험주의는 공적인 공약을 위해 사적인 관심을 억누르는 옹졸하고 비현실적인 시도를 벌이는 '고전적 공화주의classical republicanism'138의 재판이 되어서는 안 된다. 민주

---

138 고전적 공화주의는 고전시대의 정부 형태와 저작물에 영향을 받아 르네상스 시대에 발전한 공화주의 형태를 말한다. 시민사회, 시민적 덕성, 혼합정체와 같은 관념에 기초한, 특히 아리스토텔레스, 폴리비우스, 키케로의 저작물이 대표적이다. 고전적 공화주의를 부활시킨 인물로는 마키아벨리가 꼽힌다. 이 책에서 웅거는 특정한 유형의 공화주의에 한정한 것 같지는 않다. 기존 헌정제도를 지나치게 고수하려는 경향을 비판한 것으로 보아, 그의 지적은 공화주의 일반을 겨냥한 것 같다.

적 실험주의는 사적인 관심들을 대체하기보다는 그러한 관심의 범위를 확장시키기를 원한다. 그렇다면 민주적 실험주의는 정치적 덕성을 적절하게 활용하지 못하고 여타 보통 사람들을 분노에 찬 후퇴로 몰아넣으면서 참견하기 좋아하고 허세 부리는 열성파 그룹에 너무 많은 재량을 부여하는 것은 아닌가? 일반적으로 말해서, 민주적 실험주의는 우리가 냉소나 유보 없이 포용할 수 있는 집단 및 문화와 우리와의 관계를 부인함으로써 전심전력의 기회를 침해하는 것은 아닌가? 그리하여 민주적 실험주의는 스스로 진작시키기 원하는 바로 그 활력을 약화시키는 것은 아닌가?

이 위험들은 예측된 위험에 해당한다. 어쨌든 위험은 동시에 희망이다. 이러한 희망은 인성과 사회에 대한 이해의 관점에서, 나아가 우리가 공언한 이상과 우리가 인정하는 이익의 관점에서 무엇이 우리에게 가장 중요한 것인지에 대한 관점에서 합당한 것이 된다. 우리는 프로그램적인 관념을 사회적 현실과 가능성에 대한 전제적 믿음으로 사고하는 데에 익숙하다. 그러나 역관계도 꼭 그만큼 중요하다. 프로그램적 노력은 우리 이해의 한계를 확장하기 때문이다. 프로그램적 관념들은 실용적인 잔여, 즉 자기완성적 예언의 요소를 가진다. 우리는 어떤 관념을 가능한 것으로 만들 수 있다는 희망에서 그 관념이 가능한 것처럼 행동한다. 그러나 그런 희망이 구현하는 자기완성적 예언이 지금 그리고 여기서 당장 착수할 수 있는 스토리를 말하는 경우에만 희망은 정당화될 수 있다.

우리에게는 프로그램이 우리가 처한 여건과 얼마나 가까운지 측정할 척도가 없다. 우리는 그저 상대적인 어둠 속에서, 변혁적인 가능성의 이해와 관련하여 소망적인 사고와 실용적이고 예언자적인 잔여의 부정 사이에 난 좁은 길을 걸을 수밖에 없다. 비록 척도는 없지만 우린 항상 걸어갈 것이다. 하지만 이익과 이상, 제도와 관행의 내적 관계를 이용한다면, 위기와 표류가 운명이라고 생산한 바를 오히려 기획으로 상상하는 사유 방식을 지속적으로 계발한다면, 우리가 해 온 것보다 더 잘할 수 있다.

불안정성의 위험: 강한 정치, 약한 집단

민주적 실험주의는 개인적 경험에 대한 집단적 운명의 지배력을 약화시킨다. 그러면서 민주적 실험주의는 개인의 경우에는 매우 뚜렷한 집단적 족쇄를 부정하고, 시민사회의 경우에는 집단적 선택의 조직 도구를 부정하고, 심화된 민주주의의 경우에는 심화된 민주주의가 요구하는 사회적 협력자와 대화 상대자를 부인하면서 민주정치를 불안정하게 만든다. 심화된 민주주의의 제도들은 계급과 노동의 엄격한 위계제의 역할을 약화시킨다. 그리하여 이 제도들은 소규모 사업가 계급과 숙련된 산업노동자 간의 분열, 또는 숙련된 산업노동자와 하층 노동자 간의 분열, 좀 더 세밀한 수준에서 고도로 숙련된 기계 기술자와 일반 조립생산 라인 노동자 간의 분열, 또는 야심적인 전문직 사업가 계급의 자녀와 상속권의 신탁 펀드 수혜자들 간의 분열을 극복하는 데 일조한다.

인종, 종교, 공동체 문화의 상속에 기반한 집단들을 약화시키는 것은 더욱 간접적일지 모른다. 그럼에도 불구하고 이런 집단을 약화시키는 것은 강력한 효과를 발휘한다. 민주적 실험주의는 몇 가지 영향 요소들을 통해서 이런 집단의 지배력을 이완시킨다. 민주적 실험주의는 우리가 이익 및 이상의 실현과 연결시키는 실천적 제도들에 도전할 기회들을 몇 배로 늘린다. 민주적 실험주의는 가족한테서 아동을 구출하는 데 학교를 이용한다. 민주적 실험주의는 상속 받은 집단 정체성과 차이들보다 사회에서 형성되는 집단 정체성과 차이들을 중시하고, 지금 당장 과거의 차이보다 미래의 차이를 중시하는 관행과 대화를 장려한다. 정치적 안정의 문제는 강한 정치에 대한 강한 인민의 관계에 대한 더 큰 고민의 한 측면에 불과하다.

두 사회를 비교해 보자. 어떤 사회, 이를테면 종교적 권위로 재가되고 경제적 통제로 강화된 신분·계급·출생으로 결정된 집단적 구분을 가진 사회에서 대부분의 개인은 자신이 차지한 자리에 안도감을 느낀다. 세속적인 성공과 실패가 개인들에게 차이를 부여할 수 있지만, 통상적으로 차이를 만들지 못한다. 개인들은 과거에는 부모의 눈에 비치는 그대로였듯이, 현재에는 사회의 눈에 비치는 그대로이다. 그들은 활기차다고 할 정도로 자기 생각을 표현할 수 있다. 이런 여건에서는 사회적 위계제의 각 단계에 위치한 보통 사람들이, 얼치기 민주사회에 사는 우리에게는 귀족주의적으로 비칠 수 있는 자연스러운 존엄을 종종 보여 준다.

다른 사회, 즉 계급 지배력은 약화되었지만 아직 깨지지 않은 사회가 있다. 상속받은 경제적·교육적 편익이 만들어 낸 차이들이 권위 면에서는 불확실하지만 강력한 효과를 발휘하고, 자발적인 결사가 선호되지만 자기를 내세우는 개인주의가 숭배를 받는다. 많은 사람들이 서로 간의 관계를 염려한다. 상호 관계와 대화는 정해진 대본이 없다. 대본 없는 상태는 사람들을 침묵시키기도 하지만 동시에 자유롭게 말할 기회를 제공한다. 첫 번째 유형의 사회에서 개인의 표현은 예속과 미신에 사로잡히지만, 두 번째 사회에서는 더 많은 평등과 평등에 기초한 더 많은 결사체가 부분적 평등성의 결함을 치유할 것이라고 희망한다. 어쨌든 이러한 희망은 역사적 추론뿐만 아니라 도덕적 비전에도 의존한다.

도박꾼은 상속받은 집단적 자기 정체성의 약화가 평정심self-possession에 미치는 영향뿐만 아니라, 사회적·정치적 안정성에 미치는 영향에도 판돈을 건다. 우리는 공적인 대화와 집단적인 선택을 조직하는, 즉 정치과학의 언어로 말하면 "이익들을 접합하고 총합하는" 지속적인 생명을 가진 집단을 필요로 한다. 민주적인 대중정치는 정당을 상속받은 위계제와 분열, 계급과 공동체로부터 상대적으로 자유로운 집단적 행위주체로 간주한다. 정당은 특수한 계급과 공동체를 대변한다고 주장할지도 모른다. 그러나 선거제 연구가 발견한 가장 진부한 사실 중 하나는, 정당에 대한 지지표가 보통 계급 이익이나 공동체 친화력과 같은 단순한 도식을 추적하는 데 실패한다는 것이다. 놀라울 정도로 빈번하게 개인적 의견이 집단적 뿌리를 극복한다. 그럼에도 불구하고 정당들은 이런 집단들이 지속적으로 번성하는 사회적 세계에서 작동해 왔다. 실제로 정당이 가진 본분 중 하나는 그러한 집단들과 집단 이익을 결합하여 정부를 가지고 무엇을 할 것인지, 그리고 사회를 어떻게 변화시킬 것인지를 두고 더 일반적인 토론을 이끌어 내는 것이다.

정당 속에 구체화된 원칙, 즉 의견·공약·기질의 공유에 따른 연합이 집단생활의 지배적인 형태로 일반화되어 왔다는 점을 생각해 보면 뭔가 중요한 것이 변화되어 왔다. 그저 특성의 상속과 가족의 영향에서 유래하는 귀속적 요소만으로 이루어지는 집단 형태들이 강한 인성과 유동적인 시민 생활을 유지시킬 수 있을까?

이러한 집단 형태들이 그 일을 수행할 수 있을 것이라는 희망을 품는 근거는 두 가지다. 첫 번째 근본적인 이유는, 성격과 개종이라는 반쯤 선택한 운명이 계급과 인종이라는 선택하지 않은 전제專制만큼 완고할 수 있다는 점이다. 두 번째 보완적인 이유는, 민주적 실험주의는 개인적 경험에 대한 귀속적인 집단의 장악력을 느슨하게 함으로써 집단적 차이와 개인적 습성 간의 미묘한 교환을 폐기하지 않는다는 점이다. 우리는 오직 가장 강력한 에너지를 통해서만, 우리의 가족이 인도하고 우리 생애가 우리를 통해 확인하는 집단생활의 특징적 형식들이 우리 삶에 미치는 중력에 저항할 수 있다. 이 같은 특징적인 삶의 형식은 각기 다른 삶의 형식과의 차이에서 위력을 이끌어 내고, 실천적이고 심리적인 일상의 준비 목록을 지지한다. 이런 삶의 형식들은 의견과 기질만으로는 만족스럽게 생산할 수 없는 형태를 사회에 부여하면서 이미 구축된 계급적·인종적 분열보다 오래 지속된다.

안정에 대한 이러한 기대는 민주적 실험주의가 가져올 도덕적 결과를 부각시킨다. 그 결과는 종교와 이상 사이에서 좀체로 중립적이지 않다. 힌두교나 유대교와 같은 많은 종교적 전통들은 혈연관계에 특별한 중요성을 부여한다. 선택하지 않는 연결에 대한 욕구가 인간의 마음에 깊이 뿌리내리고 있다. 어떠한 상속도 인간에게 부과하지 못하는 약속을 경험할 때 느끼는 힘은 연결의 욕구를 상쇄시킬 만큼 충분하지 않을지 모른다. 이제 남은 문제는 정치적·사회적 불안정이 아니라 우리 욕구 안에서 일어나는 완고한 갈등이다.

행위주체성에서 실패의 위험: 포용적 정치에서 행위주체의 실종

민주적 실험주의의 발전은 제도적 변화라는 거시정치와 개인적 관계라는 미시정치 간의 격차를 극복할 포용적인 정치적 실천을 요구한다. 이 요구는 행위주체성과 관련된 난제로 귀결된다. 이런 정치에 필요한 조정주체가 있을 수 있다는 것은 생각할 수 없고, 조정주체가 없다는 것은 골칫거리다. 이 골칫거리에 맞서는 것은 또 다른 예측된 위험을 요구한다.

이 책에서 탐구하는 신자유주의 및 전통적인 사민주의에 대한 대안은 민주주의를 심화시킬 몇 가지 가능한 방향들 가운데 하나를 서술한다. 변혁적이고 민주적인 정치라면, 여러 방향 중 어느 한 방향으로 운동하는 정치라면 모름지기 다음과 같은 특성이 반드시 있어야 한다.

첫째로, 그 정치적 실천은 보수적이고 배타적인 접근보다 제도적으로 변혁적이고 사회적으로 연대주의적인 접근을 우선시함으로써 집단 이익의 정의와 옹호에 대한 태도의 이중성을 이용해야 한다. 이 명령들은 종종 확장된 민중연합으로 표현된다. 이 연합은 전형적으로 전위 부문의 기술노동자, 자본과 기술이 빈곤한 경제 부문에서 블루칼라나 화이트칼라로 일하면서 흔히 불안정한 직업을 가진 사람들, 대량생산 산업의 노동자들을 포용한다. 전통적 사민주의를 지탱하는 세 번째 유형의 노동자는 흔히 전위 부문과 후위 부문 간의 분열을 걸치면서 전위 부문으로 상승하거나 후위 부문으로 쇠락 중인 산업에 존재한다. 민간기업과 차환^{借換}

援을 받는 정부 간의 분권적인 협력 관계를 시작으로 명백하게 반이중구조적 정치경제의 채택으로 종결되는 프로그램은, 이런 확장된 민중연합의 토대를 강화하는 데 일조한다.

변혁적이고 민주적인 정치적 실천이 갖는 두 번째 특징은, 담론과 상상력의 영역에서 첫 번째 특징에 대한 대응물이다. 현대 정치의 주요 프로그램적 입장들은 각기 특징적인 내적 불안정을 겪는다. 각 입장들마다 가진 이 같은 특성들은 어떤 이익과 이상—경제적 분권화나 평등주의적 재분배, 소기업 또는 산업 노동자들의 이익—에 대한 헌신을 통해서, 동시에 그 이익의 실현을 좌절시키고 그 이상들의 의미를 공동화하는 정치적·경제적 제도에 대한 묵인을 통해서 드러난다. 이 내적 불안정을 해소할 방법은 두 가지다. 이익과 이상 관념을 위축시키거나, 즉 이익과 이상을 상속받은 기존 제도적 지평의 규모로 축소하거나 또는 그 관념을 급진화하거나, 즉 상속받은 기존 제도적 해법의 경계를 넘어서는 것이다. 급진화라는 후자의 방법을 취하면, 제도의 재설계로 시작된 시도는 제도에 대한 생각과 이익·이상에 대한 생각 간의 내적인 관계를 고려하여 이 목표를 재정의하는 것으로 끝이 날 것이다. 매우 빈번히, 우리는 이 관념을 급진화하지도 못하고 명백하게 위축시키지도 못한다. 우리는 그저 내적인 불안정을 있는 그대로 방치하고, 이는 사실상 기성 질서의 재구축으로 이어진다. 따라서 우리는 민주적 실험주의의 정치적 실천에 숨겨진 내적 불안정을 드러냄으로써 이 관념들을 급진화해야 한다. 현대의 정치 토론에서 실마리를 잡기에 가장 좋은 위치는 평등·안정·포용·참여와 같은 사민주의적인 언어의 급진화, 그리고 유연성과 분권화라는 자유주의적인 언어의 급진화일지 모른다.

이런 정치적 실천은 순전한 전략의 관점에서 생각하거나 말할 수 없다. 이 실천은 비록 단편적이고 시험적일지라도 변화된 사회 세계와 이 새로운 세계가 지지하는 변화된 집단 이익과 정체성에 대한 비전을 반드시 가져야 한다. 이 비전을 긴급하고 구체적인 관심사들과 연결할 수 있을 만큼 구체적으로 표현해야 한다. 집단 이익의 정의와 옹호에 대한 변혁적이고 연대주의적인 접근을 선택하는 것은, 냉정한 도구적 계산의 관점에서 보면 언제나 너무 위험해 보인다. 반면에 보수적이고 배타적인 접근들의 편익 체감遞減은 명백하고 친숙하기 때문에 부당한 권위를 누릴 수 있다. 시간상의 선호[139]가 이런 장점을 증가시킬 수도 있다. 우리는 역사적 시간이 아니라 전기적 시간 속에서 산다.[140] 변혁적 접근에 드는 비용은 우리의 전기적 시간 동안 분명하게 드러날지도 모르고, 그 편익은 우리 생애를 넘어가서 나타날지도 모른다.

따라서 변혁적 정치적 실천의 세 번째 특징은 이익과 비전에, 전략과 예언에 동시에 호소하면서 두 가지 언어로 말하는 능력이다. 변혁적인 정치적 실천의 비전과 예언을 담은 언어는 부분적 실험이 갖는 원대한 의미를 스토리로 전달하고, 사람들에게 친밀한 개인적 경험들에서 이 비전을 추진할 에너지와 권위를 이끌어 내어야 한다. 우화들은 사건들에

---

139 불확실성이 항상 내재해 있는 미래보다는 현재 시점을 더욱 중시하는 경제적 행동으로, 미래에 기대되는 수익에 대해서는 사람들이 갖는 이런 선호 때문에 이자율을 적용해 시간할인을 한다고 경제학은 설명한다.

140 역사적 시간은 종種으로서 인류의 시간이고, 전기적 시간은 개체로서 우리 자신의 생애에 걸치는 시간이다.

의미를 부여할 수밖에 없다.

변혁적인 정치적 실천의 네 번째 특성은, 아래에서 위로의 행동과 위에서 아래로의 행동을 결합하는 것이다. 국가 주도 개혁은 정부가 시민사회에서 조직된 협력자를 발견하지 못할 때 타락한다. 무뚝뚝하고 무정형적인 민중의 어리석은 저항은 중앙집권적 청사진에 맞서기 때문에 개혁파들은 강요와 후퇴 사이에서 선택할 수밖에 없다. 그래서 강요를 선택하는 경우, 개혁파들은 이 강요를 지속시키는 데 필요한 방법과 장치가 그들의 본래 의도를 무색하게 하고, 계획의 방향을 변질시킨다는 사실을 깨닫게 된다. 그러나 동시에 어떠한 '시민사회의 정치'도 국가권력의 행사를 불필요한 것으로 만들지 못한다. 권력을 장악한 사람들은 독립적인 조직 단체에게 필요한 기회뿐 아니라, 현재까지 조직된 시민사회에 제출된 살아 있는 다양한 대안들에도 영향력을 행사할 수 있기 때문이다. 더구나, 시민사회 단체의 대의는 장기적으로 모호한 충성만을 바랄 수 있을 뿐이다. 최상의 여건에서도 자발적인 결사체는 항상 자기를 내세우는 열성파들의 핵심 간부의 수중에 떨어지기 마련이다. 자발적인 결사체는 회원들이 결사체에 주거나 주어야 하는 관심보다 항상 더 많은 관심을 회원들에게 바란다. 그리하여 민주사회는 정치로 가는 두 가지 경로를 필요로 하는데, 시민사회의 조직 단체들을 통해서 가는 길과 이런 단체를 우회하는 길이다.

민주정치의 이 네 가지 요구 사항은 야심적이다. 하지만 최소한 생각해 볼 만하고 이러저러한 형태로 실현할 수 있는 것이다. 그러나 정치의 다섯 번째 특징은 변혁적 행위주체에 대한 좀 더 심층적이고 다루기 어러운 문제를 제기한다. 이 책의 주장을 뒷받침하는 정치관에는 두 가지 가정이 공존한다. 우선은 반필연주의적인 가정[141]이다. 이 가정에 따르면 구조적 변화를 이끄는 정해진 대본은 없으며, 실현 가능한 제도적 질서의 완결된 목록도 존재하지 않으며, 모 아니면 도 방식으로 존재하는 불가분적인 제도적 체제도 없다. 또 다른 가정은 국가지향적인 정치, 달리 말하면 정권의 장악과 행사를 둘러싼 갈등이라는 좁은 의미로 이해된 정치의 불완전성에 대한 가정이다. 좁은 의미의 정치는 사회관계 형태, 인간 상호 관계의 조건을 둘러싼 갈등이라는 넓은 의미의 정치와 연결되어야만 한다. 제도적 변화와 관계된 거시정치는 개인적 관계를 다루는 미시정치에서 반드시 보충과 완성을 이루어야 하며, 그 거시정치와 미시정치 사이의 거대한 공간에 존재하는 정치, 예컨대 전문직과 전문 지식의 정치 또는 대규모 조직의 권력 구조의 정치를 반드시 포용해야 한다.

우리가 포용적 정치관을 가지지만 제도적 변화에 대해서는 필연주의적인 관념을 가진다면 행위주체 문제는 저절로 해결될 것이다. 우리는 (오류에 지나지 않지만) 역사적 변증법이 부여한 과업을 수행하기 위해 항상 가까이 있는 행위주체에 의지할 것이다. 그러나 만일 우리가 제도적 변화에 대해 반필연주의적인 믿음을 가지고 동시에 포용적인 정치관을 수용한다면, 우리는 정치와 정치사상의 역사에서 새로운 행위주체의 문제에 직면하게 된다.

---

141 웅거는 역사 발전이나 사회 구성을 법칙적으로 파악하는 모든 시선을 필연주의라고 규정하고, 실험주의·행위주체성·우연성·미래지향성에 기반한 사고를 '반필연주의'라고 부른다. 민주적 실험주의는 바로 반필연주의적 정치사상이다.

이 행위주체의 부재가 가져올 결과를 생각해 보자. 제도 변화의 실제적 효과들은 이 변화가 발생하는 맥락에 의존한다. 이 맥락의 일부는 사회생활의 각 영역에서 개인들이 맺는 관계의 표징을 부여하는 결사체의 반복적인 양식들로 구성된다. 개별적인 역할들이 토론과 수정에 맡겨져 있고 공동체 및 계약이 그 참여자들 사이에서 상대적 평등의 척도를 충족시키는 사회에서 이 책이 말한 제도적 대안을 실현하는 일과, 보호자-피호인 관계가 지배하고 일상생활의 수많은 사건에서 흔히 권력이 교환 및 충성과 결합된 사회에서 이 대안을 실현하는 일은 완전히 다르다.

두 번째 상황에서는 민주적 프로그램의 약속들도 곧 타락하거나 압도당할 수 있다. 이는 마치 사회관계의 형태가 수많은 벡터들의 결과인 것과 같다. 벡터들의 각 요소가 지닌 방향적 의미는 하나의 벡터가 다른 벡터들과 어떻게 상호작용하는지를 알기 전까지는 불확실한 것으로 남는다. 어떠한 행위주체도 제도들의 거시정치와 개인적 관계들의 미시정치를 조정하지 못한다면, 이로부터의 귀결은 선택되지 않을 것이고 심지어 상상조차 하기 어렵다. 그러한 결과는 또한 초대하지 않은 것이고 원치 않는 것일지도 모른다. 행위 구도, 즉 포용적 정치 관념 구도에 비례하는 차원과 능력을 갖춘 조정적인 행위주체가 없다면, 그 결과는 개인적·집단적 의지의 권능이 약화되고 운명의 속박이 강화될 것이다.

그러므로 우리는 반드시 미시정치와 거시정치 사이에 존재하는 더 연성적이고 더 일반적인 조정 형태에 의존해야만 한다. 그런 조정의 예는 정당과 시민사회 여론의 운동 사이에서 단편적으로만 표현되는 협력에서 나온다. 일부 운동은 20세기 말 많은 나라에서 페미니즘이 그런 것처럼 상대적으로 잘 조직되고 이데올로기적으로 명료할지 모른다. 그러나 조직되고 명료하든 그렇지 않든, 운동의 활력은 시민사회에서 결사체가 갖는 깊이와 밀도에 의존한다. 결사체의 강력함은 시민사회의 법적 구조 문제에 대한 사법적 해법을 소소하게 만들면서, 동시에 공법적 해법을 과도하게 만드는 난점을 어느 정도나 해결하는지에 달렸다.

　설혹 우리가 난점을 푸는 데 성공하고 장시간에 걸쳐 활력 있는 결사 체적 삶을 유지한다고 하더라도, 정당과 여론 운동 간의 상호적인 영향 은 포용적 정치에서 행위주체의 실종을 만회하는 데 실패할지도 모른다. 그 영향은 너무나 미미해서 큰 정치와 작은 정치에서의 재구성 사이에 현실적인 대화를 발생시키지 못하고, 원대한 정치를 거기에 적합한 행위 주체도 없이 방치할지도 모른다. 사회의 정치적 변혁은 계속해서 이 두 가지 유형의 정치의 총합이어야 하겠지만, 그것은 어느 누가 머리로 짜 내거나 의도하는 바의 총합이 되지는 않을 것이다.

개인적 필요와 민주주의 요구 사이의 갈등의 위험: 인성의 이상

　사회제도는 도덕적 경험을 형성한다. 사회제도는 어떤 삶의 형식을 권 장하고 어떤 삶의 형식을 단념하게 한다. 우리는 새로운 경험형식에 대 한 제도의 개방성과 다양한 삶의 형식에 대한 제도의 관용성을 긍정적으 로 평가할지 모른다. 그러나 어떠한 일련의 제도도 중립적이지 않다. 중 립성의 환상은 상대적 개방성이라는 현실주의적 목표를 방해한다. 중립 성의 환상은 특수한 제도적 질서를, 상충하는 이익들과 충돌하는 선善에 대한 비전 사이에서 소위 중립적인 권리 체계의 표현이라며 재가한다.

우리에게는 인간 본성 안에서 영구적이고 보편적인 속성과 제도적 여건을 포함한 여타 여건들에 따르는 가변적인 속성을 구별할 수 있는 기초가 없다. 가장 내면적인 경험조차도 사회제도와 문화의 도그마 같은 역사적 맥락의 인질이 된다.

그럼에도 불구하고 우리는 최신의 제도적 청사진의 영향 아래서 기꺼이 재구성되지는 않는다. 주체(자아)와 맥락의 변증법은 천천히 운동하며 현재 우리 모습의 언저리에서 작동한다. '인간 본성'에 대한 유일하게 안전한 정의는 현재 있는 그대로 우리 모습이다. 어떤 제도적 재구성이 인간 본성을 갑자기 근본적으로 바꿀 수 있다고 가정하는 것은 경솔하다.

이러한 일반적 관심에서 다음과 같은 두 가지 실천적 예방책이 나온다. 첫 번째 예방책은, 누적적인 제도적 변화의 행로를 선택할 때 그런 변화가 개인적 경험에 미치는 영향에 주목하는 것이다. 제도적 프로그램이 운명적인 이유는, 프로그램이 개방성과 관용성을 아무리 강력하게 천명하더라도 특정한 도덕적 경험에 대해 선호를 표시하기 때문이다. 두 번째 예방책은, 프로그램의 도입이나 지속을 현재 인간 본성의 위대한 재탄생에 의존시킬 수 없다는 점이다. 우리는 정치에 속박되어 있지만, 정치의 노리개가 아니다. 따라서 인간성을 이데올로기에 희생시키면서 제도적 프로그램이 인성과 인간적 필요에 대한 비현실주의적이고 옹졸한 가정들에 의존하게 하려는 시도를 경계하지 않으면 안 된다.

이 책에서 제시된 진보적 대안은 단기간의 집중적인 정치참여 그 이상을 요구한다. 진보적인 대안은 나아가 대중의 정치적 행동의 지속적 강화를 요구한다. 그러한 강화가 없다면 정치의 진정한 잠재성은 새로운 경직성의 위험을 낳을 수 있다. 정권을 잡은 자들은 자신들을 지지하는 집단의 일시적인 편익을 기득권으로 전환시키려는 유혹에 빠질지 모른다. 전前정치적이고 자연화된 사유재산권 체제 관념의 약화는 이들의 작업을 더 용이하게 만들 것이다.

이런 타락에 맞서 민주적인 프로그램 제도에는 세 가지 위대한 안전장치가 있다. 첫 번째 안전장치는, 사회·정치권력 영역들의 다수성이다. 이것의 목표는 변혁적 정치에 대한 미국식 '견제와 균형' 체제와 같은 계획적인 억제가 없는 다원주의를 확보하는 것이다. 두 번째 안전장치는, 단기적인 정치적 의제에서 배제된 일련의 근본적인 권리들, 예컨대 정치적 참여, 항의, 이견에 대한 권리들을 포함한 근본적 권리를 확보하는 것이다. 지속적인 개혁 앞에 보호를 받지만 이와 같은 일련의 면책 수단들이 확고한 형태를 가진다거나 특수한 재산권 체제에 대한 지속적인 연결고리를 가진다는 주장을 민주적 실험주의 아래서 우리가 포기한 것도 사실이다. 어쨌든 이러한 포기가 이 자유들을 어떤 방식으로는 약화시키지만 다른 방식으로 그러한 자유를 강화시킨다. 이러한 포기는 자유를 경제적 굴종 수단에서, 실천적 쇄신에 대한 제약 요소에서 해방시키는 데에 일조한다. 세 번째 안전장치는, 제도적으로 보강된 시민 참여이다. 시민 참여는 일시적인 편익을 기득권으로 전환하려는 시도를 적발하는 불침번을 의미한다. 시민 참여는 헌법 체제가 수호정령을 청할 때 그들이 도래하도록 보장하는 데 일조한다.

여기서 우리가 던져야 할 실천적 질문은, 이런 체제가 정치적 덕성을 적절하게 활용할 수 있는지의 여부이다. 이해타산적인 현실에 배인 개인을 고전적 공화주의의 신화적인 이타적 개인으로 대체하려는 작업이 민주적 실험주의 프로그램이 되어서는 안 된다. 목표는 오히려 사회적인 것의 범주를 강화함으로써 사적인 것과 공적인 것의 대립을 완화시키고 우리의 일상적인 이익의 범위를 확장하는 것이다.[142] 개인적 에너지 및 집중에 체제가 과도한 세금을 부과한다면, 사회주의에 대한 오스카 와일드[143]의 불평처럼 체제가 너무나 많은 모임을 요구한다면, 심리학적 사실주의psychological realism[144]의 결여는 정치적 타락을 낳을 것이다. 사적인 관심의 억압은 일어나지 않을 것이며, 일어나서도 안 된다. 다수 사람들은 회의광과 무엇이든 해치우며 자기를 내세우는 열성파에게 피로감과 반발심을 갖게 되고, 더욱더 자신들의 삶으로 침잠해 들어갈 것이다. 이와 같은 침잠은 통치하는 사람들로 하여금 별로 통제받지 않고 행동하는 것을 가능하게 만들 것이다. 따라서 개인의 에너지에 대한 갈증을 통제하고 사적 관심들의 힘과 권위를 존중하는 방식으로 민주적 실험주의의 경제적·정치적 제도를 발전시키는 것이 중요하다. 사회상속의 보장, 학교의 역량 강화 사명, 개인에게 폭넓은 재량을 부여하는 재산 형식들이 모두 이러한 목적에 기여할 것이다. 그래서 사람들이 일상생활의 일상적인 문제들을 논의할 수 있는 정치적·경제적 포럼을 늘리는 것도 이 목적에 기

---

142 한나 아렌트의 《혁명론》이나 공화주의 사상이 정치적인 것과 사적인 것, 정치와 경제, 정치혁명과 사회혁명의 과도한 이분법에 젖어 있다는 것에 대한 비판적 통찰이라고 할 수 있다.

143 Oscar Wilde(1854~1900). 아일랜드 출신의 극작가, 시인이다. 유미주의자로서 알려졌으며 위트가 넘치는 글을 많이 남겼다. 양성애자로서 유명하며 옥고를 치르기도 하였다.

144 '심리학적 사실주의'는 인간의 심리적 실상 정도로 옮길 수 있겠다.

여할 것이다.

그러나 이러한 예방책은 민주적 실험주의의 기질적인 선입견parti pris을 위장해서는 안 된다. 계급, 인종, 종교가 하는 만큼 우리의 기질도 인간을 나눌지도 모른다. 온갖 제도들은 기질적인 선입견을 가지고 있다. 우리는 기질적인 선입견을 잘 억제하기 위해 그것들을 의식하지 않으면 안된다. 내가 기술한 제도들은 이야기꾼이나 선동가에게 너무나 많은 기회를 줄지도 모른다. 우리는 반드시 이러한 선입견에 반대해야 한다. 민주적 실험주의 아래서라면 우리가 감당할 수 없게 될 위험조차 무릅써야 한다.

민주주의를 심화하는 데에서 정치와 인성이 맺는 관계는 정치적 덕성을 적절히 활용할 필요보다 그 파급 범위가 더 넓다. 이 관계를 탐구하는 방법은 여기서 개관한 바와 같은 프로그램과 인간적 비애의 두 가지 큰 원천(생명력의 상실, 인간이 간직한 생명력과 이를 표현하는 데 정상적으로 이용 가능한 활동 간의 불일치)의 관계를 살피는 것이다.

우리는, 우리 대부분은 성숙함에 따라 집중력을 상실하고, 이 같은 상실은 후퇴와 타협을 누적하면서 삶에서 죽음을 표현한다. 사회제도는 이 문제를 해결할 수 없지만 이를 악화시키거나 혹은 완화시킬 수는 있다. 우리의 경험은 모든 측면에서 우리가 겪고 있는 제도적 경험으로부터 영향을 받는다. 진보적인 학교와 심화된 민주주의 사이의 협력 관계는 보통 사람들이 나이를 먹음에 따라 어린아이 같은 일상적인 집중력을 함양하는 데 일조할 것이다. 학교는 아동에게 경험적인 것과 예언적인 것을 결합하는 지적 수단을 제공함으로써 이 목표를 성취한다. 민주적 실험주의는 그것이 산출하고자 하는 세 가지 여건들이 가져올 효과의 누적과 조합으로 이 목표를 성취한다.

첫 번째 여건은, 사회적 분할과 위계제의 결합을 이완시키는 것이다. (도전과 수정에 대한 제도들의 상대적 개방성과 경직된 공간 및 지위의 구속성을 이 제도들이 약화시킬 개연성 사이의 근거 없는 인과관계 예측을 떠올려 보자.) 사회적 분할과 위계제의 결속이 약화되면 우리는 우리에게 전수된 사회적 역할의 수행자라기보다는 독창적 존재로서as originals 우리 자신을 서로에게 더욱 온전하게 활용할 수 있도록 만들 것이다.

두 번째 여건은, 시민사회에서 고도로 독립적인 조직뿐만 아니라 더욱 강력한 시민 참여의 조직적인 유인을 장려하는 것이다. 조직되고 참여적인 정치사회만이 대안을 탄생시키고 대안에 따라 행동할 수 있다. 이러한 사회적 사실은 심리적 실제와도 연결된다. 희망은 행동의 원인이기보다는 행동의 결과이다. 행동은 실제적이든 상상적이든 기회를 요구한다. 행동의 강렬함뿐만 아니라 효과에 대해서도 가장 중요한 역할을 할 기회는 우리가 목적을 추구할 때 우리와 타인을 연결시키는 고리다. 그리하여 우리는 생명력을 쇄신할 뿐만 아니라, 생명력이 자기파괴적인 주관성과 자아도취를 향해 내면으로 파고드는 것도 막을 수 있다.

세 번째 여건은, 능력과 안전장치 사이에서, 단기 실험주의의 범위에서 우리가 이끌어 내는 것과 우리가 거기에 투입하는 것 사이에서 변증법을 성취하는 것이다. 진보적인 학교, 사회상속, 정치적 보증 수단 체제는 함께 작동하여 개인에게 효과적인 행동 수단을 제공한다. 이것들은 사회가 일상적으로 우리의 욕망을 봉쇄하려고 설치해 놓은 벽을 밀친다.

생명력의 쇠락이 인간 비애의 큰 근원의 하나라면, 다른 하나는 그럼에도 불구하고 우리가 지속적으로 경험하는 욕구의 강도와 우리가 일상적으로 그 욕구를 표현하도록 강제당하고 있는바 대상 및 과제의 사소함 사이의 차이다.[145] 인간에 대한 우연한 관찰자라면 인간이 사소하고, 경박하고, 찰나적인 것에, 또는 갑자기 특별한 이유나 성찰 없이 모든 것을 바치는 집단적 운동에 대단한 열정을 퍼붓는 데에서 나타나는 부조화에 큰 인상을 받을 것이다. 사회가 제공하는 일상 속에 살아가는 보통 사람들은 가장 친밀한 개인적 관계들의 영역 밖으로 나가면 흔히 삶의 강렬함을 촉발하는 것을 거의 발견하지 못하고, 그 모든 것을 휩쓸고 지나가는 거대한 역사적 돌풍이나 일상생활에서 유리된 공상적인 개인적 탈출구 정도나 발견할 뿐이다.

압도적인 다수의 사람들에게 일은 대의의 실천과 같은 역할을 수행할 수 없다. '명예로운 직분', 즉 위신을 가지고 헌신을 요구하며 경륜을 쌓아 가는 존경스러운 장인적 기예의 관념은 고풍스럽고 비현실적일 뿐이다. 행동과 통찰의 공유된 맥락을 다시 상상하고 쇄신하는 작업과 노동을 연결시키는 '변혁적 소명'에 대한 약속은 운 좋고 재능 있는 엘리트의 전유물로 남는다. 대부분의 사람들에게 일은 실제적 필요의 만족을 위해 필요한 도구이자 가까운 사람들에 대한 책임을 이행하는 수단에 그칠 뿐이다.

---

145 웅거는 《주체의 각성》에서 인간의 이 특성을 어긋남misfit으로 표현한다. 딱 떨어지지 않는 이 본성 때문에 인간은 구조와 여건에 결코 만족할 수 없다.

민주적 대의의 전진은 인간적 비애의 두 번째 큰 원천과 간접적이지만 의미심장한 관계를 가진다. 이 책에서 개관하고 있는 프로그램은 허드렛일과 굴욕적인 일에서 보통 사람들을 해방시키는 것을 강조함으로써 진보적인 사상의 대의와 연결되어 있다. 이 프로그램은 경제적 진보의 조건과 개인적 해방의 조건 사이에 잠재적인 중첩지대가 존재한다는 믿음을 고수한다. 이 프로그램은 반복적인 일상사를 줄임으로써 심신을 해방시키고 인간의 능력을 끌어올리고 인간의 취약성을 교정하겠다는 약속에서 물질적인 진보를 높이 평가한다. 진보적인 프로그램은 변혁적 소명이라는 예외적 과업―맥락의 재상상과 재형성―을 일상적인 경험의 방향에 밀착시킴으로써 이 공약을 지속시킨다. 진보적 프로그램은 의식의 이원성, 기성 구조 안에 갇혀 있는 우리와 그런 제약과 지지를 넘어서 어떤 것이 되고자 하는 우리 사이의 분열을 완화시킨다. 우리가 온 마음을 다하는 존재인 동시에 자유로운 존재로 살기 위해서 자아비판과 자아 재형성을 넘어 민주정치가 우리에게 필요하다.

6 제도를 넘어서

민족주의와 제도 변화

널리 퍼진 주장에 따르면, 재발하는 민족주의는 20세기 전반부의 이데올로기 정치와 계급전쟁을 대체해 왔다. 자유주의와 좌파 교리들은 민족주의 감정의 독성을 철저하게 과소평가해 온 점에서 과오를 범했다. 어쨌든, 하나의 역설이 존재한다. 이 역설을 이해한다면 우리는 다른, 궁극적으로는 더욱 희망적인 시선에서 민족주의 투쟁과 제도적 재구성의 관계를 볼 수 있다.

세계사를 통틀어 전통적인 집단적 정체성 형식은 세밀한 관행과 제도들로 규정된 특징적인 생활 형식에 딸린 것이었다. 로마 사람들에게 로마인이라는 것은 로마의 관습에 따라 사는 것이었다. 로마의 관습은 인간 결사체 관념과 이상에 의해 형태화된 사회생활의 농밀한 구조, 즉 경험의 다른 영역들에 속하는 사람들 사이에 가능하고 바람직한 관계의 확립된 이미지들을 의미했다. 이러한 것들은 구체적이고 집단적인 정체성들이었다. 이 집단 정체성들은 가시적이었기 때문에 그것들은 또한 다공질이고, 재조합 가능하고, 협상 가능한 것이었다. 현실적인 사회 관행과 이를 장려하는 믿음은 느슨하게 연결되어 있다. 집단 정체성은 구체적인 것이지 절대주의적 신조의 그럴싸한 수혜자들이 아니다.

이와 달리, 수많은 현대 집단 정체성론의 두드러진 특징은 그 추상성이다. 이 주장들은 삶의 독특한 형식의 보유와 옹호를 반영하기보다는 실제적인 차이의 쇠락 국면에서 더 자주, 더 강력하게 차이에 대한 의지를 표현한다. 한 집단은 그 이웃을 혐오하고, 이웃과 투쟁한다. 그런데 그들이 서로 너무 다르기 때문이라기보다는 서로 같아지기 때문에 그렇게 한다. 종교와 언어의 차이나 민족이나 집단 간의 경제적 경쟁 관계는 차이에 대해 제한적이지만 포착할 수 있는 어떤 구체적인 의미를 부여하면서 차이에 대한 의지를 더욱 자극하는지도 모른다. 이 과정은 특권이 사라지지 않고 감소함에 따라 잔존하는 불평등이 매우 견딜 수 없는 것이 된다는 토크빌의 주장[146]을 떠올리게 한다.

그러므로, 실제적인 차이의 주장은 실제적인 차이의 표현과 향유에서 무기력함에 따르는 분노와 연결된다. 과거에 안정적인 관습과 믿음에 뿌리내린 집단적 정체성보다 이 과정에서 생산된 더 공허한 집단적 정체성은 더욱 포착하기 어렵기 때문에 바로 그래서 비타협적인 태도를 유발한

---

146 토크빌은 《미국의 민주주의Démocratie en Amérique》(1935)에서 다음과 같이 표현하였다. "평등이 결국 다른 곳에서처럼 정치 영역으로까지 파급되어서는 안 된다는 말을 이해하기 힘들다. 사람들이 영원히 어떤 한 측면에서는 불평등할 수밖에 없고 그 밖의 다른 측면에서는 평등할 수 있다는 말은 생각하기 힘들다. 그러므로 인간은 언젠가는 모든 측면에서 평등을 획득할 것이다." 이미 아리스토텔레스는 《정치학》에서 민주정체는 한 가지 점에서 평등하다는 것을 이유로 모든 것에서 평등을 요구하며, 과두정체는 한 가지 점에서 다르다는 이유로 모든 점에서 다르게 취급할 것을 요구한다고 지적하였다.

다. 이러한 집단적 정체성은 경험이 아니라 믿음에서 더 많은 삶을 끌어내지 않을 수 없기 때문이다. 이런 식의 정체성은 실험과 타협의 소재로 봉사하기에는 실천적 세부 사항들을 결여하고 있다.

위대한 실천적인 힘은 관습적인 생활 방식 속에 구현된 집단적 정체성들을 제거한다. 국민적(민족적) 발전의 성공은 실천적 실험주의를 요구하고, 실천적 실험주의는 무한한 재조합을 요구한다. 가장 성공적인 국가는 가장 부지런히 모방하고 재조합하는 일본과 같은 나라들이다. 몇 세대 동안 그들은 세계를 떠돌면서 제도, 관행, 관념을 표절하고 혼합하였다. 성공에 만족하여 이 표절과 혼합을 멈추었을 때 그들은 몰락하기 시작한다. 자칭 국민적 정체성의 관리인과 나팔수들은 국민적 정신이 세계사적 전리품을 재조합하는 독특한 방식으로 그 확실한 계획을 드러낸다고 여전히 주장할지도 모른다. 재조합이 전진함에 따라 어쨌든 그들이 환기시키는 정신은 점차 규정하기가 어려워진다.

정치적·경제적 다원주의의 제도적 형태들에서의 혁신은 민족주의가 응답하려는 곤경을 변화시킨다. 그렇게 함으로써 혁신은 민족주의적 감정을 더 생산적인 방향으로 유도할 수 있다. 쇠잔해 가는 집단 정체성들 간의 격앙된 대립은 제도 개혁 작업에서의 이탈로 이어질 필요가 없다.[147] 오히려 이러한 대립은 정치적 재구성 작업을 통해 완화시키기 바랄 수 있는 문제이다. 차이에 대한 의지가 덜 좌절될수록, 실제적인 차이

---

147 웅거는 추상적인 감정적인 격앙은 제도의 발전을 낳기보다는 파괴와 분리를 재생산한다고 판단하는 것 같다.

를 더 유능하게 생산할수록 차이에 대한 의지는 그만큼 덜 위험해진다. 사회적 생활 형식의 형성에서 실제적인 차이는 제도적이고 이데올로기적인 내용을 반드시 획득하지 않으면 안 된다. 자신의 임무를 완수할 필요와 세계 문명의 창조는 경험과 믿음의 자족성에 신뢰를 두었던 문화들에 치명적으로 상처를 주면서 합류해 왔다. 그러나, 이 책이 주장해 왔듯이, 실천적인 명령들과 세계 문화는 단일한 제도적·이데올로기적 질서로 수렴할 것을 강요하지 않는다.

차이를 덜 위험스럽게 만드는 방법은, 역설적으로 차이를 더 실제적인 것으로 만드는 것이다. 차이를 더 실제적인 것으로 만드는 방법은, 차이 자체를 발생시키고 동시에 표현할 수 있는 관행과 제도, 나아가 사유와 대화의 방식들을 발전시키는 것이다.

정치적인 것과 개인적인 것

이 책은 심화된 민주주의가 필요로 하는 제도들을 탐색했다. 어쨌든 제도 변화만으로는 민주적 실험주의를 전진시키는 데에 충분하지 않다. 제도 변화는 두 가지 이유에서 완전하지 않다. 첫째로, 제도가 형성할 수 있는 것보다 사회생활에는 더 많은 것들이 존재하고, 민주적 실험주의에는 더 많은 중요한 일들이 존재한다는 점이다. 둘째로, 제도들이 형성시킬 수 없는 것은 그럼에도 불구하고 제도들의 의미와 효과에 영향을 미치면서 역풍을 낳는다는 점이다.

가장 넓은 의미에서의 정치는 사람들 상호 간에 실천적·인지적·감정적 접근의 모든 조건들, 즉 사회관계들의 전면적이고 촘촘한 구성을 둘러싼 경합이다. 사회의 제도적 틀을 유지하고 개혁하는 데 정권의 장악과 이용을 둘러싼 갈등의 거시정치는 정치의 한 종류이다. 또 다른 종류는, 푸리에[148]가 처음으로 개인적 관계의 미시정치라고 부른 것이다.

제도 개혁의 거시정치와 개인적 관계의 미시정치 사이에는 포용적 정치관이 반드시 인정해야만 하는 사회적 경험의 여타 넓은 지대가 존재한다. 거시정치와 미시정치의 중간 공간의 일부는 대규모 조직 단체들의 권력 구조가 차지한다. 달리 말하면, 비타협적인 조정 명령이 작업장에서의 위계제를 정당화한다는 점에서, 그리고 그러한 위계제는 효과적인 협력의 필요성으로 정당화할 수 있는 수준을 초과하여 존재한다는 점에서 권력 구조가 존재한다. 중간 공간의 다른 일부는 전문가적 관행의 본성과 내용이다. 상대적으로 활력을 상실한 현재의 민주주의 체제에서는 사회생활의 기본 구조에 대한 많은 논쟁이 정부중심적 정치의 장에서 추방되어 전문직의 수중에 들어가 전문가적 식견으로 위장된 채 이어진다. 여기서는 전문직들이 시민과 어떻게 결부되어 있는지, 그리고 어떻게 각 전문직의 담론과 관행이 사회생활에서 변혁적 기회를 억압하는지 혹은 보여 주는지가 중요하다.

개인적 관계의 미시정치는 무엇인가? 어느 사회든지 경화되고 회귀적

---

148 푸리에François Marie Fourier(1772 ~1837)는 프랑스 공상적 사회주의자로서 계급혁명을 거부하고 사회의 평화적 개조를 신뢰하였다. 팔랑주(협동조합)를 이상 사회의 단위로 삼아 생산을 합리화하고, 소비를 절약하는 전형적인 소생산자 사회를 실현시키고자 운동을 전개하였다.

인 인간관계 유형, 즉 사장과 부하 직원, 남성과 여성, 부모와 자식, 노동자와 동료 노동자, 거리의 이방인들 사이의 관계 등이 존재한다. 이처럼 고착된 결사 형태들은 제도들, 특히 권력과 치안권을 배분하는 제도들로 유지되는지도 모른다. 어쨌든 이 결사 형태들도 유년기와 가족의 가장 친밀한 경험 속에 뿌리내리고, 일상생활에서의 반복을 통해 밋밋해지고 고급문화와 대중문화에서 우리 스스로 말하는 스토리에 의해 의미와 권위까지 확보하면서 나름의 생명력을 보유하고 있다.

사회적 경험의 다른 영역에서 사람들의 관계가 어떻게 될 수 있고, 어떻게 되어야 하는지에 관한 이 확립된 이미지들과 전형적인 사회적 위험의 이미지들, 즉 삶 전체에 가장 광범위한 위협에 대한 오래된 믿음들은 함께 어우러진다. 예컨대, 미국인들은 전통적으로 공공문화에서 개인적 종속에 대한 공포를 우려한다. 그들은 자주 모든 질서 정연한 공동체에서 가장 화급한 과업은 권력의 요소를 뽑아내고 이를 억제하는 것이라고 생각한다. 그들은 권력을 개혁하지만, 지속하는 권력의 실체에서 개인적 굴종이라는 독침을 뽑아내기를 원한다. 그들은 두 가지 주요한 해법을 원용한다. 하나는 공평하게 적용되는 비인격적인 규칙들에 호소하는 것이다. 다른 하나는 유사친밀성, 즉 흔쾌한 비인격적 우애로 사회생활을 정화하는 것이다.

이런 결사 관행들과 사회적 위험 이미지들은 사람들에게 주문을 건다. 불가피한 집단적 역사의 반쯤 망각한 공포들은 일상과 선입견의 산만한 분위기 속에서 더욱더 완고하게 살아간다. 모든 강력한 믿음과 마찬가지로 이 관행과 이미지들은 자기완성적 예언으로 작동하며, 통찰과 발명의 순간에도 우리를 혼란스럽게 하고 무기력하게 만들면서 2차적인 실재를 탄생시킨다.

오늘날, 온 세상에 교육받은 사람들은 개인적인 것이 정치적이라고 반복한다. 그럼에도 불구하고 진보파들은 종종 정치적이고 경제적인 제안들에 관심을 집중하면서 정작 주의를 기울여야 할 사회생활의 미세 구조를 방치해 버리는 과오를 범해 왔다. 그러나 정부와 경제의 민주적 개혁이, 이 개혁에 조금이라도 적대적인 원칙들에 입각해서 운행 중인 사회에서 시도되는 경우에는 개혁은 좌절되거나 변질될 것이다. 개인적 삶과 개인적 만남의 질이 정치의 궁극적인 포상이다. 개인적인 삶의 질을 변화시키지 못한다면, 정치적 행동의 전망 좋은 고지에서 온갖 야단법석을 떨어도 실제로 중요한 일은 전혀 발생하지 않는다.

우리는 심화된 민주주의의 공공문화를 지속시키는 데 기여하는 결사(체) 양식의 내용에 대해 일반적으로 무엇을 말할 수 있는가? 사람들이 서로 관계를 맺는 방식의 내용뿐만 아니라 성질, 예컨대 인간관계의 독특성, 고집불통, 관습의 힘에 대해서 심화된 민주주의는 어떤 차이를 만들어야 하는가? 자주 그렇듯이 제도 개혁이 부적절하다고 증명된 경우에 우리는 어떻게 도전하고 그것을 변화시킬 수 있는가? 심화된 민주주의는 삶의 애환과 사회 조직을 둘러싼 투쟁 사이에 어떠한 관계를 만들 것인가?

심화된 민주주의에서 사람들은 반드시 자기 자신을, 나아가 서로를 자신의 한정된 역할에서 탈출할 역량을 가진 개인으로 통찰할 수 있어야 한다. 우리는 이상화와 투사投射라는 심리적 기만에서 벗어난 개인적인 사랑에서 그러한 초월을 체험할 수 있다. 그러나 그러한 체험은 오로지 간헐적으로만 일상적 실존의 내용으로 진입한다. 이러한 진입을 만들기 위해서 심화된 민주주의는 과업규정적인 역할과 과업이행적인 역할 사이의 차이뿐만 아니라 과업이행적인 역할 간에 쳐진 경직된 장벽들을 완화시키는 실천적 제도에서 반드시 힘을 이끌어 내야 한다. 심화된 민주주의는 또한 반드시 보통 사람들의 상상력, 특히 서로를 상상하는 보통 사람들의 힘을 향상시키는 교육으로 보강되어야 한다.

민주적 실험주의가 요구하는 사회생활의 불가피한 특성은 현대 사회에서도 가장 큰 영향력을 지속적으로 발휘하는 개인적 관계 양식들에 반대한다. 이런 관계 양식 가운데 가장 완고한 것 중 하나는 하나의 만남에서 협상, 개인적 복종의 구조, 그리고 충성이나 헌신에 대한 상호적 요구를 조합하는 특수한 종류의 결사 양식, 한 마디로 보호자–피호인의 논리이다. 이 양식의 본질적인 특성은 불평등한 교환을 감상주의적으로 처리하는 점이다. 상급자와 하급자 사이 또는 남자와 여자 사이를 이 논리가 지배한다면 그 논리는 살아 있는 경험 속에서 민주주의의 기반을 침식한다. 그 논리는 개인적 주체(자아) 형성에 대한 요청과 사회적 연대의 요구 사이의 긴장을 악화시킴으로써 민주주의의 기초를 침식한다. 보호자–피호인 논리는 우리에게 전환점마다 타인을 배반하는 것과 자신을 배반하는 것 사이에서, 배반을 대가로 자유를 얻는 것과 타인과의 연대를 위해 자기억압을 수용하는 것 사이에서 선택을 강요한다. 심화된 민주주의는 이러한 긴장을 끝장낼 수는 없지만 완화시킬 수 있다.

민주주의의 진보는 사람들이 타자와 관계를 맺는 방식의 내용뿐만 아니라 성격까지도 변화시켜야 한다. 민주주의의 진보는 반드시 이러한 결사 관행들을 개인적인 발전과 사회적 연대 간의 화해에 더 우호적으로 작동하도록 만들어야 한다. 그렇게 함으로써 민주주의의 진보는 강하고 독립적인 인성의 상충된 요구들, 즉 타자로부터 거리를 두라는 요구와 타자와 연대하라는 요구를 화해시킨다.

민주주의의 진보는 결사 관행들이 지닌 맹목적이고 강제적인 힘, 수용과 거부 사이의 양자택일적 성격, 그에 따라 발생하는 서로 간의 너무나 명료한 차이를 반드시 줄여야 한다. 실천적 삶의 반복된 상황을 겪으면서 타자와의 관계에서 많은 것을 당연시하는 것과, 각각의 상황에서 어떠한 임기응변도 규범 위반으로 간주되지 않을까 하는 두려움 속에서 대본에 따라 행동하는 것은 다르다. 그런 지시들을 반드시 복종해야만 하는 명령이 아니라 거부할 수 있는 신호로 만드는 것이 심화된 민주주의의 정신적 요구이다.

결사 관행의 내용과 성격에서의 변화는 지속적인 제도적 쇄신에 의존한다. 그러나 제도 개혁만으로는 결사 관행의 내용과 성격에서의 변화를 낳을 수 없다. 일련의 개혁은 예컨대 사람들을 보호자와 피호인으로 만들어 버리는 불평등을 감소시킬 수는 있다. 그러나 어떠한 제도도 사람들이 보호자와 피호인 역할을 더 그럴싸하게 변형하면서 집요한 불평등을 감정과 충성의 안개로 은폐하는 것을 저지할 수 없다.

이 책의 다른 주제와 마찬가지로, 제도 쇄신은 사람들이 자기계발과 연대의 화해 속에서 위험과 기회에 대해 말할 수 있고 실행할 수 있는 스토리로 완결되어야만 한다. 그런 스토리와 그 실행은 이타적인 시민적 덕성을 위한 주체적 의식의 희생이 아니라 주체성의 점진적인 도야를 요구한다. 우리는 주변의 모든 것에서 여성주의와 같은 사회문화적 운동의 관심사뿐 아니라, 모더니즘적인 고급 및 대중문화의 가장 특징적인 성취물에서도 인간적 가능성에 대한 서사들을 발견한다.

개인적 관계들과 관련된 이러한 제도 외적인 정치extra-institutional politics는 반드시 제도정치politics of institutions와 함께 작동해야 한다. 어느 쪽도 다른 쪽 정치의 도움 없이는 목표를 달성할 수 없다. 한쪽 정치는 다른 쪽 정치의 성공과 실패에 제약을 받는다. 그러나 우리에게는 어느 한쪽 정치를 대신해 정권이라는 더 좁은 정치를 위해 정당들이 해 온 일을 수행하면서 양쪽 정치 간의 협력을 가능하게 하는 오케스트라 지휘자가 없다. 그래서 앞서 기술한 것처럼 범위에서는 포용적이지만 그 가정假定에서는 회의적이고 실험주의적인 정치의 행위주체agency라는 난제가 발생한다.

개인적 만남과 연결의 경화된 양식에 이의를 제기하고 이를 바꾸는 것으로는 충분하지 않다. 환멸의 시대에 무의식적 보수주의가 허용하려는 것보다 개인적 희망과 정치적 희망 사이에 더 개방적인 경계를 수립하는 것이 필요하다. 민주적 정치와 문화가 이어진 두 세기 동안 우리는 사회 개선의 청사진 속에서 삶의 온갖 비참함을 치유할 방법을 찾는 것이 얼마나 자멸적이고 위험한 것인지를 힘들여 깨달았다. 인류는 사회적 또는 국가적 부흥이라는 비타협적인 이데올로기 아래 수행된 열광적이고 전투적인 십자군운동에 이제 지쳤다.

그렇다면 우리는 이 같은 경험의 교훈을 정확하게 어떻게 이해해야 하는가? 우리는 세계가 유사한 일련의 제도와 관행으로 지속적으로 수렴하고, 미국식 시장 유연성과 유럽식 사회 보호를 화해시켜야 한다는 말(제3의 길)을 듣는다. 견고한 제도의 틀 안에서 불가피한 것을 인간화하려는 원칙은 어디에서나 온순해진 진보파들의 좌우명이 되었다.

변혁적 야망의 지평이 위축되는 상황에 맞게 정치적인 것과 개인적인 것의 적절한 관계 개념도 위축되고 있다. 사람들이 커지려면 정치는 작아져야만 한다는 것이다. 공적인 세계는 이제 이익과 견해의 갈등들을 조정함으로써 기본적으로 품위 있는 삶basic decencies과 효율성을 확보해 주기로 결심한 체념적이며 자애로운 관리자의 수중에 떨어질 것이다. 그러나 공적인 세계가 냉각되면, 아마도 사적인 세계는 뜨거워질 것이다. 한계를 끝도 없이 시험하는 것이 최상의 효과와 최소의 해악을 낳을 수 있다면, 그 시험은 유사한 생각을 가진 사람들과 공동체의 삶 속에서 지속될 것이다.

이 책은 이와 같은 변혁을 포기한 자애로운 정치의 가정이 잘못되었고, 그 결론이 온 세상에 걸친 민주적 대의의 전진에 필요한 요구 사항과 모순된다는 메시지를 담고 있다.

우리의 이익과 이상은 이를 실현하는 데 활용할 수 있는 실제적인 제도에 언제나 그랬듯이 지금도 속박되어 있다. 우리는 우리의 이익과 이상을 속박하고 있는 제도들을 다시 상상하고 쇄신하는 경우에만 우리의 이익과 이상을 더욱 온전하게 성취할 수 있다. 그리고 점진적인 방식으로만 성취할 수 있다. 이 실험주의 관행이 번성하는 공공문화는 개별 주체에 대한 희망과 사회 전체에 대한 희망 사이의 경계를 열어 놓는다.

변혁적 정치가 계발하고 전개해야 할 언어는 이 개방의 의미를 알아채게 한다. 민주적 실험주의에 복무하는 정치적 설득은 계산적인 요소뿐만 아니라 예언적 요소도 포함해야 한다. 이 정치적 설득은 사람들이 자신의 것이라 인정한 이익과 정체성을 더 온전하게 충족시키고 더 온전하게 구현하기 위해, 지금 추구하는 것과는 다른 이익과 정체성을 획득하는 개편된 세계 상像을 고수해야 한다. 정치적 설득은 사익에 대한 협애한 견해에서 폭넓은 견해로, 사익에서 자기존중으로, 마침내 자기존중에서 확장과 동시에 연대의 희망으로 이행하자고 호소한다.

제도적 제안은 개인적 경험에서 그 제안이 일으키는 반향에서 유혹적인 힘을 일부 얻는다. 정치적 예언은 개인적 직접성의 언어로 말한다. 사회를 재조직하자는 제안은 흥미진진한 개인적 경험의 장에 대한 유추를 통해 이해 가능하고 신뢰할 만한 것이 되기 때문이다.

우리가 민주주의를 심화시키는 일에 더 크게 성공할수록, 문제를 실천적으로 사유하는 것과 대안을 예언자적으로 사유하는 것 사이의 간격은 점차 줄어든다. 시민들의 공화국은 보통 사람들의 천재성 속에서 예언적 능력을 모색함으로써 점차 예언자들의 나라가 되어야 한다. 사람들이 매일 자기 일을 수행하는 것과 마찬가지로, 각자의 삶에서도 점차 더 쉽게 맥락들을 바꿀 수 있어야 한다.

민주주의는 비루함의 폐해뿐 아니라 억압이라는 악에 응답하면서 실제 사회생활에서 실천적 성공을 거두어야 한다. 그러나 민주주의가 우리 자신에 대한 가장 중요한 사실을 표현하지 않는다면, 민주주의는 이 일을 수행할 수 없다. 그 가장 중요한 사실은, 인간은 인간이 만들어 놓은 제도와 문화보다 위대하다는 점이다. 제도와 문화는 바닥을 드러내지만,

살아 있는 인간은 소진되지 않기 때문이다. 비록 제도와 문화가 지금 모습대로 우리를 만들었지만, 제도와 문화 안에 있는 것보다 인간 안에는 더 많은 것들이 깃들어 있기 때문이다. 제도와 문화에 마지막 발언권을 주어서는 안 된다. 우리는 그 발언권을 반드시 인간에게 되돌려 놓아야 한다.

2부 선언

A MANIFESTO

1 정부의 헌법적 조직과 선거정치의 법적 구조들

오늘날 진보적이고 프로그램적인 상상력을 최상으로 표현하기 위해서는 어떤 종류의 사유하기, 말하기, 쓰기도 특권을 향유해서는 안 된다. 우리는 대화적으로, 예언자적으로, 또는 시적詩的으로 사고한다. 체계적으로 사고할 수도 있고, 단편적斷片的으로 우화적으로 사고할 수도 있다. 우리는 마음에 둔 특정한 맥락 안에서 사고할 수도 있고, 세계의 수준에서 사고할 수도 있다. 특정한 정당 및 운동과 연결되어서 사고할 수도 있고, 이러한 연결에서 벗어나 사고할 수도 있다. 실제적인 경험으로 확장하면서 사고할 수 있고, 가능한 경험을 기대하면서 사유할 수 있다. 여기 그리고 지금의 국면에서 즉각적으로 가능한 변화를 위해서 사고할 수도 있고, 또는 태어나지 않은 인류의 멀고 가상적인 미래를 위해서 사고할 수도 있다. 풍부한 경험적 자료와 정당한 논거를 가지고 사고할 수도 있고, 오로지 선언이라는 도발적이고 교조적인 호소만으로 사고할 수도 있다. 이 형식들은 서로 다른 용도를 가진다. 이 형식들은 서로를 보완한다. 예컨대, 프로그램적인 사유에서 보자면, 기존 맥락을 지향하는 단기적인 제안과 대안적이고 장기적인 미래에 대한 시험적 탐색을 대치시키거나 온건함과 급진주의를 대치시키는 방식은 오류이다. 누적적이고 구조적인 변화의 어떠한 궤적도 어떤 점에서는 현재의 사회적 현실에 가까워 보일 수도 있고 먼 것으로 보일 수도 있다. 그러나 거리보다는 방향이 더 중요하다.

중요한 것은 더 많은 실천 관행들을 가지고 상상적 세계를 사는 것, 그리고 우리가 그렇게 하는 것을 가로막고 있는 미신적 금기에서 우리 자신을 해방시키는 것이다. 다음의 테제들은 담론상 이런실험들에 해당한다. 이 테제들을 프로그램적인 장르들의 한 극단으로 치부하더라도, 이 테제들은 이 책에서 중심적인 문제들을 직접 다룬다.

제1테제: 민주적 제도들의 역사[1]

서구 사회의 지배적인 헌법 전통은 오늘날 두 가지 유형의 제도와 관념들에 의존한다. 하나의 유형은 권력을 파편화하고, 교착 상태를 좋아하고, 나아가 정치적 프로그램의 변혁적 파급과 그 프로그램의 시행 경로에 설치된 법적·헌법적 및 실천적·정치적 장애물들의 심각성 사이에 개략적인 등가성을 수립하는 헌법적 형식들에 대한 선호로 구성된다. 미국식 대통령제에서 '견제와 균형'의 체제, 의회주의 체제에서 정치계급들의 광범위한 합의에 기초해 정치권력을 수립하려는 필요는 모두 이러한

---

1 '정치참여의 강화' 항목 294쪽 이하.

억제적인 선호를 대변한다. 다른 유형의 제도와 관념들은 사회를 상대적으로 낮은 정치적 동원 수준에 묶어 두려는 규칙과 관행을 채용한다. 이 관행들은 대중영합주의에 맞서 재산을 지켰던 원민주주의적protodemocratic 자유주의의 제도적 장치들—선거권에 대한 제약과 다층적인 대표제도—을 점진적으로 교체했다. 진보파는 이 두 가지 전통을 거부하고 교체해야 한다.

제2테제: 정부의 헌법적 제도들[2]

정치의 속도를 올리고 기본 개혁의 반복적이고 빈번한 실천을 촉진하기 위해 고안된 헌법적 양식은, 사회의 정치적 대표성을 확보할 다양한 통로들과 강력한 신임투표제적인 요소를 결합해야 한다. 예컨대, 강력한 의회는 실질적인 정치적 주도권을 가진 직접 선출된 대통령과 공존하게 된다. 그러나 대통령제와 의원내각제의 표준적인 혼합 형태(지금 프랑스의 제5공화국 헌법에서 보듯이)는 허약한 정부와 교착 상태의 지속을 회피하는 체제로 교체된다. 다음과 같은 원칙에 따라 교착 상태를 회피한다. 첫째, 개혁 프로그램(집권 프로그램—옮긴이)은 일상적이고 에피소드식의 입법보다 우위를 누린다. 따라서 개혁 프로그램은 반드시 신속한 동의, 거부 아니면 협상의 대상이 되어야 한다. 둘째, 이런 체제에서 대통령과

---

2 '브라질' 항목 161쪽 이하, '속도가 붙은 정치의 입헌주의' 항목 288쪽 이하.

의회가 개혁 프로그램에 의견의 일치를 보지 못한 때에는 신임투표나 의안투표에 합의할 수도 있다. 셋째, 정부의 정치 부문들은 국민투표popular consultation의 실시나 조건에 합의할 수 없을 때, 또는 참여의 결과가 결정적이지 못할 때, 의회나 대통령이 새로이 선거를 요구할 수 있지만, 선거는 권력의 두 부문에서 동시에 실시되어야 한다. 일반적인 원칙은, 일반 유권자의 직접적인 참여로 교착 상태를 조속히 매듭짓는 것이다. 목표는 급진적 개혁, 즉 사회의 형성적 제도와 관행뿐만 아니라 이를 밑받침하는 믿음까지도 변화시키는 작업의 반복적 실천을 용이하게 함으로써 민주적 실험주의의 속도를 높이는 것이다. 강력한 정당과 안목 있는 유권자를 가진 많은 나라에서 의원내각제 정부 체제의 개혁은 유사한 결과를 산출할 수 있다.

제3테제: 선거정치의 개편[3]

정치적 동원 수준의 지속적인 고양은 사회생활의 모든 영역에서 민주적 실험주의의 속도를 올리는 데에 필수적이다. 정치적 동원 수준은 그 사회나 문화에 대한 자연적 사실이 아니라 많은 범위에서, 특히 정치 규칙과 제도에서 변화에 조응하는 인공물이다. 선거 비용의 공영화, 대중매체에 대한 정당과 사회운동의 자유로운 접근 기회 확대, 대중매체 소

---

3 '정치참여의 강화' 항목 294쪽 이하.

유 형태의 다각화, 의무투표제, 선거제도 변화 등이 그것이다. 구속명부식 투표와 비례대표제가 보통 구조적 제안의 행위주체로서 정당을 강화하는 데 가장 효과적이지만, 일부 국가에서 다수득표제의 일시적 채택이 경직된 정당체제를 흔들고 진보와 보수 연합을 이끌어 내기도 한다. 반복적인 구조 개혁의 정치는 필연적으로 고에너지 정치다. 고에너지가 집단적 열광의 막간극을 넘어 지속되려면 대중적인 정치참여의 활성화에 유리한 제도에서 그 생명 연장의 수단을 발견해야 한다. 고에너지가 지속적으로 생산적인 효과를 발휘하려면 반드시 사회의 제도적이고 상상적인 질서 안에 그 작업을 새겨 넣어야 한다.

2 시민사회의 조직과 권리의 보호

제4테제: 근본적 권리 관념[4]

진보파들은 기본권 관념을 폐기하지 말고 재해석해야 한다. 사활적인 이익의 피난처 속에 개인을 보호하는 것과 속도가 붙은 실험주의 속에서 개인적 역량을 꽃피우는 것 사이에는 변증법적 관계가 존재한다. 권리는 사람들이 일어서고 전진하고 서로 연결하기 위해서 필요로 하는 정치적·경제적·문화적 장비를 확보해 주는 역할을 한다. 이 권리들은 사람들이 자유를 포기하도록 유혹할지도 모르는 불안정성에 맞서 그렇지 않도록 사람들을 보호해야 한다. 단기적 정치 의제를 효과적으로 확장하려면 이러한 장비(기본권)의 정의定義와 그 배정을 단기적 의제에서 제외해야 한다. 기본권과 심화된 민주주의의 일반적 교정 방식의 관계는, 아동이 부모에게서 받는 사랑과 도덕적 모험으로 자신을 형성하고 변형시키는 역량의 관계와 같다.

---

4 '전기 프로그램: 민주적 교육에서 사회상속제로' 276쪽 이하, '재분배적 측면' 항목 281쪽 이하.

사람들은 부모보다는 사회에서 상속을 받아야 한다. 그래서 사람마다 각자 사회상속계좌를 가져야 한다. 사망이나 증여를 통한 재산 상속은 관행적으로 확립된 적절한 독립 생활 기준이 요구하는 정도의 상속 재산에 한정되어야 한다. 사회상속계좌는 고정적인 부분과 가변적인 부분을 포함해야 한다. 가변적인 부분은 신체적·사회적·인지적 불이익과 같은 특별한 필요에 대해서는 보상 원리에 따라 증가시켜야 하고, 다른 한편으로 사람들 간의 경쟁을 거친 특수한 능력에 대해서는 보수 기준에 입각한 보상 원리에 따라 그 상속계좌에 추가분을 더해 주어야 한다.

교육은 일생 동안 지속되어야 한다. 아동의 경우에는 그 가족·계급·국가·시대라는 상상적 족쇄에서 구출하고, 성인은 포괄적인 실천적·개념적 역량들에 접근할 수 있게 하는 것이 개인적·집단적 자유를 가능하게 하는 가장 중요한 요인이다. 따라서 교육은 사회상속계좌의 주요한 목표이다.

우리는 실험주의적 충동과 보조를 맞추면서 사회상속계좌를 구성하고, 계좌 사용을 제약하는 다양한 방식을 시험하고 비교해 보아야 한다. 그래서 일부는 정부에서 현금 수당의 형태로 지급할 수도 있고, 다른 일부는 생산적 자산에 대한 비록 현금화할 수는 없지만 거래는 할 수 있는 지분 형태로 보유할 수도 있다. 또 일부는 고정된 규칙에 따라 미리 결정된 방식으로 소비하는 것이 필요할지도 모르고, 다른 일부는 대안적 용도들 및 대안적 공급자들 중의 선택에 활용 가능할지도 모른다. 상속을 대체하는 이러한 제도들이 그 결과와 번영에 대가를 요구한다면, 우리는 그 대가가 무엇인지 알아내고, 우리를 더 훌륭하게 강화시키고 연결시켜 줄 삶의 형식을 위해 우리가 그 대가 중 얼마큼이나 부담할지를 결정해야 한다. 우리는 그렇게 해서 제도적 운명으로 그치고 말 사항을 사회적 선택으로 다시 규정하게 된다.

제5테제: 기본권의 보호[5]

우리는 권리, 특히 사회적·경제적 권리들을 단지 사회복지와 사회보험이라는 자원 의존적 계획으로 보아서는 안 된다. (a) 불평등 또는 배제의 구조가 권리의 효과적인 향유를 위협하면서 특수한 조직이나 관행 속에서 출현하고, (b) 개인이 활용 가능한 경제적·정치적 활동의 정상적인 형식들을 통해 이 특권들의 요새에 흔쾌히 도전할 수 없을 때, 권리의 주장은 특수한 사회적 조직이나 실천 영역들과 갈등을 일으킨다. 우리는 (a) 구조적이고 권리 규정적이면서 동시에 (b) 에피소드적이고 국지화되어 있는 교정적인 개입과 재조직 양식을 필요로 한다. 예를 들자면, 특정한 기술이나 장애를 가진 아동을 불리하게 처우하는 학교 체제에 개입하는 것, 기술적 협력과 효율 요구에 따르기보다는 통제와 감시를 위해 극단적인 위계제 형식을 부과하는 작업 체제를 조직한 공장에 개입하는 것 등이다. 정치적 정당성이나 실천적 역량 때문에 현존하는 정부의 어느 부문도 이런 개입 활동의 행위자로서 온전하게 조직되어 있지 않다. 선

---

5 '브라질' 항목, 특히 161쪽 이하, '시민사회의 독립적 조직' 항목 297쪽.

출된 대표자들은 정부의 새로운 부서를 설계하고, 선출하거나 공동으로 선거해야 한다. 새로운 정부 부서는 이 재구성적 책무에 적합한 예산과 기술상 자원을 보유해야 한다.

제6테제: 시민사회의 법적 조직[6]

깨어 있는 조직된 시민사회는 민주적 실험주의의 전진에 필수적이다. 이런 시민사회를 조직하지 못한 사회는 대안적 미래들을 탄생시킬 수 없거나 그에 맞추어 행동할 수 없다. 무조직 상태는 우연, 표류, 운명에 대한 투항이다.

자발적 결사체가 출현하는 제도적 맥락을 다시 상상하고 혁신하지 않는다면, 자발적 결사체의 강화를 요청하는 것만으로는 충분하지 않다. 우리는 수호정령을 부를 수 있지만 (깨어 있는 시민사회의 조직이 없다면─옮긴이) 수호정령은 오지 않을지도 모른다. 자립적인 조직을 위해 시민사회의 역량을 강화할 수 있는 제도적 개혁에는 두 가지 경로가 있다. 두 경로를 〈사법+1〉 방식과 〈공법−1〉 방식으로 부르자. 두 방식은 결코 배타적이지 않으며 서로를 보완할 수 있다.

〈사법+1〉 방식은 전통적인 계약법과 회사법의 틀을 시민사회 조직의 기본 틀로 수용한다. 이 방식은 사회적 배제와 굴종의 고착된 형태들로

---

6 '사회적 권리와 사회적 행동' 항목 250쪽 이하, '시민사회의 독립적 조직' 항목 297쪽 이하.

부패해진 조직이나 관행에 대한 국지적인 개입 업무를 담당하는 정부 부서를 설치함으로써 전통적인 계약법 및 회사법 체제를 보완한다. 정부 부서의 교정적인 개입을 통해 극복해야 할 악은, 사람들이 정상적인 정치적·경제적 활동을 통해서도 탈출할 수 없는 사회적 불이익이다. 이 사회적 불이익은 그대로 방치하면 불이익의 희생자들이 여타 정치적·경제적 권리를 효과적으로 행사하는 것을 막을 것이다.

정부 개혁 부서의 업무는 입법부처럼 일반적인 법률을 공포하는 것이 아니고, 전통적인 사법부처럼 개별적 소송 당사자들 사이에서 권리 분쟁을 해결하는 것도 아니다. 역량 있는 경제적 또는 정치적 행위자를 가로막는 국지적인 장애물을 제거하는 것이 개혁 부서의 업무이다. 이 목적을 위해 해당 부서는 수용 가능성의 문턱을 넘어 문제적인 조직을 더 훌륭하게 제거하기 위해 이를 일종의 사회적 법정관리 상태로 수용하여 한동안 이 조직을 운영해야 할지도 모른다. 언제나 범위와 시간의 제한이 있겠지만, 새로운 정부 부서는 조사하고 투자하고 개혁해야 할 것이다. 따라서 새로운 정부 부서는 반드시 국민에 의해 선출되거나 정부의 정치 부문들에 의해 공동으로 선출됨으로써 정치적 정당성을 가져야 하며, 활용 가능한 재정과 조사 자원 등 실천적 역량도 가져야 한다.

〈공법-1〉 방식은 국가 외부에서 직업, 이웃 관계, 공통의 특수한 관심사(건강보험이나 교육)를 중심으로 하는 시민사회를 조직할 공법公法의 틀을 의미한다. 일정한 조건 아래서는 이 틀에서 이탈하여 대안적인 제도를 형성할 권리가 존재한다. 기성의 공법 규정들은 시민사회에 포용적인 조직에 대한 편견을 확립시키는 데 일조할 수 있으므로, 정부 통제나 후견의 오염에서 벗어나야 한다.

예컨대, 정부로부터 노동조합의 완전한 자유라는 계약주의적 노동법 원칙이 자동적 노조 가입이라는 조합주의 원칙과 혼합될 수도 있다. 이 혼합이 혜택을 누리는 이의 이익을 강화하는 불평등한 조직과, 모든 사람이 상대적으로 평등한 조건에서 투쟁할 수 있는 구조를 창조하는 포용적이지만 민주적인 조직 사이의 선택이라는 점을 사람들이 깨닫기 전까지 자동적 노조 가입은 억압적으로 여겨질 수 있다. 통일적이고 전포괄적인 노동조합 체제에서도 내부 민주주의는 존재한다. 정당과 연결되거나 연결되지 않은 다양한 노동운동들은 정당들이 정부안의 지위를 놓고 경쟁하듯 노조 체제에서 우월한 지위를 놓고 경쟁한다. 지방정부의 구조 바깥에서 정부 구조에 평행하는 소규모 지역 결사체 체제와 같은 영역적 원칙에 입각해서도 동일한 관념이 재생산될 수 있다. 그 원칙은 제3의 영역에서 교육이나 보건과 같은 공통의 관심을 둘러싼 시민사회의 조직에서 기능적 방향성을 가질 수도 있다. 결사체의 깊이와 다양성이 생산에서 협력적 경쟁의 조건과 정치에서 숙고적 역량의 조건을 이룬다. 결사체의 깊이와 다양성은 신뢰를 유지하고 위험을 통제함으로써 혁신이 주는 공포를 감소시킨다. 결사체의 깊이와 다양성을 촉진하는 것은 사적인 주도권과 공공정책 사이의 공간을 확장하고 형성하려는 사회법적 틀의 고유한 목표이다.

사람들은 다음 두 가지 조건이 충족된다면 사회 조직의 공법 체제에서 벗어나 대안적 제도를 창조할 수 있다. 첫 번째 조건은, 공법 체제에서 이탈하려는 사람들이 서로 간의 관계에서 대략 평등한 여건에 위치해야 한다는 점이다. 두 번째 조건은, 이들이 공법 구조에서 이탈하는 권력을 행사하여 견고한 복종의 또 다른 작은 요새를 구축해서는 안 된다는 점이다.

3 공적 금융 및 경제 조직

제7테제: 공적 금융과 조세 체제[7]

　간접세의 몇 가지 중요한 요소는 현대적인 사회들에서 실질적인 조세 수입을 보장하고 그리하여 국민에 대한 높은 수준의 공적 투자를 확보하는 데에 필수적이라는 점이 증명되었다. 역진성이 가장 낮은 간접세, 경제활동을 왜곡시킬 가능성이 가장 낮은 세금은 종합적인 정률 부가가치세이다. 정률 부가가치세에 의한 안정적인 재정 수입의 기초 위에 두 가지 주요한 직접세가 도입되어야 한다. 첫 번째 직접세는 칼도어 방식의 소비세이다. 기본 수준의 소비에 많은 공제를 해주고, 소득과 저축-투자 차액에는 차등적인 누진율에 따른 세금을 부과하는 것이다. 두 번째 유형의 직접세는 재산세로, 가장 중요한 부분은 가족 증여와 상속에 대한 중과세이다. 이렇게 해서 우리는 소득세라는 상대적으로 혼란스럽고 비효과적인 장치를 그대로 수용하는 것이 아니라, 생활수준(소비세로서)

7　'급진민주적 대안' 항목 79쪽, '조세 개혁' 항목 196쪽 이하, '재분배적 측면' 항목 281쪽 이하.

과 경제력(재산세로서)이라는 두 가지 과세 대상을 명료하게 구별하고 직접 겨냥할 수 있다. 이때 제6테제에서 기술한 시민사회 단체들이 공적 지출의 배정과 감시에 참여해야 한다. 다음에 나올 제9테제에 따라 전통적인 통일된 재산권 체제가 생산적 자원들에 대한 분절적·협동적·잔여적 권리 체제에 자리를 내주는 민주주의 심화의 후기 단계에서는, 조세수입이 공공재정의 근간이라는 지위에서 내려오게 될지 모른다. 그러한 단계에서 정부는 조세수입 대신에 사회의 생산적 자원 사용에 대해 차등적인 수익율세를 부과할 수도 있다. 사회자본[8]의 분산적인 배정(제9테제)을 확대할 책임을 지는 반#독립적인 단체들은 그 부담을 지불하고, 최종적 자원 이용자인 기업과 작업팀으로부터 이를 환수할 것이다.

제8테제: 생산체제의 개혁 및 생산 체제와 정부 관계의 개혁[9]

더 실험주의적인 노선에 따른 생산 개혁은 민주적인 결과를 낳는 것은 아니지만, 민주적인 기회를 제공한다. 민주적인 기회의 실현으로 나아가는 가장 희망적인 경로는 다음 세 가지 속성을 조합한 성장 전략이다. (a) 기업 내부에서는 학습으로서의 생산 관행 그리고 과업 규정적 활동과 과

---

8 여기서 사회자본은 부르디외나 콜먼이 말한 사회적 관계망으로서 인적 자본이 아니라, 기업 육성을 위한 사회기금, 사회투자기금을 의미한다.

9 '사례와 경고: 부국에서의 산업 재조직' 항목 268쪽 이하, '비교우위론의 허구성' 99쪽 이하, '사례와 경고: 전략적 조정과 동북아시아의 경성국가들' 항목 261쪽 이하, '경제적 전위주의의 방향 재정립' 항목 270쪽 이하.

업 수행적 활동 간의 경직된 구분의 완화, (b) 기업 상호 간의 협력적 경쟁(중소 규모의 기업, 또는 대기업의 분산된 부문들이 재정적, 상업적, 기술적 자원들을 공동으로 투자하고 관리하면서 경쟁하고 동시에 협력한다), (c) 정부와 기업 간에는 분권적이고, 다원주의적이며, 사회적으로 포용적인 전략적 조정 형식을 가진 광범위한 협력 형식이 그것이다. 이 같은 협력 관계가 관료적 엘리트와 기업 엘리트 간의 유착으로 전락하고 지대 추구와 독단주의의 희생물이 되는 것을 막으려면, 공적 권력과 민간기업 간의 결사 관념을 새로운 방식으로 인정하면서 경제적 행위자 유형을 다각화하고 정부를 특정 기업의 영향력에서 벗어나게 해야 한다.

정부-기업 협력 관계의 민주화는 국가와 기업체들 사이에 존재하는 매개조직, 예컨대 경쟁적 사회기금과 지원센터의 발전을 요구한다. 경쟁적 사회기금은 폭넓은 자율성을 누리되 경쟁 압박과 재정적 책임을 감당하면서 본원적 기금 재원을 운용하고, 그 수익으로 기금을 보충한다. 기금의 과업은 관료적 편견과 경제적 특권의 최소화를 목표로, 분권적인 방식으로 사적인 주도권과 공적인 권력을 연결시키고, 시장활동의 제도적 형식들에서 실험주의적 혁신을 촉진한다.

이 조직들의 일부는 그 출발에서부터 공적인 벤처캐피털 사업 형태로 단기차익 지상주의에서 벗어난 비전을 취할 사명을 지게 된다. 이 조직들의 특징적인 관심사는, 전통적인 방식으로 경제의 생산적 후위 부문이 필요로 하는 물질과 기계를 생산할 생산적 전위 부문에 투자하는 것이다. 동시에 이 조직들은 후위 부문을 끌어올리기 위해 후위 부문이 더 좋은 관행과 선진적인 공학기술을 인정하고 수용하도록 도울 것이다.

제9테제: 재산권[10]

제8테제에서 기술한 분권적이고 민주적인 정부-기업 협력 관계는 이제 순차적으로 전통적인 재산권의 해체를 통해 전진한다. 현재 '재산'이라는 명칭 아래 결합돼 있는 권력들은 점차 분절화되어 정부, 매개조직, 기업 등 다양한 권리 보유자들에게 이전된다. 민주적 정부기관들은 작업장에서 편익이나 지위의 불평등을 막을 외적인 한계를 설정하고, 자본의 분산 배정을 위한 대안적 수단을 형성하고, 자본 사용에 대한 기본 이자를 매길 수도 있다. 각종 사회기금과 지원센터 같은 매개조직들은 서로 다른 법적 체제들 아래서 생산적 자원들에 대한 접근을 조율한다.

기금들은 특정 체제 아래서 고객 기업들과 팔길이 관계(지원하되 개입하지 않는 관계)를 유지하며, 부채와 지분equity을 교환하면서 장기든 단기든 최고 수익률을 확보할 최상의 전망을 가진 기업들에게 자원을 배정한다. 또 다른 체제 아래서는, 기금들이 협력적이고 경쟁적인 사업들로 이뤄진 작은 연맹들의 핵심적 존재로서 그 고객 기업들과 더 친밀한 관계를 발전시킨다. 최종적인 자본 인수자 및 이용자들—고객 기업, 또는 기업 안팎에서 움직이는 전문직 또는 노동자 팀들—은 매개조직, 지방정부, 공동체의 결사체들과 함께 그들이 수립한 사업에 대한 협동적 잔여권joint residual rights[11]을 공유한다.

---

10 '급진민주적 대안' 항목 79쪽 이하, '러시아' 항목 132쪽 이하, '경제적 전위주의의 방향 재정립' 항목 270쪽 이하.

11 잔여권 혹은 잔여재산분배청구권은 보통 후순위 수익권을 의미한다. 예컨대 기업이 파산한 경우,

마침내, 우리는 재산권을 확산시키기 위해 재산권을 제약하기에 이른다. 권리 보유자가 가처분 자원에 대해 누리는 명령의 절대성을 약화시키는 것을 대가로, 우리는 시장의 법적 형식들에서 더욱 많은 다양성을 성취할 뿐만 아니라 경제적 기회의 더 많은 분산을 달성한다. 상이한 계약법과 재산법 체제들은 자본의 분산 배정을 도모하는 대안적 방법이 됨으로써 동일한 경제체제 안에 공존하게 된다. 정보에 능통하고 적극적인 사회는 이제 경제활동의 각 분야에서 각 재산 체제들이 지닌 장점을, 그 경제적 편익과 사회적 비용에 따라 평가할 수 있다.

우리는 민간 주도성과 공적 통제 사이의 긴장을 그 제도적 수단들을 바꿈으로써 감소시킨다. 각 방식의 실천적 결과를 더 잘 보고 판단하기 위해, 동시에 다양한 방식으로 그 긴장을 감소시킨다. 그렇게 우리는 시장경제의 제도적 구조 속에서 실천적 또는 개념적 필연이라고 오인한 바가 사실은 사회적으로 인정된, 대체 가능한 인공물이라고 인식하게 된다. 그 결과는 자본주의도 아니고 사회주의도 아니며, 더 포괄적이고, 더 다원주의적이며, 더 실험주의적으로 변모한 시장경제이다.

채권자들이 먼저 자신의 채권을 행사하고 기타 이해관계자들은 나머지 재산에 대해 후순위 권리를 갖는다. 여기서 협동잔여권은 자본 배정과 이용에 관여한 당사자들이 사업 전체에 대한 지분권의 공유를 의미한다. 이와 같이 신생 사업체들은 사회적 소유형태를 강화하게 된다. 이러한 기업 조직들이 사회적으로 확산될 때 자유사회주의의 비전이 구현되는 것이다.

4 민주주의와 좌파

제10테제: 오늘날 진보의 의미[12]

오늘날 진보적이라는 것은, 민주적 방향으로 확립된 제도적 해법의 경계를 지속적으로 가로지는 것이다. 이익과 이상(평등주의적 이상을 포함해서)을 추구하는 데에 기존의 제도적 틀을 한계 지평으로 수용하는 사람은 진보파가 아니다. 유럽의 사회민주당은 그래서 진보적이지 않다. 사회민주당처럼 사회적인 관심을 갖지만 제도적으로 보수적인 개혁주의, 즉 비관적 개혁주의는 진보적이지 않다. 체념을 극복하는 대안이 '체제'를 다른 체제로 전면적으로 교체하는 것이라고 믿는 데에 그들의 오류가 있다. 어쨌든 혁명적 개혁revolutionary reform, 즉 형성적 제도적 구조들과 관념들의 점진적인 교체는 변혁적 정치의 모범적인 양식이다. 혁명을 통한 변화revolutionary change[13]는 이제 그 실천 불가능성으로 인해 아무것도

---

12 '제도적 혁신' 36쪽 이하.

13 체제의 전복을 통한 대변화를 말한다.

하지 못한 것에 대한 변명으로 전락하였다. 반면 앞의 아홉 가지 테제들은 기존의 제도적 해법의 경계를 가로지르는 혁명적 개혁의 실례들을 보여 준다.

제11테제: 민주적 대의의 해석[14]

민주적 대의는 물질적 진보의 조건과 개인적 해방의 조건 사이에 잠재적인 중첩지대를 활용하는 제도들을 확인하고 실현하는 노력이다. 그리하여 민주적 대의는 사회생활에서 실험주의의 일반화를 향해 운동한다. 민주적 대의는 대의민주제와 규제받는 시장경제의 제도적 형식들을 이러한 실험주의에 복속시킨다. 그것은 반자유주의적antiliberal이지 않으며, 오히려 자유주의적 형식들을 변화시킴으로써 자유주의적 희망들을 실현한다. 민주적 대의는 인간적 이해관계의 복수성을 외곬으로 흐르는 평등주의에 희생시키기를 거부한다. 민주적 대의는 우리에게 에너지와 권한을 부여함으로써 우리 자신을 더욱 원대한 존재로 만들기 위해 우리가 덜 불평등하고 서로에게서 덜 유리되기를 바란다.

---

14 '실천적 진보와 개인적 해방' 항목 22쪽 이하.

제12테제: 진보 정당의 사회적 기초[15]

진보 정당들은 대량생산 산업에서 조직노동자라는 유리한 대표를 고수하는 것과 스스로를 중간계급 "삶의 질" 정당으로 다시 규정하는 것 사이에서 어느 한쪽을 선택할 수 없다. 첫 번째 경로를 택하면 더 협애한 파당적 이익의 옹호자로 전락할 것이고, 두 번째 경로를 선택하면 변혁적이고 민주적인 사명을 배신할 것이다. 진보 정당들은 구조적 재구성 프로그램 안에서 확장된 민중연합의 초점과 토대를 발견하지 않으면 안 된다. 이러한 노력을 가능하게 하는 것은 (a) 이익과 이상의 재정의와, 제도와 관행의 혁신 사이의 내적 또는 변증법적 관계, (b) 사회적 연합과 정치적 연합의 비대칭적인 관계이다. 사회적 연합들은 정치적 연합들의 변혁적 작업을 통해 세워지고, 전술적 결집들을 집단 이익과 정체성들의 지속적인 조합들로 전환시키는 구조적 개혁으로 유지된다. 그러나 정치적 연합들은 사회적 연합들을 당연시하지 않는다. 정치적 연합은 사회적 연합의 발전을 하나의 과업으로 상정한다.

---

15 '민주적 실험주의와 보통 사람들: 통찰과 행위주체성' 항목 29쪽 이하, '부유한 국가에서 신자유주의에 대한 대안들의 모색' 항목 111쪽 이하, '브라질' 항목 161쪽 이하, '대안의 두 단계' 188쪽 이하, '행위주체성에서 실패의 위험: 포용적 정치에서 행위주체의 실종' 항목 323쪽 이하.

제13테제: 세계에서 제도 혁신과 이데올로기적 갈등의 초점[16]

민주적 기획은 갈등을 통해서 전진한다. 기존의 이데올로기적 분열은 실제적인 관심사와 가능한 대안들과의 생생한 관련성을 잃는다. 그런 분열들은 이제 혁신되어야 한다. 국가주의와 사사주의 사이의 갈등은 사멸해 가며, 정치적·사회적·경제적 다원주의의 대안적인 제도적 형태들 간의 경합으로 대체되는 중이다. 대의민주제, 자유로운 시민사회, 시장경제는 모두 북대서양 세계에서 현재 통용되는 모습들과는 다른 형식을 취할 수 있다. 이 대안들 사이에서의 선택은 특정한 제도에 대한 선호뿐만 아니라 그런 제도가 유지시키는 개인적·집단적 경험의 가능성들에 대한 선호도 표현하기 때문에 운명적이다. (모방이 불가능할 때 발명되는) 빈국들의 비자발적인 제도적 실험주의는 부국에서의 억압된 변혁 기회들을 해명한다. 국가사회주의(현실공산주의—옮긴이)라는 걸림돌은 좌파의 목에서 제거되었다. 그러나 진보정치를 사회 보호와 시장 유연성의 화해로 위축시키는, 제도적으로 보수적인 사민주의자들의 시도(제3의 길—옮긴이)는 민주주의를 실현하지 않은 채로 방치하며, 그 자신의 대의도 달성하지 못한다. 민주적 실험주의를 밀치고 나가면서 진보파들이 자신을 쇄신할 시기는 바로 지금이다.

---

16 '허위의 필연성과 대안적 다원주의들' 항목 43쪽 이하.

부록

원 부록
저축과 투자에 관하여_추이즈위안

옮긴이 해제
로베르토 웅거의 사회변혁이론

저축과 투자에 관하여

추이즈위안[1]

저축과 생산적 투자를 연결하는 대안적 제도들의 가능성과 기대는 금융 분야에서 민주적 실험주의의 중심적인 쟁점이다. 그러나 현대의 주류 경제학은 이 문제를 해명하기보다는 모호하게 만들었다. 현존하는 경제 문헌들, 즉 신고전파 문헌과 케인스학파 문헌 모두 안고 있는 두 가지 약점은 이러한 모호성에 기여한다.

첫 번째 결함은 저축과 투자 간의 계정 항등성에 있다. 두 번째 결함은 저축과 투자 간 인과관계에 관한 견해에 있다. 첫 번째 약점은 우리가 두 번째 약점을 논의하는 것을 방해한다. 어떤 거시경제학 저작을 펼치더라도 저축과 투자가 한 국가 안에서 정의상 동일하다는 점을 알게 된다. 이러한 생각은 케인스가 1936년에 발표한 《일반이론The General Theory of

---

1 추이즈위안崔之元은 1963년 중국 베이징에서 태어나 베이징대 철학과를 마치고 시카고대학에서 정치철학을 공부하였다. 중국의 뉴레프트 지도자로서 중국의 사회주의 경제체제를 개혁하는 데 관여해 왔다. 사회주의 진보적 경험을 살리려는 의도를 가진 자유사회주의자이다. 웅거의 《정치학》 3부작을 축약 편집한 웅거의 애제자이기도 하다. 현재 칭화대학 공공관리학원의 교수로 재직 중이다. 그의 저작 중 《중국은 어디로 가고 있는가》, 《프티부르주아 사회주의 선언》이 국내에 번역되었다.

Employment, Interest and Money(고용·이자 및 화폐에 관한 일반이론)》에 그 기원을 두고 있다.[2]

계정 항등성은 국민소득계정에 유용한 수단이지만,[3] 경제학자들이 저축과 생산적 투자를 연결하는 대안적 제도 틀을 생각해 내는 것을 방해한다. 저축과 투자가 통상 동일한 사람에 의해 행해지던 산업혁명 초기라면 애덤 스미스의 입장을 따르는 것도 말이 된다. "매년 저축된 것이 매년 소비되는 것과 같이 통상적으로 소비되고 있다. 그것도 거의 동시에 이루어진다."(스미스, 1776, vol. 1. 337쪽) 그러나 근대 시장, 복잡한 경제제도들의 발전과 함께 저축과 투자가 통상 다른 사람들에 의해 행해지기 시작했고, 저축과 투자 간의 케인스적 계정 항등성은 직관에 반한 것이 되었다. 케인스는 자신의 정의가 반직관적인 성격을 가진다는 점을 인정하면서, 약간 상세히 인용할 만한 실질적인 정당한 이유를 제시하였다.

"저축과 투자는, 이들 용어를 직설적인 의미로 받아들일 때, 서로 다를 수 있다는 관념의 광범위한 유포는 착시현상에 기인하는 것으로 설명할

---

2 케인스는 다음과 같이 언급한다. "만일 소득은 경상 산출량의 가치와 같다는 것, 경상투자經常投資는 경상 산출량 가운데서 소비되지 않은 부분의 가치와 같다는 것, 그리고 저축은 소득이 소비를 초과하는 액과 같다는 것이 승인된다면—이 모든 것은 상식과 그리고 또 대다수 경제학자들의 전통적인 용어 예와도 부합되는 것이다—, 저축과 투자는 당연히 균등하게 되는 것이다. 간결하게 표시하면,

　　소득=산출물의 가치=소비+투자
　　저축=소득−소비
　　따라서 저축=투자."(조순, 73쪽)

3 케인스는 본인이 직접 영국의 최초 국민소득계정 준비 작업에 관여했으며(제임스 미드와 리처드 스토운에 의함), 이것이 1948년 유엔의 모든 국가에 대한 권고의 기초가 되었다.

수 있다. 그 착시현상은 마치 개별 예금자와 은행의 관계를, 실제로 양면적인 거래인데도 불구하고 오직 일면적인 거래인 것으로 간주하는 것과 같은 것이다. … 그러나 그 누구도 현금이든 부채든 또는 자본재이든, 자산을 획득하지 않고 저축을 할 수는 없다. 또한 그 누구도 그가 종래 소유하고 있지 않던 자산을, 똑같은 가치를 가진 자산이 새로 생산되거나 아니면 다른 어떤 사람이 종래에 소유하던 똑같은 가치의 자산을 내놓지 않고서는, 획득할 수가 없을 것이다. 전자의 경우에는 거기에 대응하는 신투자가 있는 것이고, 후자의 경우에는 다른 어떤 사람이 똑같은 액의 마이너스의 저축을 하고 있음이 분명하다."(조순, 97쪽)[4]

"이리하여 저축은 항상 투자를 가지고 온다는 철 지난 견해는 그것이 비록 불완전하고 오도하기 쉽기는 하나, 투자 없이도 저축이 있을 수 있다거나 또는 진정한 저축이 없이도 투자가 있을 수 있다는 등의 최신 유행의 견해보다는 외형상 견실하다."(조순, 99쪽)

"저축과 투자 사이의 항등성과, 개인이 자신 또는 다른 사람들이 얼마를 투자할 것인가와는 무관하게 자신이 하고 싶은 만큼의 저축을 할 수 있다는 외견상의 자유 의사가 서로 모순되지 않는 이유는, 본질적으로 저축은 지출과 같이 양면성을 지닌 사태라는 점이다."(조순, 99~100쪽)

---

4 (역주) 케인스의 《일반이론》 쪽수 표시는 조순의 번역본을 따랐으며, 편의상 일부 수정하였다.

이 인용문에서 케인스가 1930년《화폐론A Treatise on Money》에서 제시한 의견―저축과 투자는 정의상 일치하다―을 1936년《일반이론》을 출판하는 시점에 완전히 바꾸었다는 사실을 알 수 있다. 이 변화는 국민소득계정에 대한 정의 문제 그 이상이다.[5] 그 결과가 저축과 생산적 투자 간의 대안적 제도적 연결을 모호하게 하는 것이기 때문이다. 우리의 의도가 자본시장에서 제도적 틀을 이해하는 것이라면, 저축을 투자와 동일한 것이라고 정의하지 않는 것이 더 유용하다. 군나르 뮈르달[6]은 빅셀의 화폐이론(이 견해를 케인스도 화폐론에서 여전히 견지했다)과 관련하여, "자본시장에 관한 그(빅셀)의 전체 분석을 기초하는 생각은 투자와 저축은 일치하지 않지만 양자는 비교할 수 있다는 것이다. 양자는 이제 주어진 상황에서 일치할 수도 불일치할 수도 있다"(88쪽)고 지적하였다.

여기서 요체는, 국민소득계정상 저축-투자 동일성을 반박하려는 것이 아니라 이 동일성으로 인해 우리가 생산적 투자를 위해 저축을 동원하는 더 좋은 제도적 대안들을 찾는 일을 멀리해서는 안 된다는 것이다. 나는 케인스가 유동성의 딜레마liquidity dilemma라고 부른 것을 논의함으로써 이 점을 설명해 보겠다. 한편에서는, 공개시장에서 주식의 신규 발행은 저축

5　개념 정의의 문제로서 저축과 투자의 항등성은 제한된 목적―국민소득계정의 구성―을 위해서 수용될 수 있다. 제임스 토빈은 "항등성의 존중은 경제학을 멋대로 말하는 사람들과 경제학자들을 구별해 주는 첫 번째 지혜이다."(300쪽)라고 말했다. 그러나 우리는 이 항등성을 넘어서 저축과 투자를 연결하는 제도적 메커니즘을 탐색하지 않으면 안 된다.

6　뮈르달Karl Gunnar Myrdal(1898~1987)은 스웨덴의 경제학자, 사회학자, 정치가이다. 스톡홀름대학의 교수로 시장만능 사고를 버리고 국가의 경제계획을 적절히 강조하였다. 경제이론과 가치의 연관성을 주장하였고, 동태적 경제분석을 중시하였다. 1974년 그와 성격이 매우 다른 하이예크와 공동으로 노벨경제학상을 수상하였다.

을 생산적 투자에 동원하는 데에 유용하다. 다른 한편으로, 제2차적 주식시장 거래는 낭비적이고 카지노 같은 투기를 양산한다. 우리는 두 번째 효과를 감수하지 않고서는 첫 번째 효과를 향유할 수 없기 때문에 딜레마가 발생한다. 케인스의 표현을 빌리면,

"정통파적인 금융의 원칙 중에서 유동성의 숭배, 즉 유동적인 유가증권을 보유하는 데 자산을 집중하는 것이 투자기관의 적극적인 덕목이라는 교리보다도 더 반사회적인 것은 분명히 없다. 이 교리는 사회전체에 대해서는 투자의 유동성 따위가 존재하지 않는다는 점을 잊어버리고 있는 것이다."(조순, 182쪽)

"왜냐하면 개개의 투자자가 그의 계약이 유동적이라고 (모든 투자자에 대해서 이것이 합당할 수는 없으나) 자만하게 되는 것은, 그의 신경을 진정시키고 그로 하여금 더욱 위험을 무릅쓸 용의를 갖도록 할 것이기 때문이다. 만약 투자자 개인의 매입이 비유동적이 된다고 한다면, 이것은, 개인에 대하여 스스로의 저축을 보유하는 여러 가지 다른 방도가 존재하는 한, 신투자를 크게 저해할 것이다. 이것이 이율배반이다."(조순, 188쪽)

여기서 저축과 투자 간의 계정 항등성을 문자 그대로 수용하고자 한다면, 유동성의 딜레마는 전혀 존재하지 않는다는 점을 깨닫는 것이 중요하다. 성공적인 투기꾼들이 자신의 이익을 생산적 프로젝트에 다시 투자하는 것을 저지할 방법은 없기 때문에 금융 카지노에서 단지 낭비라는

것이 없다. 최종적으로, 저축이 금융 카지노에서 소산되거나 낭비되지 않는 한 저축과 투자가 여전히 정의상 동일하다. 그러나 현실에서는 생산과 생산성의 확대를 위한 상대적으로 작은 투자 재원이 주식시장을 통해 직접적으로 조달된다. 모든 서구 국가의 기업들은 거의 모든 자본 지출—플랜트, 기계, 재고 투자—의 재원을 이익잉여금, 다른 말로 하면 이윤과 감가상각비를 통해서 내부적으로 조달한다.[7] 1952년부터 이익잉여금은 자본 지출의 95퍼센트를 충당하였다. 1980년대 초반부터 합병과 주식 매입, 자기 주식 취득, 배당금 분배를 통해 발행된 주식보다 더 많은 주식이 주식시장에서 상각되었다. 결과적으로 금융의 순수 원천으로서 신주new equity 발행은 부정적이다.[8]

저축과 투자 간에 계정 항등성을 넘어 차입 기금의 흐름을 들여다보면, 우리는 실제로 금융 카지노들에 의해 생산적 투자의 잠재력이 위축되어 왔음을 알게 된다. 계정 항등성은 차입 기금의 모든 잠재적인 용처들이 똑같이 생산적이라는 점을 주장하는 것으로 이해되어서는 안 된다. 그러한 주장을 정당화하기 위해서는 논증의 연쇄에 두 가지 다른 중요한 연결 고리를 더할 필요가 있다. 하나는 저축을 생산으로 유인하는 기존

---

7 계정의 관점에서 이익잉여금은 단지 '기업저축'으로 보일 수 있다. 그래서 금융의 주요 원천으로서 이익잉여금의 지배는 저축과 투자 간의 계정 항등성을 변화시키지 않는다. 그러나 실제로 주식시장이 공공 저축을 기업 투자에 얼마나 훌륭하게 동원하는지를 살펴보면, 이익영여금의 지배가 주식시장의 동원 역할이 썩 잘 수행되지 않는다는 흥미로운 사실을 드러낸다. 더구나 이익잉여금에 대한 의존은 소기업이나 창업 기업에 불이익하게 작동하며, 시장에 존재하는 경제적 분할과 위계제를 영속화시키는 경향을 가진다.

8 서구 사회에서 전적으로 계정 흐름 분석에 입각한, 금융의 순수 원천으로서 이익잉여금의 지배에 관한 많은 통계적 증거가 존재한다. 예컨대 콜린 마이어(1997) 참조.

제도들이 재원을 가장 효율적인 용도에 배정하는 시장 체제에 접근한다는 점이고, 다른 하나는 이 제도들에 대한 시장친화적인 주요 대안들이 존재하지 않는다는 점이다. 이 주장들은 분석적인 것이 아니라 경험적인 것이다. (웅거의) 이 책은 그런 주장들이 잘못됐다고 논증해 왔다.

그런고로, 케인스의 유동성 딜레마는 현실적인 딜레마이다. 민주적 실험주의자로서 우리의 과업은 이 딜레마의 해로운 결과를 감소시킬 대안적 제도를 모색하는 것이다.

저축과 투자의 항등식은 특수한 제도적 장치들이 저축의 생산적 잠재력을 탕진하기도 하고 활용하기도 하는 방식이 무엇인가라는 실천적으로 대단히 흥미로운 문제를 모호하게 만든다. 이 잠재력을 탕진하는 하나의 방식은, 무수한 소기업이나 장래 기업이 창업하고 확장하는 데 필요한 실천적 재원을 이 기업들이 이용하지 못하도록 금융에 대한 접근을 집중화하는 것이다. 이 잠재력을 활용하는 수단은 생산적인 기획에 이익잉여금을 투자하도록 하는 대안적 장치들을 창조하는 것이다. 다른 전략은, 벤처캐피털—전형적으로 주식 지분을 대가로 창업 기업에 대한 기금의 장기적 투자— 사업을 대중화하는 것이다.

현대의 경험은 제한적이지만 시사적인 이 두 가지 접근 사례들을 제공한다. 이익잉여금의 대안적 활용 사례로, 스웨덴에서 시행된 마이드너[9]

---

9 (역주) 루돌프 마이드너Rudolf Meidner(1914~2005)는 유대인 사회주의자로서 나치독일을 피해 스웨덴에 정착하였다. 노벨상 수상자 군나르 뮈르달의 문하에서 박사학위를 받았고 스웨덴 노동조합 연행에 평생을 바쳤다. 임노동자기금은 그의 아이디어이다.

임노동자기금계획Meidner Plan of wage-earner's funds[10]을 떠올려 보자. 존 스티븐 스의 기술에 따르면, 임노동자 기금은 다음과 같이 작동한다. "100명 이 상을 고용하는 기업(모든 민간 고용의 3분의 2에 해당)은 이윤의 일정 부분 (10~30퍼센트)을 새로 발행한 주식 형태로 노동조합이 운영하는 임금노 동자 또는 노동자투자기금에 이전해야 한다. 이전된 이윤 부분은 신규 자기자본new equity capital으로 투자를 위해 기업에 남는다. 주식의 표결권은 전국조합과 지역조합으로 나눠진 최초 40퍼센트를 가진 노동조합으로 돌아간다."(스티븐스, 189쪽)

벤처캐피털의 대중화 사례로는 캐나다에서 10년 이상 진행된 실험이 있다. 1984년 노동자가 후원하는 벤처캐피털인 퀘벡연대기금The Québec Solidarity Fund을 필두로 노동자가 주도하는 벤처캐피털이 현재 캐나다 벤처 캐피털의 3분 1 이상에 이른다. 세금 공제와 공적인 시드 머니[11]에 기반 한 기금들은 캐나다 노동자의 저축을 중소기업으로 흘러가게 한다. 기금 들은 독립적으로 관리되며 투자자들에게 높은 수익과 위험 분산을 제공 한다. 여러 연구들에 따르면, 조세 혜택의 가치—투자된 기금의 40퍼센 트에 해당—는 신규로 만들어진 일자리와 관련한 소득세의 증가 및 복지

---

10 (역주) 기업의 초과이윤에 대한 과세와 노동자들의 추가적인 기여금을 바탕으로 이루어진 임노동 자기금은, 기업의 주식을 대량으로 매입해 대주주가 됨으로써 기업의 투자 행위를 노동자의 관할 하에 두는 것으로 스웨덴 사민주의의 특징을 이룬다. 사민주의자들이 집권한 때에는 어느 정도 활 성화되지만, 부르주아 정당이 집권하는 경우에는 매우 미미한 역할을 수행한다.

11 (역주) 시드 머니seed money는 투자자가 비즈니스의 일부를 매입하는 투자를 제안하는 형태이 다. 사업의 초기 단계에 집행하는 투자로, 수익이 발생하거나 다른 투자를 받을 때까지 자금을 활 용할 수 있도록 돕는다.

지출 감소와 같은 효과 덕에 대략 3년 이내에 정부에 환수된다.

현대 경제학이 금융에서 제도적 쟁점들을 모호하게 하는 데 기여한 두 번째 방식은, 저축과 투자 사이의 인과관계가 갖고 있는 난점을 스스로 해결하지 못했다는 점이다. 신고전파들은 이 인과관계가 저축에서 투자로 간다고 주장하고, 케인스학파들은 반대로 주장한다. 제임스 미드[12]가 생생하게 말해 주듯이, "케인스의 지적 혁명은 저축이라고 불리는 개가 투자라고 불리는 꼬리를 흔드는 현실 모델의 시각에서 통상적으로 사고하는 방식에서 투자라고 불리는 개가 저축이라고 불리는 꼬리를 흔드는 모델의 관점에서 사고하는 방식으로 경제학자들을 이동시킨 것이었다."(342쪽)

케인스와 신고전파 이전의 고전학파에 따르면, 높은 저축률은 낮은 이자율로 투자 재원을 제공한다. 거꾸로, 낮은 저축률은 차입 기금을 더욱 귀하게 만들고 이자율을 상승시키고 결국 투자를 단념시킨다. 장기적으로 저축과 투자는 이자율 변화로 균형을 이루게 된다. 이 균형이자율은 '자연이자율'이라고 불린다. 1936년 케인스 혁명은 이와 같이 저축이 투자를 주도한다는 고전파 이론을 전복하였다. 케인스가 보기에는 투자 결정은 미래 이윤기대에 기초하여 이루어진다. 승수 메커니즘[13]에 따른 투자 지출은 총수입을 증가시키고, 그리하여 저축 수준을 향상시킨다. 이

---

12 (역주) James Meade. 노벨경제학상을 수상하였으며, 정치 노선은 자유사회주의자로 분류된다. 오늘날 기본소득으로 알려진 사회배당금을 주장하였다.

13 (역주) 승수乘數 메커니즘 또는 '승수효과'란 일정한 경제순환의 과정에서 어떤 부문 또는 어떤 기업에 새로이 투자가 이루어지면 그것이 유효수요의 확대가 되어 잇따라 파급되어, 사회 전체로서 처음의 투자 증가분增加分의 몇 배나 되는 소득 증가를 낳는다는 가정이다.

런 의미에서 투자는 전체 사회를 위해 잘 순환하는 자기 정산 기금이다. 투자는 선행하는 저축 수준에 의해 통제되지 않는다. 그러나 이 같은 중요한 통찰도 케인스가 중요한 이론적 문제에 직면하는 사태를 막아 주진 못했다. 투자 승수 달성 전에 최초의 투자 자금이 선행하는 저축으로 조달되지 않는다면 그 재원을 어떻게 조달할 수 있을까?

케인스는 투자 승수가 그 작동을 완료하기 전에, 은행들이 최초의 투자 재원을 잘 조달하기 위해 유동성에서 일시적인 감소를 수용할 것이라고 답한다. 이것이 그가 투자시장은 "저축의 부족으로 결코 혼란스럽게 될 수 없다"는 그의 "가장 근본적인 결론"을 고수한 이유이다(케인스, 1930, 222쪽). 그러나 케인스가 《일반이론》을 출판한 이래로 로버트슨(1936), 올린(1937), 아시마코풀로스(1983) 등 비판가들은 높은 이자율의 보상이 없다면 은행들은 자신의 유동성 감축을 수용하지 않을 것이라고 주장했다. 이어서, 높은 이자율은 자본의 비용을 증가시키고, 따라서 투자를 포기하게 할 것이다. 비판가들의 주장에 따르면, 인과관계의 바로 이 지점에서 선행하는 저축 증가가 없다면 유동성 상실을 상쇄하는 높은 이자율에 대한 은행의 요구를 진정시킬 수가 없기 때문에 저축은 투자의 결정 요소로서 다시 등장한다.[14]

경제학에서 저축과 투자 간의 인과관계에 대한 논쟁은 막다른 길목에 도달하였다. 제도적 대안들을 토론하지 못한 까닭에 케인스학파의 혁명

---

14 브리델(1987), 딤스키와 폴린(1997)은 저축과 투자 사이의 인과관계를 다룬 매력적인 논쟁의 훌륭한 연구물이다.

이 완전히 전복될 위기에 처해 있다는 점에서 그렇다. 주류 경제학에 의해 지속되는 모호성—저축과 투자 사이의 계정 항등성 및 저축과 투자의 인과관계에 관한 난점을 통한—을 극복하는 경우에만 우리는 저축과 생산을 연결하는 대안적 제도들을 탐색할 수 있다.

Asimakopulos, A., "Kalečki and Keynes on Finance, Investment, and Saving," *Cambridge Journal of Economics, vol. 7*, 1983, pp. 221-33.

Bridel, Pascal, *Cambridge Monetary Thought: Development of Saving-Investment Analysis from Marshall to Keynes*, St. Martin's Press, 1987.

Dymski, Gary and Pollin, Robert, eds, *New Perspectives in Monetary Macroeconomics*, The University of Michigan Press, 1994.

Keynes, John Maynard, *The General Theory of Employment, Interest, and Money*, Harcourt Brace Jovanovich, 1953 (originally published in 1936).

Keynes, John Maynard, *A Treatise on Money*, Harcourt Brace, 1930.

Keynes, John Maynard, *The Collected Writings of John Maynard Keynes, vol. XIV*, Macmillan, 1973.

Mayer, Colin, "The City and Corporate Performance," *Cambridge Journal of Economics*, vol. 21 1997, pp. 291-302.

Meade, James, *The Collected Papers of James Meade*, vol. 1 edited by Susan Howson, Unwin Hyman, 1988.

Myrdal, Gunnar, *Monetary Equilibrium*, William Hodge, 1939.

Ohlin, B., "Some Notes on the Stockholm Theory of Saving and Investment," *Economic Journal*, vol. 47, March and June 1937.

Robertson, D.H., "Some Notes on Mr. Keynes's General Theory of Employment," *Quarterly Journal of Economics*, vol. 51, November 1936.

Tobin, James, "Comments," in Robert Pollin, ed., *Macroeconomics of Saving, Finance and Investment*, University of Michigan Press, 1997.

로베르토 웅거의 사회변혁이론

I. 머리말

정치란 비전을 둘러싼 투쟁, 곧 상상력의 싸움이다. 정치적 비전의 생산을 게을리 한다면 누구든지 현재의 기회를 허비하고, 나중에는 손에 쥔 것마저 상실하게 될 것이다. 개혁정치는 정책의 결과를 통해서 중립지대를 포섭하고 골수 반대자도 누그러뜨리는 작업이다. 그래서 정치적 연합은 구체적인 프로그램과 그 성과를 통해 확장될 수 있다. 개혁적인 정치인이나 학자, 전문가, 돈은 없지만 진보적 대의를 저버리지 않는 시민이라면 웅거의 말을 경청해야 한다. "대안적 미래에 대한 관념이 대중에게 계몽의 권위를 가지려면, 그 관념은 손으로 만질 만큼 구체적이어야 한다. 믿고자 한다면, 반드시 그 상처를 만져 보아야 한다."[1]

---

* 이 글은 2012년에 번역한 《주체의 각성》에 대한 개관을 제공하고자 2013년 3월 《민주법학》 제51호 (87~133쪽)에 게재한 것이다. 변화한 상황에 따라 머리말은 다시 집필하였고, 본문도 다소 수정하였다

1 로베르토 웅거, 이재승 옮김, 《주체의 각성》, 앨피, 2012, 353쪽(이후 이 책을 인용할 때에는 번역본의 쪽수만 표시함).

보수적인 정치인도 들어야 한다. 진보, 중간, 보수가 3분의 1씩 나눠 가진 세상에서 경합은 불가피하다. 오로지 집권당의 대실정에서만 정권 장악의 기회를 탐하는 정치계급은 민중에게 최악이다. 사람들이 정치가 아무것도 하지 못한다는 체념에 빠질 때 사회는 종말에 이른다. 한국 사회의 저출산은 지난 20여 년간 이어진 정치 실패의 결과이고 종말의 징조이다. 저출산은 출산장려책으로 극복되지 않는다. 사람들이 거기에 휘둘려 계산착오를 저지를 만큼 어리석지 않기 때문이다. 인생의 장기적인 전망이 보일 때, 정치가 신뢰할 만한 비전을 생산할 때, 그때에만 아이들이 거리와 놀이터를 채울 것이다. 이제 정치적 비관주의를 극복하고 희망을 만들어야 한다. 이러한 견지에서 웅거는 현재의 삶을 다른 모습으로 변형시키려는 사람들에게 좋은 길잡이가 될 것이다. 웅거는 《민주주의를 넘어》가 급진민주주의radical democracy의 사회경제적 내용을 구체화한 시도라고 자평하였다. 그의 개별적인 제안들은 상황과 맥락에 따라 수용되거나 기각되거나 유예될 수도 있다. 그러나 민주적 대의를 실천하려면 구체적인 프로그램을 가지고 장기적으로 응수해야 한다는 그의 통찰만큼은 진리이다.

정치는 실천의 조건을 만드는 근본적 토대이기 때문에 정치가 최우선적으로 중요하다. 그러나 웅거의 유세는 정치인들만 겨냥하지 않는다. 대중이 여전히 그의 수신자이다. 정치, 경제, 사회, 인성에 대한 고정관념을 타파하지 않는다면 어떤 성과도 나오지 않기 때문이다. 대중들의 정치참여와 사회의 조직화가 이루어지 않으면 개혁정치는 전진할 수 없다. 진보적 대의를 위해 협애한 계급적 지평을 벗어나려는 대중들(민중연합)

이 바로 사회의 진보를 이끄는 행위주체이다. 웅거는 제도정치(정권정치)뿐만 아니라 운동의 정치를 강조한다. 동시에 기성 권력을 바꾸는 거시정치뿐만 아니라 사람들의 관계를 혁신하는 미시적 정치도 주목한다. 정치에서는 민주주의가 호령하고, 경제와 사회, 온갖 조직에서는 군주제나 과두제가 지배한다면, 어떠한 의미 있는 변화도 기대할 수 없기 때문이다. 위대한 혁명은 정치혁명인 동시에 문화혁명이었다. 모든 인간이 자신이 서 있는 곳에서 승리를 거두고 그 승리의 체험을 바탕으로 진보적 대의를 향해 서로를 견인해야 한다. 실천의 출발점은 자신이 있는 바로 지금, 바로 여기다.

웅거는 급진민주주의자, 민주적 실험주의자, 자유사회주의자, 사회민주주의 혁신가, 마오주의자 또는 프티부르주아 사회주의자로 다양하게 불린다. 그는 68세대의 뉴레프트 법학자로서 대안을 추구해 왔다. 사민주의 보수화 프로그램인 '제3의 길'을 거부하고 제도의 영구혁신을 주창해 왔다. 시장질서에 안주하고 경쟁의 희생자에게 보상적 원리를 가동하는 인간주의적 정책에 만족하지 않고 정치·경제·사회의 고착된 질서를 흔들고, 대중의 이익과 이상에 부합하는 사회를 영구적으로 창조하자고 주장한다. 슬로건만 내세우는 것이 아니라 구체적인 방책들을 제시한다. 완전한 설계에 입각한 일회적 승부가 아니라 지속적인 실험을 주장한다. 우선 제도적 물신숭배를 극복해야 한다. 고유하고 유일한 형태의 사회제도란 존재하지 않는다. 우리는 다양한 프로그램을 시행하면서 다른 성격의 제도를 발명할 수 있다. 다른 나라의 경험과 인류의 역사적 전례들도 우리에게 풍부한 자산이다. 그래서 역사는 흘러간 과거가 아니라 거대한 실험실이다.

우리는 지속적인 실험을 통해서만 격차를 해소하고 인간의 역량을 최고조로 발전시킬 수 있다. 지금은 실험주의자들의 시대이다. 오늘날 정치(지역정치), 기업, 학교, 사회단체에서 눈부신 성과를 거두는 사례들은 모두 실험주의적인 사고에서 발원한다. 격차를 확대재생산하는 구조를 방치하고 현상적인 격차를 진정시키고자 세금과 이전지출에 매달리는 인간주의적 정책은 비관적 개혁주의에 불과하다. 이러한 정책은 지속가능성을 확보할 수 없고, 더구나 보통 사람들의 자립심을 훼손하고 그들의 위대함을 배반한다. 구조를 개혁하고 사람에 대한 광범위한 투자를 통해서 자립적인 인간을 육성해야 한다. 보통 사람들의 위대성과 인간의 무한한 잠재력을 신뢰하는 자만이 민주주의자이다. 그러한 잠재력을 현실화할 때에만 우리는 사회 진보와 인간 해방의 중첩지대를 확장시킬 수 있다.

하버드대학의 법철학자 로베르토 웅거(1947~)는 브라질 정치 명문가의 후예로서, 1969년에 하버드 로스쿨에 유학 와서 29세에 이 대학의 종신교수가 되었다. 그는 70년대 중반에 던컨 케네디, 머턴 호위츠와 함께 '비판법학'을 창시하였으며,[2] 《지식과 정치》(1975), 《근대사회에서의 법》(1976), 《비판법학운동》(1986), 《패션》(1986), 《정치학》(1987), 《법학의 사명》(1996), 《민주주의를 넘어》(1998)를 출판한 데 이어 최근에는 《미래의 종교》(2014)와 《시간의 실재성과 단일우주》(2014)라는 대작을 집필하였다.[3]

---

2 케네디는 비판법학의 '교황'이고, 웅거는 '그리스도'라 한다. Schwartz, Louis B., *Stanford Law Review*, Vol. 36(1984), p. 419.

3 그의 저술과 강연은 다음 사이트에서 볼 수 있다. http://www.robertounger.com/en/(2017. 11. 2. 최

그는 70년대 후반부터 브라질 현실정치에 깊이 관여해 왔으며, 2006년
에는 대통령 출마를 시도하였고, 룰라 대통령의 2기 행정부에서 2년간
(2007~2009) 국가기획부 장관도 역임하였다.[4] 그는 미국의 전임 대통령
오바마를 일깨운 스승으로도 유명하다. 미국과 브라질이라는 두 무대는
웅거에게 다양한 사고실험과 발전의 기반이었을 뿐만 아니라 그의 국제
적 명성에도 기여하였다.[5] 그는 마르크스주의와 신자유주의에 대한 대안
을 제시하고 사민주의를 혁신하고자 한다. 그의 정치적 목표는 민주주의
의 심화와 개인의 역량강화empowerment로 요약할 수 있다. 필자는 이 글에
서 웅거 철학의 압축적 입문서인《주체의 각성》중 정치경제사회 혁신이
론을 중심으로 그의 사상을 개관해 보려고 한다.[6]《주체의 각성》은《민
주주의를 넘어》가 출판된 지 9년 후에 빛을 본 책이다.《주체의 각성》은
자신의 사상에 대한 개관이므로 이 글도 그 개관의 요약에 가깝다.

종방문일)

4 웅거의 정치적 역정에 대해서는 Press, Eyal, "The Passion of Roberto Unger", *Lingua Franca*,
   Vol. 9. no.3(1999), http://linguafranca.mirror.theinfo.org/9903/unger.html(2017. 11. 2. 최종방문일)

5 앤더슨은 웅거를 제3세계 출신으로 제1세계에서 명성을 드높인 에드워드 사이드나 살만 루슈디와
   비교한다. Anderson, Perry, *A Zone of Engagement*, Verso, 1992, 130쪽 이하.

6 웅거에 대한 충실한 입문은 김정오, 〈로베르토 웅거의 사회이론과 법이론〉,《외법논집》제27집,
   2007, 615~651쪽; 웅거 사상의 전체적인 소개는 심우민,《Roberto Unger의 사회이론과 법이론: 대
   안이론으로서의 가능성을 중심으로》(연세대학교 석사학위논문, 2006).

II. 신성화 기획

1. 자연주의와 영구반란 사이에서

《주체의 각성》은 정치적이고 종교적인 메시지를 담고 있다. 부록으로 실린 〈철학의 보편적 척도〉의 말미에 '우리가 결코 신이 될 수 없다는 것', 그리고 역설적으로 '우리가 더욱 신처럼 될 수 있다는 것'(462쪽)을 탐구의 결론으로 제시한다. '인간의 신성화'는 웅거의 단골 어휘이고 정치적 비전이다(288~9, 339, 379, 417쪽). 그는 이렇게도 말한다.

> "형이상학을 메타인간학metahumanity으로 부르는 것이 더 좋겠다. 형이상학의 비밀스러운 야망은 마치 우리가 인간이 아니라 신인 것처럼, 우리가 세상 바깥에서 멀고도 높은 곳에서 우리 자신을 보려는 것이다. 그러나 우리는 신이 아니다. 우리는 이 사실을 인정할 때에 비로소 우리 자신을 조금씩 신성화하는 일을 시작할 수 있다."(445쪽)

이 신성화 프로젝트에서 기독교, 낭만주의, 실존주의의 영향을 쉽게 확인할 수 있다. 웅거를 잠정적으로 '기독교 낭만파[7]로 규정할 수 있겠

---

7 웨스트는 웅거를 '좌익낭만주의 제3물결a Third-Wave left romanticism' 속에서 이해하고, 웅거가 마르크스주의의 위기라는 관점에서 듀이의 사회적 실험을 심화시키고 예리하게 만들었다고 평한다. 그는 좌익낭만주의의 제1물결은 대륙과 미국에서 루소와 제퍼슨, 제2물결은 마르크스와 에머슨, 제3물결은 그람시와 듀이로 지목하고, 웅거를 그람시와 듀이 사이에 둔다. West, Cornel, *The American Evasion of Philosophy: A Genealogy of Pragmatism*, The University of Wisconsin Press, 1989, 214쪽 이하.

다. 그의 방법은 우상 타파와 주체의 각성이다. 웅거는 전 저작에 걸쳐 자연주의에 대한 투쟁을 전개한다. 삶의 저편에 고차적인 질서와 고차적인 법칙이 존재한다고 믿는 영원한 철학―그 짝인 평정의 윤리[8]―도 오류이지만, 이에 도전한 자연주의도 이론적으로 실패했다고 평가한다. 실제로 웅거가 자연주의로 어떤 이론을 지칭하는지는 저작에서 명료하게 드러나지 않는다. 제임스와 듀이의 실용주의를 비판할 때에도 자연주의를 성토한다(92쪽). 일반적으로 말해서 자연주의는 철학과 자연과학을 결합하여 삶의 문제, 심지어 인간 정신의 문제까지도 규명하려는 입장이다.[9] 웅거가 보기에는 합리론뿐만 아니라 경험론도 자연주의에 깊이 물들어 있으며, 칸트만이 철학적 혁명을 통해 이러한 자연주의를 극복했다고 평가했다(67쪽). 존재에서 당위로 넘어가는 윤리이론, 인간 정신을 수동적인 밀랍으로 간주하는 경험론, 사회과학에서 실증주의, 주체의 역량을 저평가하거나 부정하는 모든 사고방식을 자연주의로 상정한 듯하다. 영원한 철학이 세상에 실제로 존재하는 차이와 변화를 파악하지 못한다면, 자연주의는 인간의 신비, 개성, 정신 활동, 정신적 역량, 맥락초

---

8 평정의 윤리는 부동심invulnerability을 강조하지만, 웅거는 희로애락을 함께 하는 감응성 vulnerability(상처받음)을 강조한다.

9 '자연주의naturalism'라는 용어는 20세기 전반기에 미국에서 사용되었다. 자신을 자연주의자로 지칭한 사람은 존 듀이, 어네스트 네이글, 시드니 훅, 로이 셀라스 등이다. 이들은 철학과 과학을 밀접하게 결부시켰고, 실재는 자연으로 환원되며, 초자연적인 것은 존재하지 않고, 과학적 방법은 인간 정신을 포함하여 존재의 전 영역을 탐구하는 데 적용되어야 한다고 주장했다. Papineau, David, "Naturalism", *The Stanford Encyclopedia of Philosophy* (Spring 2009 Edition), Edward N. Zalta (ed.), http://plato.stanford.edu/archives/spr2009/entries/naturalism/(2017. 11. 2. 최종방문일)

월성을 이해하지 못한다고 평한다.[10] 간단히 말해서, 자연주의는 죽어야 할 육신에 갇혀 있지만 초월하려는 정신의 신비로움을 깨닫지 못한다(68쪽). 이러한 자연주의는 허무주의[11]의 흐름과 동일하게 인간을 행동주체로 상정하는 데 결함이 있으며, 사회와 문화의 구조를 변혁하겠다는 인간의 의지를 질식시킨다.

스톤은 사르트르가 '인간의 기투企投는 자신에게 신이 되는 것'이라고 말한 점을 주목하여 웅거와 사르트르의 친연성을 지적한다.[12] 나아가 스톤은 '맥락초월적인 행위주체로서 인간 이해, 행위주체와 정치의 규범적 연관성, 관망자 관점보다 행위자 관점의 중시, 지속적인 자기개혁을 강화시키는 제도로서 정치적 자유, 배후 구조에서 개인적이고 집단적인 의지의 해방, 추상적 정치적 가치들의 제도적 불확정성과 국지적 실험의 창조적 잠재력, 이론적 자연주의 사고에 대한 환멸, 자연적 세계의 일부이자 초월하려는 존재로서 인간의 이중적 지위, 주체의 갈등하는 가능조건들, 인간과 신 사이의 거리, 더욱 신적인 존재가 되기 위한 인간의 분투' 등을 강조하며 사르트르와 견주었다. 덧붙여, 웅거가 실존주의가 아니라 왜 하필 실용주의를 부제로 사용하는지를 그는 묻는다.

---

10 웅거는 영원한 철학에 대항하지만 실패로 귀결된 세 가지 입장, 현상주의·자연주의·민주적 완전주의를 제시한다(64쪽 이하).

11 웅거의 허무주의 비판은 "Nihilism", http://www.youtube.com/user/UngerRoberto#g/c/A1297B2BB4640522(2017. 11. 2. 최종방문일) 웅거는 비판법학운동에서 중요한 지위를 차지했던 불확정성indeterminacy 테제가 극단적으로 법률가에게 허무의식을 조장하였다고 지적한다. Unger, *What Should Legal Analysis Become?*, Verso, 1996, 121쪽 이하.

12 Stone, Martin, *Book Review: The Self Awakened*, http://ndpr.nd.edu/news/23054-the-self-awakened-pragmatism-unbound/#_edn1(2017. 11. 2. 최종방문일)

웅거의 철학에서 실존주의의 흔적을 찾아내기는 쉽다. 웅거는 68세대의 학자로서 사르트르로부터 큰 영향을 받았지만 사르트르식의 영구반란과 자신의 방법을 차별화하면서 그를 극복하려고 한다.[13] 웅거는 구조에 대해 반란을 일으키는 인간의 능력을 초월의 특성으로 옹호하지만, '영원한 부정의 길' 또는 '영구반란'은 통찰의 실패이자 인간에 대한 죄악으로 규정한다(402쪽).[14] 영구반란파는 일상과 반복에 대한 영구적인 전쟁을 주장하지만, 동시에 인간은 소진될 수밖에 없다고 믿는 일종의 비관주의자들이다. 이러한 시선에서는 제도화된 구조들이 모두 생생한 인성과 고양된 연상을 '돌로 만들어 버리는 미다스'[15]처럼 비친다. 영구반란파는 구조 안에서 살고자 하는 인간의 희망을 배반하고, 구조와 인간의 관계, 그리고 그 관계의 성질을 바꾸는 인간의 역량을 부정한다. 웅거는 거시정치의 변혁은 부질없다고 보고 미시정치에서 탈출을 추구하는 푸

---

13 웅거는 《주체의 각성》에서 사르트르를 언급조차 하지 않지만, 다른 논문에서 그를 '영구반란의 대변자'로서 병리적으로 취급한다. Unger, *Science and Politics Between Domesticated and Radicalized Pragmatism*, http://www.law.harvard.edu/faculty/unger/english/pdfs/reorientation6. pdf.(2017. 11. 2. 최종방문일) 《구토》와 《존재와 무》에서 나타난 사르트르 사상을 염두에 두었을 것이라고 추측한다. 한편 낭만적 사랑과 결혼의 관계에 대한 웅거의 진술—낭만적 사랑은 반복을 죽음으로 생각한다면서, '개인적인 영구반란'은 결혼이나 기타 공동체 속에서 사랑을 지속시키는 모든 시도를 접는다고 지적한 곳(《주체의 각성》, 402쪽)'—도 사르트르와 키르케고르를 염두에 둔 것처럼 보인다.

14 "… 영원한 부정의 노동: 맥락들은 맥락들로 존재할 것이고, 진정한 자유는 오로지 안정된 모든 제도와 관행들에 대한 영원한 도전에 그리고 하나의 맥락에서 다른 맥락으로의 영원한 비행에 있다고 믿는 사람들의 신조." Unger, *False Necessity: Anti-necessitarian Social theory in the service of radical democracy*, Verso, 2001, 13쪽.

15 웅거는 미다스로 표현하는데, 메두사나 고르곤의 머리로 해야 문맥에 맞을 것 같다. Unger, *Science and Politics*, 6쪽.

코의 입장도 사르트르와 마찬가지로 고도의 운명론에 불과하다고 지적한다.[16] 영구반란을 꿈꾸는 자들은 구조를 결국 자연적 필연이나 낯선 운명으로 간주한다(401쪽). 영구반란은 구조물신주의—결국 인간을 구조의 노예로 규정하고 인간의 변혁가능성을 부정하는 사고방식—의 변형으로 이해한다. 웅거는 참여와 저항을 양자택일로 이해하지 않고 구조와 인간의 관계 및 그 성격을 개조해야 한다고 주장한다. 참여하지만 투항하지 않고 구조를 영구적으로 변혁하자는 것이 웅거의 목표이다(272쪽). 그것은 순수한 부정이나 전복이 아니라 타파와 재구성이다.[17] 68세대로서 웅거의 법학은 '해방적 상상력'[18]을 넘어서 '제도적 상상력institutional imagination'[19]에 이른다. 이러한 연유로 웅거의 법학이 비판법학Critical Legal Studies이 아니라 '형성법학Constructive Legal Studies'이라 불리기도 한다.

2. 이마고 데이

웅거는 "이 책 전체에 울려 퍼지는 유일한 관념은 인류의 차원에서뿐

---

16 Unger, *Science and Politics*, 6쪽.

17 앤더슨은 사르트르와 달리 웅거의 부정은 형성적 맥락을 제공한다는 점을 주목한다. 앤더슨은 사르트르의 후기 사상(《변증법적 이성비판》)에 대해서는 웅거의 판단을 그대로 적용하기는 어렵다고 지적한다. 어쨌든 앤더슨은 웅거를 사르트르의 긍정적 버전으로 규정한다. Anderson, 앞의 책, 134~5쪽. 덧붙이자면 웅거는 실존주의 문학의 주제인 권태와 무의미를 다음과 같이 전복한다. "권태와 번민에 대한 인간의 경험은 속박된 상황에서 인간이 느끼는 초조함을 증명하고, 인간이 사용하지 않는 역량과 숨겨 둔 능력의 규모를 증명한다. 인간의 충족 불가능성은 인간의 무한성에 대한 징후이다."(《주체의 각성》, 273쪽)

18 김누리, 해방적 상상력—마르쿠제의 해방담론, http://blog.daum.net/ddolappa/5211367

19 Unger, "Legal Analysis as Institutional Imagination", *The Modern Law Review*, Vol. 59(1996), 1쪽 이하. 상상력에 관한 일반적인 설명은 웅거, 《주체의 각성》, 258쪽 참조.

만 아니라 개인의 차원에서도 인간의 정신은 무한하다는 것"이라고 밝힌 다(77쪽). 인간 정신의 무한성과 소진불가능성inexhaustibility―어떤 구조에 의 해서도 완전하게 사로잡히거나 소진되지 않는 인간의 잠재력―은 웅거 사유의 전제이다(127~8, 273, 283, 412쪽). 이 전제를 밝히는 자리에서 웅거 는 한 사람, 바로 니콜라스 쿠사Nicholas of Cusa(1401~1464)만을 긍정적으로 언급한다(79쪽). 쿠사는 바젤 종교회의를 주도한 추기경이고, 통합과 관 용을 주창한 신학자이자 근대의 과학(지동설)을 사유로써 선취한 철학자 로 알려져 있다. 쿠사의 무엇이 구체적으로 그에게 영향을 주었는지 전 혀 언급하고 있지 않지만, 맥락상 쿠사의 '무한 개념' '하느님의 모상' '인 간의 신성성' '부정의 길' '인간의 능동적 주체성' 등이 그에게 영감을 주 었다고 짐작된다.[20] 이러한 르네상스적 사상소들은 동시대의 미란돌라 Mirandola의 연설문[21]이나 브루노Giordano Bruno의 철학에서도 찾을 수 있다. 인 간의 신성성과 무한전진에 관한 비전은 하느님의 모상imago dei으로서 인 간관에 함축된 것이다. 웅거는 '우리 자신을 더욱 신처럼 만들려는 원대 한 기획'을 반복해서 말한다(356쪽).[22] 그 기획은 맥락을 초월하는 정신을

---

20 쿠사의 인간관에 대한 개관은 Arendt, Hannah(ed.), *Karl Jaspers: Anselm and Nicholas of Cusa*, A Harvest Book, New York & London,1974, 117쪽 이하; 쿠사는 마지막 중세 철학자이자 모든 근 대철학자(스피노자, 라이프니츠, 헤겔, 칸트 등)의 조상으로 받들어지기도 한다. 이러한 주장에 대 한 비판적 검토는 Hopkins, Jasper, "Nicholas of Cusa (1401–1464): First Modern Philosopher?", *Midwest Studies in Philosophy*, XXVI (2002), pp. 13–29.

21 르네상스형 인간에 대한 가장 빼어난 연설문은, 피코 델라 미란돌라 지음, 성염 옮김, 《인간존엄 성에 관한 연설》, 경세원, 2009.

22 심리학자 프롬도 인간이 신을 닮았다는 점에서 인간의 무제한적인 진보를 논의하고 있다. 프롬 지 음, 최혁순 옮김, 《너희도 신처럼 되리라》, 범우사, 1996.

지닌 인간의 잠재성을 실현하는 운동이다.[23]

웅거는 방법으로서 주체의 각성이 비단 기독교의 교리에만 있는 것이 아니라, 19세기와 20세기 유럽의 소설에서도 찾을 수 있다고 말한다(408쪽).[24] 주체의 각성은 인간에게 비장된 무한성의 비밀을 발견하는 것이고, 이 비밀을 은폐하고 억압하는 제도와 믿음을 교란시키는 것이다(414쪽). 웅거는 자연에 대한 조물주로서 신이 있다면 사회구조에 대해서는 인간이 신이라고 말한다(150쪽). 구조에 대해서 인간은 무한하고, 구조는 인간에 대해 유한하다(417쪽). 피조물로서 사회구조는 당연히 창조주인 인간에게는 가소적인 질료이다. 웅거는 구조를 변혁하는 역량을 '부정의 역량negative capability'[25]이라 부른다. 부정의 역량은 규칙과 일상이 예측하는 바에 굴하지 않으며 공식에 사로잡히지 않고 행동하는 힘이고, 행동과 사유의 기성 구조를 초월하는 힘이고, 구조 안에 있는 것과 구조 바깥에 있는 것 사이의 격차를 줄이는 인간의 신적인 능력이다(261쪽). 부정의 역량은 역설적으로 기존의 틀을 해체하고 재구성하는 생성적 역량이다.

---

23 웅거의 사상과 가톨릭 교리 사이의 관계를 주목한 글은 Powers, Gerard F., "Critical Legal Bishops: Roberto Unger, the Catholic Bishops and Distributive Justice", *Notre Dame Journal of Legal Ethics & Pulic. Policy*, Vol. 2, 1985~1987, 201쪽 이하; Gregory, David L., "Catholic Labor Theory and the Transformation of Work", *Washington and Lee Law Review*, Vol. 45(1988), 119쪽 이하.

24 낭만주의 문학에 대한 웅거의 평가는 Unger, *Passion: An Essay on Personality*, Free Press, 1986, 28쪽 이하.

25 Unger, *False Necessity*, 279쪽. 부정의 역량은 시인 존 키츠John Keats의 편지글에서 유래하지만, 던은 이 개념을 칼 포퍼의 반증가능성falsifiability의 맥락에서 검토한다. Dunn, John, "Unger's Politics and the Appraisal of Political Possibility", *Northwestern University Law Review* Vol. 81(1987), 733쪽.

이러한 역량은 우리의 사유와 감정의 방식뿐만 아니라 제도와 관행을 통해 고쳐될 수도 있고 꺾일 수도 있다.

3. 이중혁명

웅거의 혁명은 '정치적이면서 동시에 정신적인 세계혁명'이다(281쪽). 위대한 혁명은 정치적 혁명과 종교적 혁명을 결합시킨다는 토크빌의 통찰을 원용하면서 정치적 혁명뿐만 아니라 인간의 관계에서의 혁명, 즉 문화혁명cultural revolution을 추구한다.[26] 웅거는 《허위의 필연성False Necessity》 수정판 부록 논문―〈브라질 경험에 입각한 해명으로서 정치와 종교에 대한 다섯 가지 테제〉(1994)―에서 정치와 종교의 관계를 해명한다. 웅거는 브라질에서 통용되고 있는 정치신학을 세 가지로 유형화한다.[27] 첫째로, 전통적인 가톨릭 사회교리에 입각한 정치신학이다. 이 신학은 노사 협력의 조합주의적 공동체주의에 입각하여 기존의 사회질서를 수용하고, 대신에 '조세와 이전'이라는 사민주의적 방식을 지지함으로써 사회 대중들을 포섭하면서 제도적 보수주의로 흐른다고 지적한다. 이러한 입장은 현실을 개혁하려는 의향도 없으며, 한편 봉건적이고 파시스트적인 위험도 가지고 있다. 둘째로, 오순절 운동의 정치신학이다. 브라질의 무덤덤한 가톨릭 문화를 밀치고 새롭게 파고 들어온 오순절 운동은 신앙을 순수한 형태의 개인적 세계에 귀속시키고, 정부로부터 일정한 양보를 얻

---

26 Unger, *False Necessity*, 2001, 556쪽 이하. 이 점에서 68세대 마오주의자의 면을 엿볼 수 있다.

27 앞의 책, 598쪽.

는 것에 만족한다. 이들은 정치사회적 제도의 개혁에 대해서는 완전히
침묵한다. 셋째로, 급진적인 가톨릭교회의 해방신학이다. 이들은 브라
질 노동자당과 연계되어 있고, 제도적 보수주의를 거부하며 강고한 기득
권과 대결한다. 그러나 이들은 기층 사회에 헌신적인 참여를 강조하지만
변혁적 비전을 제시하지 못한다고 평한다.

웅거는 세상 포기라는 정신적 결함뿐만 아니라 제도적 물신숭배라는
정치적 결함도 극복한 종교적인 의식만이 미시정치와 거시정치를 결합
시킬 수 있다고 본다. 그러나 현대 사회에서 그러한 결합을 성취한 정치
신학은 존재하지 않으며, 이를 만회하는 것이 바로 '제도적 상상력'이라
한다.[28] 웅거는 문맥에 따라 신성화 기획을 '실천적 물질적 진보'와 '인간
해방'[29]으로 혹은 '민주주의의 심화'와 '개인의 역량강화'로 표현한다(78
쪽). 웅거에 따르면 민주적 실험주의자들은 실천적 진보의 제도적 조건
들이 인간 해방의 목적에 봉사하고, 인간 해방의 제도적 조건들이 기술
적 진보의 목표에 봉사하도록 해야 하며, 실천적 진보와 인간 해방의 중
첩지대를 끊임없이 확장해야 한다.[30] 웅거는 '새로운 경험에 대한 열린
자세'와 '타인에 대한 열린 자세'를 신성화의 덕성이라고 규정하고, 주체
의 각성에 가장 중요한 미덕이라고 밝힌다. 이러한 덕성을 통해 우리는

---

28 앞의 책, 600쪽.

29 Unger, *Democracy Realized: The Progressive Alternative*, Verso, 1998, 5쪽 이하.

30 앞의 책, 6쪽. 민주주의의 미래와 관련하여 지젝의 입장과 웅거의 급진화된 실용주의를 비
     교한 글로는 Škof, Lenart, "On Progressive Alternative: Unger versus Žižek", *SYNTHESIS
     PHILOSOPHICA*, Vol. 49(1/2010), 93쪽 이하.

신이 되지는 못해도 더욱 신과 같이 되고, 우리 안의 무한성을 실현하며, 실험주의적 협력과 민주정치는 그러한 기회를 제공한다고 주장한다(417쪽).

III. 사회이론

1. 반필연주의적 사고

웅거는《비판법학운동》에서부터《주체의 각성》에 이르기까지 마르크스와 마르크스주의자들의 주요 관념을 활용하여 현대 자본주의의 법과 제도를 비판하면서 동시에 마르크스주의의 핵심 주장을 반박하였다.《허위의 필연성》은 첫 문장에서 마르크스주의와 사민주의에 대한 급진적인 대안을 제시하겠다는 포부를 밝힌다.[31] 웅거는《사회이론》에서 마르크스주의에 동조하면서 정권의 장악과 이용에 관한 갈등 그리고 사회생활의 형성조건들을 둘러싼 투쟁에서 정치의 자율성을 강조하고 탐구하는 부류를 이른바 '정치적 마르크스주의자들political Marxists'이라고 칭한다. 이 범주에 그는 안토니오 그람시, E.P. 톰슨, 로버트 브렌너, 가레스 존스, 배링턴 무어, 테다 스카치폴을 포함시킨다.[32] 웅거는 바로 이들과 차별화하면서 자신의 정치학의 포부를 밝힌다.

---

31 Unger, *False Necessity*, 2001, 1쪽.

32 Unger, *Social Theory: Its situation and its task*, Verso, 2004, 219쪽. '정치적'이라는 의미에 대해 라클라우의 분석을 반영하고 있다. 같은 책, 233쪽.

때로는 정치적 마르크스주의자들은 역사적 유물론의 핵심 테제와의 연결을 유지하고픈 바람 앞에 자신들의 통찰의 발전을 희생시켰다. 그들에게 그러한 신조는 그들이 살았던 사회의 제도와 상황에서 비판적인 거리두기와 이론적 일반화에 있어서 유일하게 이용할 만한 기반으로 보였다. 일부는 간단히 이론을 포기하기도 했다. 그 대가로 그들은 과거, 현재, 미래를 위한 예리한 제도적 대안들에 관한 감각을 전달하는 역량을 상실하였다. 《정치학》의 구성적 이론은 정치적 마르크스주의자들이 떠난 바로 그 자리에서 전진하려고 한다. 그러나 이론적 야망을 포기하지도 않으면서 또한 마르크스의 특징적인 사회이론을 수용하지도 않으면서 이 작업을 수행하려고 한다.[33]

웅거는 마르크스가 인간 해방을 위하여 사회 분석에 착수하여 심층 구조를 밝혔지만, 법칙적 역사관에 기울어 사회 변혁의 기회를 제대로 포착하지 못했다고 평가한다. 물론 마르크스 저작 안에도 발전의 싹은 존재했지만, 마르크스주의자들이 이를 발아시키지 못했다고 지적한다.[34] 주류 실증주의 사회과학이 심층적 구조와 표층적 일상 간의 차이를 너무 가벼이 여겼다면, 마르크스주의는 심층 구조를 너무나 무겁게 파악했다는 것이다(232쪽).[35] 웅거는 헤겔의 역사철학을 논하는 자리에서 마르크

---

33 같은 책, 219쪽.

34 같은 책, 216쪽.

35 러스틴은 웅거가 실증주의적 사회과학과 마르크스주의를 거부하고 베버의 방법론에 기울었다고 평한다. Rustin, Michael, "A practical Utopianism?", *New Left Review* 26(2004), 140쪽.

스에게도 해당될법한 역설을 지적한다.

　"역사를 변혁적 상상력과 의지의 편에 둠으로써 변혁적 상상력과 의지
를 자극하기도 하지만, 예정된 역사가 변혁적 상상력과 의지의 편에서 작
동한다고 주장함으로써 도리어 변혁적 상상력과 의지를 잠재운다."(42쪽)

　웅거는 마르크스의 필연성론을 완결성 테제, 불가분성 테제, 법칙적
진보 테제 등으로 구분하여 논박한다(227쪽).[36] 완결성 테제는 봉건주의,
자본주의, 사회주의라는 생산양식에서 보듯이 세계사에서 경제구조들
의 목록이 확정됐다는 입장이다. 불가분성 테제는 봉건제든 자본제든 그
구조의 각 부분들은 불가분적 일체로서 공동운명을 지닌다는 것이다. 이
러한 입장에 따르면, 정치는 한 체제 안에서의 단순한 땜질이거나 체제
전복 어느 하나라는 것이다. 법칙적 진보 테제는 사회구조의 내적 긴장
과 갈등이 폭발하여 예정된 경로에 따라 구조가 변혁된다는 논리이다.
웅거는 이러한 마르크스주의를 '숙명론'[37]이라고 규정하고,[38] 《허위의 필
연성》을 통해 반박한다. 첫째로, 구조들의 확립된 목록은 존재하지 않는
다. 구조들의 목록은 지난 과거에 대한 역사적 설명틀로서 가치를 가지

36　Unger, *The Left Alternative*, Verso, 2009, xi.

37　웅거는 실험주의적이고 주체적인 정치를 운명거부론anti-fate으로 규정하고, 행동과 사유를 반대
　　하는 입장을 숙명론으로 규정한다. 좌파 낭만주의 사상의 특징을 단적으로 보여 준다. 묵자墨子
　　의 비명론非命論이나 68세대 마오주의자의 실천사상이 연상된다.

38　Unger, *False Necessity*, Introduction, XXX.

겠지만 미래까지 결정하지 못한다. 웅거는 완결성 테제를 반박하는 데에 시간의 실재성과 자연세계와 우주의 미결정성—가능세계의 완결성 및 라플라스 체제의 거부—까지 거론하고 있다. 그는 자연법칙의 불확정성까지 논증하면서 인간적 세계의 개방성을 강조한다(제6장). 둘째로, 웅거는 사회경제적 구조들은 공동운명을 지닌 불가분적인 체계라는 점을 부인한다. 사회는 기본적으로 인공물society as artefact[39]이고, 구조의 부분들도 우연적으로 결합한 것이라고 규정한다. 자본주의 체제도 미국과 스웨덴의 그것이 다른 것처럼 문화와 역사에 따라 그 내용과 성격이 다르고, 시장경제도 통일적이지 않다는 것이다(230쪽). 웅거는 토크빌의 통찰—"필수불가결한 제도들이라 불리는 것은 우리가 익숙한 제도일 뿐이고, 사회적 형성의 문제 앞에서 가능성의 영역은 각 사회에 사는 사람들이 상상하는 것보다 훨씬 넓다"—을 인용하면서,[40] 불가분성 테제는 자본주의라면 모두 똑같다는 식의 사고를 조장하여 자본주의 체제 안에서 다양한 실험 가능성을 백안시한다고 지적한다.[41] 셋째로, 어떠한 결정적인 파국, 대공황이나 전쟁 등이 자연적인 힘처럼 구체제를 무너뜨리고 새로운 체제를 형성시킨다는 관념도 거부한다. 언제나 변화의 속도와 방향을 결정하는 것은 자연적 힘이 아니라 인간이기 때문이다. 웅거는 대파국이 없는 상황에서도 인간은 구조를 혁신하고 재구성할 수 있다고 주장한다.

---

39 Unger, *Social Theory*, chap.1의 제목이다.

40 같은 책, 220쪽.

41 웅거는 '자본주의'라는 개념이 지나치게 다양한 사태와 다양한 역사를 과잉포괄over-inclusion하는 개념이라며 적실성에 의문을 제기한다. Unger, *Social Theory*, 102쪽 이하.

웅거는 '사회와 문화의 구조들은 투쟁하다가 돌이 되었다'(141, 150쪽)며 사회제도의 가소성plasticity[42]과 우연성contingency을 강조한다(233쪽). 그래서 인간이 인간의 힘으로 구조를 재구성하겠다는 의도 하에 구조에 접근하면 구조는 인간성을 더욱 충실하게 반영하게 된다. 그러나 구조나 제도가 인위적 구성물, 인공물임을 망각하는 순간, 그것은 인간의 생명력을 빨아먹는 우상이나 자연적 사물로 변한다(417쪽).

2. 사회의 변형생성

인간과 구조의 관계에 대한 웅거의 입장은, 언어학자 촘스키의 용어를 차용하면 사회의 변형생성이론transformational generative theory[43]이라 할 수 있다. 촘스키는 화자가 전에 한 번도 들어 보지 못한 문장을 포함하여 무한히 많은 수의 문장을 만들어 낼 수 있고 이해할 수 있다는 점에 착안하여 인간의 창조적인 언어능력 및 언어습득능력을 변형생성문법으로 해명하였다. 사회구조를 영구적으로 혁신하는 인간의 역량으로 웅거가 제시하는 핵심 개념인 인간의 회귀적 능력recursive ability이나 이산적 무한성discrete infinity──단순한 어휘들을 무한한 조합으로 바꾸는 정신적 능력── 등은 바

---

42 가소성可塑性은 물질이 상온에서는 고체 형태를 유지하다가 열을 가하면 유연해지는 특성을 의미한다. 사회제도도 투쟁을 하면 변하지만, 투쟁을 멈추면 돌처럼 고형이 된다.

43 필자는 《주체의 각성》을 번역하면서 임의로 '사회개혁의 철학적 문법'이라는 부제를 달았는데, 이것도 이러한 의미로 이해하는 것이 좋겠다. 그러나 촘스키와 웅거가 동일한 사회사상을 가졌다는 것을 의미하지 않는다. 촘스키는 현대의 아나키즘, 자유의지적 사회주의libertarian socialism의 주창자로 알려졌다. 촘스키의 사회사상에 대해서는 Cohen, Joshua & Rogers, Joel, "Knowledge, Morality and Hope: The Social Thought of Noam Chomsky", *New Left Review*, Vol. 187(1991), pp. 5–27.

로 변형생성문법의 주요한 논리들이며, 이에 기초하여 웅거는 사회의 가소성을 주장한다(54, 249, 263쪽). 웅거는 인간의 무한성, 무한변주, 부정적 역량을 사회와 인간의 관계 및 그 성격을 개조하는 기반으로 삼는다.

웅거의 변혁이론은 단순치 않다. 웅거는 우선 혁명과 개혁의 이분법적 사고에서 탈피할 것을 주장한다. 혁명적 정치는 위기 상황에서 비전을 가진 지도자들과 열정적인 다수의 주도로 사회의 제도들과 이데올로기적인 가정들을 전복하는 정치다. 하지만 프랑스혁명이나 러시아혁명과 같은 혁명적 정치는 신화이거나 예외적 사례에 불과하다. 혁명적 정치 관념은 불가분성 테제에 사로잡혀 있어서 위기가 없는 한 혁명적 변화를 전혀 추진하지 못한다. 사회경제적 질서와 이데올로기 전체—거대맥락—를 동시에 바꾸겠다는 환상적 태도 때문에 혁명적 정치 관념은 실제로 혁명적 정치를 추구하지도 못하고, 그 대신에 조세와 이전tax-transfer 방식을 통해 체제의 희생자들의 고통에 동조하면서 체제를 그저 인간화할 뿐이라고 비평한다(343쪽).[44] 웅거는 정치적 권력, 경제적 자본, 문화적 권위와 관련된 자원들을 놓고 갈등을 일으키는 기성 제도 및 가정의 구조 안에서 우리가 도모할 만한 변화는 부분의 변화이며, 혁명적 정치란 전면적인 혁명이 아니라 혁명적 개혁revolutionary reform일 수밖에 없다고 선언한다(344쪽).

---

44 웅거는 인간화humanization나 합리화를 주류 학문의 기본 태도로 규정한다. 원대한 기획으로서 민주주의의 심화와 개인의 역량강화를 포기하고 체제가 야기한 투박한 효과를 완화시키며 기성 구조를 변호하는 태도를 그렇게 부른다. 보상적 이전을 추구하는 사민주의적 사고나 최상의 법 독해를 추구하는 드워킨류의 사고를 비판하는 데에 인간화나 합리화 개념을 사용하고 있다.(《주체의 각성》, 235쪽).

웅거는 '맥락보존적 활동'과 '맥락변혁적 활동'이라는 개념쌍으로 혁명적 개혁을 해명한다. 맥락보존적 활동은 맥락 안에서의 일상적인 활동이자 맥락을 반복하는 활동을 의미하는 반면, 맥락변혁적 활동은 맥락을 전복하는 비일상적인 활동(운동)이다.[45] 맥락보존적인 활동과 맥락변혁적인 활동 사이에 이론적으로 명료한 경계선을 그을 수 없지만, 웅거는 두 활동 간의 격차를 줄여야 한다고 주장한다.[46] 물론 혁명을 통해 사회의 구조 전체를 일격에 전복하려는 사람들은 웅거의 방침을 시간낭비로 간주할 것이다. 하지만 웅거는 이러한 두 활동 사이에 격차가 지속적으로 줄어든다면 그 사회는 종국에는 고도로 가소적可塑的인 사회가 된다고 주장한다(151쪽). 구조가 유연해진다는 것은 인간이 억압과 차별의 구조에서 그만큼 자유롭게 되고 자신의 삶의 기회를 풍요롭게 향유한다는 것을 의미한다. 물론 구조 개혁과 인간 해방을 달성하는 사회로 전진하는 데에 협력과 우애만이 있는 것이 아니다. 갈등과 투쟁도 불가피하고, 때로는 폭력이 행사될 수도 있다(311, 361쪽).[47]

---

45 공화주의 관점에서 웅거에 대한 비판은 Sunstein, Cass, "Routine and Revolution", *Northwestern University Law Review*, Vol. 81(1987), 869쪽 이하.

46 러스틴은 맥락보존적 활동과 맥락변혁적 활동은 구조와 행위 수행의 이중성을 해명한 기든스의 구조화이론structuration theory과 유사하다고 지적한다. Rustin, 앞의 글, 146쪽.

47 웅거는 정치적 생활에서 투쟁이 불가피한 이유를 다섯 가지로 제시한다. 첫째로, 옳음the right의 구성과 선the good의 선택을 분리할 수 없다. 둘째로, 어떠한 통찰도 선의 선택을 둘러싼 논쟁을 종결시킬 수 없다. 셋째로, 주체들 간의 차이는 뿌리 깊고 이 차이의 심화는 위험하지만 우리의 관심사이다. 넷째로, 인간의 욕망과 비전은 공유된 생활 형식에서 표현되고자 하며, 결과적으로 충돌한다. 다섯째로, 역사의 주인공이었던 민족은 힘을 서로 상이한 방향으로 쏟아 성공했다.(《주체의 각성》, 361~2쪽)

웅거의 변혁이론을 이해하는 데에 '맥락'이나 '형성적 맥락formative context'[48] 개념은 중요하다. 웅거는 《정치학》에서 현대의 북대서양 연안국들의 형성적 맥락들로 '정부 권력의 헌법적 분할, 계급과 불완전하게 연결된 정당 경쟁 체제, 절대적인 재산권에 입각한 시장경제, 기업 활동에 대한 관료적 감독, 분화된 조합, 사적인 공동체의 언어, 시민적 평등과 자발적인 계약' 등을 제시한다.[49] 웅거가 말하는 형성적 맥락은 좁은 의미의 자본주의 시장경제뿐만 아니라 대의정치, 권리 체제와 법제도, 믿음과 종교, 사회문화 등 현대 서구 사회의 주요 제도들에 해당한다. 그것은 '사회의 제도적 미시구조'이기도 하다.[50] 맥락과 맥락 변혁에 대한 웅거의 기본 인식은 마르크스적인 것이 아니라 베버적인 이해 방식에 가깝다. 자본주의 사회라는 거시구조(거대맥락)가 있고, 그 안에 개별적인 다수의 미시구조(미시맥락)들이 존재한다. 그러한 개별적인 맥락들은 '우연적으로' 서로 결합하여 하나의 거시구조(거대맥락)를 탄생시켰다. 이러한 다양한 맥락들 중 어떤 맥락은 바꾸기에 너무 단단할지 모르며, 어떤 맥락은 다른 맥락과 느슨하게 연결되어 바꾸기 용이할 수도 있다. 이러한 맥락은 마르크스의 생산양식[51]처럼 불가분의 일체도 아니며, 그렇다고 아

---

48 웅거가 형성적 맥락의 계보를 논하는 방식을 보면 포괄적으로 자본주의적 정치, 경제, 법제, 문화의 발생사적 맥락을 지시한다. Unger, *False Necessity*, 172쪽 이하.

49 Unger, *Social Theory*, 152쪽. 요약은 Anderson, 앞의 글, 135쪽.

50 'institutional microstructure of society'라는 표현은 Unger, *What Should Legal Analysis Become?*, 130쪽.

51 앤더슨은 웅거의 형성적 맥락을 마르크스주의자들의 생산양식mode of production보다 느슨한 것으로 이해한다. 앤더슨은 이 개념을 '중요한 자원의 배분을 둘러싸고 통상적인 기대와 일상적

무 때나 자유로이 재조립할 수 있는 집합물도 아니다.[52] 한편 베버는 자본주의 사회는 탈정신화·합리화 경향 속에서 필경 인간에게 압도적인 힘을 행사하는 '쇠우리'[53]가 된다는 비관적 견해를 표명하지만, 웅거는 베버와 달리 맥락을 변형할 수 있다는 낙관주의를 표방한다. 웅거는 미시구조를 전복하는 것은 개량적 땜질도 아니고 거시구조의 혁명적 전복도 아니며, 바로 '혁명적 개혁revolutionary reform'이라고 한다.[54]

　맥락 또는 제도[55]는 투쟁의 결과물이고, 투쟁의 중단을 통해 '결정結晶'되거나 '경화硬化'된다. 맥락들은 동시에 인간들의 투쟁과 경합의 공간이다.[56] 투쟁이 사라지면 맥락은 자연적이고 필연적인 것으로 둔갑한다. 맥락변혁적 활동이란 자본주의 사회 내의 다양한 맥락들을 전복하기 위한 활동이다. 우호적인 정치적 여건—혁신 지향적인 세력들의 헤게모니—에서는 맥락보존적 활동이 맥락변혁적 활동으로 전진해 나간다. 그러나 아무리 나쁜 여건 아래서라도 맥락보존적 활동이 맥락변혁적 활동으로 전진하는 것을 봉쇄할 수 없다. 근본적인 이유는 사회생활의 제도적 구

　갈등을 규율하는 제도적 이데올로기적 클러스터'라고 환언한다. Anderson, 앞의 책, 135쪽.

52　Unger, *False Necessity*, 64, 312~3쪽.

53　베버 지음, 김덕영 옮김, 《프로테스탄티즘의 윤리와 자본주의 정신》, 도서출판 길, 2010, 365쪽 이하.

54　Unger, *False Necessity*, 64쪽.

55　웅거는 맥락context 대신에 구조structure, 구도setting, 구조틀framework을 사용하며, 맥락의 내용을 부여하는 경우에는 '제도institution/arrangement'와 '믿음belief/dogma'을 동시에 사용한다.

56　웅거의 인공물로서 사회관이나 변혁이론과 롤스의 구성주의적 방법이나 반성적 평행과 차이를 논의한 글은 Burns, Robert P., "When The Owl of Minerva Takes Flights at Dawn: Radical constructivism in Social Theory", *Northwestern University Law Review*, Vol. 81(1987), 139쪽 이하.

조가 인간 상호 간의 실천적이고 정념적인 관계에 완전하게 부합하지 않기 때문이다. 인간의 무한성으로 인해 그 무엇도 인간을 맥락의 꼭두각시로 삼을 수 없다.[57] 사회의 거시구조는 불가분성 테제가 예정한 방식대로 일체로서 공도동망하는 것이 아니라 미시구조에서 점진적 전복을 통해 변혁된다. 다양한 개별적 맥락들이 지속적으로 변화되고 교체됨에 따라 거시구조의 성격도 마침내 변화한다.[58]

웅거는 일회적인 대혁명 대신에 '영구혁신'(103쪽)이나 '영구혁명'(131쪽)을 말한다. 트로츠키도 러시아 사회의 민주혁명에서 사회주의 혁명에 이르는 과정을 설명하기 위한 방편으로 영구혁명을 사용하였다. 그전에 프루동도 같은 관념을 제시하였다. 트로츠키의 영구혁명론과 웅거의 영구혁명론의 차이는 어디에 있는가? 트로츠키의 영구혁명론은 인간과 역사의 최종 상태, 즉 공산사회를 전제한다면, 웅거의 입장은 그러한 '오메가점'[59]이나 '역사의 종언'을 거부한다. 민주주의의 급진적 이상은 '역사의 계속'을 선포한다(361쪽). 어떠한 체제도 인간의 실험과 혁신의 대상에서 특권적으로 배제될 수 없다. 어떠한 사회의 구조도 인간의 역량보다 우월할 수 없으며 인간에 비해 유한하다. 그래서 영구혁명, 새로움의 영원한 창조 과정은 '마상의 실천이성practical reason on horseback'이다(104쪽). 인간

---

57 Unger, *False Necessity*, 34쪽 이하.

58 여기서 웅거의 맥락과 맥락변혁적 활동을 사회학자 부르디외의 장champ과 아비투스habitus에 견주어 이해해 봄직도 하다. 부르디외에 대해서는 현택수(외), 《문화와 권력: 부르디외 사회학의 이해》, 나남출판, 1999.

59 조효제, "멘붕에 빠진 진보 세력, 이 '급진좌파' 말 들어봐!", 프레시안, 2013. 1. 11. http://www.pressian.com/article/article.asp?article_num=50130108164623(2017. 11. 2 최종방문일)

의 열망과 그에 따른 제도적 혁신은 역사 속에 열려 있고, 시간은 '계속해서 진행한다goes all the way down'. 웅거는 인간에게 가능한 변혁은 부분적으로 바꾸는 것이며, 방법은 점진적이지만 그 결과는 혁명적이라고 한다 (345쪽). 웅거는 특정한 개혁 목표들을 제시한 개량주의자가 아니라, 사회의 영구적 창조와 변형생성을 주창한 급진주의자임이 드러난다.

IV. 실용주의

1. 시대의 철학

《주체의 각성》은 '해방된 실용주의pragmatism unbound'라는 부제를 달고 있다. 20세기 초반의 실용주의 사상과 미국 법학은 떼려야 뗄 수 없다. 홈스의 《법의 길Path of Law》[60]은 이러한 흐름 속에서 종래의 엄격한 법형식주의를 비판하였다. 실용주의는 90년대 이래로 르네상스[61]를 말할 정도로 미국에서 공공철학으로 다시 활성화되었다. 철학자 로티와 퍼트남 그리고 법학자로서 포스너,[62] 그레이, 파버, 세이블, 사이먼 등이 앞장서고 있

---

60 이 논문의 번역과 해제는 최봉철, 《법철학》, 법문사, 2007, 481쪽 이하.

61 실용주의의 부활에 대한 심포지움은 Symposium on the Renaissance of Pragmatism in American Legal Thought, *Southern California Law Review*, Vol. 63(1990); The Revival of Pragmatism, *Cardozo Law Review*, Vol. 18(1996).

62 실용주의 법학의 특징은 포스너, 〈프래그머티스트 선언〉, 메난드 펴냄, 김동식 · 박우석 · 이유선 옮김, 《프래그머티즘의 길잡이》, 철학과 현실사, 1997, 539쪽 이하.

다.[63] 이제 웅거도 이에 동참한 것인가?

웅거가 《비판법학운동》에서 이미 정치적 실험과 실험주의를 자신의 방법으로 제시하였지만, 실용주의를 전면에 표방한 것은 《주체의 각성》이 처음이다. 웅거는 《주체의 각성》에서 실험주의를 실용주의가 발전시켜야 할 핵심 관념으로 취급하지만, 미국식 실용주의와 비판적 거리를 둔다.[64] 오늘날 듀이의 입장을 민주주의 관점에서 복원하려는 흐름도 확인할 수 있지만, 웅거는 《주체의 각성》 서문에서 실용주의는 신봉자의 수중에서 지혜의 얼굴을 한 노인네로 전락했으며, 원대한 기획에 대해 자신감을 상실한 사람들이 꽁무니 빼기, 적당한 방어선에서 버티기, 수수방관의 기다리기, 사슬에 묶인 채로 노래하기로 일관한다고 비판한다 (24쪽). 실용주의는 스스로 표방한 원리를 포기하였기 때문에 '시대의 철학the philosophy of the Age'이 될 수 있었다고 질타한다. 웅거는 이렇게 현실안주적으로 퇴락한 사고의 원조로 존 듀이와 비트겐슈타인[65]을 지목한다. 시대의 철학으로서 실용주의, 즉 '위축된' 실용주의 또는 '순치된''실용주의에 대해 웅거는 자신의 '해방된' 실용주의 또는 '급진화된' 실용주의를 대립시킨다.

---

63 실용주의를 절충적 실용주의(그레이, 파버), 경제적 실용주의(포스너), 실험주의적 실용주의 (세이블, 사이먼)로 분류한 경우는 Desautels-Stein, Justin, "At War with the Electics: Mapping Pragmatism in Contemporary Legal Analysis", *Michigan State Law Review*, 2007, 565쪽 이하.

64 Unger, *What Should Legal Analysis Become?*, 29쪽 이하.

65 Unger, *Science and Politics*, 1쪽. 또는 웅거는 비트겐슈타인의 초기 입장은 자연주의에 오염되어 있고, 후기 철학은 맥락주의(회의주의)에 젖어 있다고 평가한다. Unger, *Passion: An Essay on Personality*, The Free Press, 1986, 12쪽.

웅거는 이러한 사고의 단초들을 기독교, 낭만주의, 역사주의와 같은 상이한 전통에서도 찾을 수 있으며, 실용주의와 관련해서는 제임스나 듀이와 마찬가지로 헤겔, 베르그송, 심지어 쿠사도 중요하다고 밝힌다(79쪽). 한편 웅거는 미국의 실용주의 철학자들이 행위주체로서의 인간을 주장하였지만, 동시에 자연주의를 수용함으로써 인간을 자연화하고 행위자로서 주체 관념을 무력화시켰다고 지적한다(92쪽). 이러한 위축된 실용주의는 제도의 내용과 제도를 구성하는 믿음들을 점진적으로 변화시키는 사소한 가능성은 수용하지만, 사회와 인간의 관계 자체를 변혁시키는 원대한 가능성을 포기했다고 지적한다(43쪽). 결국 미국식 실용주의가 제도적 보수주의로 전락했다고 비평한다.

2. 급진화된 실용주의

웅거는 자신의 급진화된 실용주의의 목표를 다음과 같이 요약한다.

"우리의 가장 강력한 관심은 사회와 문화의 성격을 개조하는 것, 실험주의를 급진화하는 것, 그리고 운명을 창조의 대상으로 전환시키는 것이다. 우리의 물질적 관심은 실천적인 경제적 기술적인 진보에 있고, 우리의 도덕적 정치적인 관심은 부패한 사회적 위계질서와 활력을 잃은 사회적 역할에서 개인을 해방시키는 것에 있으며, 우리의 영적인 관심은 전력을 다하되 외골수로 흐르지 않는 가운데 세계에 참여하지만 세계에 투항하지 않는 역량에 있다. 우리에게 필요한 철학, 즉 급진화된 실용주의 a radicalized pragmatism는 이러한 획을 긋는 이론이다. 급진화된 실용주의는 일반적으로 그리고 특수적으로 인간적 상황에 대한 접근 방법을 제공해 줌으로써 우리에게 운명이나 체념과 투쟁하는 법을 가르친다. 급진화된 실용주의는 이러한 전복적이고 구성적인 실천을 적극적으로 수행하기 위한 이데올로기이다."(44~5쪽)

이 인용문은 실제로 웅거의 정치철학의 요약에 가깝다. 웅거는 스스로 실용주의라 부르는 것에 탐탁해하지 않으면서 왜 굳이 실용주의라는 명패를 활용하는가? 웅거는 두 가지 위대한 기획, 즉 '개인의 역량강화'와 평범한 인간의 신적인 권능을 인정하고 함양시키는 사회적 생활 형식을 창조하는 '민주주의의 심화'를 위해 실용주의가 반드시 필요하기 때문이라고 선언한다(78쪽). 왜 그렇게 판단하는가? 첫째로, 실용주의는 강단철학으로서 안주하기보다는 현실에 초점을 맞춤으로써 그 자체로 실천지향성을 내포한다. 실용주의는 철학의 소명을 이렇게 설정함으로써 그만큼 대중에 대한 파급력을 갖는다. 그래서 웅거는 실용주의를 '별들의 시선'을 버리고 인간 세상에 헌신하는 자세로 애초부터 규정한다(34쪽).[66]

---

66 웅거는 영원한 법칙이나 구조, 자연주의적 원리에 입각하여 인간 세계를 조망하려는 모든 철학적 · 과학적 태도를 '별들의 시선'이라고 부른다. 또는 '모든 맥락을 초월하는 맥락', '신의 위치'를 지시할 때에도 이 표현을 사용하기도 한다. 반면 웅거가 지향하는 실용주의는 내재론을 의미한다. 이 점에 대해서는 퍼트남 지음, 김효명 옮김, 《이성 · 진리 · 역사》, 민음사, 1987, 71~3쪽. 실용주의 사상사를 다루는 웨스트의 저작의 제목 '철학의 미국적 회피'도 시사점이 있다. 웨스트는 에머슨이 자신의 철학의 무대를 자연이나 과학이론이 아니라 실천과 문화비평에 두었다는 점을 주목하면서, 그를 미국 실용주의 먼 기원으로 이해하고 있다. 19세기 문필가 홈스Oliver Wendell Holmes(같은 이름의 대법원 판사의 부친)는 에머슨의 《미국의 학자 The American Scholar》를 '미국의 지적 독립선언National Intellectual Declaration of Independence'이라 찬양했다. West, Cornel, *The American Evasion of Philosophy: A Genealogy of Pragmatism*, The

둘째로, 실용주의는 세계에 지배적인 힘을 행사하는 패권국인 미국의 철학과 문화까지 포함하므로 강자에 대한 지적인 아첨이 아니라 미국적 문화와의 대결을 위해서 실용주의를 급진화해야 한다. 셋째로, 비록 현재로서는 왜곡되어 있지만 인간의 특성과 철학의 역할에 부합하는 싹을 여전히 갖고 있다. 웅거는 행위주체성, 초월, 미래지향성, 실험주의를 실용주의의 가치 있는 관념으로 파악한다(94쪽). 행위자로서 인간상, 즉 인간의 행위주체성agency이 실용주의의 가장 큰 매력이다. 인간을 행위주체로 상정하면 과거가 아니라 미래가, 기억이 아니라 예언이 더 큰 소리로 발언하기 때문이다(79, 101, 437쪽).[67] 실용주의는 기존의 틀 안에서 안주하는 사유 형식이 아니라 미래지향의 사고이다. 웅거는 미래지향성futurity 이란 '현재 속에서 현재의 극복 수단을 이끌어 내려는 태도'라고 규정한다(79쪽). 순전한 유토피아적 열망이나 완결적 사고와는 거리를 둔다.[68] 예언가가 될 수 있으려면 현실주의자가 되어야 하고, 현실주의자가 되려면 우리 자신을 예언가로 만들어야 한다.[69] 급진화된 실용주의는 인간의 '법칙파괴적 법칙'을 구성하는 극성極性을 인정함으로써 인간의 초월성을 주목하고 인간을 주체로 복귀시킨다(100쪽). 실험주의는 특별히 새로운

University of Wisconsin Press, 1989, 9쪽 이하.

67 '기억memory이 아니라 예언prophecy이 더 큰 목소리로 말한다'는 표현과 관련하여 웅거를 에
    머슨과 연결하려는 시도는 Kuipers, Ronald A., "Turning Memory into Prophecy: Roberto Unger
    and Paul Ricoeur on the Human Condition Between Past and Future", *The Heythrop Journal* LII
    (2011), 1쪽 이하.

68 Unger, *The Left Alternative*, Verso, 2009, 165쪽.

69 Unger, *What Should Legal Analysis Become?*, Verso, 1996, 190쪽.

것이라기보다는 이러한 행위주체성, 맥락초월성, 미래지향성을 종합하는 개념이다. 웅거는 실용주의에 이러한 진보적 씨앗들이 있었음에도 실용주의가 자연주의와 결합하였고, 급기야 민주적 완전주의와 연결됨으로써 그 알맹이가 빠진 채 보수적이고 현실안주적인 사상으로 전락했다고 평한다(119쪽). 웅거는 급진화된 실용주의가 전래의 미국식 실용주의와 다르지만 실용주의라는 명칭을 사용하는 이유는, 바로 실용주의가 간직한 가장 희망적인 부분을 표방하기 때문이라고 덧붙인다(120쪽). 웅거는 급진화된 실용주의 위에서 급진적인 민주주의 이론을 전개하고자 하기 때문이다.[70] 웨스트는 실용주의 사상사에서 마지막에 '예언자적 실용주의prophetic pragmatism'[71]를 자신의 입장으로 제시하지만, 웅거를 바로 이러한 부류에 포함시켜야 하지 않을까 생각한다.

---

70 Wilkinson, Michael A., Dewey's 'Democracy without Politics': On the Failures of Liberalism and the Frustrations of Experimentalism (July 18, 2012). LSE Legal Studies Working Paper No. 6/2012. Available at SSRN: https://ssrn.com/abstract=2150100 or http://dx.doi.org/10.2139/ssrn.2150100.

71 웨스트는 예언자적 실용주의의 내용으로 기독교 전통, 흑민민권운동, 전세계 도처에서 불행을 제거하기 위한 참여 전통, 에머슨의 창조적 민주주의를 거론한다. 웨스트, 〈예언자적 실용주의〉, 메난드 엮음, 김동식 외 옮김, 앞의 책, 523쪽 이하.

V. 정치적 프로그램

1. 민주적 실험주의

웅거는 정치의 중심성, 사회제도의 우연성과 가소성, 적대의 불가피성, 미래의 개방성에 입각해서 사회변혁이론을 전개한다.[72] 웅거는 자신의 민주정치관을 역량강화 민주주의,[73] 고高에너지 정치,[74] 민주적 실험주의democratic experimentalism[75]로 표현한다. 한결같이 웅거식 급진민주주의적 특성을 반영한다. 그것은 모두 대중들이 다양한 수준의 정치 과정에 적극적으로 참여하여 정치의 온도를 높여 개인에게 운명으로 작동하는 사회적 분할과 위계제를 녹이고 사이비 필연주의, 자연주의, 물신주의를 타파하여 인간적 이상에 더욱 부합하는 사회를 형성하고 미래를 항구적으로 창조하자는 사상을 표현한다.

정치의 가장 큰 야망이 사람들에게 '질서가 아니라 생명을 주는 것'이라며 웅거는 법어를 토한다(342쪽). 정치적 실천은 온갖 실천 중에서 가

---

72 급진민주주의에 대한 정의는 Norval, Aletta, "Radical democracy", Clarke, Barry & Foweraker, Joe(엮음), *Encyclopedia of Democratic Thought*, Routledge, 2007, 587쪽.

73 웅거의 '역량강화 민주주의'에 대해서는 Unger, *False Necessity*, 341쪽 이하.

74 특히 Unger, *The Left Alternative*, 78쪽 이하.

75 민주적 실험주의는 현재 새로운 거버넌스 이론 안에서 특징적인 양식으로 부상하고 있다. 듀이의 실용주의에서 영향을 받은 세이블, 사이먼, 코헨 등은 실험주의를 민주적 거버넌스와 민주주의 확장이론으로서 적극적으로 활용한다. Dorf, Michael C. & Sabel, Charles F., "A Constitution of Democratic Experimentalism", *Columbia Law Review*, Vol. 98(1998), 267쪽 이하; Cohen, Joshua & Sabel, Charles Sabel, "Directly Deliberative Polyarchy", *European Law Journal*, Vol. 3(1997), 1997, 313~342쪽.

장 중요하다. 정치적 실천은 단지 어떤 한 부문의 실천이 아니라 다른 모든 실천의 조건들을 설정하는 것에 깊이 관여하기 때문이다. 과거에는 단순히 평등을 자유나 형제애보다 우위에 두는 사람을 좌파leftist라고 했다면, 이제는 급진적 대의大義에 기초한 제도 개혁 없이는 어떠한 이상도 적절하게 실현될 수 없다고 믿는 사람들이 좌파다.[76] 웅거는 사민주의적 재분배 프로그램(조세와 이전지출)보다는 참여를 통해 정치의 온도를 높여 구조를 개혁하는 것에 초점을 맞춘다. 그런 점에서 웅거의 프로그램은 그저 세법의 공정한 개혁 방안을 제시하려는 것이 아니라 법과 정치에 대한 비판적인 큰 그림을 제공하려는 것이다.[77]

실험주의는 포스트-포드주의 시대의 선도적인 기업과 학교에서 눈부시게 이루어졌다(327, 372쪽).[78] 웅거는 실험주의적 협력의 특성을 다섯 가지로 요약한다(325쪽). 첫째로, 감독 역할과 집행 역할 간 구분의 완화이다. 과업 자체는 집행 과정에서 새로 발견한 기회와 제약 사항을 고려하

---

76 Unger, *False Necessity*, 392쪽.

77 Galis-Menendez, Juan, Roberto Unger's Revolutionary Legal Theory, 2009, http://jgalis-menendez.blogspot.kr/2009/03/roberto-ungers-revolutionary-legal.html.

78 포드주의에 대비해 새로운 문제 해결 방식을 '토요타 법학'이라고 부른다. 이 개념의 출처는 Simon, William, "Toyota Jurisprudence: Legal Theory and Rolling Rule Regimes", http://papers.ssrn.com/sol3/papers.cfm?abstract_id=602626. 토요타 법학은 실험주의적 문제 해결 법학으로서 순전히 개인주의적 도덕이나 경제적 효율 계산법에만 의존하는 것을 거부하고, 특수한 상황에서 도덕적 우연성이나 사회적 불확실성을 포용하며, 규범적인 측면에서 보자면 심의와 발견의 이론이다. 이것은 사회적이고 절차적인 법 패러다임이며, 사적인 개인과 법적인 관료에서 눈을 돌리고 정치적 의견과 의사 형성에 참여하는 민주적인 시민에게 초점을 맞춘다. 인용은 Wilkinson, Michael, "Three Conception of Law: Towards a Jurisprudence of Democratic Experimentalism", *Wisconsin Law Review*(2010), 715쪽 이하.

여 다시 규정된다. 둘째로, 집행 역할의 규정에서의 상대적 유동성이다. 셋째로, 반복의 방법을 터득하지 못한 영역으로 새로운 노력의 초점을 이동시킨다. 넷째로, 동일한 영역에서 협력과 경쟁을 조합하고 부과하려고 한다. 다섯째로, 실험주의적 협력에 참여한 집단이 자신들의 집단적 이익과 정체성을 주어진 것으로 수용하기보다는 이것을 상황에 부합하게 재해석하려고 한다. 웅거는 바로 이러한 실험주의적 협력을 정치와 공공 영역에서 확산시키자고 제안한다.

민주적 완전주의는 민주적 실험주의와 대척점을 이루는 사고방식이다. 민주적 완전주의[79]는 현존하는 특정한 제도들을 완전한 것으로 간주하고 이에 대한 도전을 용납하지 않는 입장이다(69쪽). 예컨대, 대의민주제가 가장 합리적 정치체제라고 간주한다거나 미국식 시장경제가 경제방식의 완성판이라고 생각하는 따위이다. 웅거는 이러한 사유 방식을 제도적 물신숭배나 독단주의로 규정한다.[80] 민주적 실험주의는 제도와 사회구조에 대한 이런 식의 미신과 운명론을 거부하고, 개인을 해방하고 동시에 역량을 강화하기 위한 전략이다. 민주적 실험주의의 관점에서 민주주의는 보통 사람들의 변혁적 잠재력, 즉 자신의 문제를 자주적으로 처리하는 능력, 그리고 사회적 현재 안에서 집단적인 미래를 형성할 수단에 대하여 특권을 주장하는 특정 계급이나 집단에게서 그 권력을 탈취해 오는 능력에 대한 믿음을 실천적이고 제도적으로 표현한 것이다(346쪽).

---

79 이 개념은 인간의 선한 잠재력을 고도로 발현시키는 것을 목표로 삼는 완전주의 윤리이론과 혼동해서는 안 된다.

80 Unger, *What should be Legal Analysis Become?*, 7쪽.

"사람들은 급진민주주의나 진보적 정치의 재생에 대하여 언급하지만 보통 그러한 개념에 상세한 내용을 부여하는 데에 실패한다. 여기서 나는 그 일을 시도한다. 나는 불가피한 것의 인간화 그 이상을 희망할 수 있음을 보여 주고자 한다. 나는 유럽식 사회적 보호의 전통과 미국식 시장 유연성 간의 화해(제3의 길)보다 더 좋은 어떤 것을, 즉 민주적 실험주의가 추구하는 물질적·도덕적 관심을 희망할 수 있다는 점을 보여 주고자 한다."[81]

웅거는 당대의 급진민주주의자들의 논의에 결핍을 느끼고 정치, 경제, 사회 전 범위에서 급진적인 프로그램을 제시하고 나선다.[82] 웅거는 자신의 프로그램이 장기적으로 지속될 수도 있고, 일시적이고 상황적인 관심사에 머물 수도 있다는 점을 시인한다. 웅거는 민주적 실험주의의 프로그램을 《주체의 각성》에서 다섯 가지로 제시한다. ① 공민적 생활에서 정치적 동원과 대중적 참여 수준을 지속적으로 향상시켜 정치의 온도를 높이고, 경화된 사회제도를 녹인다. 그러나 정치의 온도가 너무 뜨거워 반제도적 열정으로 나가지 않도록 제도화해야 한다. ② 대의제 민주주의와 직접민주주의를 결합하여 정치의 성취도를 제고해야 한다. 직접민주주의를 누적적으로 결합시킴으로써 끊임없이 변신하는 과두지배를 억제하고, 대중이 개인으로서 정치생활에서 느끼는 무기력과 무의미를 타

---

81 Unger, *Democracy Realized*, 28쪽.

82 키오웁키올리스는 웅거의 급진민주주의가 라클라우-무페의 헤게모니 정치와 네그리-하트의 자율주의 사이에서 두 그룹 모두에게 결여한 제도적 상상력을 제공한다고 평가하고, 라클라우-무페가 헤게모니 전략을 특권화하듯이, 웅거도 특정한 개혁 프로그램을 절대화하고 있다고 지적한다. Kioupkiolis, Alexandros, "Radicalizing Democracy", *Constellations* Vol. 17(2010), 137쪽 이하.

파하고 정치의 경험과 다른 사회적 경험의 격차를 줄인다. 그리하여 국민투표를 이용한 법과 정책의 변화, 사회정책과 예산 수립 과정에 지역공동체의 참여, 사적인 관심과 공적인 대의의 융합 기회를 확대한다. ③ 정치권력의 중심 부문이 교착 상태에 빠졌을 때 신속하게 해결함으로써 변혁적 정치에 박차를 가하고 사회생활의 정치적 쇄신을 용이하게 만든다. 통제라는 자유주의적 의도는 용인하지만 정치의 속도를 늦추려는 보수적 의도를 제거해야 한다. ④ 특정한 영역이나 부문들에게 기존의 엄격한 법규칙에서 벗어나 다른 규칙을 실험하고 변형할 수 있는 자유를 허용해야 한다. 정치는 집단적인 학습과 집단적 주체 형성의 과정이기 때문이다. ⑤ 사회를 더 강렬한 실험주의로 이끄는 능력을 육성하는 조건으로서 개인의 보증 수단과 역량을 강화한다. 개인에게 권리를 보장해주는 제도뿐 아니라 사회상속제social inheritance라는 보편적 원칙을 발전시킨다. 사회 구성원은 사회의 경제적 진보가 허용하는 한에서, 모든 개인은 '사회상속계좌[83]'와 '보장최저소득[84]' 형태로 물질적 자원의 최저한에 의

---

83 1830년대 뉴욕에서 노동자들에게 영향력을 발휘한 급진적 공화주의자인 토머스 스킷모어Th. Skidmore는 개인에게는 재산의 종신보유권만을 인정하고 사망 시에 전 재산을 사회에 환원하게 하여 이를 새로운 세대에게 배정하자는 사회적 상속이론을 주장했다. 프랑스 사회학자 뒤르켐 E. Durkheim은 개인적 상속제를 부인한 것으로 유명하다. 웅거는 이러한 전통에 따라 국민경제의 여건이 허락하는 한에서 사회상속제를 주장하고 있다. 부유층들은 가족 상속에 의지하여 부를 갖겠지만, 대다수 대중들은 상속에서 배제된다. 따라서 개인은 인생의 전환점(대학 입학, 주택 구입, 창업)에서 사회상속계좌에 의지할 수 있어야 한다고 제안한다. Unger, *The Left Alternative*, 80~81쪽.

84 '보장된 최저소득guaranteed minimum income'은 1975년에 다 실베이라Antonio Maria da Silveira 가 브라질에서 처음 제안하였고, 바차와 웅거가 이 제도를 지지하는 책을 1978년에 발간하였다. 90년대 들어 룰라의 노동자당이 정책으로 채택하여 유명한 기본소득basic income을 탄생시켰다. Bacha, Edmar Lisboa & Unger, Roberto Mangabeira, *Participação, salário e voto: um projeto*

지할 수 있어야 한다(348~55쪽).

다섯 번째 방안은 기본권의 문제와 직결된다. 웅거는 비판법학자들이 권리무용론에 경도되었을 때 권리 개념을 창의적으로 재구성하였다.[85] 그는 시장권market rights, 면제권immunity rights, 타파권destabilization rigts,[86] 연대권 solidarity rights이라는 개념을 제시하였다.[87] 이러한 권리는 구체적인 권리라

---

de democracia para o Brasil, Rio de Janeiro: Paze Terra, 1978, 75p. 인용은 Suplicy, Eduardo Matarazzoy, PRESIDENT LULA'S ZERO HUNGER PROGRAM AND THE TREND TOWARD A CITIZENS' BASIC INCOME IN BRAZIL, USBIG Discussion Paper No. 63, March 2003.

85 Eidenmüller, Horst, "Rights, System of Rights, and Unger's System of Rights: Part 1", *Law and philosophy*, Vol. 10(1991), 1쪽 이하.

86 'destabilization rights'을 불안정화 권리라고 번역하는 것이 문자적으로 맞지만, 영구혁신의 전략을 주목하여 '타파권'이라고 옮겼다. 물론 이것은 일시에 기성 질서를 타도하는 혁명권을 의미하지 않는다.

87 ①시장권은 웅거의 개혁 프로그램의 주요한 목표이고, 부의 집중과 독점을 막기 위한 것으로서 새로운 재산권 체제를 형성한다. 정부의 중앙기구가 사회자본기금을 조성하고 이를 다양한 투자펀드들에게 분배하고, 이러한 투자펀드들은 확정된 조건에 따라 노동자나 기술자 개인이 아닌 팀에게 '사회자본social capital'을 제공한다. 팀은 이자를 투자펀드에 지불해야 하며, 자금 자체에 대해서는 종래의 재산법제와 달리 항구적인 권리를 획득하지 못한다. 팀원들은 기업을 지속적으로 확장시키거나 매각하거나 기업 내에 비정규직 노동자를 고용할 수 없으며, 사업이 성공한 경우에는 이익을 분배한다. 일종의 사회적 소유와 이용 관계가 탄생한다. ②면제권은 국가와 사회의 다양한 압제 앞에서 개인을 거의 절대적으로 보호해 주는 권리이며, 시민권(표현의 자유, 고문이나 자의적 처벌 또는 반정부 활동을 이유로 한 처벌로부터 자유), 복지권(생존, 영향, 건강, 주거, 교육)도 포함되기 때문에 호펠드식의 면제 개념과는 딱 부합하지는 않는다. 웅거식 면제권은 국가정책의 단기적 변화에서 개인을 다각도로 보호하려는 권리다. 삶의 모든 영역에서 최저권리라고 할 수 있다. 놀랍게도 면제권은 국가가 개인에게 최저보장수입minimum guaranteed income을 제공하고 사회에서 물러나 재충전할 안식년internal exile 기회를 부여하는 것까지 포함한다. ③타파권은 사회구조의 경직화에 맞서 분할과 위계제의 형태를 해체할 것을 정부에게 요구할 권리를 개인에게 부여한다. 만약 법이 직간접적으로 개인의 면제권을 위협하는 경우에는 실정법을 무효화할 수 있다. 법원과 기타 국가기구를 통해서도 이러한 권리를 옹호할 수 있다. 웅거는 반트러스트법, 일터에서의 고충 절차, 보건 및 건강입법을 여기에 포함시킨다. ④연대권은 공동체적인 생활에 관한 법적 권리를 확립해 준다. 사회적 관계에서의 의무, 즉 배우자 간의 의무, 자녀에 대한 부모의 의무, 환자에 대한 의사의 의무, 학생에 대한 교사의 의무를 말하고, 법과 사회적 윤리가

기보다는 개인의 역량강화와 제도 혁신이라는 두 가지 대의를 실현하겠다는 포부를 천명하는 전략적 권리 구상으로 이해할 수 있다.

웅거는 민주정치는 정치생활에서 작동하는 혁신지향적인 협력 방식이라 규정하고, 민주정치는 최종적 발언권을 기성 질서에 부여하지 않고 우리 자신에게 유보함으로써 참여하고 동시에 초월하는 인간의 권능을 가장 완전하게 드러내고 가장 효과적으로 향상시키는 활동이라고 평가한다(363쪽). 웅거는 구조 개혁이 성공했는지를 확인할 수 있는 네 가지 징표도 제시한다. 첫째로, 위기가 없는 경우에도 에너지 수준뿐만 아니라 정치의 구조적 내용―실험과 대안의 생산에서 정치의 다산성―을 동시에 상호적으로 고양시킨다. 둘째로, 정치생활의 예외적이고 황홀한 특성―정치와 일상적인 결정 형식 사이의 차이―를 완화시킨다. 셋째로, 효과적인 정치 행동, 집단적인 해법을 통한 집단적 문제 해결에 관한 경험을 일반화한다. 넷째로, 다양한 역할을 수행하는 개인의 정신 속에 정치생활은 사회 세계에 참여하면서 투항하지 않는 능력의 보증이자 운명에 대한 해독제라는 관념이 강화된다(346쪽).

2. 경제의 민주화

세계인들로 하여금 스웨덴과 미국 중 택일하라면 스웨덴에 투표할 것이다. 선진국이나 개발도상국이나 마찬가지일 것이라고 웅거는 말한다.

중층적으로 나타난다. 이러한 영역은 엄밀히 법적 절차로 다루기보다는 중재로 다룬다. 권리의 자세한 내용에 대해서는 Unger, *False Necessity*, 492, 508쪽 이하.

그러나 사민주의의 인기에도 불구하고, 사민주의는 알맹이를 상실했다고 진단한다. 웅거는 사민주의의 전통적인 방침을 여섯 가지로 요약한다(367쪽 이하). ① 노동자들에게 각자의 직업에서 기득권을 인정함으로써 생산과 노동시장의 불안정에 맞서 노동자를 보호한다.(이 원칙은 내부자와 외부자를 차별함으로써 역사적으로 높은 수준의 실업을 야기하였다고 지적한다). ② 자본시장의 불안정, 특히 기업의 통제를 받는 시장의 위협에 맞서 생산적 자산의 소유자들을 보호한다. ③ 소규모 토지 보유농을 포함하여 소상공인의 사업을 국내외적인 경쟁에서 보호한다.(이러한 방침은 프롤레타리아트보다는 프티부르주아 계급의 열망에 부합한 것이다.) ④ 가족기업—대기업이든 중소기업이든—을 경쟁의 압력에서 보호함으로써 업적주의와 연고주의를 화해시킨다. ⑤ 중앙정부와 지방정부 사이에, 그리고 대기업과 조직노동자 사이에 사회적 동반자 관계를 통해 경제정책의 분배를 두고 협상을 추구한다.(하지만 사회의 많은 영역이 미조직노동자들로 이루어졌다.) ⑥ 조세와 이전이라는 평등주의적 재분배정책은 높은 수준의 사회적 권리를 유지한다.[88]

웅거는 역사적으로 보면 사민주의는 마지막 두 가지 원칙, 심지어 여섯 번째 원칙을 지키면서 나머지 원칙에서 후퇴하였다고 비평한다. 웅거

---

88 여기서는 좁은 의미의 경제적 구성 방식으로 사민주의를 언급하지만, 다른 곳에서는 삶의 방식 way of life으로서 사민주의를 거론한다. 이 경우 '혼합경제와 대의제민주주의 현행 제도들의 영구화, 경제적 재분배에 있어서 복지국가와 사민주의적 프로그램의 제한적인 발전과 제도적으로 제한된 범위에서 풀뿌리 참여, 이러한 제도적 질서와 양립하는 수준에서 위기관리, 사회의 형성적 맥락을 둘러싼 실제적 또는 가상적 갈등에서 시민의 지속적인 배제, 물질적인 소비와 개인적 관계와 지역적인 소일거리에서 행복의 추구'라고 규정한다. Unger, *False Necessity*, 393쪽.

는 '포용성을 가진 유연성flexibility with inclusion'을 표방한다(370쪽).[89] 웅거는 시장을 민주화하기 위해서는 사민주의 체제가 안고 있는 세 가지 문제를 극복해야 한다고 주장한다(371쪽).

첫 번째 문제로 선진적인 경제 부문에 대한 진입장벽이 높다. 진입장벽 때문에 실험주의적 협력과 노하우를 가진 선진 부문과 그렇지 못한 후진 부문 간의 격차는 심각하게 벌어진다.[90] 격차를 그대로 방치하고 조세-이전 정책이나 가족기업의 보호정책에만 치중한다면, 경제적 효율성을 저해하고 일할 역량이 있는 사람에게 기회를 박탈하고 에너지와 재능을 대규모로 탕진하므로 공공재정에 장기적으로 엄청난 부담을 야기한다(374쪽). 웅거는 생산의 선진적 부문에 참여할 기회를 확대하기 위해 필요한 교육, 전문적 식견, 기술, 신용에 접근할 조건들을 공적으로 철저하게 확장해야 한다고 제안한다. 나아가 포스트-포드주의 시대에 생산적 전위 이외의 영역에서 실험주의적 협력에 우호적인 조건을 형성시켜야 한다고 강조한다. 이를 위해서 일반적인 능력개발 교육, 공공기관과

---

89 웅거는 자유무역이나 세계화와 관련해서도 매우 유연한 입장을 취하고 있다. 웅거는 완고한 좌파Recalcitrant Left와 인간주의적 좌파Humanizing Left를 거부하고 재구성적 좌파Reconstructive Left를 주장한다. 완고한 좌파는 시장과 세계화의 속도를 떨어뜨리고 강력한 정부 개입과 강력한 사회정책으로 돌아가야 한다는 입장이라면, 인간주의적 좌파는 현재의 세계화와 시장을 불가피한 것으로 받아들이고 조세-이전의 정책으로 경제적 효과를 인간화하려고 시도한다. 웅거는 시장경제를 재편함으로써 세계화의 경로를 재조정하자고 주장한다. 현재와 같은 자본과 상품 중심의 세계화만이 아니라 노동의 이동을 포함한 세계화를 주장한다. 재구성적 좌파는 전체적으로 시장경제 개편론에 입각해 있다. Unger, *The Left Alternative*, 133쪽 이하.

90 웅거는 생산적 전위들이 현재 실험주의적 혁신 관행을 확산시키기보다는 재산과 상속 체제에 굴복하고 기업을 지배하는 경영자나 소유자의 이익에 이바지하는 데에 허비한다고 꼬집는다(《주체의 각성》, 372쪽).

민간단체 간의 광범위한 협력관계 구축, 경제 영역에서 다양한 거버넌스의 형성을 강조한다. 웅거는 생산의 선도 부문에만 치중할 것이 아니라 후위 부문을 움직여야 한다고 특히 강조한다. 보통 사람의 균등 발전과 역량강화가 그대로 드러난다. 생산 영역에서 정부와 기업이 협력하는 동안 상이한 계약과 재산 체제를 탄생시켜야 한다고 역설한다(376쪽). 여기에서 시장경제 안에서 다양한 소유 구조를 창조하고, 그리고 시장경제를 넘어서 다양한 제도 실험을 추구하는 프티부르주아 사회주의를 확인할 수 있다.[91]

두 번째 문제로 사민주의적 체제에는 연대가 현저하게 결핍되어 있다. 현재의 사민주의 아래서 국가의 주요 업무는 잘나가는 사람들에게서 돈

---

91 웅거는 시장권(사회자본에 대한 집단적 접근권)을 통해서 소생산자의 생산에 중요한 의미를 부여하고 있다. 그래서 일각에서는 그를 '프루동주의자'라고 부르기도 한다. Zhiyuan, Cui, "Liberal Socialism and the Future of China: A Petty Bourgeoisie Manifesto", in Cao, Tian Yu (ed.), *Chinese Model of Modern Development*, Routlege, 2009, pp. 157–174. http://www.networkideas. org/featart/jan2006/Liberal_Socialism.pdf(2017. 11. 2 최종방문일). 웅거는 공동소유, 정부 관리, 재투자에 있어서 사익 추구에 대한 제한(축적 제한), 타인의 이익 침해 금지 등을 제시하며 일종의 조합재산모델을 제시하고 있다. 그는 이러한 생산과 소유 모델의 성패는 변화된 조건 아래 정부의 정책적 지원에 달려 있다고 본다. 웅거의 아이디어는 과거 동구 사회주의 국가와 현재 중국이 개혁 방안으로 시행한 제도들과 관련이 있다. 이러한 자주관리 기업운영 방식과 관련해서는 로버트 A. 달 지음, 안승국 옮김, 《경제민주주의》(인간사랑, 1995) 참조. 웅거는 또한 유럽의 좌파운동사에서 프티부르주아는 악마시되었지만, 지금도 어느 나라나 마찬가지로 산업노동자들보다는 소생산자들이 더 많고, 이들은 경제적 자립을 삶의 목표로 삼고 있다는 점을 역설한다. 소생산자 모델이 끝장났다는 주장에 대한 웅거의 비판은 Unger, *False Necessity*, 223쪽 이하. 웅거의 영향을 받은 사이먼은 자유주의적 재산권 개념에 맞서 공화주의의 재산 관념(대표적으로 Piore, Michael & Sabel, Charles, *The Second Industrial Divide: Possibilities For Prosperity*, Basic Books, 1985)과 사회주의의 사회적 재산 개념을 결합한 대안적 사회적–공화적 재산 개념을 제시한다. 사이먼은 자신의 사회적–공화적 재산 개념이 세이블–피오레의 개념(결사체 사회주의)에 가깝고, 웅거의 관념과는 긴장 관계에 있다는 점도 밝히고 있다. Simon, William H., "Social-Republican Property", *UCLA Law Review*, Vol. 38(1990–1991), 1335쪽 이하.

을 거두어 빈곤층에게 배분하는 것이다. 이러한 여건에서 사회적 연대는 다른 영역에 있는 사람들을 전혀 알지도 못한 채 계좌이체 형태로만 존재한다. 웅거는 연대를 이루기 위해서 자기 돈을 내놓는 것만으로는 부족하고 인생의 일부를 내놓아야 한다고 주장한다. 기동할 수 있는 성인은 생산경제뿐만 아니라 돌봄경제 안에서 역할을 수행해야 한다는 것이다. 가족 이외에 타인을 위해서 매주 또는 매년 일정 시간을 쏟지 못하더라도 자신의 전체 생애에서 일부를 할애해야 한다. 그렇게 함으로써 책임 있는 존재로 성장하고 연대에 필요한 지식을 획득할 수 있다(378쪽).

세 번째 문제로 사민주의 체제가 작은 삶의 경계를 탈출할 수 있는 기회를 개인들에게 제공하지 못한다는 점을 지적한다. 현대 사회에서 개인들은 꿈과 희망을 잃고, 자기 노동에 대해서도 도구적인 의미 이상을 부여하지 못한다. 사람들은 정치가 아무것도 해결하지 못한다는 교리에 젖어 있고, 인간의 의식은 바닥으로 곤두박질치고 있다. 웅거는 인간이 더욱 원대한 삶을 살기 위해서 교육이 필수적이라고 강조한다. 국가는 개인에게 세계 어느 곳에서도 통할 수 있는 경제적 수단과 교육적 수단을 제공해야 한다. 학교는 아이들을 가족과 공동체에서 그리고 국가 관료들의 감독에서도 해방시키고, 그들에게 미래지향적인 교육을 시행해야 한다.[92] 백과사전적 지식을 전파하거나 표준만을 강요해서는 안 되며 문제

---

92 "학교는 공동체나 정부에 대해서가 아니라 미래에 대해서 말해야 하고, 학교는 아이들을 말문이 닫힌 예언자로 인식해야 한다. 학교는 아이를 그 가족과 계급 그리고 아이가 처한 시대에서 구출해야 한다"(《주체의 각성》, 332쪽).

해결 능력과 상상력을 중시하는 창의적인 교육을 시행해야 한다.[93] 웅거는 작고 부유한 나라는 국민을 국제적인 봉사엘리트로 신중하게 전환시켜야 한다고 제안한다. 국가는 개인의 역량강화를 위해서 기본적 자원, 사회상속을 제공해야 할 뿐만 아니라, 단계별로 일반적인 실천적 개념적 역량과 전문기술을 연마하는 평생교육을 시행해야 한다(331쪽). 국가는 어떤 경우에도 개인이 비루한 존재로 전락하지 않도록 지원해야 한다(379쪽). 사회구조를 변화시키는 역량으로서 부정의 역량은 바로 인간의 교육과 역량강화를 통해서 구체화되기 때문이다. 역량강화는 구조에 대해 인간을 주인으로, 그리고 개인을 자신의 삶에 대해 주체로 세우는 과정이라고 할 수 있다. 그래서 주체는 각성되어야만 한다.

웅거는 사민주의는 현재 정치와 생산의 영역에서 후퇴하여 분배와 재분배에만 매달린다고 진단하고,[94] 퇴각한 영토로 복귀하지 않으면 그 생명력을 유지할 수 없다고 진단한다. 시장경제의 제도적 형식의 다원성을 인정하고 거기에서 혁신을 이루지 않는다면, 앞에서 제기한 문제들을 해결할 수 없다고 보고 있다. 민주주의를 심화시키지 않는다면, 제도적 실험주의를 작동시키지 않는다면, 변화의 위기 의존성을 줄이고 고에너지 민주제

---

93 Unger, *Democracy Realized*, 229~235쪽.

94 웅거는 평등의 개념을 검토하는 자리에서 롤스식의 여건의 평등equality of circumstance(최소 수혜자의 최대 이익 원칙)조차도 지나치게 강한 것이라고 지적하고 있다. 여건의 평등은 실제로 부차적인 목적에 불과한 것에 부당한 우선권을 부여하는 것이라 평하고, 인간을 더욱 크고 자유로운 존재로 만들어야 한다고 역설한다. 그렇기 위해서는 인간의 창의성을 억누르는 극단적인 불평등을 추방하는 것이 중요하다고 지적한다. 롤스가 억압과 불평등을 야기하는 구조를 방치하고 조세–이전 방식으로 뒤처리만 한다고 지적한다(《주체의 각성》, 330쪽).

도를 창조하지 않는다면, 시장을 민주화할 수 없다고 단언한다(381쪽).

VI. 비판과 가능성

웅거 사유의 탁월한 점은 민주주의의 심화와 인간의 역량강화를 상호 조건으로 파악한 것이다. 실천 이데올로기로서 제시한 급진적 실용주의와 민주적 실험주의는 인류의 역사를 설명해 줄 뿐만 아니라 인간에게 변혁적 소명을 불어넣는다. 웅거의 저작에 등장한 많은 개념들은 서로 호응하면서 좋은 구도를 이룬다. 그는 다양한 중범위 논제들을 분방하게 전개하여 전체 이론을 완성함으로써, 현실 세계의 복잡성을 간과하는 슈퍼이론super-theory의 맹점과 복잡성에 천착하여 거대이론을 전개하지 못하는 울트라이론ultra-theory의 약점을 동시에 타개한다.[95] 이제 다른 학자들의 비판을 포함하여 필자에게 남는 몇 가지 궁금증을 공동 과제로서 제시하겠다.

1. 기독교 낙관주의

웅거는 인간은 어떠한 악조건에서도 진리를 깨닫고 사회적 세계를 변화시킬 수 있다고 말한다. 인간 정신의 무한성과 해방을 향한 열정은 근

---

95 슈퍼이론과 울트라이론에 대한 논의는 Unger, *Social Theory*, 165쪽 이하. 웅거는 슈퍼이론가로서 전통적인 마르크스주의자들을, 울트라 이론가로서 미셀 푸코를 염두에 둔 것 같다.

본적으로는 기독교적 낙관주의에 기초한다. 그의 인간 이해가 이처럼 기독교적 자산을 한 자락 깔고 있기 때문에 비기독교인은 웅거의 신성화 기획에 호의적이지 않을 것도 같다. 그러나 웅거의 사상이 기독교 방송에서만 수신할 수 있는 내용인가? 웅거를 좀 더 깊이 독해한다면 신에 대한 가정이 없어도 그의 사상이 수용 가능하다는 점을 알 수 있다. 우선 웅거가 추구하는 사회의 형식과 내용은 기독교적 맥락에 갇혀 있지 않다. 주체의 각성과 우상 타파라는 방법도 기독교에만 국한되지 않는다. 이러한 사상은 르네상스 인문주의, 계몽주의와 낭만주의 문학, 사회주의, 생의 철학, 좌파의 정치, 다른 문화권에서도 찾을 수 있다. 한편 회의적인 시각에서는 도대체 이렇게 도도한 낙관주의가 어떻게 가능한지 힐문할 수 있겠다. 그러나 우리는 다음과 같이 반문해야 하지 않을까 생각한다. '인간에 대한 희망과 낙관주의 없이도 사회를 개혁할 수 있겠는가?' 현실에 안주하는 삶의 형식으로서 '사민주의 스타일'을 웅거는 낙관주의로 극복하고자 한다. 인간상과 인간관으로 말하자면 웅거는 신학자 파울틸리히, 심리학자 에리히 프롬 그리고 프롬이 형상화한 마르크스에 근사하다고 본다. 프롬이 마르크스에게 적용한 '합리적인 신비주의'는 웅거에게도 꽤 잘 어울린다. 그것은 과학적으로도 도달한 인간의 신성성이다. [96]

---

96 프롬은 스피노자, 괴테, 헤겔, 마르크스 모두가 창조적 활동성이나 생산성—소외된 노동이 아니라—에서 인간의 본질을 찾는다고 보고, 말미에 '마르크스의 사회주의야말로 과거의 모든 위대한 인간적 종교에 공통된 심오한 종교적 충동의 실현이 아니고 무엇이겠는가?'라고 자문한다. 프롬은 마르크스의 사상 속에서 종교적 용어가 아니라 철학적 용어로 표현된 인간 영혼에 대한 관심을 주목하고, 마르크스의 무신론은 가장 진보적 형태의 합리적 신비주의라고 칭한다. 프롬—포피츠 지음, 김창호 옮김, 《마르크스의 인간관》, 동녘, 1984, 57 및 75쪽.

2. 제도의 본성

제도의 본성을 둘러싼 정치적 견해차는 해소할 수 없을지도 모른다. 웅거는 제도가 없는 상황에서는 인간에게 생명을 부여하기보다는 질서를 부여하려는 욕구—홉스적 계기—가 너무나 크다고 지적한다(354쪽). 그는 제도의 기본적 가치를 인정하지만, 동시에 제도를 영구적으로 혁신해야 한다고 주장한다. 나아가 체제의 전면적 교체가 아니라 맥락별 변혁을 꾀함으로써 영구반란파와 제도적 보수주의자들을 우회한다. 여기서 보수주의자들의 거센 반발을 살 수 있다. 웅거는 이미 공화주의자들이 미국의 제도를 신비화한다고 비판하였다(70쪽). 반면 공화주의자들은 웅거의 급진적인 개인주의, 맥락초월적 주체 그리고 제도의 가소성 이론에 의문을 표한다.[97] 제도와 인성에 대한 웅거와 보수주의자들의 간극은 메울 수 없는 것처럼 보인다.[98] 특히 체계이론은 사회에서 기대의 안정화를 제도의 기능으로 이해하는데, 웅거는 가소성의 관념에 기초하여 사회제도를 교란시키기 때문에 그 격차는 클 수밖에 없다. 안정성과 가소성이 모순은 아니겠지만 완고한 보수주의자들은 민주적 실험주의의 작동 가능성에 회의적 시각을 가질 수도 있겠다.[99] 어찌되었든 개혁의 피로 현

---

97 이 논점에 대해서는 Unger, *False Necessity*, 586쪽 이하; Sunstein, 앞의 글, 89쪽 이하; Cornell, Druscilla, "Beyond Tragedy and Complacency", *Northwestern University Law Review*, Vol. 81(1987), 693~4쪽.

98 Ewald, William, "Unger's Philosophy: A Critical Legal Study", *Yale law Journal*, Vol. 97(1988), 738쪽; Herzog, Don, "Rummaging Through the Emperor's Wardrobe", *Michigan Law Review*, Vol. 86(1988), 1444쪽 참조.

99 Christodoulidis, Emilios A., "The Inertia of Institutional Imagination: A Reply to Roberto Unger", *Modern Law Review*, Vol. 59(1996), 377쪽 이하; 이에 대한 반론은 Walton, Kevin, "A Realistic

상은 개혁의 진정한 수혜자들에게는 낯선 일이다.

3. 초자유주의

자유주의와 공동체주의 사이에서 웅거는 어디에 위치하는지 논의가
분분하다. 흔히 그를 공동체주의자로 규정하였으나, 킴리카는 일찍이
여기에 이의를 달았다. 그가 공동체주의자들과 다른 점이 많기 때문이
다.[100] 웅거는 자신의 입장을 초자유주의superliberalism라고 표현하면서 근대
의 기획으로서 자유주의와 사회주의가 내포하고 있는 인간의 해방 논리
를 유지하고 발전시키려고 한다. 한편 웅거는 제도적 상상력을 구체화하
면서 급진적 다두제radical polyarchy의 맥락에서 자신의 입장을 '자유주의적 공
동체주의'[101]라고 규정하였다. 이러한 중간 개념은 자유주의와 공동체주
의 간의 경계를 더욱 모호하게 만들 뿐이다. 파시스트와 극단적인 자유지
상주의자들을 제외하면, 사실 이 중간적 지대에 속하지 않는 철학자는 없
다. 자유주의와 공동체주의 사이에서 거취를 정하는 것이 과연 큰 의미가
있는지는 의문이다. 웅거는 자유주의의 가치를 인정하지만 자유주의를
극복하려고 하고, 연대가 강화된 사회를 추구하지만 이른바 과거의 차이
를 강조하는 회고적 공동체도 피하고 있다. 웅거가 변혁의 궁극적 목표
를 인간의 해방, 인간의 역량 계발과 보통 사람의 위대성(337쪽)과 덕성에

Vision? Roberto Unger on Law and Politics", *Res Publica*, Vol. 5(1999), pp. 139–159.

100   Kymlicka, Will, "Communitarianism, Liberalism and Superliberalism", *Critical Review*, Vol. 8(1994), 263쪽 이하.

101   Unger, *What Should Legal Analysis Become?*, 148쪽 이하.

둔다는 점을 고려할 때 그의 입장을 급진민주적 완전주의[102]라고 규정해 봄직도 하다. 개인의 주도권과 자발성을 거점으로 삼으면서 타자와의 연대를 강조하는 그의 초자유주의를 주목하는 것이 중요하다.

4. 정치의 플랫폼

웅거의 기획을 지탱하는 민주적 실험주의나 급진화된 실용주의는 어떤 여건에서 작동시킬 수 있는가? 웅거는 운명에 대해 반란을 일으켜야 한다면, 우리의 최초 과업은 고에너지 민주주의 제도와 관행―민주화된 시장경제, 독립적이고 조직적인 시민사회, 행동과 저항에 필요한 개인의 교육적·경제적 재능―을 발전시키는 것이라고 말한다(336쪽). 일련의 여건이 구비되었을 때 민주적 실험주의가 순항할 수 있다는 점을 인정한다. 여기서 그의 프로그램은 일종의 개혁의 플랫폼으로 간주할 수 있다.[103]

주지하듯이 웅거의 사유의 무대인 브라질은 민주화 이후 사회개혁에 대한 국민적 열망이 높고, 그 열기 속에서 진보적 정당이 연속적으로 집권하고 있다.[104] 이러한 상황에서는 다양한 형태의 실험적 정치가 가능하

---

102 이러한 맥락의 완전주의에 대해서는 Lukes, Steven, "Marxism and Morality", *Ethics & International Affairs*, Vol. 4(1990), 22쪽.

103 여기서 웅거의 프로그램적 사유가 비그포르스의 잠정적 유토피아provisional utopia와 유사하다는 점을 지적하고 싶다. 웅거는 유토피아와 일상정치를 연결하고, 자신의 제안이 청사진이 아니라 흐름이고, 건축이 아니라 음악이라고 말한다(《주체의 각성》, 232쪽). 잠정적 유토피아에 대해서는 홍기빈, 《비그포르스, 복지국가와 잠정적 유토피아》, 책세상, 2011, 322쪽 이하; Tilton, Timothy A., "Utopia, Incrementalism, and Ernest Wigforss' Conception of a Provisional Utopia," *Scandinavian Studies*, Vol. 56, No. 1 (WINTER 1984), pp. 36-54.

104 룰라 정부의 역할과 평가에 대해서는 조돈문, 《브라질에서 진보의 길을 묻는다》, 후마니타스, 2009 참조.

다. 개혁의 헤게모니가 유지되는 시대에는 맥락보존적인 활동과 맥락변혁적인 활동 사이의 격차를 줄이면서 적극적인 맥락 변혁이 가능할 것이다. 반면 개혁 세력이 제도정치권 안에서 결코 다수를 점하지 못하는 상황에서는 웅거식의 정치실험을 어떻게 착수할 수 있을까? 웅거는 개혁은 모든 곳에서 시작할 수 있다고 한다. 서 있는 곳이 개혁의 원점이라고 답한다(78쪽). 웅거는 진보파가 집권하는 경우에 진보파와 중도자유주의자들 간의 연합을 통해서 우선 개혁의 주춧돌을 놓는 것이 가능하며, 그 개혁이 점차 성공을 거두는 경우에는 대중의 참여를 기반으로 더욱 진보적인 방향의 개혁으로 나갈 수 있다고 생각한다. 여기에서 단계적이고 프로그램적인 사고가 중요하다.

민주적 실험주의는 원칙적으로 특정 정당에 귀속되는 사고방식은 아니다. 그래서 확산 가능성은 존재하지만, 대중의 개혁 열망을 외면하고 기득권과 엘리트주의를 공고화하며 제도적 물신숭배에 빠진 세력이 정치 세계를 주도한다면 실제로 작동하기가 불가능할 것이다. 그러한 상황에서는 개혁을 열망하는 대중들은 기존 맥락의 자유주의적 수호와 보수주의적 전복 사이에 처하게 될 것이다.

5. 행위주체

웅거는 자신의 프로그램을 실천할 행위자로서 노동자계급, 정당, 지도자를 거론하지 않는다. 특히 노동자 보호에 대한 사민주의 방침에 대한 비판은 대기업의 조직노동자들의 이익과 상충되는 지점을 보여 주기도 한다. 그는 일반 대중이나 시민의 참여나 보통 사람들의 위대함을 강조한다는 점에서 전통적인 노동계급 중심적 사고와 차이가 난다. 그는 교양과 정치의식을 가졌지만 재산을 가지지 못한 시민들을 진보적 사회 이상에 동참시키는 정치를 강조한다. 오히려 모든 노동하는 사람들의 연대를 만들고 거기에서 일종의 확산된 민중연합을 건설하고자 한다. 이 지점에서 라클라우—무페의 헤게모니 전략과 궤를 같이 한다.

한편 사회주의자들은 웅거의 프로그램이 '사회주의적 상상력socialist imagination'을 제대로 보여 주지 못했다는 비판을 제기한다.[105] 그들은 웅거의 견해를 '유연전문화이론'이나 '수출주도형 성장론'으로 규정하면서 과연 이러한 정책을 국제적으로 보편화할 수 있는지, 진정으로 인간 해방에 부합하는 것인지를 묻는다. 미래를 노래하던 웅거도 자본주의라는 과거에 붙잡혀 있다고 지적한다. 나아가 웅거의 처방은 브라질과 같은 신흥 개발국가에 적합할지 몰라도 선발 산업국가에는 어울리지 않는다는 비판도 적지 않다.[106] 그러나 웅거의 반응은 의외로 단단하다. 그는 전세계가 직면한 문제는 대체로 유사하다고 판단한다. 웅거는 독일의 좌파에

---

105 웅거의 《민주주의를 넘어》가 사회주의 유토피아 비전의 급진민주주의를 가장 잘 실현할 수 있는 국가의 재형성을 말하고 있는 중요한 저작이지만, 웅거 역시 사회주의적 유토피아적 상상력을 결여한다는 지적은 Panitch, Leo & Gindin, Sam, "Transcending Pessimism: Rekindling Socialist Imagination", *Socialist Register*, 2000, pp. 11–12. 지젝은 블랙번의 연금의 민주화 방안, 네그리의 최소시민소득, 웅거의 사회상속제를 실용적인 제안, 즉 급진적인 유토피아의 재정립을 피하는 부분적 해법으로 파악한다. 지젝 지음, 박정수 옮김, 《잃어버린 대의를 찾아서》, 그린비, 2009, 496쪽 이하.; Levitas, Ruth, "Towards a Utopian Ontology: Secularism and Post-secularism in Roberto Unger and Ernst Bloch", *Journal of Contemporary Thought*, Vol. 31(2010), pp. 151–169.

106 로티는 다른 맥락에서 정치적 상상력은 국가적 상상력이라며, 19세기에 시인 휘트먼이 미국에 대해 품었던 열망과 웅거가 지금 브라질 또는 라틴 아메리카에 대해 가진 포부가 유사하다고 지적한다. Rorty, Richard, "Unger, Castoriadis, and the Romance of a National Future", *Northwestern University Law Review*, Vol. 82(1988), 335쪽 이하.

대해서도 시장구조가 야기하는 불평등과 불안정성을 사민주의식 재분배로 상쇄하거나 규제하려고 하지 말고 더 많은 사람들에게 경제적 기회를 더 잘 제공하기 위해 시장경제의 조직을 재편할 것을 제안한다.[107] 웅거는 규제된 시장경제보다는 자원에 대한 평등한 접근을 보장하는 시장의 민주화론을 주장한다.[108] 어쨌든 그의 개혁 프로그램은 흐름이지 청사진이 아니며, 음악이지 건축물이 아니라고 한다(232쪽). 웅거의 제안은 현재 지배적인 대의제와 지배적인 시장경제 그리고 지배적인 시민사회의 다원적 재구성을 통해서 인간의 열망에 부합하려는 맥락변혁적 접눈으로 이해할 수 있다. 특히 그의 타파권은 확립된 사회경제구조나 제도를 탈구축하기 위한 전략적 권리로 파악된다. 타파권은 제도적 상상력, 역량강화, 부정의 역량을 반영하며 거시정치로서 민주주의의 심화와 미시정치로서 인간 해방을 연결시키고 있기 때문이다. 이러한 타파권은 추상적인 각성와 해방의 열정을 넘어서 맥락 속에서 구체적 내용까지 획득한다면 사회운동뿐만 아니라 권리투쟁에 창의적으로 개입하는 실천

---

107 Unger, *The Left Alternative*, 184쪽. 《유러피언》과의 인터뷰는 그의 경제정책을 가장 간결하게 설명해 준다. Unger, "We Go To Sleep And Drown Our Sorrows In Consumption", *The European*, http://theeuropean-magazine.com/385-unger-roberto/386-the-future-of-the-left(2011. 10. 24. 최종 방문일)

108 시장경제의 이름으로 착수된 개혁으로서 정치적 · 경제적 · 사회적 자유를 증진시키는 방법이 두 가지가 있는데, 하나는 시장을 인간의 적으로, 인간을 시장의 적으로 만드는 방법이고, 다른 하나는 분권적인 경제와 고에너지 민주정치를 화해시키고, 생산적인 혁신과 사회적 연대를 화해시키는 사회로 나가는 길이 있다고 말한다. de Gortari, Carlos Salinas & Unger, Roberto, "The Market Turn without Neoliberalism", *Challenge*, Vol. 42, No.1, 1999, 33쪽.

적 기반이 될 것이다.[109] 강고한 사회제도를 녹이고 사회생활의 형식을 영구적으로 창조하는 민주정치의 온도와 속도를 높이는 일이 관건이다. 장구한 역사적 시간뿐만 아니라 개인의 전기적 시간에서도 우리는 승리를 거둬야 한다. 설혹 전기적 시간에서 승리를 거두지 못하더라도 역사적 시간에서 승리를 거두기 위한 초석을 일상적으로 놓아야 한다. 2009년 《좌파의 대안》의 독일어판 말미에서 웅거는 다음과 같이 전기적 시간과 역사적 시간의 괴리를 견뎌 내고 있다.

"나는 1968년 세대에 속한다. 그 세대는 상상력에 기초하여 온 세상에서 사회의 혁신을 소망했다. 나는 실망과 패배에서 배우려고 노력해 왔다. 아직 나는 절망하지 않았다. 윌리엄 블레이크는 이렇게 썼다. '바보가 바보짓을 계속한다면 종당에는 현명해질 것이다If the fool would persist in his folly, he would become wise.'"[110]

---

109   실험주의와 타파권 개념을 활용한 글로는 Sabel, Charles F. & Simon, William H., "Destabilization Rights: How Public Law Litigation Succeeds", *Harvard Law Review*, Vol. 117(2004), 1015쪽 이하; Alexander, Lisa T., "Stakeholder Participation in New Governance: Lesson from Chicago Public Housing Reform Experiment", *Georgetown Journal on Poverty Law and Policy*, Vol. 16(2009), 117쪽 이하; Ford, Cristie & Liao, Carol, "Power without Property, Still: Unger, Berle, And the Derivatives Revolution", *Seattle University Law Review*, Vol. 33(2010), 889쪽 이하.

110   Unger, *The Left Alternative*, 188쪽. 웅거가 인용한 시 구절은 블레이크의 시집 《천국과 지옥의 결혼》에 수록되어 있다.

찾아보기

일반 색인

ㄱ

팔길이(규제) 267, 273, 275, 285, 367

평등주의 64, 100, 204, 225, 226, 227, 229, 230, 281, 324, 369, 370, 424

평정심 27, 178, 321

포드주의 70, 116, 137, 164, 167, 268

포트폴리오 투자 210

포스트포드주의 61, 285

프로그램적 상상력(프로그램적 사유) 39, 43, 45, 72, 143, 170, 173, 318, 352, 433, 434

프티부르주아 사회주의 81, 240, 389, 426

ㅎ

하방 경직성 63

학교 20, 44, 56, 59, 115, 173, 182, 194, 202, 253, 255, 283, 287, 297, 308, 310, 312, 314, 320, 332, 359, 390, 418, 427

해외 자본 95, 210

해외저축 190, 220

행위주체(성) 29, 32, 34, 41, 46, 49, 62, 81, 148, 158, 175, 184, 281, 287, 317, 321, 323, 326, 328, 346, 356, 389, 394, 413, 415, 434,

향진기업 153

허위의 필연성 43, 47, 49, 51

혁명적 개혁 39, 46, 369, 370, 406, 409

혁명적 변화 39, 42, 46, 406

혁명적 조합주의 302

혁신 50, 53, 55, 56, 60, 61, 67, 71, 77, 80, 81, 94, 98, 102, 104, 112, 115, 119, 130, 141, 143, 152, 155, 159, 184, 187, 188, 190, 195, 202, 213, 218, 228, 233, 239, 245, 256, 261, 273, 277, 285, 289, 298, 300, 304, 311, 316, 339, 360, 366, 371, 372

협동조합 97, 341

협력적 경쟁 21, 59, 65, 102, 119, 156, 160, 172, 261, 269, 270, 271, 285, 304, 362, 366, 419

형성적 맥락 40, 44, 369, 408, 424

확장된 사민주의 279

확정급여형 연금 206, 207

확정기여형 연금 206, 207

환율 85, 90, 91, 161, 167, 209, 257, 258

환율 지표 91, 167

후기 프로그램 189, 190, 193, 195, 240, 250, 256, 275, 279, 280, 283, 287

후위 부문 52, 56, 58, 61, 64, 67, 74, 78, 93, 102, 118, 125, 143, 162, 176, 190, 229, 234, 250, 256, 267, 271, 273, 284, 303, 323, 366, 426

민주주의를 넘어

2017년 11월 30일 초판 1쇄 발행

지은이 | 로베르토 웅거
옮긴이 | 이재승
펴낸이 | 노경인 · 김주영

펴낸곳 | 도서출판 앨피
출판등록 | 2004년 11월 23일 제2011-000087호
주소 | 우)07275 서울시 영등포구 영등포로 5길 19(37-1 동아프라임밸리) 1202-1호
전화 | 02-336-2776 팩스 | 0505-115-0525
전자우편 | lpbook12@naver.com

* 이 도서는 한국출판문화산업진흥원의 출판콘텐츠 창작자금을 지원받아 제작되었습니다

ISBN 979-11-87430-19-3